고시넷 NCS

오픈봉투모의고사

코레일
한국철도공사

사무영업/운전/차량/토목/건축/전기통신
직업기초능력평가
의사소통능력, 수리능력, 문제해결능력

실전모의고사 8회

gosinet
(주)고시넷

www.gosinet.co.kr

최고 강사진의
동영상 강의

03:47 / 10:00

수강생 만족도 1위

류준상 선생님

• 서울대학교 졸업
• 정답이 보이는 문제풀이 스킬 최다 보유
• 수포자도 만족하는 친절하고 상세한 설명

고시넷 취업강의 수강 인원 1위

김지영 선생님

• 성균관대학교 졸업
• 빠른 지문 분석 능력을 길러 주는 강의
• 초단기 언어 영역 완성을 위한 강의
• 언어 영역의 자신감을 심어 주는 강의

고시넷 한국사 대표 강사

유남훈 선생님

• 동국대학교 졸업
• 1강으로 정리하는 한국사 만족도 만점
• 시험에 나올 문제만 콕콕 짚어 주는 강의
• 시험 결과로 증명하는 강의력
• EBS 직업 취업 강의

공부의 神

양광현 선생님

• 서울대학교 졸업
• 초심자부터 심화 과정까지 완벽한 이해를 돕는 쉬운 설명
• EBS 직업 취업 강의(공기업 NCS)
• 칭화대 의사소통 대회 우승
• 공신닷컴 멘토

정오표 및 학습 질의 안내

정오표 확인 방법

고시넷은 오류 없는 책을 만들기 위해 최선을 다합니다. 그러나 편집에서 미처 잡지 못한 실수가 뒤늦게 나오는 경우가 있습니다. 고시넷은 이런 잘못을 바로잡기 위해 정오표를 실시간으로 제공합니다. 감사하는 마음으로 끝까지 책임을 다하겠습니다.

| 고시넷 홈페이지 접속 | 〉 | 고시넷 출판-커뮤니티 | 〉 | 정오표 |

🌐 www.gosinet.co.kr

모바일폰에서 QR코드로 실시간 정오표를 확인할 수 있습니다.

학습 질의 안내

학습과 교재선택 관련 문의를 받습니다. 적절한 교재선택에 관한 조언이나 고시넷 교재 학습 중 의문 사항은 아래 주소로 메일을 주시면 성실히 답변드리겠습니다.

이메일주소 ✉ passgosi2004@hanmail.net

차례

코레일 실전모의고사

Contents

책속의 책

코레일 실전모의고사 정답과 해설

코레일 소개

CI

고속철도 운영과 대륙철도 연결로 21C 철도 르네상스 시대를 열어 나갈 주역으로서 한국 철도의 비전을 담은 새로운 철도 이미지를 구현하였습니다.

푸른 구(球)는 지구를 상징하며, 구를 가로지르는 힘찬 선(LINE)은 고속철도의 스피드와 첨단의 기술력을 상징화하여, 세계를 힘차게 달리는 21C 한국 철도의 이미지를 표현하였습니다.

미션

사람 · 세상 · 미래를 잇는 대한민국 철도

비전

대한민국의 내일, 국민의 코레일

핵심가치

안전(국민안전 | 안전역량), 고객(고객만족 | 직원행복), 소통(미래창조 | 혁신성장)

전략목표

Best Safety 글로벌 최고 수준의 **철도안전**	Efficient Management 고객가치 기반의 **재무개선**	Special Value 기업가치 제고로 **미래성장**	Trust Management 소통과 공감의 **신뢰경영**
글로벌 TOP 철도안전	부채비율 100%대	지속성장사업 매출 0.6조 원	종합청렴도 1등급

전략과제

최적의 철도안전· 방역체계 정립	고품질 철도서비스 확대	미래 핵심기술 내재화	디지털 기반의 열린경영 실현
철도 안전운행 인프라 구축	내부자원 생산성 향상	남북철도 및 지속성장사업 확대	상호존중의 조직문화 구축

ESG 경영

공공 안전서비스	친환경 서비스 강화	사회적가치 실현	윤리경영 강화

인재상

인재상	사람지향 소통인	고객지향 전문인	미래지향 혁신인
	사람 중심의 사고와 행동을 하는 인성, 열린 마인드로 주변과 소통하고 협력하는 인재	내외부 고객만족을 위해 지속적으로 학습하고 노력하여 담당 분야의 전문성을 갖춘 인재	코레일의 글로벌 경쟁력을 높이고 현실에 안주하지 않고 발전을 끊임없이 추구하는 인재

HRD 미션	KORAIL 핵심가치를 실현하기 위한 차세대 리더의 체계적 육성		
HRD 비전	통섭형 인재양성을 통해 국민의 코레일 실현		
HRD 전략	HRD 조직발전	미래성장동력 확보	성과창출형 HRD	공감/소통의 조직문화 조성

모집공고 및 채용 절차

(단위 : 명)

구분		채용 인원	공고일	접수기간	서류발표	필기시험	필기발표	면접시험	최종발표
2021	하반기 신입사원 (일반직6급)	260	2021.08.04.	2021.08.17. ~ 08.19.	2021.08.27.	2021.10.02.	2021.10.26.	2021.11.15. ~ 11.19.	2021.12.02. (*이후 철도적성검사 및 신체검사)
	상반기 신입사원 (일반직6급)	750	2021.02.19.	2021.03.02. ~ 03.05.	2021.03.16.	2021.04.10.	2021.05.04.	2021.05.24. ~ 05.28.	2021.06.10. (*이후 철도적성검사 및 신체검사)
2020	하반기 신입사원 (일반직6급)	1,180	2020.08.31.	2020.09.15. ~ 09.17.	2020.09.25.	2020.10.17.	2020.10.30.	2020.11.16. ~ 11.27.	2020.12.09. (*이후 철도적성검사 및 신체검사)
	상반기 신입사원 (일반직6급)	850	2020.01.23.	2020.02.07. ~ 02.10.	2020.02.20.	2020.06.14.	2020.06.24.	2020.07.06. ~ 07.09.	2020.07.17. (*이후 철도적성검사 및 신체검사)
2019	하반기 신입사원 (일반직6급)	1,230 일반(1,000) 고졸(230)	2019.05.20.	2019.06.03. ~ 06.05.	2019.06.17.	2019.07.20.	2019.07.30.	2019.08.19. ~ 08.23.	2019.09.05. (*이후 철도적성검사 및 신체검사)
	상반기 신입사원 (일반직6급)	1,275	2018.12.24.	2019.01.07. ~ 01.09.	2019.01.18.	2019.02.16.	2019.02.26.	2019.03.18. ~ 03.22.	2019.04.03. (*이후 철도적성검사 및 신체검사)
2018	하반기 신입사원 (일반직6급)	1,000	2018.07.10.	2018.07.25. ~ 07.27.	2018.08.03.	2018.08.25.	2018.09.05.	2018.09.17. ~ 09.20.	2018.10.04. (*이후 철도적성검사 및 신체검사)
	상반기 신입사원 (통합직6급)	1,000 일반(680) 고졸(320)	2018.02.14.	2018.03.05. ~ 03.07.	2018.03.15.	2018.04.14.	2018.04.23.	2018.04.30. ~ 05.04.	2018.05.10. (*이후 철도적성검사 및 신체검사)

| 채용공고 입사지원 | > | 서류검증 | > | 필기시험 | > | 면접시험 (인성검사 포함) | > | 철도적성검사 채용신체검사 | > | 정규직 채용 |

• 각 전형별 합격자에 한하여 다음 단계 지원 자격을 부여함.
• 사무영업(수송), 일반공채_토목(일반), 고졸전형_토목분야에 한해 필기시험 이후 면접시험 이전에 실기시험 시행

■ 입사지원서 접수
• 온라인 접수(방문접수 불가)

■ 서류검증
• 직무능력기반 자기소개서 불성실 기재자, 중복지원자 등은 서류검증에서 불합격 처리

▮ 필기시험

채용분야	평가 과목	문항 수	시험시간
일반공채	직무수행능력평가(전공시험) NCS직업기초능력평가(의사소통능력, 수리능력, 문제해결능력)	50문항 (전공 25문항+ 직업기초 25문항)	60분 (과목 간 시간 구분 없음)
고졸전형 보훈추천 장애인	NCS직업기초능력평가(의사소통능력, 수리능력, 문제해결능력)	50문항	60분

• 합격자는 증빙서류 검증이 완료된 자 중 필기시험 결과 과목별 40% 이상 득점자 중에서 두 과목의 합산점수와 가점을 합한 고득점자 순으로 2배수 선발
• 필기시험 결과는 면접시험 등에 영향이 없음.

▮ 면접시험 등

• 면접시험 : 신입사원의 자세, 열정 및 마인드, 직무능력 등을 종합평가
  ※ 면접시험에는 경험면접 및 직무 상황면접 포함
• 인성검사 : 인성, 성격적 특성에 대한 검사로 적격·부적격 판정(면접 당일 시행)
  ※ 부적격 판정자는 면접시험 결과와 상관없이 불합격 처리
⇨ 면접시험 고득점 순으로 합격자 결정. 단, 실기시험 시행 분야는 면접시험(50%), 실기시험(50%)을 종합하여 고득점 순으로 최종합격자 결정

▮ 철도적성검사 및 채용신체검사

• 사무영업, 운전 및 토목_장비분야에 한해 철도안전법에 따라 철도적성검사 시행
• 채용신체검사 불합격 기준

정규직 채용 시는 철도안전법시행규칙 및 공무원채용신체검사규정을 준용합니다.	
채용직무	신체검사 판정 기준
사무영업, 운전, 토목_장비	철도안전법시행규칙 "별표2"의 신체검사 항목 및 불합격 기준 준용
차량, 토목, 건축, 전기통신	공무원채용신체검사규정 "별표"에 따른 신체검사 불합격 판정기준 준용

• 철도적성검사 및 채용신체검사에 불합격한 경우 최종 불합격 처리

코레일 기출 유형분석

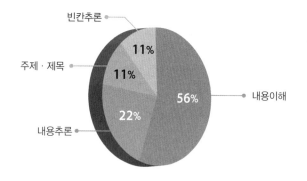

1 의사소통능력

의사소통능력에서는 제시된 글을 이해하는 문제, 제시된 글을 바탕으로 추론하는 문제, 제목 및 빈칸에 들어갈 내용을 찾는 문제 등이 출제되었다. 전기자동차, 공유자원, ASMR 등의 소재로 구성된 지문이 한 페이지 정도의 분량으로 제시되었다.

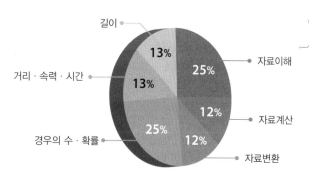

2 수리능력

수리능력에서는 응용수리와 자료해석이 4문제씩 고르게 출제되었다. 응용수리에서는 길이, 확률, 경우의 수 등의 문제가 2021년 상반기에 비해 쉬운 난도로 출제되었고, 자료해석은 2021년 상반기와 비슷한 난도로 출제되었다.

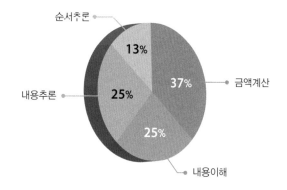

3 문제해결능력

문제해결능력에서는 제시된 자료를 바탕으로 금액을 계산하는 문제, 제시된 자료를 이해하고 추론하는 문제 등이 출제되었다. 이전 필기시험과 마찬가지로 타 영역과 결합된 문제가 지속적으로 출제되고 있어 대비가 필요하다.

>>> 2021년 상반기

1 의사소통능력

의사소통능력에서는 제시된 글을 읽고 알 수 있는 내용, 추론할 수 있는 내용을 묻는 문제가 가장 많이 출제되었고, 글의 제목이나 필자의 논지를 묻는 문제도 출제되었다. 대체 의학, 4차 산업혁명, 불면증, 첫인상 등 다양한 소재의 지문이 한 페이지 정도의 분량으로 길게 제시되었다.

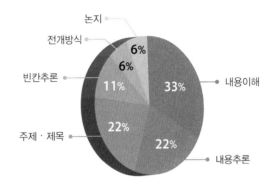

2 수리능력

수리능력에서는 이전에 출제된 거리 · 속력 · 시간, 수추리, 집합 등의 유형이 출제되지 않고 다소 낯설 수 있는 유형의 응용수리 문제가 출제되었다. 또한, 자료해석에서는 2개 이상의 자료가 제시되었으며, 자료변환 문제가 1~2개 정도 출제되어 빠른 계산을 요구했다.

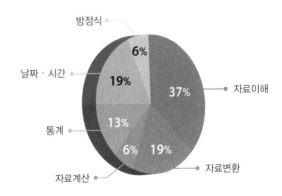

3 문제해결능력

문제해결능력에서는 제시된 조건을 바탕으로 추리하는 문제, 글을 읽고 추론하는 문제가 가장 많이 출제되었다. 이전 시험과는 달리 명제추리, 참 · 거짓 문제가 출제되지 않았으며, 의사소통능력이나 자원관리능력과 결합된 문제도 다수 출제되었다. 문제해결능력의 자료도 길게 제시되어 이에 대한 훈련이 필요하다.

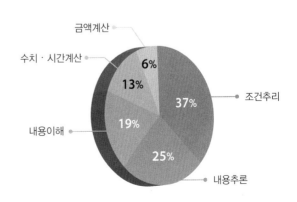

코레일 기출 유형분석

≫ 2020년 상·하반기

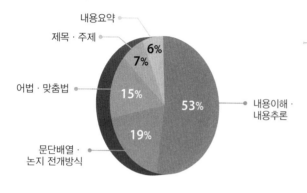

1 의사소통능력

의사소통능력에서는 내용이해 문제가 가장 많이 출제되었다. 도시철도, 제4차 산업혁명, 어린이 보호구역, 과학 지문 등이 제시되었으며 지문의 내용을 뒷받침하는 자료를 찾는 문제, 단어의 바른 표기, 발음 등을 묻는 문제도 출제되었다.

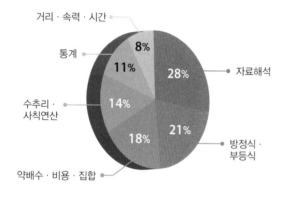

2 수리능력

수리능력에서는 수추리, 통계, 방정식, 자료해석 등의 유형이 고르게 출제되었으며 이전 필기시험에서 출제되지 않았던 시침과 분침 사이의 각도를 구하는 문제, Z-값 관련 문제, 사칙연산을 한 번씩만 사용하여 최댓값을 만드는 문제가 출제되기도 했다.

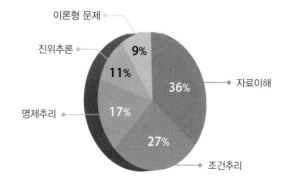

3 문제해결능력

문제해결능력에서는 자료를 이해하여 각 상황에 따른 결과를 추론하는 문제 유형의 출제 비중이 높았다. 이외에도 시간 추론 문제, 전제 찾는 문제, 브레인스토밍의 진행 방법과 같은 이론 문제도 출제되어 이에 대한 대비가 필요하다.

>>> 2019년 상 · 하반기

1 의사소통능력

의사소통능력에서는 내용이해와 어휘 · 어법 문제가 높은 출제 비중을 보였다. 어법, 단어의 의미를 묻는 문제가 다수 출제되었고 단어의 관계를 묻는 새로운 유형의 문제가 나왔다. 시기마다 출제 유형에 차이가 있으므로 한 쪽에 치우치지 않고 다양한 유형을 학습해 대비하는 것이 필요하다.

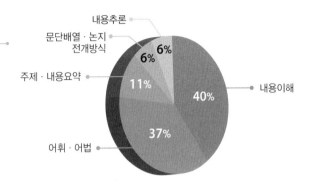

2 수리능력

수리능력에서는 자료이해, 자료계산 등의 자료해석 문제의 비중이 높았다. 방정식을 활용하여 인원, 개수, 횟수 등을 구하는 문제와 거리 · 속력 · 시간 등의 응용수리 문제가 출제되었으며, 2019년 하반기에는 2019년 상반기까지 출제되지 않았던 수추리 문제가 출제되기도 했다.

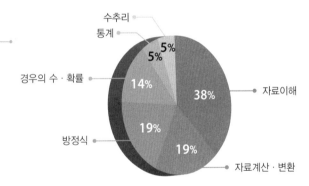

3 문제해결능력

문제해결능력에서는 자료를 이해하거나 활용하여 결과를 추론하는 유형이 가장 많이 출제되었으며 그 다음으로는 야유회에서 보물찾기, 꽃 전달하기 등 조건을 바탕으로 추론하는 문제가 많이 출제되었다. 에너지 절약 프로젝트, 회의록 등의 자료를 보고 푸는 복합문제, 논리적 오류 유형을 묻는 문제 등도 출제되므로 이에 대한 학습이 필요하다.

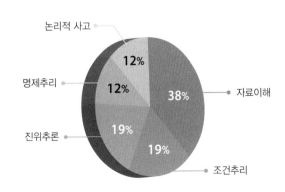

2021 하반기

(단위 : 점수)

구분		사무영업		운전		차량		토목		건축		전기통신
		일반	수송	일반	전동차	기계	전기	일반	장비	일반	설비	
전국권		–	–	–	–	–	–	–	–	80.93	70.9	–
권역별	수도권	80.72	75.13	–	65.4	–	–	73.2	–	–	–	72.98
	강원권	–	75.28	72.92				–				–
	충청권	78.48	72.85	–				65.73				70.48
	호남권	79.95	72.43		–			65.03				70.57
	대구경북권	–	–					66.98				72.87
	부산경남권	79.2	75.23					77.47				70.62
차량분야	수도권	–	–	–	–	89.22	82.4	–	–	–	–	–
	중부권					84.32	74.9					
	충청권					89.17	79.45					
	호남권					91.7	80.98					
	영남권					89.03	81.13					

2021 상반기

(단위 : 점수)

구분		사무영업		운전	차량		토목		건축		전기통신
		일반	수송	(전동차)	기계	전기	일반	장비	일반	설비	
전국권		–	–	–	–	–	–	85.59	68.67	66.82	–
권역별	수도권	–	67.87	64.49	–	–	55.9	–	–	–	59.82
	강원권		58.38				–				46.03
	충청권	69.32	62.55	–			42.8				57.05
	호남권	67.32	60.7				48.8				50.3
	대구경북권	–	–				46.05				53.2
	부산경남권	69.23	61.03				58.65				55.72
차량분야	수도권정비단	–	–	–	82.75	67.27	–	–	–	–	–
	대전정비단				81.68	64.93					
	호남정비단				81.52	63.72					
	부산정비단				84.63	68.53					

2020 하반기

(단위 : 점수)

구분	사무영업			운전	차량		토목	건축		전기통신
	일반	수송	IT		기계	전기		일반	설비	
수도권	81.15	78.82		61.67	77.47	69.36	56.97	83.07	—	57.16
중부권	83.48	74.55	—	—	—	65.31	41.99	—	47	49.7
충청권	81.30	77.49		70.25		64.95	43.61	65		48.30
영남권	81.48	76.22		71.99	79.35	69.03	52.35	—	—	55.7
호남권	—	75.56		68.55	71.87	—	45.15			43.38

2020 상반기

(단위 : 점수)

구분	사무영업			운전	차량		토목	건축		전기통신
	일반	수송	IT		기계	전기		일반	설비	
수도권	79.47	78.48	81.17	55.73	81.39	67.61	66.23	83.07	62.63	66.75
중부권	—	75.34		60.79	77.08	60.7	49.65			56.82
충청권	77.59	76.83	—	65.5	77.08	66.7	—	—	—	66.59
영남권	77.53	78.11		67.12	83.3	71.01				68.98
호남권	75.9	79.8		61.95	78.8	66.8	54.67			68.98

2019 하반기

(단위 : 점수)

구분	사무영업		운전	차량	토목	건축	전기통신
	일반	수송					
수도권	85.6	71.47	—	68.77	60.27	62.03	66.8
중부권		69.27	65.3	64	52.7	—	63.13
충청권	—	72.43	68.33	67.63	53.57		60.67
영남권		—	—	68.87	59.97	52.7	72.5
호남권		68.9	69.5	63.63	58.23	—	70

2019 상반기

(단위 : 점수)

구분	사무영업			운전		차량	토목	건축	전기통신
	일반	수송	IT	일반	전동차				
수도권	81.47	66.73	70.27	—	56.07	64.4	61.87	63.6	67.27
중부권	71.7	63.13		55.3		61.73	49.97	54.27	57.8
충청권	74.53	—	—	61.37	—	62.63	51.77	—	63.9
영남권	79.37	62.43		60		65.43	58.03	65.2	66.8
호남권	73.57	60.57		56.87		62	52.67	—	62.7

실전모의고사

제1회

1회 실전모의고사

▶ 정답과 해설 2쪽

01. 다음의 글을 읽고 홉스의 견해를 이해한 것으로 적절하지 않은 것은?

홉스 정치철학의 특징 중 하나는 인간이 자연 상태를 전쟁 상태로 정의하는 데 있다. 전쟁 상태라 하면 일단은 사생결단의 물리적 충돌을 의미하나 홉스는 이 정의에다 일종의 냉전이라 할 수 있는 적대 관계를 포함시켰다. 즉, 홉스는 쌍방 중 어느 쪽에게든 타방을 공격할 의도가 상존하고 따라서 어느 쪽이나 자기를 지키기 위해선 타방에 대한 경계를 늦출 수 없는 상태인 적대 관계 역시 전쟁 상태로 규정한 것이다.

직관적인 견지에 따르면 논리적으로 평화는 전쟁보다 우선된다고 한다. 전쟁과 평화를 양자의 관계 속에서 파악하면 전자는 당연히 후자의 부재로서 보일 것이다. 사실 이런 방식은 인간 본성에 대해 성선설의 관점을 취하고 있는 철학자들에게는 매우 매력적인 접근 방법이었으나 그것은 물론 홉스의 방식은 아니었다. 만인의 만인에 대한 전쟁 상태야 말로 자연 상태에서 인간의 생존 조건이라고 천명하고 있는 홉스에게선 전쟁이 평화에 대해 논리적으로 우선할 수밖에 없었다. 따라서 홉스는 논리적으로 우선하는 전쟁을 기초로 하여 평화란 전쟁이 부재하는 상황으로 정의하게 되었다.

인간의 자연 상태에 관한 이와 같은 그의 비관적 시각은 『리바이어던』 13장 9절에서 더할 나위 없이 극명한 필치로 기술되고 있으며, 또한 실제로 모든 홉스 연구자들은 이 문단을 그의 정치사상을 대표할 수 있는 구절로서 반드시 인용하고는 한다. "만인이 만인에게 적인 전쟁 상태에 수반되는 온갖 사태는 인간이 자신의 힘과 창의에 의해 얻을 수 있는 것 이외에는 다른 어떠한 보장도 없이 살아가야 하는 상태에 수반되는 사태와 동일하다. 이런 상태에선 근로가 자리 잡을 수 있는 여지가 없다. 근로의 과실이 불확실하니까 말이다. 따라서 토지의 경작도 항해도 존재할 수 없으며, 해로로 수입되는 물자의 이용, 편리한 건물, 다대한 힘을 요하는 물건의 운반이나 이동을 위한 도구, 지표면에 관한 지식, 시간의 계산, 기술, 문자, 사회 등 그 어느 것도 존재할 수 없는 것이다. 그리고 무엇보다도 나쁜 일은 끊임없는 공포와 폭력에 의한 죽음에 대한 위험이다. 이런 상태에서 인간의 삶은 고독하고 빈궁하고 더럽고 잔인하면서도 짧다."

① 홉스는 평화로운 상태가 논리적으로 우선시되고 그 다음으로 전쟁 상태가 뒤따라온다고 주장한다.

② 홉스가 말한 전쟁 상태는 사생결단의 물리적 충돌에 일종의 냉전이라고 하는 적대 관계가 포함된 상태이다.

③ 홉스가 말한 전쟁 상태에서는 타인이 내게 베푸는 그 어떠한 보장도 믿을 수 없다.

④ 만인이 만인에게 적인 전쟁 상태에서 믿을 수 있는 것은 자신뿐이다.

⑤ 홉스는 쌍방 중 어느 쪽에게든 타방을 공격할 의도가 상존하고 따라서 어느 쪽이나 자기를 지키기 위해선 타방에 대한 경계를 늦출 수 없는 상태도 전쟁 상태로 규정한다.

02. 다음 글을 참고할 때, 공유자원에 의한 시장실패를 막을 수 있는 예방책이 아닌 것은?

> 대부분의 재화는 시장 원리에 따라 소비자가 대가를 지불하고 공급자가 그 대가를 취득하는 방식으로 배분된다. 그러나 등대, 가로등과 같은 공공재나 깨끗한 공기, 바다 속의 물고기와 같은 공유자원은 재화를 이용하는 대가를 지불하지 않아도 되므로 시장 원리에 따라 재화가 효율적으로 배분되지 못한다. 이와 같은 경우를 시장실패라 하는데, 시장실패가 발생하면 이를 해결하는 데 드는 사회적 비용이 크기 때문에 사전에 예방하는 것이 중요하다. 그 방법은 재화의 성격에 따라 달라지므로 공공재와 공유자원을 명확하게 구분할 필요가 있다.
>
> 공공재는 배제성과 경합성이 없는 재화를 말한다. '배제성'이란 사람들이 재화를 소비하는 것을 막을 수 있는 가능성을 말하고, '경합성'이란 한 사람이 재화를 소비하면 다른 사람이 소비에 제한을 받는 속성을 말한다. 공공재가 배제성이 없다는 것은 재화를 생산하더라도 그것을 소비하는 데 드는 비용을 지불할 사람이 없다는 것이므로 누구도 공공재를 공급하려 하지 않는다. 따라서 정부가 사회적 비용과 편익을 따져 공공재를 공급해야 시장실패를 예방할 수 있다.
>
> 공유자원은 공공재와 같이 배제성이 없어 누구나 무료로 사용할 수 있지만, 경합성이 있는 재화이다. 따라서 '공유자원의 비극'이라는 심각한 문제를 야기하기도 한다. 만약 누구든지 자유롭게 사용할 수 있는 목초지가 있다면, 소의 주인들은 많은 소를 몰고 와서 풀을 먹이려고 할 것이다. 따라서 목초지가 훼손된다고 해도 이에 따른 불이익은 목초지를 이용하는 모든 소 주인들이 나누므로 크게 문제가 되지 않는다. 보다 큰 문제는 목초지의 풀이 제한되어 있다는 사실인데, 계속해서 많은 사람이 목초지를 이용하면, 결국 그 목초지는 기능을 상실한다.
>
> 공공재에 의한 시장실패는 정부가 공급 비용을 부담함으로써 쉽게 예방할 수 있다. 하지만 공유자원에 의한 시장실패는 위의 예와 같이 개인들이 더 많은 자원을 사용하려고 경합하는 데서 발생하기 때문에 재화의 경합성을 적절하게 조정하는 예방책이 필요하다. 정부가 특정 장비 사용을 제한하거나, 사용 시간 및 장소를 할당하고, 이용 단위나 비용을 설정하는 등 공유자원의 사용을 직접 통제하여 수요를 억제하거나 공유자원에 사유 재산권을 부여하여 공유자원을 관리하게 함으로써, 공유자원이 황폐화되는 것을 막는 방법이 있다. 이 점에서 통제 방식이나 절차, 사유 재산권 배분 기준에 대한 사회적 합의가 전제되어야 한다. 또한 공유자원을 사용하는 사람들에 대한 정부의 통제 능력과 개인의 사유재산 관리 능력을 확보하는 것이 성패의 관건이 된다.

① 야생동물을 보호하기 위해 정해진 구역에서만 수렵하도록 수렵 허가 지역을 운영한다.

② 치안에 대한 불안을 해소하기 위해 우범 지역마다 CCTV를 설치하여 범죄 발생을 예방한다.

③ 도심의 교통 혼잡 문제를 해결하기 위해 도시에 진입하는 차량들에 대해 통행료를 징수한다.

④ 어장이 황폐화되는 것을 막기 위해 바다 밑바닥을 훑으며 고기를 잡는 저인망 그물 사용을 금지한다.

⑤ 환경파괴를 막기 위해 국립공원 이용 예약제를 실시하고, 일부 등산로에 휴식년제를 도입한다.

03. 다음 글에서 필자가 생각하는 '그리스 수학'에 대한 설명으로 적절한 것은?

서양의 고전을 연구하는 고전문헌 학자들이 쓰는 단어 중에 '하팍스'라는 말이 있습니다. 하팍스 레고메나(hapax legomena)라는 말을 줄인 것인데, 고전문헌에 등장하는 여러 단어 중에서 한 번 혹은 매우 드물게 등장하는 단어를 가리키는 말입니다. 만약 지금까지 인류의 지성사 안에서 독특하게 빛나는 하팍스를 찾아본다면 아마도 많은 학자들이 주저하지 않고 고대의 그리스 세계를 꼽을 것입니다. 물론 그것이 하팍스가 될 만한 이유에 대해서는 조금씩 차이를 보입니다. 어떤 사람들은 고대 그리스인들이 많은 것들의 시작을 이루었다는 점을 강조합니다. 여러 면에서 실로 고대 그리스는 철학함의 시작이었고, 역사를 서술하는 첫 모범이었으며, 연설의 경연장과 불후의 극작품들이 처음 만들어진 곳이었습니다. 또 어떤 사람들은 고대 그리스인들이 우리의 삶에 남긴 광범위한 영향력에 주목합니다. 고대 그리스의 문화를 가리키는 가장 유명한 클리셰인 '서양 문명의 두 기둥을 이룬 헤브라이즘과 헬레니즘'이라는 표현처럼, 우리는 고대 그리스인들이 이룬 많은 것들에 빚을 지고 있기 때문입니다.

그러나 서양의 수학과 과학 고전을 연구하는 입장에서 고대 그리스 세계를 하팍스라고 부르는 것은 고대의 그리스인들이 상대적으로 아주 짧은 시간 동안에 폭발적인 혁신을 이루어 냈기 때문입니다. 16 ～ 17세기의 과학혁명을 제외하고는 과학사에서 고대 그리스의 과학적 성취와 비견할 만큼 압축적으로 성장한 시기를 찾기 어렵습니다. 우리에게 그리스 기하학은 낯익으면서도 낯선 수학으로 다가옵니다. 한편으로 그리스의 기하학이 낯익은 까닭은 우리가 배우는 평면과 공간 기하의 시작을 대부분 그리스의 기하학에서 가져왔기 때문입니다. 데카르트의 해석 기하학의 세례를 받은 현대의 우리에게는 각, 점, 선분, 면, 입체마다 그에 상응하는 수들을 대응시켜 왔습니다. 촘촘한 좌표평면 위에서 점에는 좌표가, 선분에는 길이가, 면에는 넓이가, 입체에는 부피를 나타내는 수들이 덧붙여집니다. 그래서 도형에 관한 우리의 탐구는 상당 부분 이미 대수적인 영역으로 전환이 되어 있습니다. 그렇다면 그리스인들은 왜 도형에 관한 논의를 수에 관한 논의로 환원시키지 않았을까요? 어떤 의미에서 이 질문은 고대 그리스 수학에 우리의 기준을 투영시킨다는 점에서 온당한 질문이 아닐 수 있습니다. 그러나 그리스 기하학에 수가 등장하지 않는 이유를 생각해 보면서, 그리스 수학자들이 수학에 어떤 식으로 접근했는지 좀 더 그들의 수학에 가까이 다가가게 됩니다.

고대 그리스의 지성 세계 안에서 수학자들은 다른 철학자, 극작가 혹은 연설가보다 상대적으로 소수의 무리에 속했습니다. 게다가 수학자들은 플라톤의 아카데메이아, 아리스토텔레스의 뤼케이움, 스토아학파처럼 어떤 학파를 이루지도 못했습니다. 비록 알렉산더 이후 헬레니즘 시대에 이르러 알렉산드리아를 중심으로 형성된 네트워크를 통해 서신으로 공부한 결과를 더러 공유하기는 했지만, 대개는 개별적으로 고립되어 수학을 공부하는 경우가 더 많았습니다. 또한 철학에 입문하기 위한 중요한 훈련 중 하나로 수학이 강조되기도 했지만 어떤 사람들은 수학에 대해서 매우 비판적인 입장을 취하기도 했습니다. 에피쿠로스학파가 수학의 대척점에 서 있던 대표적인 그룹이었습니다. 그래서 표현이 거칠기는 하지만 고대 그리스에서 수학을 업으로 삼는다는 것이 다른 선택지들보다 상대적으로 덜 매력적이었을 수 있었겠다는 생각도 듭니다.

1회 실전모의

2회 실전모의

3회 실전모의

4회 실전모의

5회 실전모의

6회 실전모의

7회 실전모의

8회 실전모의

그런 불리를 감수하면서도 수학자가 얻을 수 있는 유익은 무엇이었을까요? "놀라움을 줄 수 있는 것", 그것이 고대 그리스 수학자들이 수학을 공부함으로써 얻을 수 있는 유익이자 중요한 동기였습니다. 그들은 수학을 통해서 동료 그리스 시민들에게 "아주 그럴듯하지 않은 이야기"로 수학 밖에 있던 사람들에게 놀라움을 선사할 수 있다는 것이 수학의 핵심에 있었을 가능성이 있습니다.

놀라움은 고대 그리스의 지적 추구에서 중요한 한 축을 담당했습니다. 소크라테스가 활동하던 시대에 많은 소피스트들이 그랬던 것처럼 여러 지적 스승들이 경쟁하는 상황 속에서 더 충격적인 이야기를 꺼내 놓아야 했습니다. 누구나 이미 알고 있는 이야기를 따분하게 전하는 것으로는 매력적인 지성으로 주목받기 어려웠을 테니까요.

그리스 수학에서 놀라움의 효과를 더욱 극대화하기 위해서 그리스 수학자들은 도형들 간의 관계를 대수적인 관계로 환원시키지 않고 도형들 간의 관계로 남겨둘 필요가 있었을 것입니다. "3제곱과 4제곱을 더한 것이 5제곱과 같다."라고 말하는 것보다 "어떤 직각삼각형에서도 직각이 마주 보는 변을 한 변으로 갖는 정사각형의 크기는 직각을 끼고 있는 나머지 두 변을 각각 한 변으로 하는 두 정사각형의 크기를 더한 것과 같다."라고 말하는 것이 더 사람들의 눈길을 끌 만했을 것입니다. 사람들로 하여금 "설마 그것이 사실이겠어?"라는 반응을 불러일으킬만한 주장을 거침없이 만들 수 있었던 것이 그리스 수학의 힘이 아니었을까요?

① 고대 그리스 기하학이 대수적인 관계로 설명되지 않음을 묻는 일은 옳지 않다.

② 그리스 수학자들에게 중요했던 것은 새로운 사실의 발견 자체가 주는 순수한 학문적 기쁨이다.

③ 그리스가 수학적으로 하팍스인 이유는 소수의 분야임에도 탐구를 지속한 태도에 기인한다.

④ 도형의 문제를 도형으로 설명하는 방식은 당시 그리스 수학자들에게는 어쩔 수 없는 필연적인 선택이었다.

⑤ 그리스인들이 대수적인 방식을 적용하지 않은 이유는 데카르트에 와서 해석 기하학이 설립되었기 때문이다.

04. 다음 제시된 기사의 제목으로 적절한 것은?

전기자동차 시장 규모가 급격하게 확대되고 있다. COVID-19 팬데믹 여파로 자동차 시장이 침체한 상황에서도 전 세계 전기자동차 판매 규모는 전년 대비 45% 급증한 294만 3,172대에 달했다. 이런 가운데 오는 2030년까지 전 세계 약 2,000만 개의 전기자동차 충전시설이 구축될 것으로 전망되며, 이에 따라 구리 수요가 폭발적으로 증가할 것으로 보인다. 최근 우드매킨지(Wood Mackenzie)가 발표한 보고서에 따르면, 전기자동차 생산 확대보다 충전인프라가 늘면서 단기적으로 구리 수요 증가를 이끌 것으로 예상된다.

일반적으로 가솔린 승용차에는 주로 배선으로 약 20kg의 구리가 사용되고, 하이브리드 차에는 40kg, 완전 전기자동차에는 80kg이 사용된다. 차량의 크기가 커질수록 구리 수요량도 증가하는데, 전기 버스 보급이 늘수록 구리 사용량도 커지게 된다. 우드매킨지는 2040년까지 승객용 전기자동차에 매년 370만 톤 이상의 구리 소비를 유인할 것으로 내다봤다. 반면에 내연기관 차량에는 100만 톤 정도가 필요할 것으로 추산했다. 지금부터 2040년까지의 누적 수요도 내연기관차에 비해 500만 톤 많은 3,540만 톤에 달할 것으로 예상했다.

현재 차량에 사용되는 구리 수요는 가솔린차와 내연기관(ICE) 버스에 비해 전기 승용차와 전기버스가 차체 및 배터리 크기에 따라 각각 4배, 11 ~ 16배 많은 것으로 알려졌다. 이는 향후 10년 동안 전 세계 구리 수요가 300만 ~ 500만 톤가량 늘어날 것이라는 전망의 배경이기도 하다. 일단 전기자동차가 대중화되면 다른 친환경 기술이 부각되더라도 전기자동차만으로도 상당한 양의 새로운 구리 수요가 발생한다는 것이다. 하지만 차량보다는 충전 인프라용 구리 수요가 훨씬 클 것으로 예상된다. 우드매킨지는 2019년 1%에 불과한 세계 전기자동차 보급률이 2030년에 11%로 높아질 것으로 내다보면서, 전기자동차의 한계인 주행거리의 문제를 극복하기 위해 배터리 성능 개선과 함께 충전인프라 확충이 반드시 동반될 것으로 내다봤다.

이에 따라 공공 및 민간 부문의 적극적인 투자를 전제로 오는 2030년까지 2,000만 개의 전기자동차 충전소가 전 세계에 구축되고 이와 관련한 구리 수요는 2019년에 비해 250% 증가할 것으로 전망했다. 보고서에서는 북미 지역에서만 전기자동차 충전 인프라 구축에 2021년까지 27억 달러, 2030년에는 186억 달러가 소요될 것으로 예상했다. 이에 따라 충전 인프라가 확충되면 충전케이블 등에 구리 수요가 급증할 것으로 예상된다.

① 전기자동차 보급 확대의 배경
② 최근 국제사회의 구리 수요 변동 현황
③ 충전인프라 구축에 전력하는 전기자동차 사업
④ 자동차 산업 발전과 금속 자원 사례 변동 간의 관련 양상
⑤ 전기자동차 충전인프라 확충에 따른 구리 수요 급증 전망

05. 다음 글을 읽고 딥페이크 기술에 대해 보일 수 있는 반응 중 그 성격이 다른 하나는?

> 인공지능(AI)을 기반으로 한 이미지 합성 기술인 딥페이크(Deepfake)는 AI의 자체 학습 기술인 딥러닝(Deep Learning)에 가짜(Fake)라는 말을 덧붙여 만든 용어입니다. 본격적으로 쓰이기 시작한 건 2017년 말 해외 커뮤니티에서 딥페이크스(Deepfakes)라는 아이디를 쓰는 유저가 합성 포르노 영상을 게시하면서부터입니다. 이후 'FakeApp'이라는 무료 소프트웨어가 배포되면서 초보자도 쉽게 딥페이크 영상을 만들어 올리기 시작하게 되었습니다. 기술이 고도화되면서 점차 진짜와 구분하기 어려운 수준까지 발전하게 된 것이죠. 이제는 사진을 넘어서서 영상까지 합성이 가능하게 되어 우리는 또 철저히 의심해야 할 사항이 늘어났습니다.
>
> 이 딥페이크 기술의 원리는 바로 딥러닝과 GAN입니다. 먼저 딥러닝은 심화신경망을 활용해 기계학습을 한 방법론입니다. 즉, 컴퓨터가 사람처럼 생각하고 배우도록 하는 기계학습 기술로서 이미지검색, 음성검색, 기계번역 등 다양한 분야에 활용합니다. 그리고 두 번째는, 딥페이크의 핵심 알고리즘인 GAN입니다. GAN은 생성적 적대 신경망(Generative Adversarial Net)의 약자로, 두 신경망 모델의 경쟁을 통해 학습하고 결과물을 만들어 냅니다. 두 모델은 '생성자(Generator)'와 '감별자(Discriminator)'로 불리는데요. 이들은 상반된 목적을 가지고 있습니다. 생성자는 실제 데이터를 학습하고 이를 바탕으로 거짓 데이터를 생성하며 실제에 가까운 거짓 데이터를 생성하는 것이 목적입니다.
>
> 이와 다르게 감별자는 생성자가 내놓은 데이터가 실제인지 거짓인지 판별하도록 학습합니다. 진짜 같은 가짜를 생성하는 생성자와 이에 대한 진위를 판별하는 감별자 간의 경쟁을 통해 더욱 고도화된 진짜 같은 가짜 이미지를 만들 수 있는 것입니다. GAN은 이러한 작용을 통해서 사람의 눈으로는 실존 인물인지 가상인물인지 판별하기 어려운 수준의 사진을 제작하며, 과거에는 전문가가 포토샵 등을 이용해 일일이 작업해야 가능했던 일을 더 빠르고 쉽게 작업할 수 있게 하였습니다.
>
> 딥페이크 기술은 생산성을 높이고 과거 인물을 복원하는 등 긍정적인 활용도 있지만 현재는 부정적인 활용이 더 많이 나타나고 있다는 것을 부정할 수 없습니다. 딥페이크 기술을 악용하여 성인 영상물을 제작하거나 정치인들의 가짜뉴스를 제작하고, 음성 딥페이크를 통한 사기 행각이 벌어지는 등 피해 사례들이 속출하고 있습니다. 그중에서도 디지털 성범죄에 악용되는 사건이 자주 발생하였습니다. 딥페이크 영상 중 무려 98%가 포르노로 소비되고 있으며, 한국 여성 연예인은 이 중 4분의 1을 차지한다는 충격적인 조사 결과가 있기도 했습니다.

① 가짜 뉴스를 제작하여 정치적으로 악용될 우려가 높다.

② 신원 보호가 필요한 사람에게는 안전한 장치로 사용될 수 있다.

③ 최근 딥페이크 기술이 디지털 성범죄에 악용되어 논란이 일기도 했다.

④ 요즘은 여러 웹사이트나 SNS를 통해 인물의 이미지 데이터를 쉽게 모을 수 있어 디지털 범죄의 대상이 유명인에서 일반인에게까지 확장되고 있다.

⑤ 기술의 발달과 동시에 질서가 제대로 정립되지 않는다면 기술의 오남용으로 인한 피해가 심각해질 수 있다.

06. 다음 글을 통해 추론할 수 있는 내용으로 적절하지 않은 것은?

달걀은 개체 하나에 하나의 세포로 된 단세포로, 크게 노른자위(난황), 흰자위(난백), 껍데기(난각)로 구성되어 있다. 달걀의 대부분을 차지하는 흰자위는 약 90%가 물이고, 나머지 약 10%가 단백질이다. 단백질은 많은 종류의 아미노산이 결합된 거대 분자이며, 물을 싫어하는 소수성 사슬과 물을 좋아하는 친수성 사슬이 혼합되어 있다. 그런데 흰자위는 소량의 단백질이 많은 물에 녹아 있는 액체이다. 그러므로 흰자위 단백질 대부분은 구에 가까운 구조를 하고 있다. 이는 극성을 띤 물에서 안정하게 녹아 있으려면 단백질의 외부는 친수성 사슬로 내부는 소수성 사슬로 된 형태가 되고, 표면적을 최소화시켜 소수성 부분의 노출을 최대로 줄이는 구의 형태가 유리하기 때문일 것이다.

흰자위 단백질에서 가장 높은 비중을 차지하는 것은 오발부민으로, 비중은 약 60%다. 오발부민은 모두 385개의 아미노산으로 구성된 단백질로 알려져 있다. 다른 단백질과 마찬가지로 오발부민도 온도, pH 변화에 따라 변성이 된다. 삶을 때 단백질은 열에 의해 변성이 진행된다. 가열되면 구 모양의 단백질 내부로 많은 물 분자들이 강제로 침투하여 더 이상 소수성 사슬끼리 뭉쳐진 구 모양을 유지하기 힘들다.

열 혹은 물의 작용으로 구 단백질은 길게 펴지고, 그것은 근처에 위치한 또 다른 펴진 단백질과 상호작용이 활발해진다. 소수성 사슬들이 물과의 상호작용을 피해서 자기들끼리 서로 결속하기 때문에 단백질은 더욱 잘 뭉쳐져 젤 형태로 변한다. 열이 더 가해지면 젤 상태의 단백질 내부에 물리적으로 갇혀 있던 물 분자마저 빠져나오면서 더욱 단단한 고체로 변한다. 젤 형태의 반 고체만 되어도 반사되는 빛이 많아져 불투명한 상태가 된다. 달걀을 삶은 물이 간혹 흰자위의 찌꺼기로 혼탁한 경우가 있다. 그것은 온도에 의한 변성이 되기 전에 흰자위 단백질이 깨진 껍데기의 틈으로 흘러나온 후에 온도의 변성으로 형성된 찌꺼기가 떠돌아 다녀서 그렇게 되는 것이다. 그런 현상은 삶을 때 물에 약간의 소금을 첨가하면 예방이 가능하다. 물과는 달리 소금물에서는 틈으로 빠져 나온 흰자위 단백질이 곧 바로 염에 의해 변성이 되어 그 틈을 재빨리 메울 수 있다. 틈으로 흘러나온 구 단백질 겉면의 친수성 사슬은 나트륨이온 혹은 염소이온으로 인해서 순수한 물에 있을 때보다 더 활발한 상호작용이 일어난다. 그 결과 단백질 사슬이 더 펼쳐지면서 단백질 사슬끼리 소수성 상호작용이 강해져서 뭉쳐지면 틈을 메울 수 있다. 소위 말하는 단백질의 염석이 진행되어 깨진 틈을 막는 것이다. 두부를 만들 때 간수를 첨가하면 콩 단백질이 덩어리가 되는 것과 같은 이치이다.

노른자위는 루테인과 제아잔틴 같은 화학물질 때문에 색이 노랗다. 항 산화작용 능력을 갖춘 이 화학물질은 눈의 망막과 항반에 축적되어 눈을 보호해 준다. 짧은 파장의 가시광선 혹은 자외선 때문에 생성된, 눈 건강을 해치는 활성 산소(자유라디칼)를 없애 주는 고마운 물질이다. 또한 노른자위는 약 200밀리그램의 콜레스테롤과 약 5그램의 지방을 포함하고 있다. 아주 위험한 상태의 고지혈증 환자는 주의를 해야 되겠지만, 일주일 1 ~ 2회 달걀을 먹는다고 콜레스테롤 수치에 크게 영향을 줄 것 같지 않다. 왜냐하면 콜레스테롤의 약 80%는 먹은 음식을 원료로 간에서 자체 생산되며, 약 20%는 섭취한 음식에서 보충되기 때문이다. 하루에 간에서 생산되는 콜레스테롤의 양이 약 1,000밀리그램 정도이므로, 달걀에 포함된 양이 그렇게 많다고 볼 수는 없다. 콜레스테롤은 담즙산, 남성 호르몬, 여성 호르몬은 물론 세포막을 형성하고 유지하는 데 필수적인 물질로, 생리활성물질의 생산에 필요한 원료로 이용되고 있다. 심지어 피부에 햇볕을 쬐어 비타민 D를 형성하는 과정에도 콜레스테롤이 필요하다. 노른 자위의 단백질은 흰자위보다 조금 적지만, 지용성 비타민(A, D, E)은 흰자위보다 훨씬 더 많이 녹아 있다. 거의 물로 이루어진 흰자위에는 지용성 물질이 녹아 있기 힘들기 때문이다. 삶은 달걀의 노른자위 색이 검푸르게 변한 것을 간혹 볼 수 있는데, 대개 노른자위와 흰자위의 접점에서 형성된다. 색은 노른자위에 포함된 철 이온과 단백질의 분해로 형성된 황화이온이 반응하여 황화철이 형성되었기 때문이다. 흰자위 단백질에는 황을 포함한 아미노산인 시스테인이 포함되어 있다. 가열 변성된 흰자위의 단백질에서 형성된 황화수소 가스는 점점 내부로 들어간다. 왜냐하면 뜨거워져 이미 압력이 높은 흰자위에서 상대적으로 차가워서 압력이 낮은 노른자위로 가스가 이동하기 때문이다. 그리고 노른자위에 포함된 철 이온과 만나 화학반응이 일어나면서 황화철이 형성된다.

껍데기를 벗긴 삶은 달걀의 외형은 날달걀과 같은 타원형이 아니다. 대신 비교적 평평한 면이 보인다. 그것은 달걀 내부에 있던 공기가 삶을 때 빠져 나가지 못하고 흰자가 굳어지며 형성된 모양이다. 달걀을 삶을 때 온도를 급격히 올리면 달걀 내의 공기가 팽창하면서 껍데기가 깨진다. 그러나 서서히 가열하면 껍데기가 깨지는 것을 예방할 수 있다. 그 이유는 서서히 온도를 올리면 달걀 껍데기의 미세한 구멍으로 내부의 공기가 빠져나갈 수 있는 시간이 충분하기 때문이다. 그렇지만 달걀 껍데기(주성분이 탄산칼슘)의 두께가 균일하지 못한 경우에는 온도 증가에 따라 팽창 정도가 달라지므로 서서히 가열하더라도 껍데기가 깨질 수 있다. 냉장고에서 꺼낸 계란을 바로 삶지 말고 실온에 조금 두었다 삶으라고 하는데, 같은 이유다. 날달 걀에서 흰자위만을 분리해서 저어 주면 거품이 생긴다. 이것은 물리적인 힘으로 펴진 단백질이 공기를 둘러싸면서 작은 구 모양의 거품이 되기 때문이다. 거품을 만들 때 그릇에 기름이 있으면 거품의 안정성이 깨져 원하는 거품을 만들기 어렵다. 따라서 거품을 잘 만들려면 기름때가 없는 깨끗한 그릇에서 적절하게 젓는 것이 필요하다.

① 흰자위의 소수성 사슬이 결합되면 단백질이 뭉쳐져서 점차 단단한 상태로 변한다.

② 오발부민이 큰 비중을 차지하는 흰자위 단백질은 온도, pH의 변화에 따라 변성된다.

③ 흰자위의 대부분은 물로 이루어져 있기 때문에 비타민 A가 노른자위보다 적게 녹아 있다.

④ 삶은 달걀의 노른자위 색이 푸르게 변하는 것은 철 이온과 황화이온의 반응으로 형성된 황화철 때문이다.

⑤ 달걀을 삶을 때 온도를 급격하게 올리면 달걀 껍데기의 두께 차이로 인해 팽창이 불균형하게 발생하여 달걀이 깨지게 된다.

07. 다음 글을 이해한 내용으로 적절하지 않은 것은?

유튜브 마니아 문화쯤으로 여겨졌던 ASMR(Autonomous Sensory Meridian Response) 영상이 공중파 뉴스에까지 침투했다. 한국어로는 '자율 감각 쾌감 작용' 정도로 번역되는 ASMR은 오감을 자극해 심리적 안정감을 주는 감각적 경험을 일컫는다. 시각, 청각, 촉각, 미각, 후각 등 모든 분야에 적용되지만 흔히 발견할 수 있는 콘텐츠는 주로 소리에 초점이 맞춰져 있다.

ASMR이 학술적 근거를 갖고 있는 건 아니다. 2000년대 후반부터 생활 속 소음이 심리적 안정에 도움이 된다는 온라인 토론이 이어진 끝에 2010년 제니퍼 앨런이라는 회사원이 ASMR이라는 단어로 개념화한 것이다. 다만, 최근에는 ASMR의 인기가 유튜브를 넘어 대중문화 다방면으로 뻗어나가면서 학계에서도 이를 검증하려는 시도가 하나둘 생기고 있다. 영국 S대의 심리학과 연구팀이 발간한 저널이 하나의 예다. 이에 따르면 ASMR 실험 참가자 90%가 몸의 한 부분에서 저릿함을 느꼈으며 80%는 기분이 긍정적으로 바뀌는 경험을 했다.

이렇게 ASMR이 대중문화 각 분야로 퍼지는 배경엔 안정감에 대한 갈구가 있다는 게 전문가들의 중론이다. 김○○ K대 심리학과 교수는 "복잡한 사회를 살아가는 현대인은 부교감신경을 활성화하는 소리를 더 찾게 된다."고 ASMR 현상을 해석했다. 그의 설명을 이해하기 위해선 일단 교감신경과 부교감신경의 관계에 대해 살펴봐야 한다.

우리 몸에는 자율신경계가 있는데, 이는 생명 유지에 직접 필요한 기능을 무의식적으로 조절하는 체내 컨트롤 타워다. 이 자율신경계는 다시 교감신경계와 부교감신경계로 분류되며 서로 길항작용(생물체 내 상쇄작용)을 한다. 교감신경은 신체가 위기에 처할 때 활성화돼 체내 각 조직에 저장된 에너지원(포도당과 산소)을 인체 각 부위로 보내 신체가 민첩하게 대처할 수 있게 만든다. 반대로 부교감신경은 스트레스 상황이 종료된 후 활성화돼 긴장 상태였던 신체를 안정시킨다.

현대 사회는 개인에게 지속적이고도 고도의 집중된 경쟁을 요구하기에, 인간은 교감신경을 만성적인 흥분 상태에 두기 쉽다고 김 교수는 설명한다. 즉, 쉴 때에도 교감신경이 항상 흥분 상태에 놓여 있어 편안한 휴식을 취하지 못하는 상황이 빈번히 발생할 수 있다는 것이다. 불면증 환자의 급증은 이를 보여 주는 단면이다. 건강보험심사평가원 질병 통계 데이터를 보면 불면증으로 병원을 찾은 사람은 2012년 40만 4,657명에서 2014년 46만 2,099명으로 늘어났다. 급기야 2015년에는 50만 명을 돌파했고, 2016년에는 54만 2,939명으로 치솟았다. 4년 새 환자 수가 35%나 증가한 셈이다.

김 교수는 "이렇게 교감신경이 지나치게 활성화된 사람에게 인류가 원시시대부터 자연에서 편하게 들었던 소리를 들려주면 부교감신경이 강화될 수 있다."며 "바람 소리, 시냇물 소리, 바스락거리는 소리 등을 들려줬을 때 안정감을 느낄 수 있는 이유"라고 ASMR의 인기 요인을 풀이했다.

유튜브, 인스타그램 등 소셜 네트워크 서비스(SNS) 이용자가 늘어나면서 이용자들의 취향이 파편화, 개별화되는 흐름의 일환으로 해석하는 시각도 있다. 영상을 본다는 것이 메시지를 보내는 것만큼 쉬워지다 보니 과거보다 영상 콘텐츠에 대한 접근성이 크게 높아졌다. 정신적

인 피로를 호소하는 사람들이 안정감을 취하기 위해 ASMR 콘텐츠를 찾는 것도 그만큼 편해
졌기 때문이다.

　향후에는 ASMR 안에서도 장르가 세분화될 것으로 보인다. 특히 실시간 양방형 소통이 가
능한 SNS 특성상 시청자의 욕구가 보다 정확히 반영될 것이다. 보다 다양한 감각으로 ASMR
이 분화하는 흐름도 보인다. 최근 TV 프로그램들은 소리뿐만 아니라 영상도 편안함을 느낄
수 있도록 연출하는 데 초점을 맞췄다. ASMR이 청각적으로 집중하지 않고 멍한 상태로 쉬는
행위에서 시각적인 행위로 확장되고 있는 것이다. 최근 손으로 만지기 좋은 장난감이 인기를
끌고 있는 것처럼 다양한 감각을 활용한 ASMR 파생 콘텐츠가 나올 것으로 전망된다.

① ASMR은 평상시에는 집중하지 않으면 잘 들을 수 없는 자연 속 소리들도 그 대상이 된다.
② 현대인들은 스트레스 상황에 대해 신체가 민첩하게 대처할 수 있게 만드는 소리를 듣는 것을
　 선호한다.
③ ASMR 실험 참가자의 절반 이상이 해당 실험 진행 중 긍정적인 기분을 겪었다.
④ 불면증 환자에게 바람 소리, 비 소리 등을 들려주면 부교감신경을 강화시켜 안정감을 느끼게
　 할 수 있다.
⑤ 향후에는 ASMR이 보다 다양한 감각으로 확장될 여지가 있다.

08. 다음 글의 문맥을 고려할 때 (가) ~ (마)에 들어갈 내용으로 적절하지 않은 것은?

언론의 여러 기능 가운데 하나는 (가) 사용하는 일이다. 표준어를 사용하는 이유, 비속어를 쓰지 않는 이유 모두 국민의 언어생활에 지대한 영향을 미치는 공적 기관으로서 국어를 아름답게 지키기 위함이다. 미디어는 알게 모르게 여러 사람에게 영향을 미친다. 그만큼 국민 언어생활에 미치는 영향은 막대하므로 언론은 언어사용에 각별히 주의를 기울여야 한다.

먼저 언론은 (나)부터 삼가야 한다. 선거나 스포츠 경기 혹은 각종 경쟁 상황을 보도하는 걸 보면 전투 중계를 방불케 한다. 어느 신문에 선거 보도에는 '화약고', '쓰나미' 등 살벌한 용어가 등장한다. 같은 시기 다른 신문 기사에도 '쿠데타', '융단폭격', '고공폭격' 같은 전쟁 용어가 수시로 등장한다. 스포츠 보도는 더 노골적이다. 경기를 치르는 곳은 '결전지', 선수들은 '전사'다. 이기면 '승전보'요, 첫 골을 넣으면 '신고식'이다. 외국 축구 국가대표 명칭은 아예 다 군대 이름이다. '전차부대', '무적함대', '오렌지 군단', '바이킹 군단'식이다. 정치나 스포츠가 아니더라도 '물 폭탄', '세금 폭탄', '입시 전쟁'처럼 군사 언어가 일상화돼 있다. 언론에서부터 일상까지 전투 용어가 일반화된 것은 우리 아픈 역사와 무관하지 않다. '황국신민', '내선일체'를 강조하며 모든 걸 전쟁으로 내몰았던 일제강점기, 그리고 한국전쟁과 군사정권을 거치면서 전쟁이나 군사 용어가 아무렇지 않게 일상 언어까지 지배하게 됐다. 이제 조국은 해방됐고, 군부독재도 끝이 났다. 우리는 평화를 갈구한다. 미디어가 전쟁, 군사 용어를 마구 쓰면 개인의 언어생활에 (다) 소지가 있다. 아이들에게도 좋지 않은 영향을 미칠 수 있다.

두 번째로 언론은 (라)을/를 삼가야 한다. 건국 100주년을 맞는 대한민국은 명실상부 민주공화국이다. 그런데도 이러한 표현을 정치·보도에서 버젓이 쓰고 있다. 대표적인 말이 '대권'이다. '대권 주자', '대권 후보'처럼 대권을 사실상 대통령과 같은 뜻으로 쓰고 있다. 하도 보편화되어서 이제 우리말 사전에도 '대권(大權)'은 '나라의 최고 통치권자인 국가원수가 국토와 국민을 통치하는 헌법상의 권한'이라고 설명한다. 그러나 정작 우리 헌법에는 '대권'이라는 말이 없다. 대권을 헌법에 표현한 것은 오히려 일본이다. 그것도 구헌법으로 '대권'을 '구헌법에서 천황이 행하는 통치권'이라고 설명한다. 현행 일본 헌법에도 나오지 않는다는 뜻이다. 일본의 한 국어사전도 '대권'은 '메이지 헌법에서 볼 때, 넓은 뜻으로는 천황이 국토나 인민을 통치하는 권한', 즉 통치권을 뜻한다고 되어 있다. 또한 '대권'은 과거 왕이 집권하던 시절에 사용되던 단어로 특수하고 예외적인 상황에서 임시적인 정당성을 가지는 행위규범이다. 이러한 왕의 대권은 상황성을 전제로 한 것이기 때문에 일정하고 불변적인 행위규범을 가지지 못하며 그때마다 다른 행위양식으로 나타나는 특성이 있다. 따라서 이 같은 시대착오적인 표현을 언론에서 사용하는 것은 지양해야 한다.

세 번째로 언론은 (마) 언어를 사용해야 한다. 신문이나 방송이 가장 자주 쓰는 '논란'이라는 말의 오남용 문제는 심각하다. 말 자체는 틀린 게 없지만 거의 모든 사안을 논란으로 몰아가는 것은 사실관계만 객관적으로 전해야 하는 언론의 절제 원칙에 맞지 않다.

1회 실전모의

2회 실전모의

3회 실전모의

4회 실전모의

5회 실전모의

6회 실전모의

7회 실전모의

8회 실전모의

특히 언론이 자주 쓰는 서술어에 기자 주관이 지나치게 드러나는 경우가 있다. 우리말은 서술어 하나로도 어감이 확 달라지는 경우가 많기 때문에 더 주의를 기울일 필요가 있다. 가장 큰 적은 '관계자' 같은 익명 취재원과 '알려졌다'처럼 모호한 서술어의 남용이다. 이런 형식의 기사는 정보 접근이 어렵고 취재원도 노출을 꺼리는 정치·법조·외교안보 분야에서 자주 눈에 띈다. 모호한 서술어는 언론의 편향을 드러내고, 독자를 가르치려 하다는 느낌을 줘 기사의 신뢰를 떨어뜨린다. '판단된다', '풀이된다', '점쳐진다', '관측된다', '읽힌다'처럼 행위의 주체가 없는 피동형 서술어로 끝맺는 기사가 대표적이다. '평가다', '진단이다', '지적이다', '전망이다' 같은 간접인용 서술도 누가 그런 평가나 지적을 하는지 불분명하다. '지적이 나온다', '관심이 쏠리고 있다', '비판이 나온다' 등도 기자의 생각을 일반화하려는 인상을 줄 수 있다.

① (가) : 단어를 올바르게
② (나) : 전투적인 보도 표현
③ (다) : 부정적인 영향을 미칠
④ (라) : 보편화된 언어 사용
⑤ (마) : 단어 선택에 주의하여 객관적인

09. 다음 글에서 설명하는 박쥐에 대한 추론으로 적절한 것은?

신종 코로나바이러스 감염증의 병원체가 박쥐에서 발견된 바이러스와 거의 일치한다는 과학자들의 유전체(게놈) 분석 결과가 나오면서 박쥐에 관심이 쏠리고 있다. 캄캄한 동굴과 어두워진 밤하늘을 좋아하는 동물, 포유류 가운데 날개를 퍼덕여 나는 유일한 동물인 박쥐는 진화 역사가 가장 오랜 포유류 가운데 하나다. 지난 1억 년 동안 극지방을 뺀 세계 곳곳에 퍼져 1,200여 종으로 진화했다. 포유류 종의 약 20%를 차지할 만큼 다양하다. 박쥐는 여러 동물 가운데서도 뛰어난 슈퍼파워를 지니고 있다. 몸집에 견주어 오래 살아 바이러스가 오래 머물 수 있고, 종종 거대한 무리를 이뤄 한 개체에 감염된 바이러스가 쉽사리 다른 개체로 옮아간다. 멕시코꼬리박쥐는 서식지 한 곳에 100만 마리의 큰 무리를 이루곤 하는데, 밀도가 m²당 300마리에 이른다. 도시의 건물과 시설물에 깃들고 멀리 날 수 있는 능력도 인수공통감염병을 퍼뜨리기 용이한 특징이다.

특히 비행 능력은 박쥐가 세계 구석구석까지 퍼져나가 다양하게 분화한 원동력이지만 동시에 수많은 바이러스를 몸속에 지니면서도 거의 병에 걸리지 않는 비결과 관련 있다고 과학자들은 본다. 토마스 시어 미국 지질조사국 생물학자 등은 2014년 과학저널 '신종 감염병'에 실린 논문에서 '날아가는 박쥐의 높은 체온이 다른 포유류가 감염 때 보이는 발열반응과 비슷하기 때문에 병에 걸리지 않고 다수의 바이러스를 보유할 수 있다'는 가설을 제안했다. 연구자들은 나아가 "박쥐에서 다른 포유류로 흘러넘친 바이러스가 강한 병원성을 나타내는 것도 박쥐의 고온 조건에서 생존하는 능력이 있기 때문"이라고 설명했다.

그러나 최근 과학자들은 단지 체온뿐 아니라 박쥐의 면역체계 자체가 독특하다는 데 주목한다. 비행하려면 많은 에너지를 써야 하고 몸의 신진대사가 빨라져 유해산소도 많이 발생한다. 이런 비행 스트레스 때문에 세포 안에는 손상된 DNA 조각이 생기는데, 보통 포유류라면 이를 외부에서 침입한 병원체로 간주해 염증 등 면역반응을 일으킨다. 그러나 박쥐는 달랐다.

저우 펑 중국 우한 바이러스학 연구소 미생물학자 등 중국 연구자들은 2018년 과학저널 '세포 숙주 및 미생물'에 실린 논문에서 "박쥐는 바이러스에 대항하는 면역력을 병에 걸리지 않을 정도로 약화해 지나치게 강한 면역반응을 피한다."고 밝혔다. 지나친 면역반응은 종종 병으로 이어진다. 박쥐는 면역체계의 과잉반응과 바이러스의 악영향을 동시에 누르는 균형을 절묘하게 잡는다는 것이다.

박쥐의 또 다른 특징은 오래 산다는 것이다. 관박쥐 등은 30년 이상 산다. 이는 일반적으로 몸이 클수록 오래 산다는 포유류의 일반적 경향과 어긋난다. 쥐의 절반 무게이면서 쥐보다 10배 오래 사는 장수의 비결은 무엇일까. 안 미대 등 싱가포르의 한 의대 연구자들은 지난해 '네이처 미생물학'에 실린 논문에서 "박쥐의 면역 억제가 노화를 늦추는 구실을 한다."고 밝혔다. 다시 말해 비행에 따른 감염을 억제하는 쪽으로 진화했는데, 그 과정에서 노화를 막는 효과를 부수적으로 얻었다는 것이다.

신종 감염병의 약 75%는 인수공통감염병이고, 야생동물에서 건너오는 신종 바이러스가 늘어나고 있다. 바이러스의 자연적인 저수지 구실을 하는 박쥐에서 비롯하는 감염병이 늘어날 것이란 전망이 많다. 이번 우한의 신종 코로나바이러스 감염병이 발생하기 전인 지난해 과학저널 '바이러스학'에 낸 리뷰 논문에서 싱가포르 연구자들은 "이제까지 검출된 박쥐 바이러스의 엄청난 다양성과 폭넓은 지리적 분포로 볼 때 이들이 일으키는 세계적 발병사태가 점점 더 늘어날 것은 거의 분명하다."며 "박쥐란 생물에 대한 이해가 이제 시작 단계여서 박쥐와 인간의 평화로운 공존까지는 아직 갈 길이 멀다."고 밝혔다.

박쥐는 신종 인수공통감염병의 원천이기도 하지만 인류에게 꼭 필요한 생태적 기능도 한다. 바나나, 아보카도, 망고 등의 꽃가루받이를 하고 다양한 열대식물의 씨앗을 퍼뜨린다. 훼손된 열대림 복원에 큰 구실을 하며, 많은 양의 농업 해충을 잡아먹기도 한다. 유엔식량농업기구(FAO)는 2011년 발간한 박쥐와 신종 인수공통감염병 관련 편람에서 "생태와 보전, 공중보건의 이해 사이에 균형을 잡아야 한다."고 강조했다.

① 박쥐의 침입한 병원체에 대하여만 강한 면역반응을 일으킨다.
② 박쥐의 비행능력, 체온, 면역체계는 수명에 영향을 미치지 않는다.
③ 박쥐는 수많은 바이러스를 많이 보유하고 있기 때문에 병에 잘 걸린다.
④ 박쥐가 바이러스를 많이 보유하는 이유에는 무리생활과 더불어 긴 수명도 포함한다.
⑤ 박쥐가 무리를 지어 사는 습성은 박쥐가 병에 걸리지 않는 이유와 관련이 있다.

2회 실전모의

3회 실전모의

4회 실전모의

5회 실전모의

6회 실전모의

7회 실전모의

8회 실전모의

10. 다음 〈조건〉을 참고할 때, 오늘 현재 시간 이후로 K가 마실 수 있는 인스턴트커피와 핸드드립 커피의 잔 수로 가능한 경우의 수는 모두 몇 가지인가? (단, 인스턴트커피 0잔, 핸드드립 커피 0잔을 마시는 경우도 경우의 수에 포함시킨다)

조건

- K는 현재까지 200mg의 카페인을 섭취했다.
- K는 하루에 카페인 섭취량이 400mg 이하가 되도록 커피를 마신다.
- K가 마시는 인스턴트커피에는 50mg의 카페인이 함유되어 있다.
- K가 마시는 핸드드립 커피에는 75mg의 카페인이 함유되어 있다.

① 9가지   ② 10가지   ③ 11가지
④ 12가지   ⑤ 13가지

11. 다음은 어느 가전제품 회사에서 만든 TV에 관한 정보이다. 이 TV의 가로 길이와 세로 길이의 차이는 몇 cm인가?

- TV의 크기는 40인치이다.
- TV는 가로 길이와 세로 길이의 비가 4 : 3인 직사각형 모양이다.
- TV의 크기는 대각선 길이를 인치(in)로 나타내며, 편의상 1in는 2.5cm로 계산한다.

① 20cm   ② 25cm   ③ 30cm
④ 35cm   ⑤ 40cm

12. 등산 동호회에서 다음과 같이 A 코스로 정상까지 올라갔다가 B 코스로 내려왔다고 할 때, A 코스의 거리는 몇 km인가?

> • A 코스로 산 입구에서 정상까지 올라갈 때는 시속 1.5km로 이동했다.
> • B 코스로 정상에서 산 입구까지 내려올 때는 시속 4km로 이동했다.
> • 정상에서 30분 동안 휴식했으며, 총 소요 시간은 6시간 30분이었다.
> • A 코스와 B 코스의 거리는 총 14km이다.

① 4km   ② 5km   ③ 6km

④ 8km   ⑤ 10km

13. 다음은 어느 기업에 근무하는 직원에 대한 정보이다. 이 기업 직원 중에서 임의로 선택한 직원이 신입 직원이면서 남성일 확률은?

> • 전체 직원 중에서 임의로 선택한 직원이 신입 직원이 아닐 확률은 0.80이다.
> • 기존 직원 중에서 임의로 선택한 직원이 여성일 확률은 0.60이다.
> • 전체 직원 중에서 임의로 선택한 직원이 남성일 확률은 0.40이다.

① 0.08   ② 0.2   ③ 0.32

④ 0.4   ⑤ 0.6

1회 실전모의
2회 실전모의
3회 실전모의
4회 실전모의
5회 실전모의
6회 실전모의
7회 실전모의
8회 실전모의

[14 ~ 15] 다음 자료를 바탕으로 이어지는 질문에 답하시오.

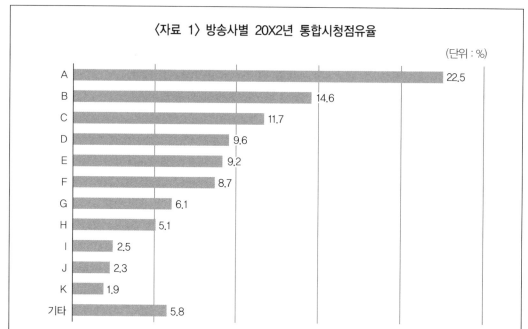

〈자료 1〉 방송사별 20X2년 통합시청점유율

(단위 : %)

A 22.5
B 14.6
C 11.7
D 9.6
E 9.2
F 8.7
G 6.1
H 5.1
I 2.5
J 2.3
K 1.9
기타 5.8

※ 통합시청점유율은 N 스크린(스마트폰, PC, VOD) 시청기록 합산 규정을 적용한 시청점유율을 말하며, 시청점유율은 전체 텔레비전 방송의 총 시청시간 중 특정 채널의 시청시간이 차지하는 비율을 말한다.

〈자료 2〉 20X1 ~ 20X2년 방송사별 기존시청점유율(N 스크린 미포함) 비교

(단위 : %)

구분	A	B	C	D	E	F	G	H	I	J	K
20X1년	25	12.6	12.1	8.4	9	8.5	5.8	5	2.4	2.3	2.2
20X2년	25	12.5	11	10	8	8	6	5.2	2.5	2.4	2

14. 다음 중 자료에 대한 설명으로 옳은 것은?

① 20X2년 통합시청점유율 상위 3개 방송사가 전체의 50% 이상을 차지한다.

② 기존시청점유율 순위가 20X1년 대비 20X2년에 상승한 방송사는 2개이다.

③ 20X2년 기존시청점유율이 전년 대비 5% 이상 증가한 방송사는 D 방송사뿐이다.

④ 20X2년에 기존시청점유율보다 통합시청점유율이 더 높은 방송사는 4개이다.

⑤ 20X2년 기존시청점유율이 전년 대비 감소한 방송사는 그 해 통합시청점유율이 기존시청점유율보다 높다.

15. 다음은 N 스크린 시청기록이 미치는 영향을 계산하여 크기순으로 나타낸 그래프이다. (가) ~ (마)에 해당하는 방송사와 수치를 바르게 나열한 것은?

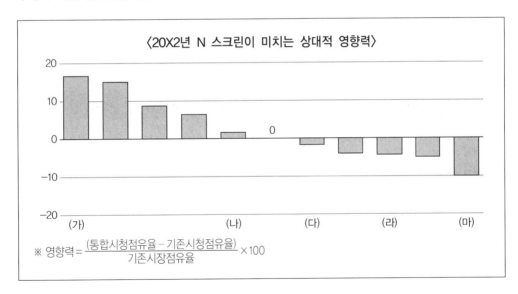

〈20X2년 N 스크린이 미치는 상대적 영향력〉

$$※\ 영향력 = \frac{(통합시청점유율 - 기존시청점유율)}{기존시장점유율} \times 100$$

① (가) : B, 16.3%

② (나) : C, 1.5%

③ (다) : H, −1.9%

④ (라) : K, −5%

⑤ (마) : J, −10%

[16 ~ 17] 다음 자료를 바탕으로 이어지는 질문에 답하시오.

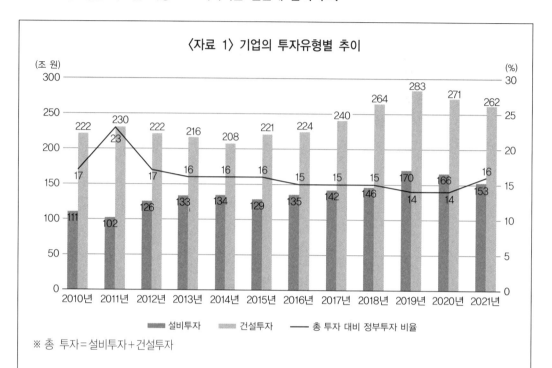

〈자료 1〉 기업의 투자유형별 추이

※ 총 투자＝설비투자＋건설투자

〈자료 2〉 기업의 사내보유 · 설비투자 · 연구개발 금액 추이

(단위 : 조 원)

구분	2003년	2012년	2014년	2016년	2018년	2020년	2021년
사내보유	168	597	573	571	750	808	821
설비투자	76	126	134	135	146	166	153
연구개발	18	46	58	67	73	86	90

16. 다음 중 자료에 대한 설명으로 옳은 것은?

① 2021년 정부투자 금액은 65조 4,000억 원 미만이다.

② 2003년부터 2021년까지 기업의 연구개발 금액의 연평균 증가량은 4조 원이다.

③ 2019년 이후 설비투자, 건설투자, 총 투자 대비 정부투자 비율은 모두 감소하고 있다.

④ 〈자료 2〉에 제시된 기간 중 2003년을 제외한 모든 연도의 사내보유 금액은 항상 건설투자 금액의 3배 이상이다.

⑤ 〈자료 2〉에 제시된 기간만을 고려할 때, 사내보유 금액의 증감 패턴은 설비투자 금액의 증감 패턴과 반대 양상을 보인다.

17. 다음 중 빈칸 A, B, C에 들어갈 수치의 대소 관계로 옳은 것은?

> • 2019년과 2020년의 사내보유 금액의 전년 대비 증가율이 동일할 경우, 2019년의 사내보유 금액은 (A)조 원이다.
> • 2021년 총 투자액은 2011년 총 투자액의 (B)%이다.
> • 2003년부터 2010년까지 매년 일정량만큼 설비투자 금액이 증가할 경우, 2006년의 설비투자 금액은 (C)조 원이다.

① A>B>C   ② A>C>B   ③ B>A>C

④ B>C>A   ⑤ C>A>B

18. 다음 자료와 〈원산지 및 가격 확정과 관련된 목표〉의 1, 2를 참고할 때 음식의 원산지 및 가격에 대해 K 한식당 대표가 내릴 수 있는 의사결정으로 적절하지 않은 것을 〈보기〉에서 모두 고르면?

(가) K 한식당 메뉴

불고기 9,000원(수입 소고기, 수입 양파)	김치찌개 8,500원(수입 돼지고기, 수입 김치)
불고기 12,000원(수입 소고기, 국산 양파)	김치찌개 10,000원(수입 돼지고기, 국산 김치)
불고기 16,000원(국산 소고기, 국산 양파)	김치찌개 12,800원(국산 돼지고기, 수입 김치)

(나) 식재료 원산지에 따른 맛 조사 결과

종류	식재료	매우 맛있다	맛있다	보통이다	맛이 없다
김치찌개	국산 돼지고기	31%	30%	28%	11%
	국산 김치	28%	32%	30%	10%
	수입 돼지고기	14%	18%	36%	32%
	수입 김치	13%	20%	30%	37%
불고기	국산 소고기	28%	29%	22%	21%
	국산 양파	27%	22%	40%	11%
	수입 소고기	18%	18%	42%	22%
	수입 양파	13%	22%	30%	35%

※ '매우 맛있다'와 '맛있다'를 더하여 50% 이상이 되지 않으면 해당 메뉴는 맛이 있다고 판단하지 않는다.

(다) 식당을 판단하는 기준(고객 응답, 150명)

Q1. 식당을 고를 때 가장 중요한 것을 정해 주세요.

구분	1위	2위	3위
항목	맛	저렴한 가격	많은 양
응답률	48%	33%	19%

Q2. 질문에 '그렇다', '아니다'로 응답해 주세요.

질문	그렇다	아니다
맛이 더 있다면 가격이 인상되어도 괜찮다.	49%	51%
가격이 인상되는 것이 양이 줄어드는 것보다 낫다.	28%	72%
국산 식재료를 사용하는 것이 무엇보다 중요하다.	33%	67%

---보기---

㉠ 목표 1과 자료 (나)만을 참고한다면, 김치는 국산으로 할 것이다.

㉡ 목표 1과 자료 (나), (다)만을 참고한다면, 소고기는 국산으로 하되 가격 인상 폭은 최소화할 것이다.

㉢ 목표 2와 자료 (가), (다)만을 참고한다면, 식재료의 변동 없이 음식의 가격을 인상하고, 양을 조정하는 방향으로 진행할 것이다.

① ㉡　　　　　　② ㉢　　　　　　③ ㉠, ㉡

④ ㉠, ㉢　　　　　⑤ ㉡, ㉢

19. 기술개발팀 N 사원은 〈필수 참여 세미나 목록〉에 해당되는 세미나에 반드시 참석해야 한다는 지시를 받고 숙박을 고려하여 출장 일정을 계획하고 있다. N 사원이 세미나에 참석하기 위해 필요한 최소 출장비용은? (단, 아침식사는 숙박 시 반드시 먹는다고 가정한다)

〈열차 신기술 특허 세미나 일정〉

일시	8월 3일	8월 4일	8월 5일	8월 6일	8월 7일
09:00 ~ 12:00	개회식	환경마크 인증 심사	기술개발 실전사례	신기술 시장예측	기업부설 연구소 안내
12:00 ~ 14:00	점심식사				
14:00 ~ 18:00	특허의 이해와 활용	안전 기술	고속열차와 사회문제	특허전략 A-Z	폐회식
18:00 ~ 20:00	환영회	저녁 만찬	와인 파티	저녁 만찬	–

〈K사 정문 출발 - ○○홀행 버스 시간표〉

일자	버스번호	출발시간	도착시간	소요시간	가격(원)	비고
8월 3일	101	07:00	08:00	1시간	40,000	경유 없음
	102	18:00	20:00	2시간	29,000	E시 경유
8월 4일	201	07:00	08:30	1시간 30분	45,000	E시 경유
8월 5일	301	08:30	13:00	4시간 30분	20,000	E, F시 경유
8월 6일	401	06:00	09:10	3시간 10분	30,000	E시 경유
	402	15:00	18:00	3시간	35,000	F시 경유

〈출장 비용 기준〉

1. 점심 및 저녁식사 비용, K사로 돌아오는 교통편은 세미나를 주최하는 기업에서 전액 제공하므로 출장 비용에 포함되지 않는다.
2. 세미나 주최 측의 보안 요청에 의해 한 사람이 동일한 숙소에 2박 이상 체류하는 것을 금지한다.
3. 숙소는 ○○홀과 가까운 다음 네 곳으로 제한한다.

숙박 장소	조식비(원)	숙박비(원)	○○홀과의 거리(도보)
그랜드 호텔	3,000	32,000	20분
호텔 주성	2,500	29,500	10분
호텔 에어포트	4,000	31,500	15분
포스타 호텔	4,500	35,000	5분

<필수 참여 세미나 목록>

- 환경마크 인증 심사
- 고속열차와 사회 문제
- 특허전략 A-Z or 특허의 이해와 활용 중 택 1

① 96,000원   ② 107,000원   ③ 110,000원
④ 112,000원   ⑤ 124,000원

2회 실전모의
3회 실전모의
4회 실전모의
5회 실전모의
6회 실전모의
7회 실전모의
8회 실전모의

20. 다음 글을 바탕으로 〈그림〉의 A ~ E에 대하여 이해한 내용으로 적절한 것은?

온돌은 아궁이, 고래, 개자리, 연도, 굴뚝으로 구성되는데, 특히 고래를 어떠한 형태로 만들었는가에 따라 연료의 소비량과 실내 보온에 크게 영향을 미친다. 온돌은 방바닥을 골고루 덮혀 주고, 습기가 차지 않도록 하여 인간이 거주하기에 가장 적합한 환경을 만드는 방바닥 축조법이다. 아궁이와 방, 개자리, 고래의 형태 등에 따라 다음과 같이 분류된다. 먼저, 아궁이와 방의 기능에 따라 분류할 수 있는데, 남부 지방에 많은 '한 아궁이에 한 방 온돌'과 추운 지방에 많은 '한 아궁이 여러 방 온돌', 그리고 아주 추운 북부 지방의 많은 겹집에 보이는 '한 아궁이 여러 방 온돌'이 겹쳐져 있는 '겹집 온돌'을 들 수 있다.

아궁이의 형태에 따른 온돌은 두 가지로 분류되는데, 부넘기와 개자리가 없고 함실에서 직접 열을 공급하는 '함실 온돌'과 개자리와 부넘기가 있고 부뚜막에서 열을 공급하는 '부뚜막 온돌'이 있다. 부뚜막 온돌의 경우 대개 부뚜막에 솥을 건다. 개자리에 의한 분류로는 주로 남부 지방에 많은 '개자리가 없는 구들'과 북부 지방에 많은 '개자리가 있는 구들'을 들 수 있다. 고래의 형태에 따라서는 곧은고래, 굽은고래, 되돈고래 등으로 분류되며, 고래 구조에 따라서는 줄고래, 허튼고래, 부채고래 등으로 구분된다.

온돌의 축조 방식 가운데 가장 대표적인 '곧은고래'의 축조 방법을 살펴보면, 먼저 부엌에 부뚜막을 설치하여 연소실의 역할을 하는 아궁이를 만들고, 부뚜막에는 솥을 걸어 취사와 난방을 겸하였다. 부엌과 고래가 통하게 되어 있어 아궁이에서 불을 지피면 부넘기에서 불길이 넘어가서 불의 열기가 고래를 통하여 사이폰(Siphon, 열기를 빨아들이는 원리) 작용에 의하여 윗목의 구들장까지 덥힐 수 있도록 설계하였다. 고래는 굴뚝에 닿기 전에 개자리를 만들어서 불길의 역풍을 막을 수 있도록 고안하였다.

이러한 온돌의 구조를 보면, 아궁이에서 고래로 들어가면서 급경사를 이루어 높아지다가 다시 약간 낮아지는 부넘기가 있는데, 부넘기는 불길을 잘 넘어가게 하고 불을 거꾸로 내뱉지 않도록 하며, 굴뚝개자리는 역류되는 연기를 바깥으로 내미는 역할을 한다.

아궁이에서 굴뚝 연도(煙道, 연기가 굴뚝으로 빠져 나가는 통로)까지 도랑 모양으로 만들어 그 위에 구들장을 덮어 연기가 흘러나가게 만든 곳을 방고래라 하며, 고래 옆에 쌓아 구들장을 받치는 것을 두둑이라 한다. 부넘기에서 굴뚝이 있는 개자리까지는 안쪽이 높게 약간 경사를 두어 아궁이 쪽이 낮아지게 하는데, 이 때문에 아궁이 쪽을 아랫목이라 하며, 굴뚝 쪽을 윗목이라 부른다. 이렇듯이 온돌은 불길과 연기가 나가는 고랑인 고래와 방고래 위에 놓은 넓고 얇은 돌인 구들장으로 이루어졌다. 고래 한쪽에 만든 아궁이에 불을 지펴서 구들장을 데우고, 구들장이 복사열과 전도열로 실내를 데우는 한국 고유의 난방 장치가 온돌인 것이다. 구들장은 아랫목은 낮고 윗목은 높게 설치하는 반면, 위에 바르는 흙은 아랫목은 두껍고 윗목은 얇게 발라 열 전도성을 좋게 하고, 열이 고르게 퍼지도록 만들었다. 구들은 방바닥 전부가 열의 복사면이 되므로 하루 2차례의 장작불만으로도 열기를 고래로 내류(고래에 머물며 열기가 도는 것)시켜 구들장을 가열하고 축열(蓄熱, 구들장에 열을 가두는 것)시켜서, 불을 지피지 않는 시간에도 축열된 열을 방바닥에 퍼지게 하는(방열(放熱)) 고체 축열식 난방 방법이다.

이러한 우리의 온돌은 서양의 벽난로 난방법(열기와 연기가 함께 나오는 구조)과 달리 연기는 걸러내고 열기만을 얻는 '필터링 시스템' 원리를 완벽히 갖추고 있는데, 연기가 나갈 때에도 찬 공기만 나가고 열기는 나가지 않도록 설계되었다. 또한 개자리에는 입체 역학 원리가 있어서 전후좌우로 열기를 전달하고 오래 머무르게 하는 역할을 한다.

그림

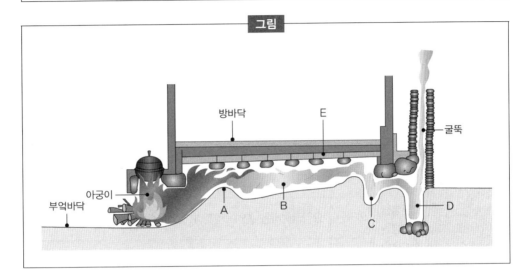

① A에서 열은 사이폰 작용에 의하여 아궁이 방향으로 빨려 들어간다.

② B의 형태에 따라 '함실 온돌'과 '부뚜막 온돌'로 분류된다.

③ C에 열기가 흘러 들어가기 때문에 윗목이 가장 따뜻하다.

④ D는 좌우로 열기를 전달하여 오래 머무르게 한다.

⑤ 열이 고르게 퍼지도록 E는 윗목과 아랫목의 높낮이가 다르게 설치되었다.

[21 ~ 22] 다음 글을 읽고 이어지는 질문에 답하시오.

〈병·의원별 본인부담 병원비 산출방식〉

소재지	기관 종류	국적	산출방식
시·군 지역	종합병원	내국인	요양급여비용 총액$\times\dfrac{50}{100}$
		외국인	(요양급여비용 총액$-$약제비 총액)$\times\dfrac{50}{100}$ + 약제비 총액$\times\dfrac{30}{100}$
읍·면 지역		내국인	요양급여비용 총액$\times\dfrac{45}{100}$
		외국인	(요양급여비용 총액$-$약제비 총액)$\times\dfrac{45}{100}$ + 약제비 총액$\times\dfrac{30}{100}$
시·군 지역	일반병원, 치과병원, 한방병원, 요양병원	내국인	요양급여비용 총액$\times\dfrac{40}{100}$
		외국인	요양급여비용 총액$-$약제비 총액)$\times\dfrac{40}{100}$ + 약제비 총액$\times\dfrac{30}{100}$
읍·면 지역		내국인	요양급여비용 총액$\times\dfrac{35}{100}$
		외국인	(요양급여비용 총액$-$약제비 총액)$\times\dfrac{35}{100}$ + 약제비 총액$\times\dfrac{30}{100}$

• 외국인의 경우 본인부담 병원비 산출액은 고용보험 가입자를 대상으로 함.
• 일반질환의 경우 위의 산출방식에 의해 본인부담 병원비를 산출하며, 중증질환자의 경우에는 다음과 같이 질환별로 본인부담률을 추가 적용하여 산출함.

〈중증질환별 차등 본인부담률〉

중증질환 대상	본인부담률
당뇨질환자	30%
희귀난치성질환자	15%
고위험임산부	10%

※ 중증질환자의 본인부담 병원비 산출방식 : (병·의원별 본인부담 병원비)×(중증질환자 차등 본인부담률)

1회 실전모의

2회 실전모의

3회 실전모의

4회 실전모의

5회 실전모의

6회 실전모의

7회 실전모의

8회 실전모의

21. K 공사 총무부에서 일하는 박 대리는 중증질환을 가진 직원에게 전년도 기준 본인부담 병원비의 평균 금액을 당해 복지 포인트로 지급하려고 한다. 박 대리가 당뇨질환자인 일본국적의 A 사원에게 지급할 당해 복지 포인트의 금액으로 적절한 것은? (단, 전년도 기준은 2020. 01. 01. ~ 2020. 12. 31.이며, A 사원은 2020년도 기준 고용보험에 가입되어 있는 상태이다)

〈A 사원의 본인부담 병원비 결제 내역〉

병원	소재지	결제일	요양급여비용 총액	약제비 총액
갑 한방병원	G면	2020. 02. 28.	180,000원	100,000원
을 치과병원	H시	2020. 03. 04.	150,000원	60,000원
병 종합병원	I군	2020. 07. 09.	100,000원	50,000원
정 한방병원	J면	2020. 12. 16.	300,000원	200,000원
무 치과병원	L시	2021. 01. 01.	160,000원	20,000원

① 12,000원   ② 16,200원   ③ 18,525원
④ 28,500원   ⑤ 61,750원

22. K 공사 총무부에서 일하는 박 대리는 이번 달 총무부 직원들의 본인부담 병원비를 계산하여 그 금액을 지원하려고 한다. 지급해야 할 병원비의 금액으로 적절하지 않은 것은? (단, 총무부에서 고용보험에 가입되지 않은 팀원은 없다)

구분	국적	병원정보	요양급여비용 총액	약제비 총액	중증질환 대상 여부	지원 금액
M 사원	한국	○○시 한방병원	200,000원	100,000원	해당 없음	㉠80,000원
N 사원	중국	△△군 종합병원	180,000원	90,000원	고위험 임산부	㉡45,000원
O 사원	한국	☆☆면 종합병원	100,000원	70,000원	당뇨질환자	㉢13,500원
R 사원	미국	●●시 치과병원	120,000원	80,000원	해당 없음	㉣40,000원
S 사원	러시아	□□면 일반병원	100,000원	40,000원	희귀난치성 질환자	㉤4,950원

① ㉠   ② ㉡   ③ ㉢
④ ㉣   ⑤ ㉤

[23 ~ 24] 다음 자료를 바탕으로 이어지는 질문에 답하시오.

〈병원 내 호실 배치〉

101호	102호	105호	106호
복도			
103호	104호	107호	108호

〈의사 K의 회진 대상 환자 및 환자별 회진 불가능 시간*〉

환자	입원 호실	환자별 회진 불가능 시간
A	101호	09:20 ~ 10:20 회진 불가(물리치료 예정)
B	108호	09:50 ~ 10:50 회진 불가(타 과목 전공의 회진 예정)
C	102호	10:00 ~ 10:30 회진 불가(가족 면회 예정)
D	106호	09:00 ~ 10:00 회진 불가(물리치료 예정)
E	105호	11:00 ~ 12:00 회진 불가(타 과목 전공의 회진 예정)
F	101호	11:00 ~ 12:00 회진 불가(물리치료 예정)

* 환자별 회진 불가능한 시간에는 이들의 이동 시간까지 모두 포함되며 기재되어 있는 시간 이외에는 모두 회진이 가능하다.

▶ 회진시간
  • 회진은 09:00 ~ 12:00 사이에 하되 중간에 다른 업무를 보는 일 없이 한 번에 회진하도록 하며 병실 간 이동하는 데 소요되는 시간은 계산하지 않는다.
  • 회진 시 환자 한 명당 20분이 소요된다.
  • 모든 회진에는 똑같은 시간이 소요되고 총 회진 시간이 적게 걸리는 쪽을 선택한다.

▶ 회진 동선
  • 회진은 반드시 101호실부터 시작하며 같은 호실에 입원한 환자들은 연속해서 회진한다. 즉, 한 호실에 두 번 이상 들어가지 않는다.
  • 회진 동선의 효율성을 위해서 바로 옆의 병실이나 바로 앞에 마주 보는 병실로만 이동하고, 대각선으로 이동하거나 병실을 건너뛰고 이동하는 것은 고려하지 않으며, 가능한 경로 중 총 소요동선이 최소화된 경로를 선택한다.
    – 옆으로 나란히 배치된 병실 간(예 101호와 102호)에는 1만큼의 동선이 소요된다.
    – 앞에 마주 보고 배치된 병실 간(예 102호와 104호)에는 1.5만큼의 동선이 소요된다.
  • 첫 회진을 하기 위해 필요한 동선은 고려하지 않으며, 회진과 회진 사이의 동선만을 고려한다.

23. 제시된 시간표를 바탕으로 회진을 할 때, 다음 중 의사 K가 세 번째로 진료를 보게 될 환자는?

① B   ② C   ③ D
④ E   ⑤ F

24. 위의 조건에 따라 회진을 할 때, 회진에 대한 설명으로 적절한 것은?

① 의사가 회진을 가장 빠르게 마칠 수 있는 시간은 10:50일 것이다.

② 가장 마지막으로 회진을 받는 환자는 E가 될 것이다.

③ 의사가 모든 회진을 마치는 데에는 4.5만큼의 동선이 소요될 것이다.

④ 가장 빠른 시간에 회진을 끝내기 위해 두 번째 순서로 회진을 받는 환자는 A일 것이다.

⑤ 만약 의사 K가 수술 일정으로 10:30부터 회진이 가능한 경우, 회진을 마치는 시간은 11:30일 것이다.

25. 다음 공고문에 제시된 사업의 지원 대상에 해당하는 경우를 〈보기〉에서 모두 고른 것은?

1. 제도 내용
   - 아동·청소년 의료비 지원사업은 고액의 의료비로 적절한 치료를 받지 못해 어려움을 겪고 있는 만 18세 미만의 아동·청소년에게 의료비 지원

2. 지급 대상
   1) 의료비 지원이 요구되는 만 19세 미만 저소득층 아동·청소년 중 A 지역에 거주 또는 A 지역에 소속된 학교에 다니는 경우
   2) 저소득가정 : 기초생활수급자, 차상위, 기준중위소득 100% 이내, 기타 저소득가정의 아동·청소년 중 A 지역에 거주 또는 A 지역에 소속된 학교에 다니는 경우
   3) A 지역에 소속된 청소년 상담 센터에 근무하는 가족이 있는 경우

3. 지급 내용
   1) 신청서에 기재된 계획내용과 동일한 수술 및 치료, 재활기구에 대해서만 지원 가능
   2) 다음과 같은 항목들은 지원에서 제외한다.
      - 단순 검사비 및 외래진료비, 상급병실료, 보호자식대, 제증명료
      - 예방진료로 질병·부상의 치료를 직접목적으로 하지 않는 수술비, 검사비, 진료비, 약제비, 치료재료 구입비 등
      - 미용 또는 외모개선 목적의 수술 및 치료
      - 이동 및 보행을 위한 보조기구, 기립 훈련 등 재활 목적의 기구 외 재활기구

보기

(가) 저는 A 지역에 살다가 B 지역으로 이사하여 B 지역의 학교에 다니는 중학생입니다. 가정 형편이 좋지 않아 1종 수급자 대상인데요. 진료 지원을 받을 수 있을까요?

(나) 저는 A 지역 청소년 상담 지원 센터 상담원입니다. 요즘 저희 아이가 자해 성향이 있어서 긴급하게 상담과 진료를 요청 드립니다. 만 18세의 남자아이입니다.

(다) A 지역 고등학교에 다니는 만 17세 고등학생입니다. 차상위 계층이고요. 어렸을 때 문신을 했는데, 문신 제거술을 지원받을 수 있을까요?

(라) 독감이 유행이라고 하던데 저는 예방 접종을 어릴 때 맞지 않은 것 같습니다. 저는 현재 만 16세이고, A 지역에 거주하고 있습니다.

(마) 저는 A 지역 ○○고등학교에 다니는데요. 부모님 말씀으로는 2종 수급자라고 합니다. 감기 몸살로 인해 너무 힘이 듭니다. 입원해서 좀 몸을 추스를 수 있을까요?

① (가), (나)　　　　　② (나), (마)　　　　　③ (다), (라)

④ (가), (다), (마)　　　⑤ (나), (라), (마)

실전모의고사

제2회

01. 다음 글에 대한 설명으로 옳지 않은 것은?

북쪽에서 내려온 도리아인에게 미케네 문명이 붕괴된 뒤 그리스 본토에는 서너 부족으로 이루어진 소왕국이 여기저기 나타났으며, 현실적인 생활 단위는 개별 가족으로 구성된 촌락 공동체였다. 그리스의 지형 때문에 각 자치공동체는 바다나 산맥에 따라 이웃과 단절되어 각 섬과 계곡, 평야에 각자 독자적인 취락을 이루었다. 정치는 왕정이었으나 임금의 권력은 미약 하였으며 토지 소유에서도 미케네와 달리 공유지와 이에 따른 공동체적 규제가 없고, 촌락공 동체의 구성원은 저마다 분배지를 소유하여 경제적 독립성이 강했다.

도리아인이 남하하여 혼란이 일어난 데다, 다른 나라의 위협으로부터 스스로를 지키기 위 하여 여러 촌락이 지리적·군사적으로 중심이 되는 곳에 모여들어 도시가 형성되었고, 그 도 시를 중심으로 주변의 촌락들이 하나의 독립된 주권국가인 폴리스를 형성하였다는 집주설이 일반적으로 널리 통하고 있다. 대체로 그 시기는 호메로스 시대가 끝나는 기원전 800년을 전후한 시기로 보고 있다. 예외도 많기는 하나 여러 촌락의 중심지로의 집주로 폴리스가 성립 된 게 전형이라 하겠으며, 따라서 이를 도시 국가라고 불러도 무방하다.

폴리스의 중심이 되는 도시는 대체로 해안으로부터 멀지 않은 평지에 위치하였으며, 도시 는 폴리스의 정치, 군사 및 종교의 중심이었다. 도시 안에는 그 도시의 수호신을 모신 신전이 세워진 아크로폴리스가 있었으며, 그 주변에 있는 아고라는 시장인 동시에 정치를 포함한 모 든 공공 활동이 이루어지는 장소이자 사교의 장이기도 하였다.

폴리스가 성립할 당시 중심 도시로 모여든 사람들은 주로 귀족과 수공업자 또는 상인들이 었으며, 농민은 촌락에 머물렀고 귀족들도 그 근거지를 농촌에 그대로 두고 있었다. 그렇기 때문에 폴리스 성립 이전의 공동체적인 성격이 파괴되는 일이 없이 도시 전체가 하나의 시민 공동체를 형성하게 되었다. 그러나 수많은 노예와 여러 대에 걸쳐 거주하고 있는 자유인과 외국인은 완전한 의미의 시민이 아니었고, 오직 폴리스를 형성하는 데 참여한 부족의 구성원 내지 그 후손만이 완전한 시민이었다. 즉 폴리스는 종교적·경제적 유대로 결합하고 법에 따 라 규제되며, 완전한 독립성과 주권을 가진 시민 공동체로 볼 수 있다.

① 그리스의 각 자치공동체가 이웃과 단절되어 독자적인 취락을 이룬 것은 지형 때문이다.

② 그리스는 미케네 문명과 달리 공유지와 공동체적 규제가 존재하지 않았다.

③ 폴리스가 형성되는 데 중심이 된 도시들은 군사적인 목적으로 형성되었다.

④ 폴리스의 중심이 되는 도시는 농업적 이유로 해안으로부터 먼 평지에 위치하였다.

⑤ 폴리스가 성립된 후에도 성립 이전의 공동체적 성격이 유지되었다.

02. 다음 공고문의 ㉠ ~ ㉤을 어문규정에 따라 수정한 내용으로 적절하지 않은 것은?

20X7년 ○○○위원회 국민 행복 제안 공모
– 공정한 시장 경제 질서와 화합을 통한 ㉠다이내믹 코리아

□ **공모 분야** : 국민이 체감하는 공정하고 활력 있는 시장을 만들기 위한 경제 민주화, 경쟁 촉진 및 소비자 권익 보호와 관련된 정책 및 제도 개선 방안(○○○위원회 소관 법령 및 업무 분야에 한정)
  (분야 1) 대 · 중소기업 협력(하도급, 가맹 · 유통거래 등 개선) 실천 방안
  (분야 2) 경쟁 시장(담합 · 불공정거래 근절 및 독과점 개선 등) 촉진 방안
  (분야 3) 소비자 중심 시장(권익 보호 및 피해 구제 등) 구현 방안

□ **공모 기간** : ㉡20X7.7.3.(월) ~ 20X7. 7. 31.(월) [4주간]

□ **참여 방법** : 인터넷 또는 우편
  • 인터넷 : 국민신문고 홈페이지(www.epeople.go.kr) – 국민 행동 제안 – 공모 제안
  • 우편 : (00000) □□시 OO3로 101 정부□□청사 ○○○위원회 창조행정법무담당관실
    (인터넷은 7월 31일 24:00까지 등록. 우편 접수는 ㉢7월 31일 자 소인 분까지 유효)

□ **제안양식**
  A4 용지 3장 분량 이내로 작성하되 과제의 중요성을 ㉣부각시키기 위하여 현황 및 문제점 개선 방안, 기대효과 등을 첨부 양식에 따라 구체적으로 작성

□ **시상내역** : 총 5편(총 상금 150만 원)
  • 최우수(1편) : 표창 및 상금(50만 원 상당의 온누리 상품권)
  • 우수(2편) : 표창 및 상금(30만 원 상당의 온누리 상품권)
  • 장려(2편) : 표창 및 상금(20만 원 상당의 온누리 상품권)

□ **결과 발표** : 20X7년 8월 중(홈페이지 ㉤개시 및 개별 통보)

---

① ㉠ : 외래어 표기법에 따라 '다이내믹'을 '다이나믹'으로 수정한다.
② ㉡ : 아라비아 숫자만으로 연월일을 표시할 때는 띄어 쓰므로 '20X7.7.3.'을 '20X7. 7. 3.'으로 수정한다.
③ ㉢ : '일'과 '자'의 의미가 비슷하므로 불필요하게 사용한 '자'를 뺀다.
④ ㉣ : '부각하다'에는 이미 사동의 의미가 담겨 있으므로 '부각시키다'를 '부각하다'로 바꾼다.
⑤ ㉤ : 여러 사람에게 알리기 위하여 내붙이거나 내건다는 의미이므로 '개시'를 '게시'로 수정한다.

03. 다음은 '고속철도(KTX)가 바꾼 우리나라'에 대한 내용이다. 글에서 기술하고 있는 내용이 아닌 것은?

경부선의 개통으로 지역 간 이동이 신속하게 되었고 국토공간구조가 크게 변화하였다. 1894년 우리나라를 다녀간 영국의 지리학자 이사벨라 버드비숍의 견문기에서는 말을 타거나 걸어도 한 시간에 4.8km 이상은 갈 수 없다고 전하고 있다. 당시 서울 ~ 부산 간의 이동은 약 14일이 소요되었는데, 경부선이 개통된 후에는 약 11시간이 소요되었다.

1905년 경부선, 1906년 경의선, 1914년 호남선, 경원선의 개통으로 우리나라에는 X자형의 종단철도망이 완성되었다. 이러한 철도망의 영향으로 우리나라는 종축의 철도망 중심으로 발전하기 시작하였고 동서축은 크게 발전하지 못하였다. 또한 당시 서울 ~ 용인 ~ 충주 ~ 조령 ~ 문경 ~ 대구 ~ 밀양 ~ 부산을 잇는 도로노선과 비교해 볼 때 철도노선은 충청북도를 지나지 않고 대전 방향으로 충청남도를 통과하게 되면서 그간 교통의 요충이었던 충주와 청주보다는 대전 중심으로 발전하기 시작하였다. 따라서 철도망이 지나는 서울 ~ 수원 ~ 천안 ~ 대전 ~ 김천 ~ 대구 ~ 부산 축이 우리나라 국토발전의 중심축으로 자리 잡기 시작하였다. 우리나라 고속철도가 개통된 것은 2004년으로 그 이전에는 새마을호가 가장 빠른 속도로 운행하였다. 새마을호와 고속철도를 비교해 보면 재미있는 결과가 나온다. 고속철도와 새마을호를 비교해 볼 경우 현재 고속철도로 빠른 여행을 하면 공간적으로 예전에 천안은 수원, 대전은 오산, 부산은 대전 이남에 위치하고 있는 것과 같은 결과가 나와서 그만큼 빈번한 이동수요를 발생시켰다고 할 수 있다.

고속철도 개통 이후의 수송량의 변화를 보면 2004년 이후 2013년까지 철도수송량은 18% 증가하였고, 2004년 철도이용객 중 고속철도가 18%를 차지하였으나 10년이 지난 2013년에는 41%로 증가하여 고속철도 중심으로 여객수송이 재편되고 있음을 알 수 있다.

철도망은 서울을 중심으로 부산 축, 광주 축, 신의주 축, 원산 축이 있었으며 그 중 핵심은 서울 ~ 부산 축이었다. 이는 일본과의 교역의 중심이 부산이었고 일본과 대륙 간의 물자수송이 경부선을 이용하여 이루어졌기 때문이다. 이러한 경부 축 중심의 발전은 인구수와 철도수송량, 도시 발전에서 확연하게 드러나고 있다. 1921년과 1940년, 1998년의 인구변화를 보더라도 영남지방이 호남지방에 비해 크게 증가한 것을 알 수 있다. 따라서 당시의 경부 축 중심의 발달은 해방 이후에도 계속되었는데 이는 철도의 발전과 무관하지 않다.

김천은 경부선이 개통되면서 발전한 도시이다. 한편 철도망으로부터 소외되어 발전이 멈춘 대표적인 예는 경상북도 상주이다. 상주는 조선시대 경상도의 도청이 있던 곳이다. 1928년 통계를 보면 상주 인구는 24,000명, 김천이 13,000명, 안동이 10,000명, 문경이 2,000명, 예천이 5,000명으로 상주는 그 지역의 중심이었다. 상주는 쌀 생산과 양잠으로 유명하였고 예로부터 상주 명주는 전국적으로 질이 높기로 유명하였다. 그러나 상주는 경부선이 김천을 경유함에 따라 해방 이후 계속해서 발전에서 멀어지고 있다. 현재는 김천에서 영주까지 연결되는 경북선상에 위치하고 있는데 2013년의 인구는 상주가 10.3만 명, 김천이 13.5만 명이다.

　　고속철도 개통 이후 서울역의 고속철도 이용인원은 2004년에 비해 2.25배, 천안아산의 경우는 4.38배, 대전은 2.55배, 동대구는 1.96배, 부산은 2.11배 증가하였다. 특히 천안은 가장 많은 증가를 보였다. 이런 변화는 천안을 둘러싼 역세권의 발전과 역 주변의 새로운 문화권이 형성되는 결과를 가져왔다. 독일의 저명 예술잡지인 'Art'에서 한국에서 반드시 방문해야 할 곳으로 천안을 선정하였는데, 천안역 근처에 아라리오 갤러리가 있기 때문이다. 하루에 약 7만 명이 모이는 이곳에는 조각공원과 백화점 등이 인접해서 문화와 상업의 공간을 이루고 있는데 이것도 바로 고속철도가 가져온 새로운 변화이다.

　　철도에 대한 학문적 연구 또한 다양하게 진행되고 있다. 철도와 관련된 학문에서는 교통학과 역사학에, 문화와 관련해서는 과학사, 건축학, 경영사, 기술사 등에 큰 영향을 미치고 있다. 이와 관련해서 좋은 책들이 출판되고 있기도 하다.

① 철도 승객의 증가　　　　　　　② 시간과 공간의 혁명
③ 대륙철도와 연결　　　　　　　　④ 도시의 변화
⑤ 학문의 변화

04. (가) ~ (라)는 '경쟁'에 대한 입장을 설명하는 서로 다른 글의 일부이다. 다음 중 경쟁에 대한 관점을 기준으로 (가) ~ (라)를 바르게 분류한 것은?

(가) 시장은 자원의 효율적 이용과 개인의 자유를 신장할 수 있게 한다. 완전경쟁시장은 한정된 자원들을 효율적으로 이용하게 하므로 시장기구에 의존하는 사회는 실현 가능한 어떤 대안적 사회보다도 빠른 경제성장과 높은 물질적 생활수준을 누릴 수 있게 된다. 경쟁적 시장이 자원의 효율적 이용을 가능케 하는 요인은 두 가지이다. 우선 시장은 방대한 정보를 효과적으로 처리하는 탁월한 장치이다. 대표적인 예로 시장은 재화의 수요와 공급을 균형 있게 맞추는 데 필요한 정보를 제공한다. 가령 어떤 재화의 수요가 공급을 초과하면 시장은 곧 그 재화의 가격을 올림으로써 기업과 소비자들에게 새로운 신호를 전달하고 이에 기업들은 생산을 증가시키는 방법으로, 소비자는 소비를 줄이는 방향으로 각각 반응한다. 반대로 어떤 재화가 과잉 생산되고 있으면 시장은 곧 그 재화의 가격을 떨어뜨려 줌으로써 각 기업과 소비자들에게 공급과잉이 해소되는 방향으로 행동하는 데 필요한 정보를 흘린다. 기업들, 중간상, 도매상, 소매상, 소비자 등 관련자들이 직접 만나서 수요와 공급의 상황을 일일이 점검하고 조정할 필요가 없다. 다음으로 시장은 자원의 효율적 이용에 기여하는 행위가 장려되도록 경제적 동기를 부여한다. 예를 들면 남보다 값싸고 질 좋은 물건을 생산하는 기업에 시장은 더 많은 이윤을 보상함으로써 그러한 행위를 장려하고, 남보다 더 열심히 일하는 노동자에게는 더 많은 소득을 보상함으로써 그러한 행위를 장려한다.

(나) 모든 조직은 엄격한 위계질서를 갖추고 있어서 직위별로 책임의 강도를 반영하여 급료를 책정한다. 능력발휘가 필요한 직위일수록 급료를 많이 받는다. 기업은 이런 영향력 있는 직위에 적합한 유능한 후보자를 찾기 위해 애쓰고, 기꺼이 그들에게 높은 급료를 지급하며 사람들은 기꺼이 경쟁한다. 이때 높은 직위에 있는 사람들의 경우 직무수행능력에 조금만 차이가 나도 수익이 엄청나게 달라진다. 하지만 시장은 그들이 가진 능력에 비례하여 그에 걸맞는 보상을 해주리라는 보장이 없다. 그렇다면 왜 기업은 터무니없이 높은 급료를 지급하고 최고 실력자를 끌어들이는가? 개인의 능력이 결정적인 역할을 하는 직위의 경우 능력이 조금만 더 있어도 커다란 가치를 얻게 되기 때문이다. 즉, 정상적인 경쟁시장에서보다 더 큰 보상이 주어진다. 경쟁은 유명세를 만들어 내고 영향력을 확대하여 더 많은 보상을 받는 데 있어서 필요조건은 되겠지만 충분조건은 결코 아니다.

(다) '경쟁'이라는 말은 어원적으로 '함께 추구한다'는 뜻을 내포한다. 경쟁의 논리가 기술의 진보와 생산성 향상에 크게 기여했음은 부인할 수 없다. 인간의 욕구 수준을 계속 높여감으로써 새로운 진보와 창조를 가능케 한 것이다. 정치적인 측면에서도 경쟁 심리는 민주주의 발전의 핵심적 동인(動因)이었다. 정치적 의지를 관철시키려는 이익집단 또는 정당 간의 치열한 경쟁을 통해 민주주의가 뿌리내릴 수 있었다. 그러나 오늘날 경쟁은 어원적 의미와는 달리 변질되어 통용된다. 경쟁은 더 이상 목적을 달성하기 위한 수단들 가운데 하나가 아니다. 경쟁은 그 자체가 하나의 범세계적인 지배 이데올로기로 자리 잡았다.

경쟁 논리가 지배하는 사회에서는 승리자와 패배자가 확연히 구분된다. 물론 아무렇게나 경쟁하는 것은 아니다. '게임의 법칙'이 공정했을 때 패자도 승부의 결과를 받아들이게 된다. 그렇지만 경쟁 사회에서는 '협상'을 통해 갈등을 해소하거나 타협점을 찾을 여지가 없다. 경쟁에서 상대방을 이기면 된다는 간단한 논리만이 존재할 뿐이다. 경제적인 측면에서 살펴보면, 경쟁이란 곧 상대의 이익을 빼앗는 과정이다.

(라) 어떤 마을에 누구나 가축을 방목할 수 있도록 개발된 공동의 땅이 있었다. 이 마을 주민들은 각자 자신의 땅을 갖고 있지만 이 공동의 땅에 자신의 가축을 가능한 한 많이 풀어 놓으려 한다. 자신의 비용 부담 없이 넓은 목초지에서 신선한 풀을 마음껏 먹일 수 있기 때문이다. 각 농가에서는 공유지의 신선한 풀이 자신과 다른 농가의 모든 가축들을 기르기에 충분한가 걱정하기보다는 공유지에 방목하는 자신의 가축 수를 늘리는 일에만 골몰하였다. 주인들의 이러한 행동으로 인하여 공유지는 가축들로 붐비게 되었고, 그 결과 마을의 공유지는 가축들이 먹을 만한 풀이 하나도 없는 황량한 땅으로 변하고 말았다.

① (가) / (나), (다), (라)
② (가), (나), (다) / (라)
③ (나) / (가), (다), (라)
④ (나), (다) / (가), (라)
⑤ (다) / (가), (나), (라)

05. 다음 중 글의 내용과 일치하는 것은?

상수도 서비스는 다른 수익사업들과 달리 인간의 삶을 영위하는 데 기본적인 필수 요소이며, 전기·가스·통신 등 다른 공공재에 비해서도 공공성이 가장 높은 것으로 인식되고 있다. 따라서 정부는 보편적인 상수도 서비스 제공을 위하여 다양한 정책을 추진해 왔다. 그러나 전기·통신 등과는 달리 상수도 서비스는 지방공공요금으로 분류되어, 국가가 직접 상수도 서비스에 대한 관리를 하지 못하고 지방자치단체가 운영권한을 가지고 있다. 따라서 우리나라 상수도 서비스는 시설과 요금 결정 등이 국가 차원에서 이루어지지 못하고, 162개 지방자치단체별로 각자의 재정형편 등에 따라 시설 및 요금수준이 결정되고 있어 편차가 크다. 특히 상수도 산업은 사업 초기에 막대한 시설투자가 들어가는 장치 산업으로, 규모가 영세한 대부분의 군 단위급 지방 상수도는 높은 원가와 그에 못 미치는 요금으로 인해 만성적인 재정적자가 발생하는 구조적인 문제를 가지고 있다.

전기와 통신은 지방자치단체별로 차등 없이 전국 단일 요금제를 적용하고 있으나 상수도 요금의 경우에는 지방자치단체별로 차등요금제를 도입하고 있다. 지방 상수도 요금체계의 차이는 지방자치단체별로 취수원의 오염도, 시설의 노후도 및 자동화 정도 등에 따라 생산비용의 차이가 있고, 또한 지방자치단체 간 목표 현실화율에 대한 차이로 인하여 발생하고 있다. 여기에 업종별 분리에 따른 차이까지 감안한다면 지방자치단체별로 상수도 요금의 차이는 더욱 커진다. 특히 동일하게 지방공공요금으로 분류되는 버스, 도시가스 요금의 지역별 편차가 최대 30% 미만인 점을 감안한다면, 지방 상수도의 요금편차는 지방공공요금 중 최고라고 해도 과언이 아니다.

이러한 문제에 따라 2000년대에 들어 국내 상수도 산업의 문제점으로 제기되던 수도사업자의 전문성 부족, 상수도 사업 규모의 영세성 등을 해결하기 위해 정부는 상수도 사업을 행정단위가 아닌 유역단위로 통합하여 관리하는 정책을 제시하였다. 상수도 사업의 전문성을 가진 수도전문기관으로 하여금 일정 권역을 통합하여 상수도 사업을 운영하게 함으로써 운영의 효율화를 추구하겠다는 것이 정책의 목적이다.

지방 상수도 요금에 통합요금제가 적용되어야 한다는 당위성으로 보편적 서비스 개념을 들 수 있다. 보편적 서비스의 개념은 '언제 어디서나 누구라도 동일한 수준의 적절한 요금으로 서비스를 이용할 수 있는 것'을 의미한다. 상수도 사업에 있어 보편적 서비스란 우리나라의 어느 지역에 거주하든 모든 국민은 국가로부터 자신이 필요로 하는 물을 적절한 양과 질, 가격으로 공급받을 수 있고, 국가는 물에 대한 보편적 서비스를 제공해야 한다는 것이다. 나아가 일부 전문가들은 상수도 서비스의 형평성에 대하여 누구에게나 동일한 요금을 책정한다는 것이 아니라 소득이 낮은 계층에게는 가능한 한 부담을 줄이고, 소득이 높고 수요량이 많은 계층에게는 더 높은 요금을 부과하여 부의 재분배를 통해 사회후생을 극대화하는 것이라고 말하며 기존 논의보다 진보적인 입장을 취하고 있다.

이처럼 지방 상수도 요금을 통합한 사례로 제주특별자치도와 통합창원시를 들 수 있다. 제주특별자치도의 경우 통합 후 요금체계는 통합 전 4개 지방자치단체 중 상수도 요금이 가장 낮았던 제주시의 요금으로 통합하였으며, 통합창원시는 통합 후 목표 요금의 현실화율을 고려한 평균 요금을 적용하였다. 하지만 이들 사례는 통합 권역 내 지방자치단체들의 자발적 참여에 의한 요금통합이 아닌, 행정구역 통합으로 인한 수동적 요금통합 사례라는 점에서 한계가 있다.

자발적 요금통합이 어려운 가장 큰 이유는 요금 인상에 대한 우려 때문이다. 요금 현실화율이 80%에도 미치지 못하는 현 상수도 요금 수준에서 통합 권역 내 지방자치단체 간에도 상수도 요금이 상이한 현실을 본다면 그와 같은 우려는 당연할 수 있다. 권역 내에서 요금이 낮은 지방자치단체에서는 상수도 사업이 타 지방자치단체와 통합되는 경우 발생할 수 있는 요금 인상과 주민의 반대여론을 염려하여 통합에 소극적이게 되는 것이다.

따라서 이와 같은 문제를 해결하고 고품질의 상수도 서비스를 제공하기 위해서는 권역별 통합을 통한 대형화 및 전문경영기법 도입이 필요하다. 또한, 상수도 사업 현대화와 서비스 품질 및 형평성을 높이고 경쟁력을 강화시키면 안전하고 좋은 물을 효율적으로 제공할 수 있을 것이라 본다. 그에 맞추어 요금통합이 이루어지면 도·농 간, 지역 간 상수도 요금 및 서비스 격차가 점차 완화되어 수돗물에 대한 보편적 서비스가 확대될 것이라 기대한다.

① 보편적 서비스 개념은 소득이 높고 수요가 많은 계층에게 더 높은 요금을 부과하여 형평성을 갖추어야 한다는 견해가 일반적이다.

② 보편적인 상수도 서비스를 제공하려는 정부의 노력에 따라 수도요금을 중앙에서 직접 징수하는 통합운영 시스템이 구축되었다.

③ 지방 상수도의 요금 편차는 업종별 분리에 따른 차이에 의해 버스 요금, 도시가스 요금과 더불어 동일한 수준의 편차를 보이고 있다.

④ 제주특별자치도는 상수도 요금이 가장 낮았던 제주시의 요금으로 통합하여 자발적 상수도 통합 정책의 긍정적 사례가 되었다.

⑤ 자발적 요금통합을 이루기 위해서는 권역별 통합을 통한 전문경영기법을 도입하고 지역 간 격차를 줄여 요금 인상에 대한 우려를 줄여야 한다.

1회 실전모의
2회 실전모의
3회 실전모의
4회 실전모의
5회 실전모의
6회 실전모의
7회 실전모의
8회 실전모의

06. 다음 글을 통해 추론할 수 있는 내용으로 적절하지 않은 것은?

과학이 무신론이고 윤리와는 거리가 멀다는 견해는 스페인의 철학자 오르테가 이 가세트가 말하는 '문화인'들 사이에서 과학에 대한 반감을 더욱 부채질하곤 했다. 이 두 가지 반감의 원인이 타당한 것인지는 좀 더 살펴볼 필요가 있다.

사실 과학자도 신의 존재를 믿을 수 있고, 더 나아가 신의 존재에 대한 과학적 증거를 찾으려 할 수도 있다. 무신론자들에게는 이것이 지루한 과학과 극단적 기독교의 만남 정도로 보일지도 모른다. 그러나 어느 누구도 제임스 클러크 맥스웰 같이 저명한 과학자가 분자구조를 이용해서 신의 존재를 증명하려 했던 것을 비웃을 수는 없다.

물론 과학자들 중에는 무신론자도 많이 있다. 동물학자인 도킨스는 '모든 종교는 무한히 복제되는 정신적 바이러스일지도 모른다'는 의심을 갖고 있었다. 그러나 확고한 유신론자들의 관점에서는 이 모든 과학적 발견 역시 신에 의해 계획된 것이므로 종교적 지식이라고 생각할 수도 있다. 따라서 과학의 본질을 무조건 비종교적이라고 간주할 수는 없을 것이다. 오히려 과학자나 종교학자가 모두 진리를 찾으려고 한다는 점에서 과학과 신학은 동일한 목적을 추구한다고도 할 수 있다. 과학이 물리적 우주에 관한 진리를 찾는 것이라면, 신학은 신에 관한 진리를 찾는 것이다. 그러나 신학자들 혹은 어느 정도 신학적인 관점을 가진 사람들은 신이 우주를 창조했다고 믿고 우주를 통해 신과 만날 수 있다고 믿기 때문에 신과 우주가 근본적으로는 뚜렷이 구분되는 대상이 절대 아니라고 생각한다.

사실 많은 과학자들이 과학과 종교는 서로 대립되는 개념이라고 주장하기도 한다. 신경 심리학자인 그레고리는 '과학이 전통적인 믿음을 받아들이기보다는 모든 것에 질문을 던지기 때문에 과학과 종교는 근본적으로 다른 반대의 자세를 가지고 있다'고 주장한 바가 있다. 그러나 이것은 종교가 가지고 있는 변화의 능력을 과소평가한 것이다. 유럽에서 일어난 모든 종교개혁운동은 전통적 믿음을 받아들이지 않으려는 시도였다.

과학은 증거에 의존하는 반면 종교는 계시된 사실에 의존한다는 점에서 이들 간에 극복할 수 없는 차이점이 존재한다는 반론을 제기할 수도 있다. 그러나 종교인들에게는 계시된 사실이 바로 증거이다. 지속적으로 신에 관한 증거들에 대해 회의하고 재해석하려고 한다는 점에서 신학을 과학이라고 간주하더라도 결코 모순은 아니다. 사실 그것을 신학이라고 부르기 때문에 신의 존재를 전제로 하고 있는 것처럼 보인다. 그러나 우리가 본 바와 같이 과학적 연구가 몇몇 과학자를 신에게 인도했던 것처럼, 신학연구가 그 신학자를 무신론자로 만들지 않을 이유는 없다.

과학의 정반대에 서 있는 것은 신학이 아니리 오히려 정치이다. 과학은 지식의 범주에 있지만, 정치는 견해의 범주에 속한다. 정치는 좋아하느냐 마느냐를 문제 삼는 분야로, 단지 말잔치를 통해 진리의 위치로 상승하기 위해 안간힘을 쓴다. 정치는 인물과 웅변술에 의존하고, 사회계층과 인종 그리고 민족을 핵심적인 요소로 하고 있다. 이런 모든 것들은 과학과 아무런 관계가 없다. 그리고 정치는 갈등을 기반으로 존재하고 적대세력을 가지고 있어야 한다. 이러한 대립구도가 와해된다면 정치는 더 이상 존재할 수가 없다. 즉 완벽한 의견일치를 보이는 세상에서는 정치가 존재할 수 없다.

　　반면에 과학은 대립이 아닌 상호 협조의 운명을 지니고 있다. 물론 과학사는 지독한 논쟁과 고뇌 그리고 반대이론의 파괴로 점철되어 있다. 하지만 의견일치에 도달하면 과학은 붕괴되는 것이 아니라 오히려 발전한다. 또 다른 핵심적인 차이로 정치는 인간을 구속하려 든다는 점이다. 정치의 주된 관심은 권력의 집행에 있다. 이러한 점 때문에 정치는 그 목적을 달성하기 위해 폭력(전쟁, 학살, 테러 등)을 사용할 수도 있으며, 가끔 실제로 사용하기도 한다.

　　그러나 과학은 전혀 그렇지 않다. 열역학 제2법칙과 같은 진리를 규명하기 위해 전쟁을 한다면 얼마나 우스운 일이겠는가? 물론 위에서 말한 것처럼 정치로부터 완전히 자유롭고 정반대 의미의 과학이 존재하는 이상적인 상태가 실제 세상에서는 있을 수 없다. 실제로는 다른 모든 것처럼 과학도 정치에 의해 유린되고 왜곡되는 것이 기정사실이다. 그러나 과학이 호전적이고 파괴적인 도구로 사용되는 상황에 놓이게 된 것은 본질적으로 과학과 아무런 관련이 없다. 이는 정치의 책임이다.

① 신학 연구자들 중에는 무신론적 견해를 견지하는 이들도 있을 수 있다.
② 제임스 클러크 맥스웰은 신의 존재를 과학적으로 증명하려고 하였다.
③ 오르테가 이 가세트가 논의한 '문화인'은 과학의 엄밀성을 신봉하는 이들이다.
④ 무신론에 입각한 도킨스의 가설은 유신론자들에게 반대로 해석될 수도 있다.
⑤ 유럽에서 일어난 종교개혁은 그레고리의 주장에 대한 반례로 활용될 수 있다.

07. 다음 글의 내용을 뒷받침하는 사례로 적절한 것은?

> 팔린 물건이라도 그것은 여전히 영혼을 갖고 있으며, 예전의 소유주는 그것을 지켜보고 물건 자체도 예전의 소유주를 따라다닌다. 프랑스 동북부의 보주 산맥의 한 계곡에 있는 마을에서는 새로 산 가축들이 자신들의 옛 주인을 잊길 바라는 마음으로 새로운 주인은 축사 문 위에 댄 가로대에 십자가를 만들었다. 새로운 주인은 원래 주인의 고삐를 갖고 있었으며 그 가축들에게 손으로 소금을 뿌리기도 했다. 프랑스의 이러한 관습은 팔린 물건을 판 사람과 떼어 놓아야 한다는 것을 보여 준다.
>
> 법의 일부, 특히 산업법과 상법은 오늘날 이러한 인식과 상충되고 있다고도 말할 수 있다. 민중과 생산자의 경제적인 편견과 불만은 그들이 생산한 물건을 지켜보려는 강한 의지와 이익을 분배받지 못한 채 자신들의 노동이 전매(專賣)된다는 인식에서 유래한다. 오늘날까지 이어지는 관습들 중 일부는 법전의 엄격함 · 추상성 · 비정함에 반발하고 있다. 법과 제도의 무정함에 대한 반발은 아주 타당하고 근거가 있으며 새로 제정되는 법과 제도는 이러한 점들을 반영하고 있다.
>
> 창작물에 대한 저작권과 특허권이 인정되기까지는 오랜 시간이 걸렸다. 실제로 사회는 인류의 은인인 저술가나 발명가의 상속인들에게 권리 소유자에 의해서 만들어진 물건들에 대한 일정한 권리보다 더 많은 것을 인정하는 데에는 큰 관심을 두지 않았다. 사람들은 그것들이 개인 정신의 산물일 뿐만 아니라 집단 정신의 산물이기도 하다고 곧잘 주장한다. 모든 사람들은 저작권이나 특허권이 빨리 소멸되거나 그것들이 부(富)의 일반적인 순환 과정 속에 포함되기를 바랐다. 하지만 예술가와 그 직접적인 상속인이 생존해 있는 동안 회화 · 조각 · 예술품의 가격이 증가했다는 점 때문에 1923년 9월의 프랑스 법은 받은 작품이 계속 매매되는 경우에 생기는 증가액에 대한 추구권(追求權)을 예술가와 작품 소유자에게 주기로 하였다.
>
> 프랑스의 사회보장에 관한 모든 법과 이미 실현된 국가 사회주의는 다음과 같은 원리에서 영감을 얻고 있다. 즉, 노동자는 한편으로는 집단 공동체에, 또 한편으로는 자신의 고용주에게 그의 생명과 노고를 바친다는 것이다. 또한 노동자가 사회 보장 사업에 참여하는 상황에서 그의 노동으로 이익을 본 자들은 단순히 임금을 지불하는 것만으로는 노동자에게 빚을 갚은 것이 아니며, 공동체를 대표하는 국가는 고용주와 함께 노동자의 협력을 얻어서 노동자의 실업 · 질병 · 노령화 및 사명에 대한 일정한 생활 보장을 노동자에게 주어야 한다는 것이다.
>
> 한편으로 국가와 그 조직들이 보호하고자 하는 것은 개인이다. 사회는 사회를 구성하는 세포들을 다시 찾고자 한다. 사회는 개인이 갖고 있는 권리 의식과 자선, 사회봉사, 유대의 감정 등이 혼합되어 있는 상태에서 개인을 보상한다. 증여의 주제, 즉 증여 속에 있는 자유와 의무, 후한 인심 그리고 주는 것이 이롭다는 주제가 마치 오랫동안 잊어버린 주요한 동기가 부활한 것처럼 우리 사회에서 다시 나타나고 있다.

① 프랑스의 기업가들이 가족을 책임지고 있는 노동자에게 생활보장을 해 주었고 노동자는 부조, 금고 등을 통하여 스스로의 이익을 지켰다.

② 영국에서는 오랫동안 지속된 극심한 불황기에 동업자들이 노동자에게 부조를 하였으나 막대한 경비가 들어 노동자들의 생활과 삶을 보호할 수 없었다.

③ 고대 문명 중에는 50년마다 한 번씩 노예를 해방시키고 그들의 땅을 돌려주는 기념절을 지낸 곳도 있었다.

④ 일부 개인의 이익을 위한 투기와 고리대금의 투기를 방지하기 위해서 구소련이나 중국과 같은 사회주의 사회에서는 이자를 엄격하게 금지하였다.

⑤ 구소련에서는 처음에는 미술품에 대해 국가가 작품료를 지급하였는데 작가들이 국가의 은혜를 입고 작품발표를 하지 않게 되자 작품료를 지급하지 않았다.

08. 다음 글의 (가)~(바)를 논리적 순서에 맞게 배열한 것은?

> 문화체육관광부는 한국문화관광연구원과 함께 우리 사회의 인문정신문화 인식 수준 등을 파악하는 인문정신문화 실태조사를 하고 그 결과를 발표했다. 이번 조사는 최근 인문학에 대한 관심이 높아지고 있으므로, 수요자 측면에서 인문 정책의 지향점을 설정하기 위해 처음으로 실시됐다.
>
> (가) 문체부 담당자는 '조사 결과 많은 국민이 인문가치의 사회적 필요성에 공감하고 있으나 기존 인문학을 어렵고 추상적이라고 느끼고 있는 점은 시사하는 바가 크다'며 '앞으로 세부 조사결과에 나타난 세대별 관심 사항과 이용 시설, 참여 장애요인 등을 고려해 누구나 쉽고 친숙하게 생활 속에서 다양한 인문 프로그램을 접하고 이에 참여할 수 있도록 정책적 지원 방안을 강화할 계획이다'라고 말했다.
>
> (나) 조사 결과 응답자의 27.7%가 인문학에 관심을 갖고 있었으며 '우리 사회에 인문학이 필요하다'는 의견이 68.4%로 인문학 관심 수준에 비해 2배 이상 높게 나타났다. 인문학 및 인문정신문화가 중요한 이유로는 '인간 본연의 문제를 다루며 삶의 가치와 의미를 성찰하므로'라는 응답이 64.8%(1순위와 2순위 인원 합산 기준)로 가장 높게 나타났다. 이는 고도의 압축 성장의 부작용으로 나타나고 있는 다양한 사회 문제에 대한 반성으로 국민들 상당수가 정신적 삶을 풍요롭게 하는 인문의 가치를 중요하게 인식하고 있음을 보여 준다.
>
> (다) 인문 프로그램의 발전 방향에 대해 '시민 의식 수준과 역량을 갖출 수 있도록 정치, 경제, 경영 등 사회 전반에 대한 정보를 다루며 실용성을 확대해야 한다'는 의견이 54.2%로 가장 높았다. '문학·사학·철학 등의 기초에 집중해 인문 학문의 본질을 강화해야 한다'는 의견은 5.9%로 가장 낮게 나타났다. 이와 관련해 인문 전공자를 대상으로 한 조사에서는 일반 국민의 응답 결과와 유사하나 '현대 사회의 시대적 흐름을 이해하고자 생활 과학, 자연 과학, 생명 과학, 공학 등을 다루며 인문 프로그램의 범위를 확장해야 한다'는 의견이 24.6%로 일반 국민 16.6%보다 높게 나타났다.
>
> (라) 이외의 이유에 대해 20~30대 등 젊은 세대는 '지적 호기심이나 정보 습득에 도움이 될 수 있기에'와 '생활에 필요한 기본소양을 함양시킬 수 있기에'라는 항목에서 높게 응답해 인문학의 실용성 측면에서 기성세대보다 관심이 높은 것으로 나타났다.
>
> (마) 인문학 및 인문정신문화의 한계점에 대해서는 '내용이 어렵고 추상적이라 접근성이 낮기 때문에'라는 응답이 39.3%로 가장 높게 나타났다. 다음으로는 '취업 및 직장업무에 직접적 관련성이 적기 때문에'가 25.2%로 조사되었다. 이는 인문학의 대중문화와 인문정신문화의 사회 확산을 위해서 쉽고 친숙하게 이해할 수 있는 프로그램을 제공하고 다양한 분야와 접목해 실용성을 높여 인문의 문턱을 낮추려는 노력이 필요하다는 점을 보여 준다.

(바) 반면에 40 ~ 50대 이상 기성세대는 '사회 공동체 가치 구현에 기여할 수 있기에'와 '현대 기술 문명 사회에 인간다운 삶과 인간성 회복을 위해'라는 항목에서 높은 비율로 응답해 젊은 세대보다 인문의 사회적 가치에 상대적으로 더 큰 의미를 두는 것으로 나타났다.

① (가)-(다)-(마)-(나)-(라)-(바) ② (가)-(바)-(라)-(다)-(나)-(마)
③ (나)-(라)-(바)-(마)-(다)-(가) ④ (나)-(마)-(라)-(바)-(가)-(다)
⑤ (다)-(마)-(라)-(바)-(나)-(가)

09. 다음 글을 읽고 가설연역법의 과정을 바탕으로 〈보기〉의 밑줄 친 ㉠, ㉡을 설명한 내용으로 적절하지 않은 것은?

우리가 알고 있는 학문적 이론들은 대체로 가설연역법으로 확립된 것이다. 가설연역법은 귀납과 연역의 원리를 활용하여 학문적 진리를 탐구하는 대표적인 추론 방법이다. 귀납은 이미 알고 있는 개별적인 사실들에서 그러한 사실들을 포함하는 일반적인 명제를 이끌어내는 추론으로, 개별적인 사실들이 모두 옳을지라도 결론이 반드시 옳지는 않은 속성이 있다. 반면 연역은 이미 알고 있는 일반적인 명제를 전제로 삼아 구체적인 사실을 이끌어내는 추론으로, 전제가 옳다면 결론은 반드시 옳은 속성이 있다.

가설연역법은 귀납과 연역을 연계하여 가설을 설정하고 검증하는 절차를 거친다. 예를 들어, '한국, 일본, 중국에 서식하는 까마귀는 검다'라는 사실에서 연구자가 '세상의 모든 까마귀는 검다'라는 결론을 얻었다고 하자. 이것은 구체적인 '사례들'에서 일반적인 명제를 이끌어낸 귀납 추론이다. 이 명제는 참일 수도 있고 거짓일 수도 있다. 왜냐하면 세상의 모든 까마귀를 관찰하여 결론에 이른 것이 아니기 때문이다. 연구자는 이 명제가 참인지 더 알아볼 필요가 있을 것이다. 그래서 이 명제를 '가설'로 설정하고, 이를 전제로 삼아 '미국에 서식하는 까마귀는 검다'라는 좀 더 구체적인 '예측'을 연역 추론으로 이끌어낸다. 가설은 일반적인 명제이므로 진위를 확인하기가 어렵지만 예측은 그에 비해 구체적인 사실이므로 진위를 알아내기가 더 쉽기 때문이다. 연구자가 관찰, 실험과 같은 경험적인 방법으로 예측의 진위를 알아보는 것을 '검증'이라고 한다. 미국에 서식하는 까마귀를 검증한 결과 흰 까마귀가 존재한다면, '모든 까마귀는 검다'라는 가설에 포함되지 않는 사실이 발견된 것이므로 연역의 속성상 가설은 논리적으로 거짓일 수밖에 없다. 이를 가설이 '반증'되었다고 하는데, 이 경우 가설은 틀린 것이므로 연구자는 새로운 가설을 설정하는 일부터 다시 시작해야 한다.

한편, 예측을 검증한 결과가 참이라면 가설은 더욱 믿을 만한 것이 된다. 이를 가설이 '확증'되었다고 하는데, 확증은 가설이 옳다는 것을 절대적으로 뒷받침하지는 못하고 단지 가설이 옳을 확률이 높다는 사실을 알려 준다. 왜냐하면 확증은 가설의 일부분, 즉 예측만이 참이라는 것을 확인해 주기 때문이다. 연구자는 가설의 나머지 부분도 참이라는 사실을 확인해야 보편타당한 지식을 얻었다고 말할 수 있을 것이다. 그래서 확증이 된 가설을 전제로 삼아 가능한 많은 예측들을 하고 다양한 조건 속에서 검증을 한다. 이것들이 전부 참으로 확증되어야 가설은 비로소 학문적인 진리성을 가진 이론이 된다.

가설연역법은 구체적인 사례들을 일반화하고 그것을 체계화하는 탐구 방법이다. 대부분의 자연과학 이론은 이러한 가설연역법을 바탕으로 성립하였으며, 오늘날에는 사회과학에서도 유용한 학문적 탐구 방법으로 쓰이고 있다. 하지만 가설을 도출한 추론 원리 자체에 이미 오류의 가능성이 있어서, 그 가설에서 이끌어낸 학문적인 이론은 본질적인 한계를 지니게 된다. 그러므로 우리는 현재의 이론이 절대적으로 옳다는 생각에서 벗어나 사물과 현상을 대할 필요가 있다.

> **보기**
>
>   ○○기업에 입사한 임지훈 사원은 직장 생활이 즐겁다. 선배들이 모두 친절하기 때문이다. 송아리 대리, 김지만 과장, 이석훈 팀장 모두 모르는 점을 친절히 가르쳐 주어 임 사원은 ㉠ '직장 선배들은 모두 친절하다'는 생각을 가지게 되었다. 임 사원은 아직 대화를 해 보지 않은 ㉡'표지하 대리, 현숙정 과장, 정희라 차장 역시 친절하다'고 예측하고 대화를 통해 그들이 친절한지를 알아보려 한다.

① ㉠은 가설연역법에서의 가설에 해당한다고 볼 수 있다.

② ㉡은 가설이 맞는지를 확인하기 위해 구체적으로 세운 예측에 해당한다.

③ ㉠은 개별 사례들에서 일반적인 명제를 이끌어낸 귀납 추론에 해당한다.

④ ㉡을 검증한 결과가 참이라면 임지훈 사원이 설정한 가설이 반드시 옳다는 것이 증명되었다고 볼 수 있다.

⑤ ㉡을 검증한 결과 친절하지 않은 선배가 존재한다면, 임지훈 사원이 설정한 가설은 반증되었다고 볼 수 있다.

10. 박 사원은 모든 사원이 참가하는 워크숍에 사용할 버스를 대절했다. 〈정보〉가 다음과 같을 때 박 사원이 대절한 45인승 버스는 총 몇 대인가?

정보

- 워크숍 참석 인원은 모두 268명이다.
- 버스는 45인승과 25인승을 대절하였다.
- 각 버스에는 운전기사를 제외하고 사원들이 44명, 24명씩 탑승하였다.
- 버스를 대절하는 데 45인승 버스는 한 대에 45만 원, 25인승 버스는 한 대에 30만 원이었고 모두 285만 원을 지불하였다.
---

① 2대   ② 3대   ③ 4대
④ 5대   ⑤ 6대

11. A와 B가 16km 떨어진 지점에서 서로를 향해 이동하였다. 두 사람이 이동한 〈정보〉가 다음과 같을 때, 두 사람이 만나기까지 소요된 시간과 두 사람이 이동한 거리의 차이는 얼마인가?

정보

- A는 시속 3km의 속도로 걸어서 이동하였다.
- B는 시속 5km의 속도로 자전거를 타고 이동하였다.
- 두 사람은 동일한 시간 동안 이동하였다.
---

① 1시간, 3km   ② 1시간, 4km   ③ 2시간, 3km
④ 2시간, 4km   ⑤ 2시간, 5km

12. 정원에 다음 〈조건〉과 같이 작물을 심었을 때, 어떤 작물도 심지 않은 정원의 면적은?

조건

- 108m² 의 넓이를 가진 정원이 있다.
- 전체의 $\frac{3}{10}$ 에 A 작물을 심고 그 나머지의 $\frac{4}{9}$ 에는 B 작물을 심었다.
- A, B 두 작물을 심고 남은 면적의 $\frac{4}{7}$ 에는 C 작물을 심었다.

① 12m²　　　　　② 14m²　　　　　③ 16m²
④ 18m²　　　　　⑤ 20m²

13. 박 사원과 김 사원은 프로젝트를 마무리하고 다음 〈조건〉과 같이 보고서를 작성할 계획이다. 보고서가 완료되기 전까지 김 사원이 혼자 보고서를 작성하는 날은 모두 며칠인가? (단, 두 사원이 함께 보고서를 작성할 경우에는 각 사원의 작성량이 각각 반영된다)

조건

- 박 사원과 김 사원이 보고서를 작성한다.
- 박 사원이 혼자 보고서를 작성하는 경우 총 8일이 걸린다.
- 김 사원이 혼자 보고서를 작성하는 경우 총 14일이 걸린다.
- 처음 이틀 동안 박 사원과 김 사원이 함께 보고서를 작성하기 시작하고, 그 후 김 사원 혼자 이어서 보고서를 작성하다가 마지막 이틀은 두 사원이 함께 보고서를 마무리한다.

① 3일　　　　　② 5일　　　　　③ 7일
④ 9일　　　　　⑤ 11일

[14 ~ 15] 다음은 여가 시간과 관련된 자료이다. 자료를 보고 이어지는 질문에 답하시오.

〈자료 1〉 성 및 연령집단별 평일 월평균 여가 시간

(단위 : 시간)

구분		20X4년	20X5년	20X6년	20X7년	20X8년	20X9년
전체		3.1	3.0	4.0	3.2	3.6	3.1
성	남자	3.0	2.8	3.8	3.1	3.3	2.9
	여자	3.2	3.1	4.2	3.3	3.8	3.3
연령집단	10대	3.6	2.3	3.1	2.6	3.1	2.7
	20대	2.8	2.6	3.7	3.1	3.3	2.9
	30대	2.6	2.3	3.2	2.8	3.1	2.8
	40대	2.7	2.4	2.4	3.0	3.3	2.8
	50대	3.1	2.7	3.9	3.0	3.5	2.9
	60대	4.3	4.9	5.4	4.1	4.3	3.6
	70대 이상	–	–	7.1	5.9	5.1	4.7

〈자료 2〉 성 및 연령집단별 휴일 월평균 여가 시간

(단위 : 시간)

구분		20X4년	20X5년	20X6년	20X7년	20X8년	20X9년
전체		5.5	6.5	7.0	5.1	5.8	5.0
성	남자	5.7	7.0	7.3	5.2	5.9	5.1
	여자	5.2	6.3	6.7	5.0	5.7	4.9
연령집단	10대	7.5	7.6	6.3	4.8	5.6	5.1
	20대	5.3	7.8	7.4	5.6	6.1	5.3
	30대	4.8	6.0	6.7	4.8	5.5	4.8
	40대	4.8	6.2	6.7	4.9	5.6	4.7
	50대	4.9	6.3	6.9	4.8	5.6	4.8
	60대	5.5	6.1	7.1	5.2	5.3	5.1
	70대 이상	–	–	8.1	6.5	6.5	5.7

* 20X4년과 20X5년 통계에서 60대는 60세 이상을 나타냄.

14. 다음 중 위 자료에 대한 설명으로 옳지 않은 것은?

① 조사 시기에 전체 여가 시간은 평일보다 휴일이 1시간 이상 많다.

② 조사 시기에 30대와 40대의 평일 여가 시간은 3.5시간을 넘지 않는다.

③ 평일의 경우 연령 증가와 비례해 여가 시간이 길어지지는 않는다.

④ 여자의 휴일 여가 시간이 가장 길었던 해는 20X6년으로, 가장 짧았던 해와 1시간 이상 차이가 난다.

⑤ 평일에는 남자보다 여자의 여가 시간이 평균적으로 더 짧고, 휴일에는 여자보다 남자의 여가 시간이 평균적으로 더 길다.

15. 20X7년 이후 평일 여가 시간이 가장 짧았던 연령집단과 같은 해 남성의 평일 월평균 여가 시간과의 시간 차이를 순서대로 바르게 나열한 것은?

① 20X7년 50대, 1시간

② 20X7년 10대, 0.5시간

③ 20X8년 50대, 0.5시간

④ 20X9년 10대, 0.5시간

⑤ 20X9년 10대, 1시간

[16 ~ 17] 다음 자료를 보고 이어지는 질문에 답하시오.

〈자료 1〉 한국의 폐기물 종류별 일평균 발생량

(단위 : 톤/일)

구분	20X4년	20X5년	20X6년	20X7년	20X8년
총계	394,510	393,126	401,663	418,222	429,139
생활폐기물	48,990	48,728	49,915	51,247	53,772
사업장 배출시설계 폐기물	146,390	148,443	153,189	155,305	162,129
폐기물	186,629	183,538	185,382	198,260	199,444
지정폐기물	12,501	12,417	13,177	13,410	13,794

〈자료 2〉 OECD 주요국의 1인당 생활폐기물 발생량

(단위 : kg)

구분	20X3년	20X4년	20X5년	20X6년	20X7년
네덜란드	568	549	526	526	521
독일	620	619	615	632	629
미국	731	727	731	735	735
스페인	485	468	455	448	434
영국	498	484	488	489	489
이탈리아	518	492	483	483	479
일본	355	355	353	349	349
체코	320	308	307	310	317
터키	416	410	407	406	402
폴란드	315	314	297	272	286
프랑스	539	524	518	509	502
핀란드	505	506	493	481	499
한국	358	356	353	359	365

※ 민간 생활폐기물 발생량을 총 인구로 나눈 값임.

16. 제시된 자료에 대한 설명으로 옳지 않은 것은?

① 조사기간 중 한국의 폐기물 종류별 일평균 발생량이 지속적으로 증가하고 있는 것은 사업장 배출시설계 폐기물이 유일하다.

② 조사기간 중 한국의 생활폐기물 일평균 발생량은 매년 지정폐기물 일평균 발생량의 4배 이상이다.

③ 20X5년 OECD 주요국 중 1인당 생활폐기물 발생량의 전년 대비 증가율이 가장 높은 나라는 영국이다.

④ 20X4년에 OECD 주요국 중 1인당 생활폐기물 발생량이 전년 대비 증가한 나라는 핀란드가 유일하다.

⑤ 조사기간 동안 OECD 주요국 중 1인당 생활폐기물 발생량이 매년 가장 많은 나라는 미국이다.

17. OECD 주요국의 1인당 생활폐기물 발생량에 대한 자료를 표현한 다음 그래프 중 수치가 옳지 않은 것은? (단, 계산은 소수점 아래 둘째 자리에서 반올림한다)

① 〈전년 대비 증가율〉

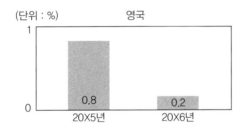

② 〈전년 대비 증가량〉

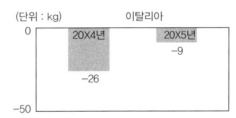

③ 〈전년 대비 증가율〉

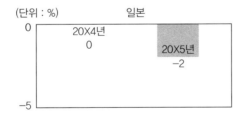

④ 〈전년 대비 증가량〉

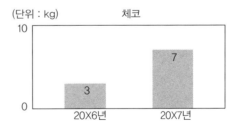

⑤ 〈전년 대비 증가량〉

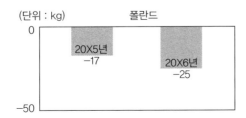

18. 다음 글을 읽고 〈보기〉의 A ~ D가 권장 시기에 맞춰 정기검진을 받을 때, 첫 정기검진까지의 기간이 가장 적게 남은 사람부터 순서대로 나열한 것은? (단, A ~ D는 지금까지 건강검진을 받은 적이 없다)

> 암 검진은 암을 조기 발견하여 생존율을 높일 수 있기 때문에 매우 중요하다. 일반적으로 권장하는 정기검진의 시작 시기와 주기는 위암은 만 40세부터 2년 주기, 대장암은 만 50세부터 1년 주기, 유방암은 만 40세부터 2년 주기 등이다. 폐암은 흡연자인 경우 만 40세부터 1년 주기로, 비흡연자도 만 60세부터 검진을 받아야 한다. 간경변증을 앓고 있는 사람이거나 B형 또는 C형 간염 바이러스 보균자는 만 30세부터 6개월 간격으로 간암 정기검진을 받아야 한다.
>
> 그런데 많은 암환자들이 가족력을 가지고 있는 것으로 알려져 있다. 우리나라 암 사망 원인 1위인 폐암은 부모나 형제자매 가운데 해당 질병을 앓은 사람이 있으면 발병 확률이 일반인의 1.95배나 된다. 대장암 환자의 30%도 가족력이 있다. 부모나 형제자매 중에 한 명의 대장암 환자가 있으면 발병 확률은 일반인의 2 ~ 3배가 되고, 두 명이 있으면 그 확률은 4 ~ 6배로 높아진다. 우리나라 여성들이 많이 걸리는 유방암도 가족력이 큰 영향을 미친다. 따라서 가족력이 있으면 대장암은 검진 시기를 10년 앞당겨야 하며, 유방암도 검진 시기를 15년 앞당기고 검사 주기도 1년으로 줄여야 한다.

보기

- 매운 음식을 자주 먹는 만 38세 남성 A의 위암 검진
- 대장암 가족력이 있는 만 33세 남성 B의 대장암 검진
- 유방암 가족력이 있는 만 25세 여성 C의 유방암 검진
- 흡연자인 만 36세 여성 D의 폐암 검진

① A, B, C, D   ② A, C, D, B   ③ B, A, D, C
④ C, A, D, B   ⑤ C, D, B, A

19. ○○기업 직원 김유정, 유치환, 임화, 김기림은 퇴근 후 스터디에서 진행할 자격증의 종류를 〈자격증 선호 순위〉와 〈자격증 결정 기준 및 조건〉을 고려하여 정하려고 한다. 〈보기〉 중 옳은 설명 끼리 짝지어진 것은?

〈자격증 선호 순위〉

구분	사무자동화 산업기사	컴퓨터활용능력 1급	토익스피킹 7등급	SPA 6급	HSK 5급
김유정	1	2	5	4	3
유치환	4	1	3	2	5
임화	3	5	4	2	1
김기림	2	4	5	3	1

〈자격증 결정 기준 및 조건〉

자격증 결정 기준	1. 1순위가 가장 많은 자격증으로 선정한다. 2. 5순위가 가장 적은 자격증으로 선정한다. 3. 1순위에 5점, 2순위에 4점, 3순위에 3점, 4순위에 2점, 5순위에 1점을 부여하며, 합산한 점수가 가장 높은 자격증으로 선정한다. 4. 합산 점수가 높은 상위 2개의 자격증 중 1순위가 더 많은 주제를 선정한다.
자격증 결정 조건	1. 유치환은 SPA 6등급이 주제로 선정되면 스터디에서 나간다. 2. 임화는 토익스피킹 7등급이 주제로 선정되면 스터디에서 나간다. 3. 임화가 스터디에서 나가면 김기림도 나간다.

보기

가. 기준 1과 기준 4 중 어느 것을 따르더라도 동일한 자격증이 선정된다.

나. 기준 2에 따르면 사무자동화산업기사나 SPA 6급이 학습할 자격증으로 선정될 수 있다.

다. 기준 3에 따르면 아무도 스터디에서 나가지 않는다.

라. 어떤 기준에 따랐을 때, 팀에 2명만 남는다.

① 가, 나 ② 나, 라 ③ 가, 나, 다

④ 가, 다, 라 ⑤ 나, 다, 라

20. 다음의 고용노동부 보도자료에 관한 설명으로 옳지 않은 것은?

〈취업 잘되는 국가기술자격 20선(고용노동부 보도자료 20X9. 07. 11.)〉

순위	자격명(구인 건수)	순위	자격명(구인 건수)	순위	자격명(구인 건수)
1	지게차운전기능사 (7,376)	8	직업상담사 2급 (2,855)	15	컴퓨터활용능력 2급 (1,140)
2	건축기사 (7,162)	9	용접기능사 (1,732)	16	건설안전기사 (1,059)
3	한식조리기능사 (6,682)	10	정보처리기사 (1,717)	17	공조냉동기계기능사 (1,055)
4	전기기사 (4,017)	11	건축산업기사 (1,422)	18	전기공사기사 (1,046)
5	토목기사 (3,086)	12	전기공사산업기사 (1,296)	19	수질환경기사 (861)
6	전기산업기사 (3,086)	13	에너지관리기능사 (1,281)	20	산업안전기사 (854)
7	전기기능사 (2,953)	14	자동차정비기능사 (1,203)	20X8년 워크넷 공고 기준	

공공부문의 대표 취업 지원 누리집인 워크넷의 20X8년 구인 공고 약 118만 건(1,181,239 건)을 자격증과 관련된 내용으로 분석한 결과, 자격과 관련된 구인 건수는 281,675건으로 4건 중에 1건 정도는 채용할 때 자격을 요구하거나 우대하는 것으로 나타났다.

구인공고에서 제시한 임금은 국가기술자격을 요구할 때는 월 평균 225만 9천 원으로 자격 증이 없을 때보다 25만 8천 원이 높고, 기타 자격을 요구하는 경우와 비교해도 21만 3천 원이 높다.

20X8년, 국가기술자격에 약 349만 명이 응시해 약 69만 명이 자격을 취득했다. 남성 전체 를 살펴봤을 때 1위 지게차운전기능사(3만 5,819명), 2위 굴삭기운전기능사, 3위 전기기능 사, 4위 정보처리기사, 5위 정보처리기능사로 나타났다. 여성은 1위 한식조리(1만 8,643명), 2위 미용사(일반), 3위 미용사(네일), 4위 미용사(피부), 5위 미용사(메이크업) 순이었다.

① 20X8년 워크넷 채용공고 기준으로 자격과 관련된 구인 공고는 20% 이상이다.
② 여성은 조리 및 미용 관련 자격증을 많이 취득했다.
③ 남성이 많이 취득하는 5가지 자격증 중 3가지가 '취업 잘되는 국가기술자격 20선'에 포함된다.
④ 자격증이 없는 구직자의 월 평균 임금은 200만 원 이상인 것으로 조사되었다.
⑤ '취업 잘되는 국가기술자격 20선'에 소개된 자격에는 기능사가 기사보다 많다.

21. 다음은 어느 공단의 「외국인근로자고용지원 업무처리규칙」 중 일부이다. 이를 바탕으로 〈보기〉에서 외국인고용허가제 한국어능력시험의 응시자격을 갖춘 외국인을 모두 고르면?

〈외국인근로자고용지원 업무처리규칙〉

제1조(목적) 이 규칙은 「외국인근로자고용지원 업무처리규정」(이하 "규정"이라 한다)에서 위임된 사항과 그 시행에 관하여 필요한 사항을 정함을 목적으로 한다.

(중략)

제3조(용어의 정의) 이 규칙에서 사용하는 용어의 정의는 다음과 같다.

1. "외국인근로자"라 함은 대한민국의 국적을 가지지 아니한 자로서 국내 소재 사업 또는 사업장에서 임금을 목적으로 근로를 제공하고 있거나 제공하고자 하는 자를 말한다. 다만, 「외국인근로자의 고용 등에 관한 법률」(이하 "법"이라 한다) 제2조 단서조항에 해당하는 자는 제외한다.

(중략)

제5조(응시자격) ① 외국인고용허가제 한국어능력시험의 응시자격은 다음 각 호와 같다.

1. 만 18세 이상 39세 이하인 자(한국어능력시험 접수초일 기준)
2. 금고형 이상의 범죄경력이 없는 자
3. 대한민국에서 강제퇴거 또는 강제출국 조치를 당한 경력이 없는 자
4. 자국으로부터 출국에 제한(결격사유)이 없는 자
5. 비전문취업(E-9) 또는 선원취업(E-10) 체류자격으로 대한민국에 5년 이상 체류하지 아니한 자

② 특별한국어능력시험의 응시자격은 전항의 자격요건을 갖추고 체류만료기간 내 자진 귀국한 외국인근로자로 한다.

보기

㉠ 범죄경력은 없으나 경범죄 위반으로 범칙금을 부과받은 적이 있는 만 38세의 외국인
㉡ 범죄경력은 없으나 비전문취업(E-9) 비자를 통해 한국에 6년 동안 거주한 경험이 있는 만 32세의 외국인
㉢ 만 26세로 과거 우리나라에서 강제출국 조치를 당한 경력이 없는 외국인
㉣ 범죄경력은 없으며 체류만료기간 내 자진 귀국한 만 42세의 외국인

① ㉠, ㉡ ② ㉠, ㉢ ③ ㉠, ㉡, ㉢
④ ㉡, ㉢, ㉣ ⑤ ㉠, ㉡, ㉢, ㉣

[22 ~ 23] 다음 자료를 읽고 이어지는 질문에 답하시오.

〈신혼희망타운 입주자 선정 순위〉

1. 우선공급 : 건설량의 30%를 혼인기간 2년 이내인 신혼부부, 예비신혼부부, 만 3세 미만의 자녀를 둔 한부모가족에게 아래 가점 다득점 순으로 우선 공급한다.

가점항목	평가요소	점수	비고
가구소득 (중위소득)	70% 이하	3	배우자가 소득이 있는 경우 80% 이하
	70% 초과 100% 이하	2	
	100% 초과	1	
해당 지역 연속 거주기간	2년 이상	3	신청자가 공고일 현재 △△지역에 계속하여 거주한 기간을 말하며, 해당 지역에 거주하지 않은 경우 0점
	1년 이상 2년 미만	2	
	1년 미만	1	
주택종합청약저축 납입인정 횟수	24회 이상	3	입주자저축(청약저축 포함) 가입 확인서 기준
	12회 이상 23회 이하	2	
	6회 이상 11회 이하	1	

2. 잔여공급 : 나머지 70%를 위 우선공급 낙첨자, 혼인기간 2년 초과 7년 이내인 신혼부부, 만 3세 이상 만 7세 미만 자녀를 둔 한 부모 가족을 대상으로 아래 가점 다득점 순으로 공급한다.

가점항목	평가요소	점수	비고
미성년 자녀수	3명 이상	3	태아, 입양 포함
	2명	2	
	1명	1	
무주택기간	2년 이상	3	신청자의 나이가 만 30세가 되는 날(신청자가 그 전에 혼인한 경우 최초 혼인신고일)부터 공고일 현재까지 무주택세대 구성원 전원이 계속해서 무주택인 기간으로 산출
	1년 이상 2년 미만	2	
	1년 미만	1	
해당지역 연속 거주기간	2년 이상	3	신청자가 공고일 현재 △△지역에 계속하여 거주한 기간을 말하며, 해당 지역에 거주하지 않은 경우 0점
	1년 이상 2년 미만	2	
	1년 미만	1	
주택종합청약저축 납입인정 횟수	24회 이상	3	입주자저축(청약저축 포함) 가입 확인서 기준
	12회 이상 23회 이하	2	
	6회 이상 11회 이하	1	

※ 총 자산기준 : 2억 5,000만 원 이하
  총 자산＝토지＋건물＋자동차＋금융자산－부채

22. 다음 중 위 자료로 파악할 수 있는 신혼희망타운 입주자의 조건으로 옳은 것은?

① 공고일 현재 신청자는 결혼했던 적이 없는 무주택세대 구성원이어야 한다.

② 해당 지역에 거주했던 이력이 없으면 신혼희망타운 입주 신청이 불가능하다.

③ 신혼희망타운에 입주를 신청할 수 있는 신혼부부의 혼인기간은 2년 이내이다.

④ 만 3세 미만의 자녀를 둔 한부모가족은 잔여공급 대상자가 될 수 있다.

⑤ 신청자의 총 자산 산정은 부채와 관계없이 토지, 건물, 자동차, 금융자산을 모두 합한 금액으로 한다.

23. 위 자료를 바탕으로 할 때, 강하늘 씨가 받을 수 있는 가점은?

> **강하늘(만 32세)**
> • 결혼 42개월 차이다.
> • 현재 임신 4개월 차 아내와 만 3세의 딸 1명으로 구성된 3인 가족이다.
> • 부부 모두 무주택자이고, 해당 지역에 19개월 연속 거주하였다.
> • 주택청약종합저축 납입기간 5년으로 60회를 납입하였다.

① 5점   ② 6점   ③ 8점

④ 9점   ⑤ 10점

[24 ~ 25] 다음 자료를 보고 이어지는 질문에 답하시오.

〈○○호텔 연회장 정보〉

연회장 구분	필요 스태프 수	테이블 타입 / 수용인원			
		B-Type	R-Type	S-Type	D-Type
A 홀	4명	30명	35명	35명	30명
B 홀	4명	30명	40명	40명	30명
C 홀	5명	40명	50명	50명	30명
D 홀	8명	50명	60명	70명	30명

• 연회장 이용가능시간 : 평일 10 ~ 21시, 주말 11 ~ 22시
• ○○호텔은 하루 최대 예약을 3건으로 제한한다.
• 동일 연회장은 하루에 2건까지 예약 가능하며 예약 시간 전후 1시간동안은 세팅 및 정리를 위해 추가 예약을 받지 않는다.
• 연회장 스태프는 총 15명이며, 2개 이상의 연회장에 동시에 배치될 수 있다.

〈○○호텔 12월 연회장 예약현황〉

일	월	화	수	목	금	토
3	4 D 홀(15시)	5	6 C 홀(15시)	7	8 B 홀(13시)	9 A 홀(13시)
10 A 홀(11시) A 홀(16시)	11	12 D 홀(15시)	13 B 홀(17시)	14	15 B 홀(15시)	16 A 홀(11시) C 홀(18시)
17 B 홀(14시)	18	19 C 홀(17시)	20 B 홀(14시)	21 C 홀(16시) A 홀(18시)	22 D 홀(16시)	23 A 홀(17시) B 홀(18시)
24 D 홀(16시) C 홀(17시)	25 D 홀(17시) A 홀(19시)	26	27 B 홀(18시)	28 A 홀(15시) B 홀(17시)	29 D 홀(13시)	30 B 홀(16시)

24. ○○호텔 연회장 예약 업무팀 담당직원 김 대리가 다음과 같은 예약문의 이메일을 받았을 때, 김 대리가 고객에게 안내할 예약 날짜와 시간, 연회장 정보는 어느 것인가?

> 안녕하세요? ○○기업입니다.
> 12월 마지막 주 월, 수, 금 중 예약 가능한지 문의 드립니다.
> 총 인원은 40명이고 B-Type 형태로 행사를 진행하려고 합니다.
> 시작 시간은 오후 5 ~ 7시 사이로 희망하며, 소요시간은 3시간 정도로 잡아 주시기 바랍니다.
> 월, 수, 금 모두 예약 가능하다면 가장 빠른 요일, 빠른 시간으로 예약해 주시면 감사하겠습니다. 일정 확인 후 답변 부탁드립니다.

〈12월 마지막 주 연회장별 예약 현황〉

구분	24일	25일	26일	27일	28일	29일	30일
A 홀	–	19 ~ 21시	–	–	15 ~ 17시	–	–
B 홀	–	–	–	18 ~ 20시	17 ~ 19시	–	16 ~ 18시
C 홀	17 ~ 19시	–	–	–	–	–	–
D 홀	16 ~ 18시	17 ~ 20시	–	–	–	13 ~ 15시	–

① 25일 / 오후 5시 / B 홀
② 25일 / 오후 5시 / C 홀
③ 27일 / 오후 5시 / B 홀
④ 27일 / 오후 5시 / C 홀
⑤ 27일 / 오후 5시 / D 홀

1회 실전모의고사
2회 실전모의고사
3회 실전모의고사
4회 실전모의고사
5회 실전모의고사
6회 실전모의고사
7회 실전모의고사
8회 실전모의고사

25. 김 대리는 20일 B 홀(14시)을 예약한 고객으로부터 아래와 같은 요청을 받았다. 다음 중 김 대리가 고객의 요청을 반영하여 변경한 날짜와 연회장으로 알맞은 것은?

> 안녕하세요, □□기업입니다.
> 12월 20일 14시부터 17시까지 B홀로 예약된 대관일정을 12일과 13일 중 가능한 날로 예약 일정을 변경할 수 있는지 문의 드립니다.
> 구체적인 내용은 다음을 참고해주시기 바랍니다. 그리고 12일과 13일 모두 가능하다면 12일로 예약해주시면 감사하겠습니다. 예약 일정 확인 후 답변 부탁드리겠습니다.

〈예약 사항〉

구분	예약 일자	예약 시간	테이블 타입	인원
기존 예약 사항	20일	14시	B−Type	30명
변경 요청 사항	12일, 13일 중 가능한 날	14시	S−Type	50명

① 12일 / A 홀
② 12일 / C 홀
③ 13일 / A 홀
④ 13일 / B 홀
⑤ 13일 / C 홀

실전모의고사

제3회

- 수험번호 | _____
- 성 명 | _____

01. 다음 글에서 필자가 문장력을 기르기 위해서 권장하는 방식은?

> '손에 잡히는 대로 책을 읽어라'라는 말이 있다. 여기서 말하는 '손에 잡히는 대로'는 단순히 독서량을 늘리라는 말이 아니다. 손에 잡히는 대로 읽는다는 것은 '좋고 싫고를 가리지 말고, 다양한 장르의 다양한 책을 읽어라. 이것이 문장을 통달하는 제일 빠른 길이다'라는 의미이다. 이는 독자로서의 자신을 다시 발견하는 계기도 된다. 다만 한 가지 조건이 있다. 독자로서 좋고 싫음에 사로잡히는 부분을 경계해야 한다는 것이다.
>
> 먼저 책을 선택할 때 그동안 읽지 않은 장르나 읽지 않은 작가의 책을 손에 잡히는 대로 읽는 것이 좋다. 다만, 책을 읽을 때는 한 명의 독자로서 책의 어떤 부분이 좋고 싫은지를 명확히 생각하며 읽는 것이 좋다. 즉 '이 문장은 좋네'라든가 '이렇게 돌려 말하는 방식은 싫어'라는 자신의 감정을 소중하게 여기는 것이다.
>
> 이때 중요한 점은 좋은 문장, 나쁜 문장이라고 생각하는 것이 아니라 철두철미하게 주관적으로 좋은가 싫은가를 따져야 된다는 것이다. 이렇게 좋고 싫음을 확실하게 하면서 '작가로서의 자신'을 발견할 수 있다. 자신이 어떤 문장을 쓰고 싶어 하는지 그 경향이 명확해 지기 때문이다.
>
> 좋은 문장, 나쁜 문장이라는 틀에 사로잡혀 있으면 아무래도 '공부'라는 의식이 강해진다. 개인적으로 좋아하지 않는 문장에 대해서도 '이전 문호가 쓴 훌륭한 문장이니까 참고로 삼아야 한다'고 생각하게 된다. 미술을 예로 들면 알기 쉬울 것이다. '교과서에서 본 적이 있어'라든가 '이름을 들어 본 적이 있으니까 좋은 작품이다'라고 생각하는 사람이 많다. 이는 자신이 좋고 싫음을 판단하기보다 세간의 평가를 우선하는 것이다.
>
> 같은 방식으로 문장을 접하면 어떻게 될까? 어느새 '나는 어떤 문장을 쓰고 싶은가'라는 내적 욕구보다 '나는 어떤 문장을 써야 하는가'라는 외적 요청에 따르게 된다. 그렇게 되면 쓰면서도 재미있지 않고 공부도 오래 이어지지 못하게 된다.
>
> 한편 좋아하는 문장, 싫어하는 문장을 나누는 방식으로 생각해 보면 자신이 어떤 문장을 목표로 삼고 있는지 작가로서 어떤 자세를 취하고 싶은지 명확해진다.

① 글쓰기의 전문가가 쓴 책을 최대한 많이 읽는다.
② 유명한 작가가 쓴 문장을 낳이 외울수록 좋다.
③ 책을 읽으면서 자신이 좋아하는 문장과 싫어하는 문장을 가려 본다.
④ 문장의 좋고 나쁨을 스스로 판단하면서 글을 읽는다.
⑤ 어떤 문장을 써야 하는가를 생각하면서 책을 읽는다.

02. 다음 글을 바탕으로 혈액형에 대하여 이해한 내용으로 옳지 않은 것은?

 ABO식 혈액형을 발견한 사람은 란트슈타이너(Karl Landsteiner, 1868 ~ 1943)이다. 오스트리아에서 출생하여 빈 대학에서 의학을 공부한 그는 20세기 혈액학 발전에 지대한 공헌을 했다. 그는 1900년에 서로 다른 사람들에게서 채취한 혈액을 혼합하던 중 혈구가 서로 엉켜서 작은 덩어리가 생기는 것을 처음 발견하였다. 이 현상에 집중하기 시작한 그는 1901년에 혈액이 응집되는 성질을 이용하여 사람의 혈액형을 셋으로 분류할 수 있다는 사실을 발표했다. 이듬해에 데카스텔로와 스톨라가 하나의 혈액형을 더 제시함으로써 4가지 종류의 사람 혈액형이 확립되었다. 1910년에는 둥게론과 히르즈펠트가 혈액형이 유전된다는 사실을 알아낸 것이 오늘날 ABO식 혈액형에 대한 기초지식을 완성한 유래가 된다.

 혈액형을 구분하는 방법 중 ABO식 다음으로 유명한 것은 Rh식 혈액형이다. 란트슈타이너는 1940년에 ABO식 외에 다른 혈액형 관련인자인 Rh 인자를 발견하였다. 서양인들은 전 인구의 약 15%가 Rh-형 피를 지니지만 동양인들은 약 0.5%만이 Rh-형 피를 지닌다. 이외에도 혈액에서 일어나는 응집반응을 기준으로 혈액형을 구분하는 방법은 여러 가지가 있는데, 이는 혈액 내 세포나 내용물 중에 항원 역할을 하여 면역반응을 일으키는 물질이 많이 존재하기 때문이다.

 수십 년 전만 해도 혈액형은 절대로 바뀌지 않는다고 알려져 있었는데 이제 그것은 진리가 아니다. 왜냐하면 혈액형은 바뀔 수 있기 때문이다. 물론 자연적으로 바뀔 수 있다는 것은 아니다. 혈액형을 결정하는 항원을 제거할 경우 아무 피나 수혈할 수 있으므로 결과적으로 혈액형이 바뀐 것처럼 보일 수 있다는 뜻이다.

 항원 제거에 의해 혈액형이 바뀔 수 있다는 이론은 1982년에 골드스타인 등에 의해 제시되었고, 실제로 2007년 프랑스와 덴마크의 학자들과 미국의 생명과학업체 자임퀘스트(ZymeQuest)가 공동연구를 통해 세균에서 A형과 B형 항원 제거 기능을 지닌 효소를 찾아냈다고 발표했다. 이 연구진은 '엘리자베트킹기아 메닝코셉티쿰(Elizathethkingia meningosepticum)'이라는 세균에서 A 항원을 제거하는 효소를, '박테로이데스 프라길리스(Bacteroides fragilis)'라는 세균에서 B 항원을 제거하는 효소를 발견함으로써 이를 이용하면 혈액형을 O형으로 바꿀 수 있을 것이라는 연구결과를 얻은 것이다. 즉 혈액형을 바꾸는 기술이 개발된 셈이다.

① 2007년 혈액의 항원을 제거하는 효소가 발견되었다.
② 혈액형이 유전과 관계가 있다는 사실을 둥게론과 히르즈펠트가 발견하였다.
③ 혈액의 항원을 제거할 수 있다면 혈액형이 달라도 수혈을 받을 수 있다.
④ ABO식이나 Rh식 외에도 혈액 내 세포나 내용물의 응집반응을 기준으로 혈액형을 구분하는 방법이 여러 가지 있다.
⑤ 엘리자베트킹기아 메닝고셉티쿰(Elizathethkingia meningosepticum)의 효소를 이용하면 O형에서 A형으로 바뀔 수 있다.

03. 다음 글을 통해 추론할 수 있는 내용으로 적절한 것은?

최근 발생한 자동차 질주 사고는 자동차 운전면허의 '허점'을 드러냈다. 사고 운전자는 운전면허 취득이 금지된 뇌전증 환자로 밝혀졌다. 운전면허는 자동차를 적법하게 운전할 수 있도록 하는 자격임에도 불구하고 국민의 안전은 무시된 셈이었다. 면허시험장 적성검사 때 간단한 신체검사만 했을 뿐 면허 결격사유인 뇌전증에 대한 검증은 전혀 이뤄지지 않았기 때문이다. 그렇다면 현행 운전면허 제도는 부적격자를 가려낼 수 있을까? 운전면허를 취득할 때, 갱신할 때 그리고 운전에 영향을 줄 수 있는 질환이 발병했을 때의 세 가지 상황을 통해 살펴보자.

첫째, 운전면허를 취득할 때 면허시험 응시자가 병력을 밝히지 않으면 면허 취득을 제한할 방법이 없다. 운전면허 취득 시 1장짜리 질병 신고서를 작성하는 것이 전부이며, 신체검사는 시력과 색맹, 청력, 팔ㆍ다리 운동에 그치기 때문이다. 도로교통법 제82조에 따르면 정신질환자, 간질환자, 마약, 대마, 향정신성 의약품 또는 알코올중독자와 같은 운전면허 부적격자는 질병에 관한 자진신고를 하게 돼 있다. 그러나 법이 무색하게도 운전면허를 취득할 때 면허시험 응시자가 병력을 밝히지 않으면 면허 취득을 제한할 방법이 없다. 응시자가 알코올 중독, 정신병력 등이 있어도 체크리스트에 직접 적지 않으면 걸러낼 방법이 없기 때문이다.

둘째, 운전면허를 갱신할 때 정기적성검사를 받지만 시력 등 간단한 신체능력을 테스트하는 수준이다. 2013년 적성검사를 간소화하면서 면허시험장에서 직접 실시하던 신체검사 중 대부분을 수검자 자신이 작성하게 되면서 운전자 자신이 질병 유무를 밝히지 않으면 정기적성검사에서는 확인이 불가능하게 되었다. 면허시험장에서는 시력만 검사하고 있으며, 청력검사는 1종 대형, 특수면허 소지자에 한정되고 신체ㆍ정신적 장애를 확인하는 절차는 장애인 운전자만 대상으로 한다. 심지어 이렇게 간단한 적성검사마저 1종 면허 소지자만 받는다. 2종 면허 적성검사는 2000년 폐지돼 2종 면허 운전자는 신체검사를 받지 않고 면허를 갱신하고 있다.

셋째, 면허를 받은 뒤 후천적으로 신체장애가 발생한 경우에도 도로교통공단은 제대로 알 수 없다. 보건복지부나 지자체, 병무청 등의 기관은 운전면허 결격사유 해당자 정보를 도로교통공단에 보내 수시적성검사를 하지만 대상은 극히 제한적이다. 뇌전증을 비롯한 정신질환자의 경우 6개월 이상 병원에 입원한 경우에만 수시적성검사 대상자로 분류된다. 하지만 위 사고 운전자처럼 입원하지 않은 채 통원치료를 하면서 약만 복용하는 경우는 해당되지 않기 때문에 운전면허 갱신, 신규 취득 역시 가능하다. 수시적성검사 대상자로 분류돼 운전적성판정위원회가 열려도 '위험 운전자'를 모두 걸러낼 수 있는지 의문이다.

그렇다면 이렇게 허술한 운전면허 검증을 어떻게 해결해야 할까. 무엇보다 부적격자를 미연에 걸러내기 위한 정보가 관리되고 이를 검증, 반영하는 절차를 보강하는 일이 필요하다. 따라서 정부는 모든 교통사고 정보가 경찰에 의무적으로 보고되도록 하는 교통사고 정보 공유 시스템을 마련하여 운전면허 재발급 과정에서 반드시 참조되도록 하여야 한다. 위 사고의 운전자도 과거에 보행로로 차량을 운전하는 등 상식적으로 이해하기 힘든 사고를 냈던 기록이 있다. 문제는 세 차례의 교통사고가 '인명사고가 없었다'는 이유로 경찰에 보고되지 않고 보험사에서만 처리됐다는 점이다.

① 보건복지부나 병무청 등은 정신질환자, 간질환자, 마약, 대마, 향정신성 의약품 또는 알코올중독자에 대한 모든 정보를 도로교통공단에 의무적으로 제공하고 있다.

② 2종 면허소지자는 시력검사만 받으면 면허를 갱신할 수 있다.

③ 운전면허 취득 시 질병 신고서만 작성하면 취득 자격을 획득할 수 있다.

④ 뇌전증 때문에 8개월간 병원에 입원한 병력이 있으면 수시적성검사 대상자로 분류된다.

⑤ 1종 보통 면허를 소지한 운전자는 면허 갱신 시 시력검사와 청력검사를 모두 받아야 한다.

1회 실전모의
2회 실전모의
3회 실전모의
4회 실전모의
5회 실전모의
6회 실전모의
7회 실전모의
8회 실전모의

04. 다음 글의 (가) ~ (마)를 요약한 내용으로 적절하지 않은 것은?

(가) '스튜어드십 코드'란 '집사의 행동지침'이란 뜻으로 멀리 영국 중세시대에 장원의 자산을 관리하던 집사를 가리키는 스튜어드(Steward)와 법을 뜻하는 코드(Code)의 합성어이다. 스튜어드십 코드는 증권시장에서 연기금과 자산운용사 등 주요 기관 투자자에 주인의 재산을 관리하는 집사와도 같은 의무를 부여하는 지침을 의미한다. 따라서 스튜어드십 코드가 적용될 경우에 기관 투자자들은 투자가 이루어진 기업의 의사결정에 적극적으로 참여하여, 주주로서의 역할을 충실히 수행하고 위탁받은 자금의 주인인 국민이나 고객에게 투명하게 보고하도록 하는 등의 의무를 부여받게 된다.

(나) 스튜어드십 코드는 2010년 영국에서 처음 도입되었다. 현재까지 네덜란드, 캐나다, 스위스, 이탈리아 등 10여개 국가가 도입 운용 중이고, 아시아에서는 일본, 말레이시아, 홍콩, 대만 등이 운용 중인데 한국에서는 아직은 생소한 개념이다. 스튜어드십 코드는 핵심 내용을 포함하는 '원칙'과 원칙 준수를 위한 세부적 권고사항인 '지침'으로 구성돼 있으며 원칙 준수를 기본으로 하고 불이행 시 예외 사유를 설명하는 '원칙준수 예외설명' 방식으로 적용된다. 이러한 형식이 일반적인 한국 법률의 형태가 아니기 때문에 도입 당시의 스튜어드십 코드는 '강행법규'처럼 운용될 가능성을 염려하는 이도 있었을 만큼 모든 부분에서 생소한 규범이었다.

(다) 현행 법률상의 '수탁자 책임'이 스튜어드십 코드와 비슷한 책임으로 보이지만 기존 수탁자 책임은 고객과 수익자의 이익을 고려하는 것에 그쳤다. 스튜어드십 코드는 고객 및 수익자뿐만 아니라 투자한 회사의 중장기적 가치 향상에 기여하여 최종적으로 자본시장과 경제의 내실 있는 발전을 도모하는 것으로, 기존의 수탁자 책임보다 그 내용이 추가되고 구체화된 것이다. 뿐만 아니라 스튜어드십 코드는 수탁자 책임이 규율할 수 없었던 투자연쇄 속에서 자산소유자, 자산운용자, 의결권자문기관 등에게 포괄적으로 적용할 수 있다는 특징이 있다.

(라) 스튜어드십 코드가 한국에서는 생소한 규범이지만 이미 여러 나라에서 도입되어 국제적인 규범이 되고 있다. 그러나 같은 스튜어드십 코드라도 도입 배경, 도입 내용이 지역마다 다르다. 대략적인 내용은 비슷하지만 그 나라의 실정에 맞게 수정해서 도입했기 때문이다. 2008년 글로벌 금융위기 때 도입한 영국의 경우, 당시 기관투자자들이 주주의 권리를 행사하지 않고 침묵해 왔음을 반성하는 차원에서 제정하였으며, 일본의 경우 디플레이션과 경기 침체에서 벗어나기 위해서 제정되었다. 한국의 경우 기업지배구조 위험의 극복을 위해서 스튜어드십 코드를 도입하였다.

(마) 아직 걸음마 단계에 있는 한국의 스튜어드십 코드의 모든 논란이 해소된 것은 아니다. 그러나 정착을 위한 제도 개선 방안을 고민해 보지도 않고 한국 실정에 맞지 않는다고 말하기는 이르다. 특히 한국의 스튜어드십 코드는 국민연금의 참여 전과 후로 나뉜다. 왜냐하면 자산운용 규모가 막대한 국민연금은 외부 자산운용자에게 운용을 위탁하는 경우가 많아서 국민연금이 스튜어드십 코드를 이행하게 되면 그 자산운용자도 국민연금의 지시에 따라 결국 스튜어드십 코드를 이행하기 때문이다. 스튜어드십 코드의 문제점을

잘 파악하여 개선해 나가고 참여자들이 책임을 잘 이행하도록 지원해 간다면, 최종적으로 기업지배구조 개선이라는 목표를 달성하여 한국 자본시장의 활성화를 견인하는 역할을 해 나갈 것으로 기대된다.

① (가)-스튜어드십 코드의 어원과 정의
② (나)-스튜어드십 코드가 생소하게 인식되는 이유
③ (다)-수탁자 책임과 스튜어드십 코드의 유사점과 차이점
④ (라)-스튜어드십 코드의 나라별 도입 배경과 목적의 차이
⑤ (마)-국민연금의 스튜어드십 코드 도입을 위한 구체적인 제도 개선 방안

05. 다음 글을 읽고 필자가 사용한 글의 전개방식을 〈보기〉에서 모두 고르면?

서양미술사에서 가장 유명한 그림은 레오나르도 다 빈치[1]의 〈모나리자〉다. 〈모나리자〉는 탁 트인 실내에 자연스럽게 흘러내린 머리를 베일로 덮고 자수로 장식된 어두운 색의 가운을 입고 앉아 있는 여인을 그린 초상화다.

르네상스 회화의 기준을 정립한 〈모나리자〉에 대해 정확하게 알려진 것은 없다. 레오나르도 다 빈치의 다른 작품과 마찬가지로 서명이나 날짜가 기록되어 있지 않기 때문이다. 〈모나리자〉를 둘러싼 해석이 분분하지만 모나리자의 모델은 피렌체 공화정부와 밀접한 관계를 맺고 있던 상인 조 콘다가 자신의 아내 리자가 아들을 낳기 전에 집을 구입해 집안을 장식하기 위해 초상화를 의뢰한 것이라는 배경이 가장 유력하다.

레오나르도 다 빈치는 공식 초상화의 우울한 분위기를 제거하기 위해 이 작품을 제작할 당시 악사와 광대를 화실로 초청해 모델의 순간적인 표정을 포착해 스케치했다. 모나리자의 눈썹이 없는 것은 16세기 당시 여인들은 눈썹을 그리지 않는 것이 유행이었기 때문이다. 모나리자가 입고 있는 짙은 색 옷은 당시 결혼한 여자들이 입었던 옷이다. 이 작품의 배경은 레오나르도 다 빈치가 여러 나라를 여행하면서 본 풍경들을 상상해서 그린 것이기 때문에 계절이나 시간을 정확하게 알 수 없다.

화면 왼쪽 배경에 있는 돌산과 작은 오솔길과 오른쪽의 말라붙은 강바닥이 보이지만 그 뒤에 있는 저수지와의 연결은 확실하지 않다. 이처럼 황량한 풍경은 레오나르도 다 빈치가 그 이전에 종교화에서 시도했었던 것으로 인간의 잠재성을 의미한다.

초상화 배경으로 풍경을 사용한 것은 플랑드르 지방에서 유행하던 방식이었다. 레오나르도 다 빈치는 플랑드르 거장들에게 경의를 표하기 위해 풍경을 배경으로 한 초상화를 제작하면서도, 전통적인 방식에서 벗어나 인물을 화면 앞쪽으로 더 가깝게 배치했다. 또한 윤곽선을 강조했던 다른 화가들의 이전 작품들과 달리 레오나르도 다 빈치는 〈모나리자〉에서 명암법을 이용해 풍경과 인물의 구별 짓기가 어려울 정도로 일치감을 보여 주고 있다.

레오나르도 다 빈치는 이 작품에서 윤곽선이나 경계선 없이 어두운 밑바탕에서 시작해 반투명 유약으로 칠해 나가면서 입체감이 느껴지는 착각을 불러일으키는 스푸마토 기법[2]을 사용했다.

모델의 긴장을 풀기 위해 광대와 악사를 동원했던 것과는 달리 이 작품은 고통의 긴 과정 속에 탄생했다. 화가에게 작품을 수정할 권리가 있다고 주장한 레오나르도 다 빈치는 〈모나리자〉를 수년간에 걸쳐 제작하는 동안 끊임없이 그리고 수정하고 덧칠했지만 결국 완성하지는 못했다. 레오나르도 다 빈치는 다방면에 너무나 많은 관심을 가지고 끊임없이 연구하고 시도하고 있었기 때문에 작품을 미완성인 채 남겨 두고 새로운 작품에 정열을 쏟아 부었다. 그는 생전에 20여 점밖에 완성하지 못했다.

레오나르도 다 빈치는 이 작품을 의뢰인에게 전해 주지 않고 1516년 프랑수아 1세[3]의 초청을 받고 프랑스로 이주할 당시에도 〈모나리자〉를 비롯하여 자신의 작품을 가지고 갔다.

1회 실전모의
2회 실전모의
3회 실전모의
4회 실전모의
5회 실전모의
6회 실전모의
7회 실전모의
8회 실전모의

　　프랑수아 1세가 이 작품을 소장하게 된 이유는 정확하게 알려진 게 없지만 〈모나리자〉는 16세기 퐁텐블로 궁에 걸려 있었다. 1625년 버킹엄 공작이 영국 국왕 찰스 1세를 대신하여 루이 13세에게 〈모나리자〉를 영국에 넘겨 달라고 했지만 실패했다. 한때 〈모나리자〉는 튈르리 궁의 나폴레옹 개인 침실에 걸려 있다가 루브르 박물관으로 옮겨져 18세기에 최초로 대중들에게 공개되었다.

1) Leonardo da Vinci. 이탈리아의 미술가, 과학자, 건축가, 발명가, 사상가. 피렌체, 밀라노, 프랑스에서 주로 활동했다. 1452년 이탈리아 반도 피렌체의 근교에서 태어났다. 어릴 때부터 수학을 비롯한 여러 가지 학문을 배웠고 음악에 재주가 뛰어났으며, 유달리 그림 그리기를 즐겨하였다. 회화에서는 엄격한 관찰을 바탕으로 한 인체, 공간 표현과 깊은 정신성으로 르네상스 회화의 정점을 차지했고 예술, 인생, 인체 연구, 자연 관찰, 기계 설비 등의 많은 소묘나 각서(覺書)는 르네상스를 대표하는 천재의 통일적 세계관을 전하고 있다. 대표작으로 '최후의 만찬', '모나리자' 등이 있다.

2) 색과 색 사이에 있는 경계선을 흐릿하게 표현하는 기법을 말한다. 레오나르도 다 빈치는 대상에 음영을 그린 후 윤곽선을 희미하게 만들기 위해 여러 번 덧칠하거나 손가락으로 문질러 윤곽선을 남기지 않았다. 레오나르도 다 빈치는 이 기법으로 인물을 표현해 입체감을 주었다.

3 프랑수아 1세는 프랑스의 국왕으로 1515년 랭스 대성당에서 대관식을 치른 뒤, 1547년까지 통치하였다. 발루아 왕가 출신으로는 아홉 번째 군주이다. 프랑수아 1세는 프랑스의 첫 번째 르네상스형 군주로 취급받는다. 그의 치세에 프랑스는 거대한 문화적 진보를 이룩하였다.

보기

(가) 시적이고 감정적인 표현법을 통해 독자의 감성을 자극하였다.
(나) 서사적인 방식의 이야기 전개를 통해 역사적인 사실들을 이야기처럼 풀어나갔다.
(다) 비교와 분석을 통해 이야기하는 대상을 더욱 돋보이게 하는 표현을 사용하였다.
(라) 묘사를 통하여 세부적인 사항을 자세히 전달하였다

① (가), (나)　　　　② (가), (다)　　　　③ (나), (다)
④ (나), (라)　　　　⑤ (다), (라)

06. 다음 글의 내용과 일치하지 않는 것은?

문양(紋樣)은 의식의 반영이며 정신활동의 소산임과 동시에, 창조적 미화 활동의 결과이다. 이런 점에서 문양에는 조형 미술의 일반 원리가 내재되어 있다고 볼 수 있지만 주제의 성격이나 표현의 내용으로 볼 때는 순수 감상용 미술과는 다른 특징을 지니고 있다. 곧 순수 감상용 미술이 작가 개인의 주관적 사상과 정서를 표현한 것인 반면에 생활 미술로서의 문양은 항상 집단적인 가치 감정의 상징형으로 일반화되어 있다.

문양 표현의 두드러진 특징 가운데 하나는 뒤풀이 그림으로서의 상투적 양식을 보이고 있다는 점이다. 문양을 그리는 제작자들은 통속적 집단의 가치나 감정이 상징화되어 있는 틀에 박힌 도상(圖像)을 그리는 데 만족했던 것이다. 따라서 문양은 순수 감상용 그림의 경우처럼 잘 그리고자 하는 생각보다는 소박한 생활 욕구에 따라 전해 내려오는 도상의 틀을 존중하면서 그려진 것이라고 할 수 있다.

옛사람들은 기억력을 활용하여 사물의 이미지를 기억해 냄으로써 실제 사물들이 눈앞에 없는데도 아직 그것이 자신의 앞에 있는 듯이 다루는 표상 방법을 개발하였다. 태어나서 코끼리를 한 번도 본 적이 없음에도 불구하고 코끼리 문양을 그리고, 한겨울에도 벌과 나비가 꽃 위에서 노니는 모습을 문양으로 그려 내었다.

문양에 나타나는 자연은 실제 자연의 모습이 아니라 일반적인 통념에 의해 규정되고 표상된 제2의 자연이라 할 수 있다. 따라서 문양은 표현 기술이 얼마나 세련되어 있는가 또는 얼마나 실제와 흡사한가라는 문제보다 무엇을 표현하고자 한 것인가라는 것이 문제가 될 뿐이다. 문양은 그것을 향유하는 집단 사이에서 약속된 부호와 같은 성격을 지닌다. 이 때문에 문양이 묘사하고 있는 사물이 눈앞에 존재하지 않는 경우에도 사람들은 문양만 보고도 어떤 적절한 반응을 보이게 된다.

특정 사물이 다른 세계를 연상시킨다든가 다른 사물과 흡사하다는 것에 근거를 두고 거기에 현실적인 욕망을 실어 그것이 성취되기를 비는 것이 주술의 사고 원리이다. '비슷한 것은 비슷한 것을 낳는다'거나 '결과는 원인을 닮는다'는 동종주술(同種呪術)의 형태가 문양에서도 나타나고 있다. 그리고 문양의 동종 주술을 통해 염원한 것은 우리 민족이 공통적으로 소망하던 부귀(富貴), 다남(多男), 강령(降靈), 성애(性愛) 또는 일상적 윤리 덕목 같은 현세적 가치들이다. 예컨대 활짝 핀 모란꽃을 그린 문양은 부귀에 대한 소망의 표현이며, 여성들의 생활 공간에 석류나 포도 문양을 장식하는 것에는 석류나 포도의 씨앗처럼 많은 아들을 얻고자 하는 주술적인 심리가 깔려 있다. 새들이 춘흥에 겨워 쌍쌍이 나는 모습을 그린 화조(花鳥) 문양은 부부의 사랑이나 이성 화합이 염원으로부터 나온 것이며, 부적의 글씨처럼 '만(卍)'자나 '희(喜)'자 같은 추상적인 문양은 단순한 장식 효과를 뛰어넘는 즐거움과 행복에 대한 기원을 담고 있다. 따라서 전통 문양은 이상적인 삶에 대한 현실적 기원을 의탁하는 일종의 주술적 대상으로서의 성격을 강하게 지니고 있다고 볼 수 있는 것이다.

다시 말해 전통문양은 우리 민족의 집단적인 가치감정이 통념에 의해 고정되고 표상된 제2의 자연 또는 상징적 기호에 의해 표현된 미술이라 할 수 있다. 또한 문양은 생활 미술의 한 부분으로 자리하고 있지만, 단순히 감상의 대상으로만 존재하는 것이 아니라 인간의 욕망과 기원을 담은 주술적 대상으로 또는 그런 정서를 표현하고 전달하는 매개체 구실을 하고 있는 상징적 조형물이라고 볼 수 있다.

① 문양의 표현은 양식화되어 있다.

② 문양은 상징성이 강한 조형물이다.

③ 문양에는 집단의 가치가 반영되어 있다.

④ 문양에는 동종주술의 원리가 나타난다.

⑤ 문양은 순수 감상용으로 그려지기도 했다.

1회 실전모의
2회 실전모의
3회 실전모의
4회 실전모의
5회 실전모의
6회 실전모의
7회 실전모의
8회 실전모의

07. 다음 글의 제목과 부제목으로 가장 적절한 것은?

사랑을 일종의 광기로 간주한 철학자들은 너무도 많다. 그러나 이때 광기란 부정적인 의미가 아니라 자아가 스스로의 가치를 높이는 독특한 형태의 충만감이다. 〈젊은 베르테르의 슬픔〉에서 베르테르는 사랑에 빠진 후 스스로를 숭배하게 되었다고 말한다. 사랑에 빠진 사람은 상대방을 황홀하게 보는 만큼이나 자신을 귀하게 여기게 된다. 한편 니체가 보기에 사랑을 한다는 행위는 자존감을 높여주고, 생명에너지를 분출시키는 것이었다. 사랑에 대한 철학적 논의에서 공통적인 것은 사랑을 통해 자아는 열등감에서 벗어나고, 자신의 유일성을 확인하게 된다는 점이다.

동서고금을 막론하고 사랑은 자존감의 고취를 이끈다. 하지만 여기서 주목하고자 하는 것은 현대사회가 사랑에 부여하는 감정이다. 현대의 인간관계에 있어 사랑이 만들어내는 자존감은 그 어느 때보다 중요하며 결정적인 요소이다. 현대의 개인주의야말로 자존감을 세우는 일로 고군분투하고 있기 때문이다. 자신을 차별화하고 자신감을 가져야 한다는 강박관념이 현대 사회를 지배하고 있다. 과거에는 사랑의 감정이 '사회적'으로는 아무런 의미를 갖지 않았으며, 사회적 인정을 대신해 줄 수 있는 것도 아니었다. 그런데 이 인정의 구조가 현대의 관계에서 변화했으며, 과거의 그 어느 때보다도 심각한 의미를 갖게 되었다.

구애와 관련되어 1897년에 출간된 저서 〈남자를 위한 예절〉은 계급과 성에 맞는 연애예절에 대해 충고한다. 이 책은 남자가 거리에서 길을 걸을 때는 어느 편에 서야 하는지, 우산을 받쳐 줄 때는 어떻게 해야 하는지 등의 자잘한 예절들을 망라하고 있다. 이처럼 과거의 연애 지침서는 계급과 성정체성을 정의하는 일에 매달렸다. 연애에 성공하는 것이 사랑의 가장 중요한 목표라고 할 때, 그것은 교육을 잘 받은 교양인의 능력과 관련되어 있었기 때문이다. 남녀는 행동을 통해 자신의 소속 계급과 성정체성을 드러냈고, 동시에 상대방의 그것을 확인하고자 했다.

오늘날의 연애 지침서들은 전혀 다른 문제를 다룬다. 연애 방법과 관련된 한 책에는 '나는 누구인가', '자신감을 가져라' 등의 부제가 붙어 있다. 현대의 책들은 더 이상 예절이나 성정체성을 강조하지 않으며, 오로지 나의 내면과 감정을 통해 정의되는 자아에 집중한다. 정확히 말하자면 현대의 연애에서 가장 중요하게 여겨지는 것은 상대방을 통해 자신의 가치를 가늠하는 일이다. '불안함'은 19세기의 사랑에서는 발견하기 어려운 어휘였지만 현대의 사랑 관념에서는 매우 핵심적인 개념이 되었다. 불안하다는 것은 자신의 가치를 확신하지 못한다는 것, 이를 위해 다른 사람에게 의존해야 한다는 것을 뜻한다.

현대에 들어와서 일어난 근본적 변화 가운데 하나는 사회관계 안에서 자신을 나타냄으로써 사회적 자존감과 가치가 획득된다는 사실이다. 이는 곧 자아의 가치가 상호작용에 의존하게 된다는 것을 뜻한다. 과거의 낭만적 관계는 고정된 사회계층에 바탕을 둔 반면, 현대에는 자아가 스스로 자신을 책임지고 자기의 자존감을 획득해내야 하기 때문이다. 현대의 사랑은 사회라는 테두리가 설정한 조건들로부터 떨어져 나왔다는 점에서 이제 더 이상 낭만적일 수 없다. 현대의 사랑은 불안감을 바탕으로 자존감을 얻기 위해 협상을 벌이는 무대이자 전장이 되었다.

①	제목 : 현대 사회에서 사랑이 지닌 의미와 그 역설
	부제목 : 낭만적 사랑의 탈각(脫却)과 그 자존감을 위한 고투
②	제목 : 현대 사회의 인간관계가 드러내는 불안의 문제
	부제목 : 개인주의와 자신감이라는 강박관념
③	제목 : 현대의 인간관계와 개인주의 사회에서의 자존감
	부제목 : 철학자들이 말하는 사랑의 의미
④	제목 : 존재의 유일성과 사랑
	부제목 : 문학에 나타난 사랑의 열정과 황홀함
⑤	제목 : 연애 지침서에 나타난 사랑의 본질과 의미
	부제목 : 계급적 사랑과 현대적 사랑의 차이

08. 영현이는 친구들과 다음 글의 각 단락의 내용에 대해 이야기를 나누었다. 다음 중 그 내용을 잘 못 이해한 사람은?

한국에서 '공손(恭遜)'이란 '공손하다'의 어간으로서 '말이나 행동이 겸손하고 예의 바르다' 라고 정의된다. 이때 '예의(禮儀)'란 '존경의 뜻을 표하기 위하여 예로써 나타내는 말투나 몸가짐'이라 하고 '예(禮)'란 '사람이 마땅히 지켜야 할 도리'로 예식, 예법, 예절 등의 준말로도 쓰인다. 이런 사전적 정의를 보면 언어상의 예의나 공손은 나이가 어린 사람이 자기가 연배가 높은 사람을 대할 때나 지위가 낮은 사람이 지위가 높은 사람을 대할 때 취해야 할 바람직한 말과 행동을 뜻하는 것처럼 보인다.

일본에서 '공손'은 주로 '丁寧ていねいだ'로 표현하는데 이는 '공손' 외에도 '친절함'이나 '정중함'의 뜻도 있다. 일본에서는 '공손하다'는 것은 '주의 깊고 신중하다'는 뜻으로 통용된다. 즉 타인으로부터 방해받지 않고 독립심을 유지하고 싶은 마음을 충족시켜 주려는 것인데, 일본인들은 전통적으로 타인에게 폐가 되거나 평정심을 해치지 않도록 교육을 받는 데에서 이런 방향으로 공손의 개념이 발전한 것으로 보인다. 또한 '공손하다'든지 '공손하게 처신하다'를 '下手こ出る'라고도 하는데 '공손하지 않다'는 것을 지위나 능력이 낮은 사람의 행동 특성으로도 보았다는 점이 서양에서 예의가 없는 사람을 상류층의 어법이나 에티켓을 배우지 못한 사람이라고 본 것과 유사하다. 일본어에도 한국어와 마찬가지로 '예의가 바르다'라는 표현으로 '礼儀正しい'가 있는데 이는 예의를 사회적으로 받아들여지는 정확하고 올바른 언행의 형식으로 본 것이다. '공중도덕'이란 말을 애용하는 일본인들은 예의나 예절을 주로 개인들 사이의 윤리의 문제로 보려는 한국인들과 달리 개인보다는 공공의 이익이나 도덕을 해치는 반사회적 행위로 보고 이를 엄격히 규제하는 사회적 압력이 강하다.

중국어에는 영어의 'Politeness'에 해당하는 단어로 '禮貌(예모)'가 있는데 이는 타인을 예로서 대하는 모양을 가리키는 것이다. 한국어에서는 '예모'란 단어보다 '예의' 또는 '공손'이란 단어를 더 많이 사용하는데, '공손'은 타인을 높이는 '恭敬(공경)'과 자신을 낮추는 '謙遜(겸손)'의 합성어로 볼 수 있다. 중국인들이 생각하는 공손함이란 상대방의 체면, 즉 '面子(면자)'와 '臉(얼굴)'을 고려해서, 상황에 맞게 행동하거나 말하는 것을 의미한다. 마오(Mao)에 의하면 중국에서 '예'는 원래 서양의 'Politeness'와는 다른 개념으로서 기원전 10세기경 주나라의 봉건적 서열 구조인 종법제도와 신분질서인 노예제도를 가리키는 말이었다고 한다. 엄격한 위계질서의 근간이 되는 주나라의 예, 즉 '周禮(주례)'는 당시 사람들의 행동과 언어를 제약하는 강력한 생활 규범이 되었다. 이런 '예'의 개념은 현대 중국어에서 자신의 사회적 지위나 신분에 걸맞은 예의와 격시를 의미하는 '禮數(예수)'란 단어에서 볼 수 있다. 주나라 사회를 모든 사회의 이상적인 모델이라고 생각한 공자는 서주의 예악제도를 칭송하고 '예'를 그의 사상에서 주요 개념으로 사용했다. 공자 사후 '예'는 점차 오늘과 같은 'Politeness'를 뜻하는 단어로 쓰이게 되었는데 괴이(Goy)에 의하면 존경과 겸양, 배려 및 거슬리지 않음이 현대 중국 사회의 예의 기본 개념이라고 한다.

서양에서의 '예의'나 '공손'의 개념은 앞에서 본 한국이나 중국에서의 '공손'이나 '예' 또는 '예의' 개념과는 차이가 있다. '예의 바름'을 뜻하는 영어단어 'Politeness'는 'Polite'의 명사형으로서 'Polite'는 어말의 '-t'가 시사하듯이 라틴어의 동사 'Polite'의 과거 분사형에서 유래했는데 그 유래와 뜻은 '윤이 나는', '매끄럽게 된'의 뜻이었다. 서양에서 'Polite'는 개인적인 언행과 외모 등에서 세련되고 우아하며 무난함을 의미한다는 점에서 한국이나 중국에서 예의가 갖고 있는 관념적, 윤리적 개념과는 거리가 있다. 한때 우리가 한국어의 표준말을 교양 있는 사람들이 쓰는 현대 서울말이라고 정의했던 것과 유사하게 Oxford English Dictionary에서는 'Polite'를 'Social conduct of Upper classes'로 정의해서 이것이 모든 사람에게 보편적인 상품적 가치나 능력이 아님을 밝히고 있다. 우리말의 공손에 가까운 영어단어 'Courtesy'는 어근에서도 알 수 있듯이 '궁정(Court)'에서 적절한 예의 바른 행동을 말하는 것이었다. 즉 'Courteous'는 왕정시대만 해도 궁정의 예절을 뜻하던 것이 민주주의 시대가 되면서 다른 사람에 대한 존중과 배려를 뜻하는 말이 된 것이다. 유럽에서는 중세 때부터 기사들을 중심으로 상위 계층에 속한 사람들의 만행, 태도, 법도를 구별하기 시작했는데 이들 계층이 따라야 할 행동 양식으로서 에티켓은 공적인 영역에서뿐만 아니라 사적인 영역에서도 사회 규범화되어 모든 계층이 지켜야 할 행동 모델이 되었다. 이처럼 서양에서의 '예의 바름'이나 '공손'은 사회적으로 성공하기 위해 습득해야 할 실용적, 개인적 가치라고 생각되었다.

공손이나 예의는 동서양을 떠나 개인적인 것만도 아니며 사회적인 것만도 아니다. 이는 사회적 상호작용의 한 형태로서 개인과 사회를 연결해 주는 것이다. 또한 공손은 어떤 행위 자체에 내재된 특성이 아니라 한 집단을 구성하는 개인들 사이에서 공유된 기준에 근거한 상호관계에 의해 결정되는 것이다. 각 개인은 자신이 속한 집단에서 받아들여질 수 있는 방식으로 언어적 공손을 실현하려고 하며 이런 개인적 노력이 모여서 비교되고 논의되며 타협을 이루어 사회적 합의에 이르게 된 것이 언어적 소통으로서의 공손의 규칙과 원리이다.

① 영현 : 한국어의 '예(禮)'는 '사람이 마땅히 지켜야 할 도리'를 의미해.

② 현지 : 일본에서 '공손하다'는 것은 '주의 깊고 신중하다'는 뜻으로도 통용돼.

③ 푸름 : 중국에서 '예'는 과거에는 봉건적 서열 구조인 종법제도와 신분질서인 노예제도를 가리키는 말이었다고 해.

④ 수민 : 서양에서 'Polite'는 한국이나 중국에서 예의가 가지고 있는 관념적, 윤리적 개념과는 거리가 멀어.

⑤ 종원 : 공손은 어떤 행위 자체에 내재된 특성으로 각 개인은 자신이 속한 집단에서 받아들여질 수 있는 방식으로 언어적 공손을 실현하려고 해.

09. 다음 글의 내용과 일치하지 않는 것은?

탐험적 데이터 분석이 필요한 이유는 몇 가지가 있다. 우선 데이터의 분포 및 값을 검토함으로써 데이터가 표현하는 현상을 더 잘 이해하고, 데이터 준비 단계에서 놓쳤을 수도 있는 잠재적인 문제를 발견할 수 있다. 또한 데이터를 다양한 각도에서 살펴보는 과정을 통해 문제 정의 단계에서 미처 발생하지 못했을 다양한 패턴을 발견하고 이를 바탕으로 기존의 가설을 수정하거나 새로운 가설을 추가할 수 있다. 데이터에 대한 이런 지식들은 이후에 통계적 추론이나 예측 모델을 만들 때 그대로 사용된다. 어떤 특정한 결론을 도출하기 위해서가 아니라, 데이터에서 최대한 다양한 이야깃거리를 뽑아내려 한다는 측면에서 탐험적 데이터 분석은 지도 없이 떠나는 여행이다. 그리고 작업의 특성상 탐험적 데이터 분석의 과정은 명확한 성공 요건이나 절차를 정의하기가 힘들다. 하지만 탐험적 데이터 분석을 위해 거쳐야 할 최소한의 몇 가지 단계가 있다.

이제 탐험적 데이터 분석의 과정을 단계별로 살펴보자. 탐험적 데이터 분석의 자연스러운 출발점은 주어진 데이터의 각 측면에 해당하는 개별 속성의 값을 관찰하는 것이다. 개별 속성에 대한 분석이 이루어진 후에는 속성 간의 관계에 초점을 맞추어 개별 속성 관찰에서 찾아내지 못했던 패턴을 발견할 수도 있다. 그리고 이런 절차는 데이터에서 흥미 있는 패턴이 발견될 때까지, 혹은 더 이상 찾는 것이 불가능하다고 판단될 때까지 반복된다. 탐험적 데이터 분석의 주된 수단을 살펴보자. 우선 원본 데이터를 관찰하는 방법, 다양한 요약 통계값(Statistics)을 사용하는 방법, 마지막으로 적절한 시각화를 사용하는 방법이 있다. 원본 데이터 관찰은 데이터 각 항목과 속성값을 관찰하기 때문에 꼼꼼한 반면 큰 그림을 놓치기 쉽다. 반면에 요약 통계값이나 시각화를 사용하면 숲은 보지만 나무는 보지 못하는 우를 범할 수 있다.

따라서 중요한 것은 이 세 가지 방법이 보완적으로, 그리고 순환적으로 사용되어야 한다는 것이다. 여기서 순환적이라는 말은 원본 데이터를 보다가 의심 가는 부분이 있으면 적절한 시각화나 통계값을 통해 검증하고, 반대로 시각화나 통계값을 통해 발견한 패턴은 해당하는 원본 데이터 값을 찾아 추가적인 검증을 해야 한다는 뜻이다. 미지의 땅을 탐사할 때, 항공 정찰과 함께 실제로 그 땅에 들어가 탐사하는 과정이 모두 이루어져야 하는 것과 같은 원리다. 우선 탐험적 데이터 분석의 첫 번째 단계로 개별 속성을 살펴보자. 이를 통해 데이터를 구성하는 각 속성의 값이 우리가 예측한 범위와 분포를 갖는지, 만약 그렇지 않다면 왜 그런지를 알아볼 수 있을 것이다. 또한 데이터에는 다양한 이유로 정상 범주를 벗어난 값이 존재할 수 있는데, 이런 이상값(Outlier)을 찾아내는 것도 탐험적 데이터 분석에서 이루어져야 한다. 개별 속성의 값을 살펴보는 방법에는 앞에서 밝힌 대로 개별 데이터 관찰 그리고 통계값 및 시각화를 활용하는 방법이 있다. 우선, 개별 데이터의 값을 눈으로 보면서 전체적인 추세와 어떤 특이사항이 있는지 관찰할 수 있다. 데이터가 작은 경우 전체를 다 살펴볼 수 있겠지만 데이터의 양이 많은 경우, 이는 시간이 많이 소요되는 일이다.

하지만 시간이 없다고 큰 데이터의 앞부분만 보는 것은 피해야 한다. 데이터 앞부분에서 나타나는 패턴과 뒷부분에서 나타나는 패턴이 상이할 수 있기 때문이다. 이런 경우 데이터에서 무작위로 표본을 추출한 후에 관찰하는 것이 올바른 방법이다. 무작위로 추출한 표본 안에는 데이터 전체가 고루 반영되어 있기 때문이다. 단 이상값은 작은 크기의 표본에 나타나지 않을 수도 있다. 개별 속성의 값을 분석하는 또 다른 방법은 적절한 요약 통계 지표를 사용하는 것이다. 분석의 목표에 따라 다양한 통계 지표가 존재하는데, 예컨대 데이터의 중심을 알기 위해서는 평균 및 중앙값, 최빈값 등을 사용할 수 있고, 데이터의 분산도를 알기 위해서는 범위, 분산 등을 사용할 수 있다. 또한 데이터의 분포가 한쪽으로 기울었는지를 나타내는 통계 지표도 존재한다. 이런 통계 지표를 사용할 때에는 데이터의 특성에 주의해야 한다. 평균에는 집합 내 모든 데이터의 값이 반영되기 때문에 이상값이 존재하는 경우 값이 영향을 받지만, 중앙값에는 가운데 위치한 값 하나가 사용되기 때문에 이상값이 존재해도 대표성이 있는 결과를 얻을 수 있다. 예컨대 회사에서 직원들의 평균 연봉을 구하면 중간값보다 훨씬 크게 나오는 경우가 많은데 이는 몇몇 고액 연봉자들의 연봉이 전체 평균을 끌어올리기 때문이다.

① 탐험적 데이터 분석 시 한 가지 방법에 집중하는 것보다 여러 가지 방법을 병행하여 사용하는 것이 좋다.

② 탐험적 데이터 분석 방법으로 원본 데이터 관찰방법, 통계값 사용방법, 시각화 방법 등이 있다.

③ 탐험적 데이터 분석은 데이터에 대한 이해도를 높이고 가설을 설정하는 데 반영하며 잠재적인 문제점을 발견하기 위한 목적으로 수행된다.

④ 데이터를 세세하게 보기 위해서는 요약 통계값이나 시각화 방법을 사용하고, 큰 범위에서 판단하기 위해서는 원본 데이터 관찰방법을 사용한다.

⑤ 이상값의 영향을 덜 받기 위해서는 평균값보다는 중앙값을 사용하는 것이 더 적절하다.

10. ○○기업의 20X1년 신입사원에 대한 정보가 다음과 같다. 신입사원 중에서 경력자 1명을 임의로 뽑았을 때, 그 신입사원이 여성일 확률은?

> • 신입사원 전체의 60%는 여성이다.
> • 신입사원 전체의 20%는 여성이면서 경력자이다.
> • 신입사원 전체의 80%는 여성이거나 경력자이다.

① 25%　　　　　　② 35%　　　　　　③ 40%

④ 50%　　　　　　⑤ 60%

11. ○○기업 서울 본사에 근무하는 김 과장은 헝가리에 있는 공장 현지 담당자와 1시간 동안 화상회의를 해야 한다. 쌍방의 업무시간을 고려할 때, 화상회의를 시작할 수 있는 시간은? (단, 점심시간에는 화상회의를 하지 않는다)

> • 헝가리 공장의 현지 시간은 서울보다 7시간 느리다.
> • 헝가리 공장 현지 담당자가 화상회의를 할 수 있는 시간은 현지 시간으로 오전 10시부터 오후 5시까지이다.
> • 김 과장의 업무시간은 서울 시간으로 오전 9시부터 오후 6시까지이다.
> • 헝가리 공장과 김 과장의 점심시간은 각자의 현지 시간으로 정오부터 1시까지이다.

① 서울 시간 오전 9시　　　　　　② 헝가리 시간 오후 2시
③ 헝가리 시간 오전 10시　　　　　④ 서울 시간 오후 1시
⑤ 서울 시간 오후 3시

12. C 회사는 이번 달 신제품 출시에 앞서 10, 20, 30대 고객들을 대상으로 제품 만족도 조사를 실시하였다. 다음은 조사 내용을 정리한 표일 때, 응답자 전체의 만족도 평균 점수는 몇 점인가? (단, 소수점 아래 둘째 자리에서 반올림한다)

구분	조사 대상자 수(명)	평균 점수(10점 만점)
10대	60	7.0
20대	64	7.6
30대	40	8.2

① 7.3점   ② 7.5점   ③ 7.7점
④ 7.9점   ⑤ 8.1점

13. ○○기업 홍보팀 M 사원은 인터넷 쇼핑몰에서 판촉물 인화에 필요한 A3 용지를 구매하려고 한다. 인터넷 쇼핑몰의 A3 용지의 가격과 배송비가 아래와 같을 때, M 사원은 다음 (가) ~ (마) 중 어느 쇼핑몰에서 최소 비용으로 A3 용지 8,900장을 구매할 수 있는가?

(가) 쇼핑몰 : 200매 묶음당 5,000원에 판매하며 배송비는 주문 수량과 관계없이 2,000원이다.
(나) 쇼핑몰 : 2,500매 박스당 47,000원에 판매하며 배송비는 무료다.
(다) 쇼핑몰 : 1,000매 박스당 18,500원에 판매하며 배송비는 주문 수량과 관계없이 6,000원이다.
(라) 쇼핑몰 : 낱장 가격이 20원이며 배송비는 무료다.
(마) 쇼핑몰 : 500매 묶음당 9,000원에 판매하며 배송비는 주문 가격의 10%이다.

① (가)   ② (나)   ③ (다)
④ (라)   ⑤ (마)

[14 ~ 15] 다음 자료를 보고 이어지는 질문에 답하시오.

〈자료 1〉한국의 성별 기대수명

(단위 : 세)

구분	1980년	1985년	1990년	1995년	2000년	2005년	2010년	2015년
남자	61.89	64.60	67.46	69.70	72.35	74.89	76.84	78.96
여자	70.41	73.23	75.87	77.94	79.67	81.60	83.63	85.17
전체	66.15	68.91	71.66	73.81	76.01	78.24	80.24	82.06

* 기대수명 : 연령별 사망률 통계를 기반으로 사람들이 평균적으로 얼마나 오래 살 것인지를 산출한 것으로, 흔히 현 시점에서 0세의 출생자가 향후 생존할 것으로 기대되는 평균 생존 연수

〈자료 2〉주요국의 기대수명

(단위 : 세)

구분	1980년	1985년	1990년	1995년	2000년	2005년	2010년	2015년
중국	65.5	67.7	68.9	69.7	70.9	73.1	74.7	75.7
미국	73.3	74.4	74.9	75.7	76.5	77.2	78.2	78.9
영국	73.0	74.2	75.1	76.2	77.2	78.4	79.7	81.0
독일	72.3	73.6	75.0	76.0	77.3	78.6	79.7	80.4
프랑스	73.5	74.6	75.9	77.2	78.3	79.4	80.8	81.9
호주	73.6	75.1	76.2	77.7	78.8	80.3	81.5	82.3
스페인	74.4	76.1	76.9	77.6	78.8	79.9	81.2	82.5
스위스	75.2	76.1	77.2	77.9	79.2	80.5	81.8	82.7
이탈리아	73.5	74.9	76.4	77.5	78.8	80.3	81.5	82.3
일본	75.4	77.0	78.5	79.4	80.5	81.8	82.7	83.3

14. 위 자료에 대한 설명으로 옳은 것은?

① 우리나라 여자의 기대수명이 남자보다 꾸준히 높게 나타났으며 성별 기대수명의 차이가 가장 크게 나타났던 해는 1990년이다.

② 기대수명이 가장 높은 국가부터 가장 낮은 국가까지 순위를 매길 때 1980년 11개국의 기대수명 순위는 2015년과 동일하다.

③ 2015년 기준 11개국 중 기대수명이 가장 높은 국가와 기대수명이 가장 낮은 국가의 기대수명은 8.6세 차이다.

④ 11개국 중 기대수명 80세를 넘는 국가는 2000년 1개국에서 2010년 7개국으로 증가하였다.

⑤ 1995년부터 중국을 제외한 모든 나라의 기대수명은 75세를 넘어섰다.

15. 2015년 기준 11개국 중 1980년 대비 기대수명 변화율이 가장 큰 국가와 가장 작은 국가를 순서대로 바르게 나열한 것은?

① 한국, 미국   ② 한국, 영국   ③ 한국, 스위스
④ 호주, 미국   ⑤ 호주, 스위스

[16 ~ 17] 다음 자료를 읽고 이어지는 질문에 답하시오.

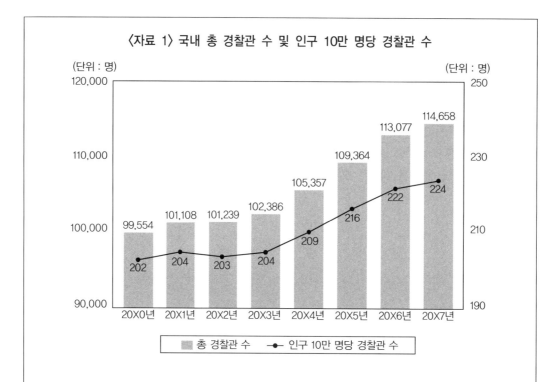

〈자료 1〉 국내 총 경찰관 수 및 인구 10만 명당 경찰관 수

〈자료 2〉 주요국의 인구 10만 명당 경찰관 수

(단위 : 명)

구분	20X0년	20X1년	20X2년	20X3년	20X4년
인도	128	128	133	133	135
캐나다	199	202	201	199	197
미국	230	228	224	213	198
일본	199	200	201	202	202
영국	260	250	239	229	225
호주	249	262	265	263	263
독일	305	303	302	303	304
멕시코	362	355	358	351	367

16. 자료에 대한 설명으로 옳은 것은?

① 조사기간 중 국내 총 인구 수는 증감을 반복하고 있다.

② 조사기간 중 국내 인구 10만 명당 경찰관 수는 지속적으로 증가하였다.

③ 20X3년에 인구 10만 명당 경찰관 수는 영국이 한국보다 10% 이상 더 많다.

④ 20X0년부터 20X3년까지 주요 8개국과 한국 중 매년 멕시코의 총 경찰관 수가 가장 많다.

⑤ 20X4년에 미국은 주요 8개국과 한국 중 인구 10만 명당 경찰관 수가 여섯 번째로 많다.

17. 20X8년 국내 총 경찰관 수의 증가율이 20X1년 인구 10만 명당 경찰관 수의 전년 대비 증가율과 같다면 국내 총 경찰관 수는? (단, 모든 계산은 소수점 아래 첫째 자리에서 반올림한다)

① 114,773명   ② 115,805명   ③ 116,212명

④ 116,239명   ⑤ 116,951명

1회 실전모의
2회 실전모의
3회 실전모의
4회 실전모의
5회 실전모의
6회 실전모의
7회 실전모의
8회 실전모의

18. 다음 자료를 참고하여 〈자료 3〉 중 ○○공공주택 입주자로 선정될 신혼부부를 고르면? (단, 입주자격을 충족하지 않는 경우 입주점수는 0점으로 한다)

〈자료 1〉 ○○공공주택 공급개요

1. 입주자격 : 공고일(2021. 05. 12.) 기준 혼인 2년 이내 신혼부부
2. 입주자 선정방법
   1) 아래 표의 기준소득 대비 가구소득 수준, □□시 거주기간, 청약저축 납입 횟수에 따른 점수를 단순 합산한 입주점수가 가장 높은 부부 1쌍을 선정
   2) 1)에서 최고점수를 받은 동점자가 발생하는 경우, 동점자 중 가점항목별 점수를 아래의 비율대로 가중평균한 점수가 가장 높은 부부로 선정
   (기준소득 대비 가구소득 수준 : □□시 거주기간 : 청약저축 납입 횟수=3 : 5 : 2)

〈자료 2〉 입주점수 산출 기준표

가점항목	평가요소	점수
㉠ 기준소득 대비 가구소득 수준	70% 이하	3
	70% 초과~100% 이하	2
	100% 초과	1
㉡ □□시 거주기간	2년 이상	3
	1년 이상~2년 미만	2
	1년 미만	1
㉢ 청약저축 납입 횟수	24회 이상	3
	12회 이상~24회 미만	2
	6회 이상~12회 미만	1

〈자료 3〉 신혼부부 입주희망자 현황

구분	혼인일자	가구소득	□□시 거주기간	청약저축 납입 횟수
A 부부	2019. 06. 13.	85%	3년	10회
B 부부	2019. 05. 10.	85%	3년	24회
C 부부	2020. 05. 10.	110%	2년	15회
D 부부	2019. 05. 16.	110%	1년 6개월	15회
E 부부	2018. 01. 18.	65%	3년	15회

① A 부부   ② B 부부   ③ C 부부

④ D 부부   ⑤ E 부부

19. 다음 중 국가별 정책에 대한 설명으로 옳지 않은 것은?

구분	입국 통제 정책	국가 내 정책
대만	- 대만인과 결혼한 자, 사업상 출장자 등 예외를 제외하고 대부분의 중국인 입국 중단 - 비즈니스 출장자들의 입국 허용 시 입국 후 2주간 건강상태 모니터링에 동의해야 하고, 후베이성 출신 배우자들은 같은 시간 동안 집에서 격리 상태 유지 - 3/19부터 모든 외국인의 입국 금지(단, 영주권이 있거나 외교 혹은 사업 등 꼭 필요한 경우 허가 하에 입국)	- 대만 기준 금리 0.25%p 인하(경제 안정) - 코로나 19 자가격리자 무단이탈 방지에 전자발찌 도입 - 4/1부터 37.5도 이상의 발열 증상자는 대중교통 이용 금지
일본	- 중국과 한국의 일본대사관(영사관)에서 2020년 3월 8일 이전에 발급된 관광 등의 단기비자 등은 3월 9일부터 효력이 정지 - 한국인의 일본 무비자 입국이 금지되어 일본 방문 시 주한일본대사관에서 새로 비자를 발급 필요(한국 및 중국 국적자를 대상으로 하며 제3국 교민 역시 예외 없이 적용)	- 3/6부터 민간병원에서 코로나 검사비 무료 - 4/6부터 일부 지자체에 대해 1달간 긴급사태 선언 - 4/17부터 전국에 드라이브 스루 검사 도입

이스라엘	- 중국, 마카오, 홍콩, 태국, 싱가포르, 마카오, 한국, 일본, 이란, 이탈리아, 프랑스, 스페인을 여행한 이스라엘 시민은 14일간 자가격리를 해야 하며, 이 국가들을 방문한 외국인은 항로, 육로, 해로 등 모든 국경에서 입국 거부
	- 모든 외국 국적의 여행객은 이스라엘 입국 시 14일간 자가격리할 숙소가 있음을 증명하지 못하면 입국 거부
		- 3/25부터 락다운 규정(7일)
		  1. 집에서 100m 이내만 도보이동 가능
		  2. 대중교통 감축, 결혼식·종교의식 참여는 허락(10여 명 이하의 2미터 룰 지킬 시)
		  3. 한 차량에 2명 이하 탑승
		- 코로나 관련 격리 지시 불이행 시 최대 7년의 징역

① 사업 출장을 위해 대만에 방문한 중국인들은 입국 후 일정 기간 동안 건강상태를 측정받을 의무가 있다.

② 3월 26일 기준 대만의 경우 자가격리할 숙소가 있음을 증명하지 못하는 외국인은 입국이 불가하다.

③ 미국에 거주하는 재외한국인이 일본을 방문하려는 경우 대사관에서 새로 비자를 발급받아야 한다.

④ 이스라엘 시민은 락다운 기간 동안 일정 범위 내에서 결혼식에 참여할 수 있다.

⑤ 이스라엘 시민이 싱가포르를 여행하고 항로를 통해 입국하고자 하는 경우 14일의 자가격리 의무를 준수해야 한다.

20. 박 전무는 새해를 맞이하여 D 센터에서 제공하는 강의 중 하나를 수강하려 한다. 다음 〈대화〉에
    따라 비서가 추천할 강의로 적절한 것은?

대화

전무 : 새해를 맞아 나도 새로운 것을 좀 배워볼까 해요. 나이 탓인가 자꾸 몸도 뻐근한 것
       같고 체력도 자꾸 떨어지는 것 같아서 건강에 도움이 될 만한 것을 배워보고 싶은데
       시간이 맞는 강의가 있을까 모르겠네요. 보통 7시쯤 퇴근하니 7시 반 이후에 시작하는
       강의가 좋겠어요. 그리고 수업이 너무 자주 있으면 부담스러우니 주 2회 정도면 딱 좋
       겠어요. 건강을 위해 시작하는 것이니 몸을 좀 쓸 수 있는 프로그램이어야겠지요? 이
       왕이면 음악에 맞춰 몸을 움직이는 활동적인 강의였으면 해요. 춤 같은 것 말이에요.
       요즘은 춤 종류도 아주 다양하더군요. 그리고 나는 이 수업에 그렇게 큰 투자를 하고
       싶지는 않으니 사비로 만 원 정도만 보태면 들을 수 있는 강의로 부탁해요. 매달 회사
       에서 나오는 보조금이 얼마지요?
비서 : 매달 2만 원씩 지원되는 것으로 알고 있습니다.
전무 : 아, 그렇군요. 그리고 내가 매주 월요일에는 저녁 8시부터 10시까지 중국어 회화 강의
       를 듣고 있으니 그날은 수업이 없는 것으로 알아봐 줘요.
비서 : 네, 알겠습니다.

구분	요일	시간	수강료
벨리댄스	월/수	21 : 00 ~ 21 : 50	24,000원
한국무용	화	13 : 00 ~ 14 : 20	30,000원
탁구	월/수/금	20 : 00 ~ 21 : 20	46,000원
단전호흡(국선도)	월/수/금	14 : 00 ~ 15 : 20	42,000원
K-POP 댄스	화/목	21 : 00 ~ 21 : 50	24,000원
음악줄넘기	화/목	17 : 30 ~ 18 : 50	36,000원
태극권	월/수/금	20 : 00 ~ 20 : 50	36,000원
직장인 요가	월/수/금	19 : 00 ~ 19 : 50	36,000원
댄스스포츠	화/목	20 : 00 ~ 21 : 20	60,000원

① 탁구　　　　　　② 태극권　　　　　　③ 벨리댄스
④ 댄스스포츠　　　⑤ K-POP 댄스

21. '여가활동으로서의 국내여행의 현황과 전망'이라는 주제로 보고서를 작성하려고 한다. 다음 중 〈보기〉의 자료를 활용하여 설정할 수 있는 연구과제로 적절하지 않은 것은?

보기

(가) 한국관광공사의 '관광시장동향' 조사에 따르면 내국인의 해외여행 비율은 지속적인 증가 추세를 보이고 있다. 20X4년에 전년 대비 8.3%의 증가하였고, 20X5년에는 15.9%, 20X6년에는 17.7% 증가했다. 20X7년 1 ~ 8월까지의 통계만 놓고 봐도 20.1% 증가한 1,700만 명이 해외로 출국하였고, 연말까지 합해 연간 통계를 낸다면 30%가 넘는 증가 율을 보였던 20X0년 이후 최고치를 기록할 전망이다.

반면 한국문화관광연구원이 발간한 '국민여행실태조사 보고서'를 보면 내국인의 국내여 행 증가율은 지속적으로 감소하는 추세다. 20X4년에 전년 대비 2.3% 증가하였지만 20X5년에는 2.1%, 20X6년에는 1.4% 증가하면서 그 비율이 감소하고 있다. 해외여행 증가율과 비교해 보면 뚜렷이 대비되는 대목이다.

(나) 국내여행의 목적(20X7년)

여가 / 휴가	가족 / 친척 / 친구 방문	사업 및 전문활동 / 업무상 목적	쇼핑
43.6%	41.2%	11.1%	4.1%

(다) 국내여행을 하지 않는 이유(20X6년)

경제적 여유 부족	여가시간 / 마음의 여유 부족	건강상 이유	선호하는 목적지 및 여행에 관심이 없음	기타
27%	46.5%	15.2%	2.9%	8.4%

① 국내여행이 해외여행에 비해 증가율이 저조한 원인을 분석한다.

② 국내여행을 하지 않는 이유 중 경제적 여유 부족이 2위에 해당함에도 해외여행 증가율은 높아졌 다. 이와 같은 차이를 살피기 위해 국내여행과 해외여행을 선택하는 과정에서 경제적 여유 문제 가 어떻게 작용하는지 살펴본다.

③ 해외여행 증가율이 높았던 20X0년과 20X7년의 현황을 비교하여 해외여행 국가별 선호도 변화 를 탐색해본다.

④ 여가로서의 여행이 국내여행의 목적인 동시에 국내여행을 하지 않는 이유라는 모순적인 상황을 해결할 방안을 모색한다.

⑤ 국내여행 목적 중 지인 방문이 여가, 휴가를 위한 선택과 비등한 결과를 보였다는 것은 순수하 게 여행으로서의 국내여행의 장점이 부족함을 나타낸다. 온전히 여가, 휴가로 국내여행을 즐길 수 있는 다양한 방안을 모색해 본다.

[22 ~ 23] 다음 자료를 읽고 이어지는 질문에 답하시오.

〈공직복무 관리계획 추진(안)〉

1. 추진 배경
   - 엄중한 국정상황에 따른 안정적 국정운영 및 국민의 불안감 해소
   - 청탁금지법 시행으로 위축된 소극행정 제거 등 엄정한 공직기강 확립

2. 주요 내용(내부 추진과제는 별도 시행계획 수립)
   - 청탁금지법 위반행위 적발 활동 강화
     - 취약시기(명절 · 휴가철 · 연말연시 등) 공직자의 근무기강 해이 및 금품수수 등 공직 비위 집중 단속
   - 청탁금지법 정착 노력 지속 강화(교육, 홍보), 소극적 행정처리 근절
   - 지역별 청탁방지담당관 협의회(○○○○부 주관 연 2회 이상) 참여
   - 기본업무 충실 · 청렴 강화
     - 고객 접점 부서 근무지에 대한 민원 응대 불량
   - 비밀문서 · 정책자료 관리 및 (사이버)정보 · 보안 관련 예방실태 점검
     - 비밀문서의 방치, 관리 소홀 등 중요 문서 관리 실태 점검 및 위규 사항 엄단
     - 주요 정책자료의 무단 유출 또는 보안사고 등 (사이버)정보 · 보안 관련 예방실태 점검 및 관련 비위에 대해서는 엄중 문책
   - 정치적 중립 위반행위 차단
     - (대외) 대통령 선거, (대내) 노조선거 시 공직선거법 위반행위 등 점검
   - 내부적 사기진작 방안 확대
     - 우수한 업무 능력을 보인 직원에 대한 보상 확대, 해외연수 기회 부여 등 인센티브 제공

---

22. 추진(안)을 바탕으로 세부추진과제 시행계획수립과 관련한 검토 내용으로 적절하지 않은 것은?

① 비밀문서 · 정책자료 관리 및 (사이버)정보 · 보안 관련 예방실태를 상시 점검하고 보안 관련 보완 사항을 수시로 체크한다.

② 고객 응대 업무에서 민원인들의 평가를 통해 매달 우수 직원을 뽑아 인센티브를 제공한다.

③ 정치적 중립 위반행위 또는 청탁금지법 위반행위에 대한 처벌을 강화하도록 입법청원을 한다.

④ 공직사회의 청렴을 알려 국민의 불안감을 해소하기 위해 청탁금지법 정착을 위한 내부 교육을 진행하고 홍보자료를 배포한다.

⑤ 사원들의 사기진작과 직무능력향상을 위해서 업무 수행도에 따른 포상기준을 구체적이면서도 단계적으로 정하여 게시판에 고지한다.

23. 다음은 〈공직복무 관리계획 추진(안)〉과 관련된 세부운영안 중 하나이다. 감사실 청렴윤리부 김새벽 대리가 수행할 업무를 〈보기〉에서 모두 고르면?

〈청탁금지법 위반 행위 상담 · 신고센터 운영안〉

1. 상담 · 신고센터 설치
   • 청탁금지 전담 직원 배치 및 상담 · 신고센터 운영
     – 청탁방지담당과 감사실 청렴윤리부 김새벽(☎ 1122), 조사팀 박찬성(☎ 1212)

2. 상담실 운영
   • 상담자의 인적사항 및 상담내용의 비밀이 최대한 유지될 수 있도록 가급적 업무용 사무실 별도 공간으로 지정하며 상담실 관리 담당은 별도로 정함.

3. 주요 업무
   • 부정청탁금지 및 금품 등 수수 금지에 관한 내용의 교육
     – 청탁방지담당관은 소속 직원을 대상으로 연 1회 이상 의무 시행
       (전사) 청탁금지법 관련 교육 진행 : 감사실 청렴윤리부 김새벽 대리
   • 청탁금지법 위반행위 여부 질의응답, 상담, 신고접수 등
     – 업무 유형별 사례 질의응답 : 감사실 청렴윤리부 김새벽 대리
     – 위반행위에 대한 신고, 상담, 신고접수 : 감사실 청렴윤리부 조사팀 박수용 대리

보기

㉠ 상담 직통전화를 통해 걸려온 청탁금지법 위반행위에 대한 신고접수를 기록한다.
㉡ 내부 직원들을 대상으로 연 1회 이상 청탁금지법 관련 교육을 진행한다.
㉢ 청탁금지법에 저촉되는 사례를 정리하여 교육 자료로 활용한다.
㉣ 사무실 내 상담실을 설치하여 상담자와 원만한 분위기에서 상담이 진행되도록 한다.

---

① ㉠   ② ㉡, ㉢   ③ ㉢, ㉣
④ ㉠, ㉢, ㉣   ⑤ ㉡, ㉢, ㉣

[24 ~ 25] 다음 글을 읽고 이어지는 질문에 답하시오.

〈2021년도 한국국학연구원 연구직 채용공고〉

1. 모집분야 및 채용인원

직종	직급	모집분야	채용 인원	응시자격
연구직	부연구위원급 이상	경제학, 경영학, 통계학, 에너지자원 관련 분야	4명	모집분야 박사학위 소지자(2022년 상반기 취득예정자 포함)
연구직	전문연구원	경제학, 경영학, 통계학, 에너지자원 관련 분야, 국제협상 및 국제관계 관련 분야	6명	모집분야 석사학위 소지자(2022년 2월 취득예정자 포함)

2. 임용기간 및 조건 : 1년 근무 후 평가를 통해 정규직 임용(본원의 운영규칙 적용)

3. 전형방법
- 부연구위원급 이상
  1차 시험 : 서류전형(블라인드 심사), 2차 시험 : 세미나(논문 또는 연구 발표), 면접
- 전문연구원

전형	시행방법
1. 서류	블라인드 입사지원서 심사
2. 직업기초능력 및 직무수행능력 평가	○○시험을 통한 직업기초능력 평가
3. 논술	논술 시험을 통한 직무수행능력 평가
4. 블라인드 면접	모집분야 관련 주제 세미나
5. 신원조사	신원조사, 신체검사, 비위면직자 조회

4. 응시 제출서류
- 모든 제출서류에 학교명을 삭제하며 각 1부씩 온라인 접수 시 첨부
  - 부연구위원 : 응시원서 및 자기소개서, 박사논문 요약문과 전문, 최근 4년 이내 연구실적목록(학위논문 제외), 박사학위증 또는 졸업(예정) 증명서
  - 전문연구원 : 응시원서 및 자기소개서, 석사논문 요약문과 전문, 공인어학성적 증명서, 최종학력 성적 증명서
  - 공통 적용사항 : 취업지원대상자 증명서 등 가점 관련 증명서, 재직/경력증명서는 해당자의 경우 제출

5. 응시원서 접수 기간 및 제출방법 : 2020. 11. 1. ~ 2020. 11. 30. 본원 홈페이지 온라인 접수

6. 기타사항

- 국가유공자 등 예우 및 지원에 관한 법률, 장애인 고용촉진 및 직업재활법 해당자는 법령에 의하여 우대함.
- 비수도권 지역 인재, 기초생활수급자, 연구원 소재지 지역 인재의 경우 서류전형 단계에서 가점 부여. 단, 가점 등 우대혜택이 중복되는 경우 가점이 제일 높은 항목 한 개만 적용함.

24. 다음 중 위 채용공고의 조건에 맞게 채용에 지원한 사람을 모두 고르면?

- 박○○ : 경제학 박사학위를 2021년 8월에 취득했으며, 부연구위원에 지원한다. 박사학위 논문을 연구실적으로 제출하였다.
- 김◇◇ : 학사 과정에서 경영학과 통계학을 전공하였다. 학사졸업 후 경제개발 관련 연구소에서 5년 동안 근무했다. 이 경력을 살려 전문연구원에 지원했다.
- 정◎◎ : 연구원 소재지에 거주하며 기초생활수급자이다. 가점을 받기 위해 이 두 가지 부분에 대한 관련 증명서를 제출하였다.
- 류□□ : 2021년 2월에 에너지관리학 석사학위를 취득하였으며, 최종학력성적 증명서에 출신학교를 삭제한 뒤 전문연구원에 지원하였다.
- 채△△ : 2020년 2월 국제관계학 박사학위를 받았다. 학위증명서와 각종 연구실적 목록을 준비하여 부연구위원 채용에 지원하였다.

① 정◎◎, 박○○　　　② 김◇◇, 채△△　　　③ 정◎◎, 류□□
④ 박○○, 김◇◇　　　⑤ 류□□, 채△△

25. 〈보기〉는 국제협상 및 국제관계 연구직 채용자에게 요구되는 필요지식이다. 이에 해당하는 연구원을 선발하기 위해 지원 서류를 심사하는 과정에서 담당자가 떠올릴 수 있는 생각으로 적절하지 않은 것은?

보기

• 에너지 국제협력 또는 개발 선행연구에 대한 지식, 관련 분야
• 사업성 분석 및 경영전략에 대한 이해
• 고객 데이터 수집, 관리 및 분석, 처리 방법에 대한 이해
• 영어 등 외국어 구사 및 활용능력

① 국제협상 및 국제관계 분야의 연구원을 채용하는 것이지만, 에너지 자원에 대한 관심도와 직무수행과 관련된 데이터 처리능력에 대한 지식을 확인하며 심사해야 한다.

② 국제협상 및 국제관계 분야 연구직으로 채용되었더라도, 사업과 경영전략에 대한 이해 능력에 두각을 보이면 근무 평가 이후 업무 분야를 변경할 수 있음을 고려하여 채용한다.

③ 논술, 면접 전형에서 에너지자원 문제의 동향을 얼마나 이해하고 있는지 확인한다.

④ 공인어학성적 증명서를 통해 영어 등 외국어 구사 및 활용 능력을 일차적으로 검증하고, 면접 과정에서 외국어 활용 능력을 확인해 본다.

⑤ 석사논문의 내용을 통해 에너지 국제협력 문제에 대한 이해가 충분한지를 살펴본다.

실전모의고사

제**4**회

• 수험번호 | _____

• 성   명 | _____

01. 다음 공문서의 내용을 잘못 이해한 것은?

〈20X2년 동계 한자문화캠프 참가자 선착순 모집〉

○○시에서는 한자교육, 예절교육, 전통문화체험을 통해 우리 선조들의 교육과 삶을 이해하고 더불어 사는 공동체 생활을 통한 바른 인성함양을 위하여 운영하는 20X2년 동계 ○○한자문화캠프에 참가할 학생을 다음과 같이 선착순 모집합니다.

20X1. 12. 1.

1. 참가자 모집

　○ 접수 기간 : 20X1. 12. 13.(수) ~ 12. 15.(금) 09:00 ~ 18:00
　○ 참가 자격 : 공고일 현재 ○○시에 주민등록을 둔 대학교 재학생
　○ 모집 인원 : 50명(선착순 모집)
　○ 신청 방법 : 전자우편 또는 직접방문 접수
　　 - 전자우편 제출 : ooooooo@go.kr
　　 - 방문 제출 : ○○시청 교육관 평생학습팀
　　 - 12. 11.(수) 오전 9시부터 접수 가능(9시 이전 신청서는 무효로 처리합니다)
　○ 신청 서류 : 20X2년 동계 한자문화캠프 참가신청서 1통(붙임 양식 참조)
　○ 참가비 : 80,000원(본인 부담)
　○ 20X1. 12. 22.(금) 18:00까지 참가비를 납부하지 않으면 참가 포기로 간주함.

2. 한자 캠프 운영

　○ 기간 : 20X2. 1. 4.(목) ~ 1. 7.(일) / 3박 4일 합숙
　○ 장소 : ○○시 한옥마을 일대
　○ 내용
　　 - 한자와 붓글씨 교육 : 사자소학, 한자 형성 원리, 붓글씨 배우기
　　 - 전통문화 교육 : 전통예절 익히기, 오래된 놀이(활쏘기, 물총 등)
　　 - 우리 교양 익히기 : 한옥 이야기, 단청 체험

3. 문의처 : ○○시청 교육관(5층), 000)0000-0000

① 참가신청서는 별도로 첨부된 양식에 따라 작성해야 한다.
② 참가비를 내지 않은 사람이 있을 경우 추가 모집이 이루어진다.
③ 캠프에 참가하면 ○○시에 존재하는 한옥에 관한 정보를 얻을 수 있다.
④ 참가 신청과 동시에 참가비를 납부하지 않고 정해진 기일 내에 따로 납부해도 무방하다.
⑤ 주민등록이 ○○시가 아닌 타 지역으로 되어 있는 경우에는 ○○시 소재 대학교의 학생이라도 이 캠프에 참가할 수 없다.

02. 다음은 □□ 포털의 단어장 이용약관 변경에 대한 안내문이다. 〈보기〉의 대화 중 변경안에 대하여 바르게 이해한 사람을 모두 고르면?

〈단어장 이용약관 변경 안내〉

1. 변경사항 : 단어, 숙어, 예문 등 사전 콘텐츠의 저작권은 사전 콘텐츠 제공업체에 있기 때문에 해당 업체의 요청으로 사전 콘텐츠가 변경 또는 삭제되는 경우, 이용자가 단어장에 저장한 콘텐츠도 동일하게 변경, 삭제되어야 합니다.

변경 전	변경 후
제7조(서비스의 변경) ① 회사의 사정, 사전 콘텐츠 제공업체의 변경 등으로 인해 단어장 서비스의 일부 또는 전부가 변경, 종료될 수 있으며, 이 경우 '회사'는 그 사유를 변경 또는 종료 전 30일 이상 단어장 서비스 메인페이지에 게시하여야 합니다.	제7조(서비스의 변경) ① 회사의 사정, 사전 콘텐츠 제공업체의 변경 등으로 인해 이용자가 사전으로부터 저장한 콘텐츠, 단어장 서비스의 일부 또는 전부가 변경, 종료될 수 있습니다. 이 경우 '회사'는 변경 사유, 변경될 서비스의 내용 및 제공 일자 등을 그 변경 또는 종료 전에 해당 서비스 초기화면에 게시하여야 합니다.
(신설)	제8조(휴면계정의 데이터 삭제 등) 1년 동안 '□□ 포털 서비스'를 사용하지 않는 경우, 회사의 휴면 정책에 따라 이용자의 '□□ 포털 서비스' 계정은 휴면상태로 전환되며, 휴면계정으로 전환 시 단어장의 데이터는 초기화되어 모두 삭제됩니다.

2. 변경일자 : 변경된 단어장 약관은 20XX년 11월 19일부터 적용됩니다.

보기

A : 제7조는 이용자가 내용을 명확하게 인지할 수 있도록 문장을 더욱 간결하게 서술했네.
B : 제8조는 이용자가 생성한 콘텐츠의 저작권을 비롯한 이용자의 각종 권리를 보장하기 위하여 신설했군.
C : 사전 콘텐츠 제공업체는 휴면상태인 포털 이용자에게 변경 내용을 미리 해당 서비스 초기화면에 게시해야 하는군.
D : 사전 콘텐츠 제공업체의 변경으로 인한 서비스 변경과 관련된 사항의 내용을 보다 구체적으로 제시하고 변경 내용의 게시 위치를 변경했어.

① A, B ② A, C ③ B, C
④ B, D ⑤ C, D

03. 다음 글을 쓰기 전에 필자가 세운 작문 계획으로 적절하지 않은 것은?

20세기 이후 선진국을 중심으로 하여 영양의 과소비가 일어나면서 고도 비만이 문제가 되었다. 신체적으로 발육 상태가 좋아졌지만, 영양분의 섭취가 필요한 양 이상으로 많아졌다. 그러면서 사회적인 날씬함의 표준은 살과 뼈가 만나는 수준의 깡마른 체형으로 역주행 하였다. 그러다 보니 다이어트에 집착하는 사람들이 갈수록 늘어나게 되었고, 다이어트가 극단으로 치달으면 생명을 위협할 정도로 체중이 감소하는 '신경성 식욕 부진증' 이른바 '거식증'이라는 병이 발생하기도 했다.

신경성 식욕 부진증은 음식과 체중에 대한 불안으로, 자기 파괴적인 비정상적 섭식행동과 신체에 대한 왜곡된 자극을 특징으로 하는 대표적인 섭식 장애이다. 일반적으로 증상은 10세에서 30세 사이에 시작되며, 체중 증가와 비만에 대한 강한 두려움이 존재하고 치료에 무관심하거나 저항하는 증상을 보인다. 또한 체중 감소와 연관된 부적절한 식이 행동이 비밀스럽게 이루어지는 경우가 많고, 가족과 함께 또는 공공장소에서 식사하는 것을 꺼려한다는 특징이 있다.

신경성 식욕 부진증은 10대에서 20대에 가장 많이 발병한다. 이 병은 인구의 4% 정도가 앓을 가능성이 있으며, 남성보다 여성에게서 10 ~ 20배 정도 높은 발병률을 보인다. 비록 병명에는 '식욕 부진'이라는 단어가 들어가지만, 식욕이 떨어진 상태는 아니다. 흥미로운 사실은 이 병에 걸린 환자는 자신이 직접 만든 요리를 다른 사람에게 먹이는 것을 좋아한다는 점이다. 그리고 열량을 소모하기 위해 온종일 쉬지 않고 움직이며, 매일 해야 하는 행동을 강박적으로 똑같이 하려 들고, 그것을 지적하면 오히려 아무 문제가 없다고 부인하는 특징을 보인다. 또한 신경성 식욕 부진증을 극소수가 앓고 있는 정신 질환으로 치부하고, 자기 자신과는 아무 상관이 없는 것으로 여기기도 한다.

이들은 일반적으로 머리가 좋고 자신을 완벽하게 통제하려는 완벽주의적 성향이 강하다. 그래서 주변에서 볼 때에는 별다른 문제가 없는 사람으로 보인다. 하지만 이 병은 의사가 보는 예후와 환자나 보호자가 여기는 병의 심각성에 있어 큰 차이가 나는 병이다. 의사는 "생각보다 매우 위험한 병이니 빨리 치료합시다."라고 설득하려 하고, 당사자나 보호자는 "앞으로 조심하면 되잖아요. 별 문제 없어요."라고 대수롭지 않게 여긴다.

그러나 이처럼 환자가 자신의 몸 상태를 바르게 인식하지 못하고, 신경성 식욕 부진증을 부정하다가 상태가 더욱 악화되는 경우가 많다. 실제로 이 병은 열 명 중의 한 명 정도가 결국 사망하게 되는 무서운 병이다. 특히 이 병에 걸리게 되면 간 기능 검사 수치가 아주 높게 측정된다. 체내의 지방이 모두 고갈되어 더는 에너지를 만들 수 없게 되면 덩어리가 큰 간을 파괴해서 땔감으로 사용하기 시작하기 때문이다. 또한 대뇌가 치매 환자의 뇌같이 쪼그라들게 되고, 눈 주위에 풍부하게 있어야 할 지방은 흔적도 없이 사라지게 된다. 상대적으로 지방질이 풍부한 대뇌나 눈 주위의 지방이 타격을 받게 되는 것이다.

이러한 신경성 식욕 부진증의 문제는 '나는 뚱뚱하다'는 자기 신체 이미지에 대한 왜곡이 심각하다는 점이다. 아무리 거울을 보여 주며 뚱뚱하지 않다고 설명해도, 정작 자신은 아직 뚱뚱하며 만족스럽지 못하다고 여긴다. 그러나 지나친 체중 감소와 자기 신체 이미지에 대한 잘못된 인식은 겉으로 드러난 문제일 뿐이다. 문제의 본질은 성장하기를 두려워하고, 성장하지 않기 위해 애를 쓰는 무의식적 노력에 있다. 정신분석학에서 말하는 거식증은 '무의식적으로 더 이상 자라기를 거부하는' 상태이다. 사람은 성장하면서 성인이 되어 자아를 통제하고 현실에서 독립된 정체성을 갖고 생활해야 하는데, 거식증을 앓는 환자는 이것을 두려워한다. 그래서 음식을 거절하고 여전히 아이로 남고 싶어 한다. 이 병이 사춘기부터 20대 초반에 발병하는 것도 성인이 되는 통과 의례를 앞두고 영원히 아이로 머물기를 바라기 때문이라고 해석할 수 있다. 이러한 무의식적인 노력은 몸을 조종해서 더 자라지 않게 하고, 영양분이 들어오는 것을 막은 채 내부의 살을 태우기 시작한다. 얼마 안 되는 재물을 전당포에 맡기고 초가삼간을 다 태워 버리고 나면 남는 것은 재뿐이다. 재만 남은 몸뚱이에서 마음은 지쳐 간다.

다이어트는 과소비와 지나친 영양 섭취가 가져온 현대 사회의 문화적 현상이다. 그러나 성장하기를 두려워하는 사람에게 다이어트는 신경성 식욕 부진증이라는 간이역을 거쳐 자기 파괴라는 종착역을 향해 달려가는 급행열차의 승차권과 같다. 다이어트에 관심을 두는 일이 나쁜 것만은 아니다. 그러나 그보다 지금 내 모습을 그대로 인정하고 사랑하려는 노력부터 기울이는 것이 바람직할 것이다.

① 작문 목적 : '신경성 식욕 부진증'에 대한 다양한 정보를 독자에게 제공하기 위함.
② 예상 독자 : 대학에서 정신분석학을 전공하는 학생
③ 글의 주제 : '신경성 식욕 부진증'의 특징과 올바른 다이어트를 위해 노력해야 할 일
④ 배경 자료 : '신경성 식욕 부진증'의 발병 배경, 환자에 대한 통계 자료를 활용함.
⑤ 표현 전략 : 비유적 표현을 사용하여 의학적 내용을 쉽게 이해할 수 있도록 함.

04. 다음 글을 읽고 사례별 저작권 침해 여부를 판단한 내용으로 적절하지 않은 것을 고르면?

> 저작권이란 시, 소설, 음악, 미술, 영화, 연극, 컴퓨터프로그램 등과 같은 '저작물'에 대하여 창작자가 가지는 권리를 일컫는다. 그런데 저작권법상 보호받는 저작물이 되기 위해서 독창성이 있어야 한다. 또 창작물이라고 해서 모두 저작권법으로 보호되는 것은 아니다. 나아가 저작권법은 표현된 것을 보호하는 것이지 그 아이디어 자체를 보호하는 것은 아니며, 이 점에서 산업재산권과 구분된다. 예를 들면 요리책을 그대로 복사하는 행위는 저작권법에 의해 저작권 침해가 되지만 요리책 속에 쓰여진 방식대로 요리하는 것은 저작권법과 아무런 관계가 없다.
>
> 최근 인터넷 공간에서 사용자들이 홈페이지 또는 게시판에 타인의 게시물을 활용하는 경우가 많아 이와 관련된 저작권 침해 분쟁이 늘고 있다. 우리나라 저작권법은 예외적인 경우에 한하여 저작권 행사를 제한하는 규정을 두고 있어서 이에 해당하는 경우 보호되는 저작물일지라도 저작권자의 허락 없이 이용이 가능하다. 저작물을 이용하는 경우 저작권법상 '인용'에 해당되어야만 저작권 침해의 책임이 면제될 수 있다. 저작권법 제28조는 "공표된 저작물을 보도, 비평, 교육, 연구 등을 위해서 정당한 범위 안에서 공정한 관행에 합치되게 이를 인용할 수 있다."고 규정하고 있으며, 그 요건을 엄격하게 해석하고 있다. 저작권법 제28조 인용 규정의 '정당한 범위'는 전체 창작물 중에서 인용하는 저작물이 차지하는 비중(질적, 양적 모두)이 현저히 적어야 하며, 주된 내용이 아닌 보조적이고 예시적인 역할로 사용하여야 함을 의미한다.
>
> 또한 '공정한 관행'의 요건을 충족하기 위해서는 타인 저작물의 인용이 자신의 기술 내용과의 관련성 내지 필요성이 있어야 할 뿐 아니라, 인용된 부분이 어디인지 구별 가능하여야 하고, 출처 표시가 있어야 한다.
>
> 이와는 별개로 인터넷에 있는 저작물을 직접 게시하지 않고 '링크 방식'으로 이용하는 경우 저작권 침해에 해당하는지에 대해 법률상 명확하게 규정되어 있지 않다. 이와 관련하여 다음과 같은 논의들이 존재하고 있다.

종류	형식	저작권 침해 여부
단순 링크 (Simple Link)	웹사이트의 이름과 URL만 게시하는 방식	직접적으로 저작물을 복제하거나 전송하는 것으로 볼 수 없으므로 저작권 침해에 해당하지 않음.
직접 링크 (Direct Link)	저작물의 이름이나 간략한 정보만을 제시하고 URL을 통해 그 저작물이 존재하는 세부적인 페이지에 바로 연결시키는 방식	

1회 실전모의
2회 실전모의
3회 실전모의
4회 실전모의
5회 실전모의
6회 실전모의
7회 실전모의
8회 실전모의

| 프레임 링크
(Frame Link) | 자신의 홈페이지 화면을 둘 이상의 영역으로 나누어 자신의 홈페이지의 프레임을 그대로 유지하면서 다른 웹페이지의 자료가 자신 홈페이지의 다른 프레임에서 보이도록 하는 방식 | 1. 이용자의 입장에서는 타인의 저작물이 복제된 것과 동일하므로 복제권 침해로 보는 견해
2. 원저작물의 형식 및 외관을 변형하는 행위에 해당하여 동일성유지권 침해로 보는 견해
3. 링크된 저작물을 마치 자신의 것처럼 보이게 하였으므로 성명표시권 침해로 보는 견해 |
| 임베디드 링크
(Embedded Link) | 어떤 웹페이지에 접속했을 때 자동으로 음악 등이 흘러나오도록 하는 것 등 이용자가 웹사이트에 접속했을 때 링크가 자동으로 실행되도록 하는 방식 | 국내외에서 논란은 되고 있으나 이를 저작권법상 전송에 해당하는 것으로 보는 견해들이 다수 존재하여 저작권 침해로 볼 여지가 있음. |

①	[사례]	A는 자신이 구매한 음악 파일을 웹페이지에 업로드 한 다음, 링크가 자동 실행되어 누구나 그 음악을 들을 수 있게 하였다.
	[판단]	임베디드 링크에 해당하며 저작권 침해로 볼 수 있음.
②	[사례]	B는 출판사 웹페이지에 올라 있는 인기 시인의 작품을 페이지째 옮겨 와 자신의 블로그에 그대로 보이게 하였다.
	[판단]	프레임 링크에 해당하며 동일성유지권 침해로 볼 수 있음.
③	[사례]	C는 어느 영화평론가의 웹페이지에 게시된 평론을 자신의 홈페이지 다른 프레임에 보이도록 링크하면서 마치 자신의 글처럼 보이게 하였다.
	[판단]	프레임 링크에 해당하며 성명표시권 침해로 볼 수 있음.
④	[사례]	D는 어느 웹페이지에 좋은 글귀가 있기에 이를 소개하기 위해 그 홈페이지의 URL 자체를 자신의 블로그에 게시하였다.
	[판단]	단순 링크에 해당하며 저작권 침해로 보기 어려움.
⑤	[사례]	E는 자신이 팬인 가수의 뮤직비디오가 게시된 세부적인 페이지 URL을 직접 게시하여 클릭하면 그 뮤직비디오 페이지가 연결되도록 하였다.
	[판단]	직접 링크에 해당하므로 저작권 침해로 보기 어려움.

05. 다음은 ○○기업의 〈공무 항공마일리지 관리 및 활용지침〉의 일부이다. 〈보기〉의 ⓐ ∼ ⓔ 중 지침을 제대로 따르지 않은 것은?

〈공무 항공마일리지 관리 및 활용지침〉

제4조(신고) 출장 및 부임의 명을 받은 출장자는 공무여행 후 14일 이내에 공무 항공마일리지 적립·활용 등 변경 사항을 대외·국제협력팀에 신고하여야 한다.

제5조(활용방법) 출장자 등은 항공권 예약 시에 본인의 누적 마일리지를 확인하여 보너스 확보에 우선 활용하고 보너스 항공권 확보가 어려운 경우 좌석승급(업그레이드)에 활용한다.

제6조(활용절차)

① 출장자 등은 항공운임 신청 전에 본인이 보유한 공무 항공마일리지를 활용할 수 있는지 여부를 해당 항공사에 반드시 확인하여야 한다.

② 항공운임 신청 시 그 확인 결과가 기재된 공무 항공마일리지 내역서〈별지 제1호 서식〉을 제출하여야 하며 확인 결과 마일리지 사용이 불가능한 경우에는 지정된 증빙자료를 제출하여야 한다.

③ 회계담당자는 항공운임지급신청서와 관련 증빙자료의 사실관계를 확인하고 항공마일리지 관련 사항이 반영된 항공운임을 전액 지급한다.

제7조(관리방법)

① 공무현안 협력팀에서 공무 마일리지 관리내역〈별지 제2호 서식〉을 작성·관리한다.

② 공무 항공마일리지 담당부서는 직원이 보유하고 있는 항공마일리지가 효율적으로 관리될 수 있도록 노력하여야 한다.

③ 공무 항공마일리지 담당부서는 직원의 개인별 공무 항공마일리지의 현황을 매분기 마지막 달을 기준으로 추가적으로 점검하여 보완하여야 한다.

보기

A는 공무상 해외 출장을 가게 되어 항공권을 예매했다. ⓐ항공권을 예매하기 전에 출장 다니면서 공무상 출장으로 적립된 마일리지 현황을 확인했다. ⓑ항공사에 적립된 마일리지를 활용하여 항공권 구매나 좌석승급이 가능한지 문의를 했으나 항공사에서는 A가 지금까지 적립한 마일리지로는 보너스 항공권 구매나 좌석승급이 불가능하다는 답변을 했다. 이에 ⓒ마일리지 사용 가능 여부 확인 결과를 증명할 수 있는 증빙자료(회사 지정 양식)를 준비했다. 필요한 항공권을 구매하고 해당 ⓓ항공운임을 청구하기 위해 회계담당자에게 항공권 구매 영수증을 제출하였다. ⓔA가 출장을 마치고 회사로 복귀한 날에 대외·국제협력팀을 방문하여 이번 출장으로 새로 적립된 마일리지를 신고했다.

---

① ⓐ   ② ⓑ   ③ ⓒ

④ ⓓ   ⑤ ⓔ

06. 다음 글의 내용과 일치하지 않는 것은?

곤충의 대부분은 수컷이 암컷을 유혹하기 위해 노래를 부르지만 반딧불이는 수컷과 암컷 모두 사랑을 나누기 위해 밤을 밝힌다. 하지만 수컷이 단순히 암컷을 유혹하기 위해서만 불을 밝히는 것은 아니다. 정확히 말하면 자신의 신호에 화답하는 암컷의 신호를 이끌어 내기 위한 것으로, 자신의 청혼에 동의하는 암컷을 찾아가게 된다. 반딧불이의 섬광에는 매우 복잡한 의미를 띠는 여러 가지 형태의 신호가 있다. 또 반딧불이는 빛 색깔의 다양성, 밝기, 빛을 내는 빈도, 빛의 지속성 등에서 자신만의 특징을 가지고 있다. 예를 들어 황혼 무렵에 사랑을 나누고 싶어 하는 반딧불이는 오렌지 색깔을 선호하며 심야 시간대의 짝짓기를 원하는 반딧불이는 초록 계열의 색을 선호한다. 또 발광하는 장소도 땅이나 땅 위, 공중, 식물 등으로 그 선호가 다양하다. 결국 이런 모든 요소가 다양하게 결합되어 다양한 반딧불이의 모습을 보여 주게 되는데 이런 다양성이 조화를 이루거나 또는 동시에 이루어지게 되면 말 그대로 장관을 이루게 된다.

대부분의 반딧불이가 불빛을 사랑의 도구로 쓰는 반면에 어떤 반딧불이는 번식 목적이 아닌 적대적 목적으로 사용한다. 포투리스(Photuris)라는 반딧불이의 암컷이 바로 그러한 종인데 상대방을 잡아먹는 것을 아무렇지도 않게 여긴다. 이 무시무시한 작업을 벌이기 위해 암컷 포투리스는 포티누스(Photinus) 암컷의 불빛을 흉내낸다. 한 치의 의심도 없이 이를 자신과 같은 종으로 생각한 수컷 포티누스는 사랑이 가득찬 마음으로 암컷 포투리스에게 다가가지만 정체를 알아챘을 때는 이미 너무 늦었다는 것을 알게 된다. 암컷 포투리스가 먹이가 아닌 연인을 필요로 할 경우에는 포투리스 수컷이 인식하게끔 발광 패턴을 바꾼다. 포투리스 수컷도 암컷이 노리는 포티누스 수컷의 구애 신호를 흉내내고는 응답을 보내는 암컷에게 자기가 가짜 신호를 보낸 포투리스 암컷이라는 것을 더듬이로 확인한 다음 사랑을 나눈다.

이렇게 다른 종의 불빛을 흉내내는 반딧불이는 북아메리카에서 흔히 찾아볼 수 있다. 그러므로 황혼이 찾아드는 하늘은 짝을 찾아 헤매는 수컷 반딧불이에겐 유혹의 무대인 동시에 위험한 장소이기도 하다. 연인을 찾다 그만 식욕만 왕성한 암컷을 만나게 되는 비운을 맞을 수 있기 때문이다. 그런데 최근 나온 보고서에 의하면 이렇게 상대방을 속이는 이유에는 단순히 식욕을 채워 영양을 보충하는 것 이상의 의미가 있다고 한다. 즉, 암컷 포투리스는 수컷 포티누스가 가지고 있는 스테로이드 화합물을 함께 섭취하여 천적들이 싫어하는 독을 몸속에 지니게 되어 스스로를 보호한다는 것이다.

① 반딧불이의 불빛에는 그 빛을 만들어 내는 반딧불이만의 특징이 있다.
② 대부분의 수컷 곤충은 암컷을 유혹하기 위하여 노래를 부른다.
③ 암컷 포투리스(Photuris)는 다른 종인 암컷 포티누스(Photinus)의 불빛을 흉내낸다.
④ 번식 목적이 아닌 다른 목적으로 불빛을 사용하는 반딧불이가 존재한다.
⑤ 반딧불이 수컷과 암컷은 상대방을 유혹하기 위해 서로 다른 불빛을 이용한다.

07. 다음 글의 ㉠ ~ ㉤ 중 〈보기〉의 문단이 들어갈 위치로 적절한 곳은?

우리나라 지진 발생 빈도는 갈수록 확연하게 증가하는 추세를 보인다. 특히 규모 3.0 이상의 지진 발생횟수가 2000년대 들어 2배 이상 증가하면서 지진으로 인한 피해 역시 점차 커지고 있다. 이에 따라 내진 설계에 대한 중요성이 부각되고 있지만 우리나라 건축물의 내진 설계 비율은 아직도 35%에 미치지 못하는 실정이다.

특히 많은 사람이 몰려 있는 도심지에서 건물이 붕괴된다면 불특정 다수의 매몰자가 발생할 수 있다. 이러한 상황에서 매몰자를 구조하기 위해서는 골든아워 내에 매몰자의 위치를 신속하게 파악하는 것이 가장 중요하다. 일반적으로 매몰자 탐지에는 내시경 카메라를 이용한 '영상탐지', 진동과 음향을 이용하는 '음향탐지', 손가락이나 흉부(호흡) 등의 움직임을 감지하는 '전파탐지', 구조견을 이용한 '후각탐지'가 있다.

문제는 이와 같은 방식들이 붕괴지 상부를 직접 이동하면서 이뤄진다는 것이다. 이렇게 하면 탐지 범위가 매우 협소할 뿐만 아니라 매몰자 탐지에 많은 시간이 소요된다. 가장 큰 문제는 잔해물이 추가로 붕괴하게 되면 구조자의 안전 또한 담보할 수 없다는 점이다.

'무선신호 기반 매몰자 위치 탐지 기술'은 이러한 탐지 방식이 지닌 문제점을 극복하기 위한 기술로, 드론과 스마트폰을 활용한다. 드론과 스마트폰으로 매몰된 사람의 위치 정보를 취득하고, 이를 가시화해 인명을 구조하는 기술이다. 더는 잔해물 위를 위험하게 돌아다닐 필요 없이 신속하고 안전하게 구조하는 방법인 셈이다. (㉠)

우리나라의 스마트폰 보급률은 전세계에서 가장 높다(2016년 기준). 만약 지진 등의 사고로 인해 매몰자가 발생한다면 이들 중 열에 아홉은 스마트폰을 가지고 있을 확률이 높을 것이다. 이러한 사실에 착안한 연구팀은 스마트폰에 기본적으로 내장된 와이파이 신호와 기압 센서를 활용해 매몰자의 위치를 파악할 수 있는 '매몰자 탐지 모듈'을 개발했다. 이렇게 개발된 인명탐지 모듈은 드론에 장착되어 붕괴지역 위를 비행하며 매몰자의 위치를 파악한다. (㉡)

매몰자 탐지 모듈의 외형만을 놓고 봤을 때는 꽤 단순해 보이지만 다양하고 정교한 알고리즘으로 구성되어 있다. 우선 스마트폰의 무선신호를 감지하기 위한 무선신호 스캐닝 기술이 적용됐다. 이를 통해 드론은 와이파이 AP(Access Point, 무선접속장치) 역할을 한다. 즉, 수집된 맥 어드레스(Mac Address) 값을 통해 어느 스마트폰에서 신호가 송출되었는지 확인할 수 있으며, 송출되는 와이파이 신호강도를 감지함과 동시에 기압 센서로부터 매몰된 깊이 값 정보를 취득함으로써 매몰자의 현재 위치를 더욱 정확하게 파악할 수 있다. (㉢)

이와 같이 수집된 정보들은 4G LTE망을 통해 지상부에 있는 데이터 수집 서버로 자동으로 전송된다. 이후 수집된 데이터는 정밀한 위치 정보로 변환되고, 웹서버를 통해 해당 위치 정보가 시각적 정보로 가공되어 구글 맵스나 네이버 지도와 같은 오픈 맵 위에 표출된다. 이를 바탕으로 구조자와 재난컨트롤타워에서는 빠르고 정확한 구조 계획을 수립할 수 있다. (㉣)

이번 기술은 기존 매몰자 탐지 기술 대비 탐지 시간을 50% 이상 단축할 수 있다. 구호 인력의 부상 위험 감소는 물론 인명 피해를 30% 이상 줄이고 구호 비용 역시 20% 이상 절감할 수 있을 것으로 기대된다. 또한 매몰자 수색 외에도 다양한 분야에 활용될 수 있다. 예를 들어 매몰자뿐만 아니라 구조자의 구조 활동을 지원할 수 있으며, 산을 포함한 넓은 지역에서도 활용될 수 있다. 실종자 · 범죄자 수색과 같은 치안 및 방범, 건설현장의 노무자 안전관리 분야 등에 폭넓게 적용될 수 있다. (ⓜ)

연구팀은 후속 연구를 통해 GPS의 정확도를 향상하고자 한다. 오차를 줄이고 좀 더 오랫동안 사용할 수 있도록 배터리 효율 연장에 힘쓸 계획이다. 또한 붕괴 형태에 따라 최적화된 알고리즘이 지능적으로 적용될 수 있도록 머신러닝(Machine Learning) 기법 등을 적용할 계획이다.

보기

와이파이가 꺼져 있는 경우를 대비해 특정 코드가 삽입된 문자 메시지를 수신하게 되면 와이파이 신호를 강제로 활성화할 수도 있다. 또한 기압 센서로부터 기압정보를 획득할 수 있도록 백그라운드 애플리케이션도 개발했다.

---

① ㉠ ② ㉡ ③ ㉢

④ ㉣ ⑤ ㉤

08. 다음 글에서 강조한 스마트 팩토리의 특징을 〈보기〉의 ㉠ ~ ㉤ 중에서 모두 고르면?

기존 공장에서도 컴퓨터나 로봇을 사용하면 공정별로 자동화가 이루어진다. 하지만 이 공정들은 각각 독립되어 있다. 반면 스마트 팩토리는 생산설비에 지능을 부여해 공정별 자동화 과정에 유기성을 확보한다. 각 설비들이 각각의 공정마다 정보를 주고받을 수 있고, 전반적인 생산단계를 실시간으로 분석하면서 최적의 생산 환경을 만드는 것이다. 불량품 확인을 예로 들어보자. 기존 자동화 공장에서는 모든 공정을 마친 후, 최종 제품이 나온 뒤에 제품의 불량 여부를 확인할 수 있었다. 그러나 스마트 팩토리는 공정별 문제점을 실시간으로 발견할 수 있다. 문제가 발생한 바로 직전 단계에서 새로운 공정 지시를 내려 실시간으로 불량의 원인을 제거한다. 이렇게 스마트 팩토리는 지능화된 장비들이 서로 연결되어 더욱더 거시적인 생산 공정 환경으로 변화하게 된다.

스마트 팩토리의 활용은 대량생산 제품에만 국한되지 않는다. 개인화된 제품을 효율적으로 제조할 수 있도록 지원하는 것 또한 스마트 팩토리가 추구하는 것이다. 즉 스마트 팩토리의 목표는 개인화된 요구사항을 충족시키기 위해 생산체계를 전면적으로 개편하는 것이다. 개인화된 제품은 높은 자동화와 유연성 수준을 확보해야 한다. 이때 가격이나 제조비용에 대한 고려 없이 제품을 개인에게 맞추는 데만 초점을 맞추는 것이 아니다. 품질, 가격, 납품기한을 적정하게 유지해야 한다. 자동화 수준을 확보했다면 제조의 유연성을 확대하여 개인 맞춤형 제품을 대량생산제품 가격으로 생산할 수 있게 만들어야 하며, 유연성이 높은 개인 맞춤형 제조 방식의 경우 자동화 과정을 확대하여 생산원가를 낮추어야 한다. 스마트 팩토리의 구축은 두 가지를 모두 달성하는 데 필요한 도구이다.

스마트 팩토리의 기반이 되는 기술 요건은 IT기술, 자동화기술, 운영기술 등 3가지로 이루어져 있다. 이 가운데 운영기술 측면은 많이 간과되어 왔다. 스마트 팩토리는 단순기술의 변화만을 다루는 단순기술 위주의 전략이 아니다. 그에 수반되는 제조절차 및 관리 과정의 변화까지 포함하는 전략이다. 스마트 팩토리의 도입으로 가장 많이 고려해야 할 운영 측면의 변화는 데이터 분야이다. 쏟아지는 데이터를 어떻게 저장하고 관리할지 재고해야 한다. 정제되어 모인 데이터를 바탕으로 사람들은 어떻게 반응해야 할지 고민해 기존과 다른 체계를 만들 필요가 있다. 한 연구에 따르면, 스마트 팩토리가 데이터를 확보하게 되면 소수의 사람에게로 의사소통이 집중되는 등 사람의 역할은 축소되고 가치사슬을 더 효율적으로 만들기 위해 공급자, 소비자 및 다른 공장과 데이터를 교환할 확률은 높아진다고 한다. 이처럼 스마트 팩토리는 운영방식, 조직구성, 공장 외부 네트워크 구성 등의 변화를 촉발시키는 전략이다. 따라서 스마트 팩토리의 도입 및 구현을 위해서는 IT와 운영을 모두 고려한 복합적인 판단이 필요하다.

이처럼 스마트 팩토리는 생산 설비 차원부터 운영 패러다임 차원까지를 모두 포함하는 혁신적 변화이다. 이렇게 변화된 생산 환경 속에서 스마트 팩토리는 그 자체가 목표라기보다는 기업 및 산업의 목표를 구현하는 수단으로 존재하고 있다. 스마트 팩토리가 시스템 생산 기술과 스마트 생산 프로세스의 결합으로 변화되는 제조업의 가치사슬 및 비즈니스가 구현되는 플랫폼이라고 할 때, 그것은 제조업의 새로운 가치를 대변하는 것이 아니라 그 가치의 실현을 도와주는 수단에 해당한다고 할 것이다.

보기

- ㉠ 소품종 대량생산
- ㉡ 다품종 소량생산
- ㉢ 공정별 설비의 연결성 확보
- ㉣ 공정별 생산설비의 자동화 실현
- ㉤ 데이터 활용을 통한 운영 패러다임의 변화

① ㉢, ㉤　　　　　　　② ㉣, ㉤　　　　　　　③ ㉠, ㉢, ㉣

④ ㉠, ㉢, ㉣, ㉤　　　　⑤ ㉡, ㉢, ㉣, ㉤

09. 다음 글을 읽고 〈보기〉의 사례를 적절히 이해하지 못한 것은?

생물은 태어나서 여러 가지 변화를 거치면서 살다가 반드시 죽는 과정을 겪는다. 모든 생명체는 지나온 과거의 모습으로 돌아갈 수 없다. 또한 생명체는 나이를 먹으면서 점점 죽음에 이르는 기회를 많이 접하게 되고, 점차 노화라는 과정을 거치며 영생할 수 없기 때문에 특유의 수명이라는 것을 갖는다.

현대 과학은 인간을 비롯한 생명체의 노화에 대한 해답으로 크게 세 가지 학설을 제시한다. 생명체에 따라 최대 수명이 결정되어 있으며, 노화는 유전자에 의해 결정된다는 것이 '예정설'이다. 노화는 일생 동안 활성 산소와 같은 유해한 자극이 몸 안에 누적돼 신체 기능이 약화된 결과라는 것이 '오류설'이고, 그리고 유전과 환경적 요인이 결합한 다양한 요인에 따라 노화가 나타난다는 것이 '복합설'이다.

과학자들에 의한 장수 유전자 발견은 예정설을 뒷받침하는 증거라 할 수 있다. 예정설에 따르면 노화는 이미 태어날 때 정상 발달의 일부로 생물체의 유전자 시스템에 입력돼 있으며, 이 유전자는 미리 프로그램화된 시기에 작동을 개시한다. 일단 작동이 시작되면 노화 유전자는 세포가 생명 유지에 필수적인 물질을 생산하는 과정을 느려지게 하거나 멈추게 만든다.

그러나 장수 유전자의 발견이 곧 인간 수명의 연장으로 이어지지는 않을 것이라고 생각하는 과학자들도 있다. 이들은 주로 오류설과 복합설을 지지하는 학자들이다. 오류설을 주장하는 과학자들은 활성 산소에 의한 체내 구성 물질의 손상이 노화의 주된 원인이라고 생각한다. 생명체는 한 평생 음식물을 연소시켜 에너지를 얻는다. 이 과정에서 어쩔 수 없이 활성 산소라는 불청객이 생겨나서 DNA나 불포화지방산, 단백질 등을 공격한다. 이를 막기 위해 세포 내 항산화 효소들이 작동하지만 역부족으로 손상이 고쳐지지 않고 일부가 남아 세포 내에 쌓이게 된다. 특히 몸 안 에너지의 대부분을 만들어 내는 미토콘드리아에서 활성 산소가 다량으로 생산되는데 미토콘드리아는 이로 인한 손상에 취약하다. 따라서 미토콘드리아가 다량으로 손상돼 생체 에너지가 저하되고 세포가 죽으면서 노화가 진행되는 것이다.

이러한 오류설을 뒷받침하는 증거도 많이 발견되었다. 쥐의 먹이를 반으로 줄이면 수명이 대폭 길어지고 장수한 노인 가운데 소식을 하는 사람이 많은 것은 음식물 제한이 대사를 늦춰 활성 산소의 생성을 줄였기 때문인 것으로 밝혀졌다. 특히 초파리나 선충에서 유해 산소를 없애는 효소의 유전자를 많이 발현시키면 수명이 50% 정도 늘어나는 것은 오류설을 뒷받침하는 강력한 증거가 된다.

복합설을 주장하는 학자들에 따르면 노화는 유전과 환경적 요인이 결합한 다양한 요인에 의해 나타나는 현상이다. 이들은 유전자가 관계된다 하더라도 여러 유전자가 복합적으로 삭용해 그 메커니즘을 밝히기가 상당히 어렵다고 주장한다. 세계적인 장수마을의 환경이나 장수하는 사람들의 생활 습관, 식사, 가치관 등에 대한 연구는 이러한 복합설을 바탕으로 이루어지고 있다.

1회 실전모의

2회 실전모의

3회 실전모의

4회 실전모의

5회 실전모의

6회 실전모의

7회 실전모의

8회 실전모의

보기

(ㄱ) 원시 부족은 전염성 질환이나 식량 공급 부족으로 인한 사망이 많아 최대 수명에 도달하는 일이 매우 드물지만 문명 사회에서는 심혈관계 질환이나 암에 의해 사망하는 수가 많다.

(ㄴ) 여왕벌이나 일벌들은 모두 같은 애벌레로 출발하지만 어떤 먹이를 얼마나 오래 먹느냐에 따라 그 운명이 결정된다. 그 결과 로열젤리를 많이 먹은 여왕벌의 수명은 6년이나 되지만 그렇지 못한 일벌들은 원래의 수명인 3 ~ 6개월 밖에 살지 못한다.

(ㄷ) 초파리는 수명이 1℃에서는 14일에 달하지만 3℃에서는 2일 밖에 안 된다. 이는 높은 온도에서는 대사 활동이나 산소 소모율이 훨씬 더 크기 때문이다.

---

① (ㄷ)에서 초파리의 수명은 유해산소 발생량에 영향을 받았을 것이다.

② (ㄱ)과 (ㄴ)은 예정설을 반박하는 증거로 제시할 수 있다.

③ (ㄴ)에서 로열젤리에 수명을 연장시키는 물질이 들어 있을 것이라는 추측이 가능하다.

④ (ㄱ)과 (ㄴ)은 복합설의 관점에서 해석될 사례로 볼 수 있다.

⑤ (ㄱ)과 (ㄷ)은 예정설을 지지하는 사례로 볼 수 있다.

10. 다음의 〈조건〉을 참고할 때, 현재 전 사원들에게 지급되고 있는 월급의 총액은 얼마인가?

> **조건**
>
> • 모든 사원의 월급은 동일하다.
> • 사원 10명을 증원하고 각 사원의 월급을 100만 원씩 줄이면 전 사원에게 지급하는 월급 총액은 기존의 80%가 된다.
> • 사원 20명을 감축하고 각 사원의 월급을 전과 같이 지급한다면 전 사원에게 지급하는 월급 총액은 기존의 60%가 된다.

① 1억 원   ② 1억 2천만 원   ③ 1억 5천만 원

④ 1억 8천만 원   ⑤ 2억 원

11. S 회사의 기획 부서는 야유회 장소를 정하기 위해 투표를 진행하였다. 표를 가장 많이 얻은 곳으로 장소를 정하되, 표를 가장 많이 받은 장소가 2개 이상일 경우에는 재투표를 한다. 〈조건〉에 따라 투표를 진행할 때, 1차 투표 한 번에 장소가 A로 결정될 확률은 얼마인가?

> **조건**
>
> • 투표 대상 장소는 A, B, C의 3곳이고 무효표는 없었다.
> • 현재 총 팀원 8명 중 6명이 투표하고 A가 3표, B가 1표, C가 2표를 얻었다.
> • 남은 팀원이 장소 3곳 중 하나를 선택할 확률은 $\frac{1}{3}$로 모두 같다.

① $\frac{1}{3}$ ② $\frac{4}{9}$ ③ $\frac{5}{9}$

④ $\frac{2}{3}$ ⑤ $\frac{7}{9}$

12. 미선이는 사업 관계자와의 미팅 때문에 외근을 나왔다가 사무실로 돌아가려고 한다. 엘리베이터 고장으로 인해 다음과 같이 계단을 이용했다면, 1층에서 사무실까지 올라가는 데 걸린 시간은? (단, 12층 계단에서 사무실까지의 소요시간은 무시한다)

- 미선이는 1층에서 6층까지 올라가는 데 35초가 걸렸다.
- 6층에서 12층까지도 같은 빠르기로 올라가지만 한 층을 올라갈 때마다 5초씩 쉬었다.
- 미선이의 사무실은 12층에 있다.
- 6층, 12층에서는 쉬지 않았다.

① 96초   ② 99초   ③ 102초
④ 105초   ⑤ 108초

13. 다음 〈조건〉을 토대로 할 때, A 식품의 원가는 얼마인가?

조건

- A 식품의 정가는 원가에 15%의 이익을 붙여 책정되었다.
- 유통기한이 3일 이내로 임박한 경우, 정가에서 700원을 할인하여 판매한다.
- 할인판매 시 A 식품을 1개 판매할 때마다 원가의 5%에 해당하는 이익을 얻는다.

① 6,500원   ② 7,000원   ③ 7,500원
④ 8,000원   ⑤ 8,500원

[14 ~ 15] 다음 자료를 보고 이어지는 질문에 답하시오.

〈자료 1〉 지역별 인구 및 인구밀도

(단위 : 천 명, 명/m²)

구분	20X5년		20X7년		20X9년	
	인구	인구밀도	인구	인구밀도	인구	인구밀도
전국 계	50,168	501	50,745	506	51,247	511
서울	10,036	16,583	9,975	16,482	9,852	16,279
부산	3,443	4,498	3,452	4,485	3,447	4,477
대구	2,430	2,807	2,475	2,801	2,465	2,790
인천	2,791	2,684	2,473	2,732	2,907	2,736
광주	1,504	3,000	2,862	3,002	1,504	3,000
대전	1,540	2,852	1,505	2,879	1,535	2,846
울산	1,125	1,061	1,153	1,085	1,169	1,102
세종	102	220	132	285	233	500
경기	11,974	1,177	12,282	1,207	12,612	1,238
강원	1,504	90	1,510	90	1,520	90
충북	1,553	210	1,578	213	1,596	215
충남	2,043	249	2,088	254	2,123	258
전북	1,817	225	1,829	227	1,833	227
전남	1,787	145	1,792	146	1,800	146
경북	2,636	140	2,671	140	2,686	141
경남	3,263	310	3,307	314	3,346	317
제주	561	301	583	315	619	335

* 통계청 시도별 인구와 국토교통부의 시도별 국토면적을 기초로 작성

〈자료 2〉 수도권 인구 및 인구밀도

(단위 : 천 명, 명/m²)

구분	20X5년		20X7년		20X9년	
	인구	인구밀도	인구	인구밀도	인구	인구밀도
수도권	24,404	2,093	25,119	2,124	25,371	2,141

* 수도권 : 서울, 인천, 경기

14. 다음 중 위 자료에 대한 설명으로 옳은 것은?

① 20X5년 기준 충청지역 인구는 전라지역 인구보다 대략 3천 명 정도 많다.

② 조사기간 중에서 인구수가 가장 적은 지역은 세종이고 인구밀도가 가장 낮은 지역은 강원도이다.

③ 20X7년 기준 시도별 인구밀도는 서울이 가장 높고 그 다음으로 높은 곳은 대구로 나타났다.

④ 20X9년 기준 세종의 인구밀도는 20X7년 인구밀도보다 2배 이상이다.

⑤ 전체 인구수의 감소로 인구밀도도 점차 낮아지고 있는 추세이다.

15. 위 자료를 토대로 할 때 20X9년 수도권 지역의 인구수는 전체 인구의 약 몇 %인가?

① 46.5%   ② 47.5%   ③ 48.5%

④ 49.5%   ⑤ 50.5%

[16 ~ 17] 다음은 건축물 현황에 대한 자료이다. 이어지는 질문에 답하시오.

〈자료 1〉 지역별 용도에 따른 건축물 현황(20X7년)

(단위 : 동)

구분	합계	주거용	상업용	공업용	교육사회용	기타
전국 계	7,126,526	4,612,604	1,246,859	309,519	191,739	765,805
서울	611,368	461,294	127,080	2,761	16,209	4,024
부산	369,947	262,641	69,613	15,152	9,206	13,335
대구	254,247	175,281	50,938	12,979	6,074	8,975
인천	219,752	145,178	43,101	13,755	6,324	11,394
광주	141,693	97,603	32,116	3,811	3,887	4,276
대전	133,784	95,111	26,231	2,842	4,794	4,806
울산	135,576	78,627	28,998	14,351	3,783	9,817
세종	33,654	19,317	5,485	2,057	898	5,897
경기	1,148,790	636,634	243,268	99,925	34,667	134,296
강원	403,114	267,909	68,490	6,749	13,331	46,635
충북	383,295	243,075	58,296	18,324	10,242	53,358
충남	523,896	328,414	81,576	22,774	13,653	77,479
전북	445,173	269,559	74,345	12,715	14,461	74,093
전남	636,734	427,073	90,297	18,325	15,563	85,476
경북	805,114	518,504	114,159	32,763	19,117	120,571
경남	710,098	481,627	106,247	29,221	15,657	77,346
제주	170,291	104,757	26,619	1,015	3,873	34,027

※ 건축물 : 토지에 정착하는 공작물 중 지붕과 기둥 또는 벽이 있는 것과 이에 부수되는 시설물. 지하 또는 고가
  의 공작물에 설치하는 사무소, 공연장, 점포, 차고, 기타 대통령령이 정하는 것
※ 무허가 건축물은 대상에 포함되지 않음

16. 전국 상업용 건축물 중 수도권(서울, 경기, 인천) 지역의 건축물은 몇 %인가? (단, 소수점 아래
둘째 자리에서 반올림한다)

① 27.5%   ② 29.7%   ③ 31.4%
④ 33.2%   ⑤ 35.8%

17. 위의 〈자료 1〉과 아래의 〈자료 2〉를 참고할 때, 다음 중 지역별 건축물 현황에 대한 설명으로 옳은 것은? (단, 소수점 아래 셋째 자리에서 반올림한다)

〈자료 2〉 지역별 소유 구분에 따른 건축물 현황(20X7년)

(단위 : 동)

구분	합계	국·공유	개인	법인	기타
전국 계	7,126,526	190,075	5,666,894	451,750	817,807
서울	611,368	11,708	424,154	23,858	151,647
부산	369,947	8,138	292,962	23,352	45,495
대구	254,247	4,265	208,309	13,118	28,555
인천	219,752	6,499	146,544	16,545	50,164
광주	141,693	2,687	114,478	9,743	14,785
대전	133,784	3,722	106,565	8,133	15,364
울산	135,576	3,532	100,103	19,808	12,133
세종	33,654	1,374	26,096	2,727	3,456
경기	1,148,790	27,917	844,282	94,174	182,418
강원	403,114	19,520	335,154	20,511	27,929
충북	383,295	11,710	316,325	28,101	27,159
충남	523,896	14,734	427,092	36,200	45,870
전북	445,173	12,424	362,348	26,882	43,519
전남	636,734	22,219	528,458	36,930	49,127
경북	805,114	18,526	691,352	46,355	48,880
경남	710,098	17,099	604,739	36,105	52,155
제주	170,291	3,999	137,932	9,207	19,152

① 전국에서 가장 많은 건축물이 있는 곳은 경기 지역이고, 경북, 경남, 서울 순으로 나타난다.

② 6대 광역시(부산, 대구, 인천, 광주, 대전, 울산) 건축물은 전국 건축물의 20% 이상을 차지한다.

③ 소유 구분에 따른 건축물 현황을 살펴볼 때, 경상도(경북, 경남)의 개인 소유 건축물은 130만 동 이상으로 전라도(전북, 전남)의 약 1.4배이다.

④ 소유 구분에 따른 건축물 현황을 살펴볼 때, 전체 건축물 대비 법인 소유의 건축물 비중이 전국 에서 가장 높은 곳은 울산 지역이다.

⑤ 용도에 따른 건축물 현황을 살펴볼 때, 전체 건축물 대비 교육사회용 건축물 수의 비중이 전국 에서 가장 낮은 곳은 세종 지역이다.

18. 다음 '사업주 외국인근로자 채용 지원' 관련 안내문을 보고 이해한 내용으로 옳지 않은 것은?

• 도입위탁 및 대행신청 : 사업주는 고용허가서 발급 신청 등 외국인근로자의 고용에 관한 업무를 대행기관에 대행하게 할 수 있음.

※ '도입위탁 및 취업교육' – 필수 사항, '각종 신청 대행' – 선택사항

– 일반 외국인근로자(E – 9) 고용관련 도입위탁 대행 수수료

신청방법	처리기관	서비스 내용	구분	외국인근로자 1인당 수수료
사업주 직접 신청 (필수)	△△공단 (전업종)	외국인근로자 도입위탁 – 근로계약 체결, 출입국 지원 등	신규	60,000원
			재입국	119,000원
신청대행 (선택)	(제조업) 중소기업중앙회	〈입국 전〉 – 내국인 구인신청 – 고용허가서 발급(재발급) 및 사증발급인정서 신청, 수령	신규	31,000
	(농축산업) 농협중앙회		재입국	61,000
	(어업) 수협중앙회	〈입국 후〉 – 외국인근로자 고용변동신고 – 고용허가기간 연장 신청, 재고용신청 등 – 외국인근로자 업무상 재해 시 산재·사망신고 – 각종 정보 제공	신규	30,000(3년)
			재입국	61,000
	(건설업) 대한건설협회		사업장 변경자	800원 × 잔여체류기간 (월)

※ 공통 : 취업교육비 별도(외국인근로자 1인당 취업교육비는 업종별 상이함)

– 취업교육비

제조업 : 195,000원, 농축산업 / 어업 : 210,000원, 건설업 : 224,000원

---

① △△공단에 신규 외국인근로자 2명의 도입위탁을 신청한 농장주 A는 2명에 대한 수수료와 취업교육비로 총 540,000원을 납부해야 한다.

② 제조업 사업장을 운영하는 사업주 B는 의무적으로 중소기업중앙회에 외국인근로자 도입위탁 관련 각종 신청대행 업무를 의뢰해야 한다.

③ △△공단에 신규 외국인근로자 1명의 도입위탁을 신청한 제조업 사업주 C는 수수료와 취업교육비로 총 255,000원을 납부해야 한다.

④ 농장을 운영하는 사업주 D는 농협중앙회에 외국인근로자 고용 관련 각종 신청대행 업무를 의뢰할 수 있다.

⑤ △△공단에 신규 외국인근로자 1명의 도입위탁을 신청한 어업 사업주 E는 수수료와 취업교육비로 총 270,000원을 납부해야 한다.

19. 다음은 K 씨의 출장일정이다. K 씨가 B 차량을 최대한 이용할 경우 차량 대여가격은?

〈출장일정〉

출장지	제주도	출장일시	20X2년 6월 7 ~ 8일
제주 도착시간	6월 7일 10시 10분	제주 출발시간	6월 8일 16시 30분

※ 공항에 도착하여 수하물을 찾고 공항을 나오기까지 1시간이 소요되며, 출발 시에는 탑승 수속을 위해 출발 1시간 전까지 공항에 도착하여야 한다.

〈차량렌트 가격〉

(단위 : 원)

차량	유종	대여요금 (24시간)	초과요금		
			1시간 이하	1시간 초과 6시간 이하	6시간 초과 12시간 이하
A	휘발유	60,000	8,600	33,750	48,000
B	휘발유	64,000	9,200	36,000	51,200
C	휘발유	65,000	9,300	36,500	52,000
D	경유	65,000	9,300	36,500	52,000
E	경유	72,000	10,000	43,200	57,600

※ 가격=사용일 수×해당요금
※ 제주공항 ↔ 렌터카 업체 셔틀버스 이용시간 10분 소요
※ 12시간을 초과하는 경우 24시간 요금 부과

〈유가정보〉

휘발유	1,640원/L	경유	1,360원/L

① 82,400원　　　　② 91,600원　　　　③ 100,000원

④ 100,800원　　　　⑤ 110,000원

20. 워킹홀리데이 상담원 K는 질문 게시판에 올라온 다음 질문에 대해 답변하고자 한다. 다음 중 옳지 않은 것은?

〈호주 워킹홀리데이 일자리 유형〉

유형	특성

농장	• 매년 작황이 다르기 때문에 현지에서 정보를 얻도록 노력해야 함.
	• 임금 지급 방식
	  − 시간제(Hourly Rates) : 농장 일을 처음 할 경우에 적절하지만 시간마다 정해진 할당량을 채우지 못하면 해고당할 수도 있음.
	  − 능력제(Contract Rates) : 일한 양만큼 임금을 받으므로 농장 일을 많이 해 본 경우 유리함.

고기 공장	• 농장과 임금 지급 방식이 동일하며, 농장과 달리 날씨의 변화에 영향을 받지 않음. • 일을 하기 전 Q-Fever(백신) 접종을 반드시 받아야 함.
도시일자리	• 영어 능력이 일정 수준이 되면 카페나 레스토랑에서 서빙 업무가 가능함. • 전문적인 자격증이나 기술이 있으면 취업 기회가 증가함. 　※ RSA(알코올취급 자격증), 화이트카드(건설 관련 직종) 등
WWOOF	• 농가에서 하루 3 ~ 4시간 일하고 식사와 잠자리를 제공받는 일종의 체험 프로그램 • 돈벌이보다 어학실력 향상, 체험에 관심 있는 사람들에게 적절함.
데미 페어 (Demi Pair)	• 어학원을 다니면서 호주 가정에서 파트타임으로 육아 및 가사를 분담하여 도와주는 일 • 초급 이상의 영어 실력이 필요함.
오페어 (Au Pair)	• 풀타임으로 육아 및 가사를 하면서 숙식 제공과 함께 급여를 지급 받음. • 각 가정의 상황에 따라 업무 유형이나 업무량이 다름.
바리스타	• 호주 대도시 전역에서 취직할 수 있음. • 사전에 바리스타 교육을 이수할 것을 요구함.
전문직	• 대학 학위나 관련 자격증이 있다면 프로젝트 계약직, 공석 계약 등의 단기 계약직으로 근무 가능 • 지원하기 전 해당 직책이 워킹홀리데이 지원자를 받는지 조사 후 지원해야 함.
판매직	• 매장 판매직은 매장 할인이나 주간 근무 등의 혜택이 보장됨. • 크리스마스 등 성수기에 추가 채용이 있음.
갑판원	• 크루즈 직원, 진주 채취 선박에서 취직 • 진주 채취 선박은 진주 수확철(4 ~ 10월)에 인력을 집중적으로 모집 • 세컨드 워킹홀리데이 비자 신청요건인 '지정된 업종(Specified Work)'에 해당함.

〈워킹홀리데이 질문 게시판〉

　안녕하세요. 친구들과 함께 호주 워킹홀리데이를 계획 중인 대학생입니다. 혹시 저희의 성향과 능력 등을 고려해 각자에게 적합한 일자리를 추천해 주실 수 있을까요? 저는 몸을 많이 쓰더라도 영어를 적게 쓰는 일을 하고 싶습니다. 주희는 영어 실력이 뛰어나고 아이들을 좋아합니다. 지효는 주류판매점 근무 경험이 있어 주류에 대한 지식수준이 높습니다. 나연이는 돈보다 한국에서 하기 어려운 다양한 경험을 하고 오기를 바라고 있습니다.

① 지효가 RSA 자격증을 취득한다면 도시에서 주류를 취급하는 카페나 레스토랑의 근무를 추천한다.

② 질문자에게는 Q-Fever 접종을 받고 고기 공장에서 근무할 것을 추천한다.

③ 나연에게는 어학실력 향상, 문화체험, 유기농법 등을 습득할 수 있는 WWOOF를 추천한다.

④ 주희는 일한 만큼 많은 임금을 받을 수 있도록 능력제 농장일을 추천한다.

⑤ 주희에게는 어린아이가 있는 가정에서 숙식 제공과 급여를 받을 수 있는 오페어를 추천한다.

[21 ~ 22] 다음 자료를 읽고 이어지는 질문에 답하시오.

〈생태체험여행〉

▲ 운영기간 : 2 ~ 12월 운영(목, 금, 토, 일) / 명절 제외

▲ 운영인원 : 매회 10 ~ 40명 선착순(최소 출발인원 10명)

▲ 출발 도착시간

구분	버스터미널	종합관광안내소	○○역
출발시간	09:50	10:10	11:40
도착시간	17:10	16:50	15:40

▲ 이용료

구분	청소년 이상	65세 이상 경로	장애인/어린이 (5 ~ 12세)	4세 이하
정상가	5,000원	4,000원	3,000원	무료
코레일 할인	4,000원	3,500원	2,500원	무료

* 국립생태원 입장료, 여행자보험 가입 및 식대는 본인 부담
* 생태체험여행 이용자는 국립생태원 입장료 30% 할인

▲ 예약방법
  • 전화접수 : OOO-OOO-OOOO
  • 온라인 접수
  • 예약취소 : 운행 2일 18:00 이전 100% 환불, 운행 당일 환불 불가

▲ 기타
  • 운행일 중 좌석이 남을 경우 현장 탑승 가능
  • 관광객 편의 제공 생태관광 안내자 탑승, 홍보물 제공
  • 이용객은 반드시 개별적으로 여행자 보험에 가입하여야 함.

21. 위 안내문에 대한 설명으로 옳지 않은 것은?

① 여행일정에 대한 자세한 정보가 빠져 있다.

② 온라인 접수 시 필요한 정보가 누락되어 있다.

③ 예약 없이 운행 당일 현장에서 탑승이 가능하다.

④ 여행자 보험에 가입하려면 반드시 2일 전까지 예약을 하여야 한다.

⑤ 생태체험여행 이용자는 국립생태원의 입장료를 70%만 지불하면 된다.

22. 다음 〈보기〉를 참고할 때, K 일행이 지불하여야 하는 생태체험여행 이용료의 합계는?

> **보기**
>
> K는 아내, K의 자녀 2명, K의 부모님, K의 동생 가족(부부, 동생의 자녀), K의 할머니, K의 처제와 함께 생태체험여행을 하려고 한다.
>
> • 아버지 연세는 66세, 어머니 연세는 64세이고, 처제는 25세이다.
> • K 부부의 자녀는 8살, 6살 남매이다.
> • K의 동생 부부는 자녀로 6살, 4살 형제를 두고 있다.
> • 일행 중 K의 동생 가족(K의 동생 부부, 동생의 자녀 2명)은 코레일 회원이 아니어서 할인받을 수 없다.

① 39,500원 　　　　② 40,000원 　　　　③ 40,500원

④ 41,000원 　　　　⑤ 41,500원

[23 ~ 24] 다음 자료를 읽고 이어지는 질문에 답하시오.

〈공사입찰공고〉

1. 입찰내용

　　가. 공사명 : 사옥 배관교체공사

　　나. 공사개요

　　　－ 추정가격 : ￦21,500,000(부가세 별도)

　　　－ 예비가격기초금액 : ￦23,650,000(부가세 포함)

　　　－ 공사기간 : 착공일로부터 25일 이내

　　　－ 공사내용 : 폐수처리설비의 일부 부식취약부 배관 재질 변경

2. 입찰참가자격

　　가. 건설산업기준법에 의한 기계설비공사업 면허를 보유한 업체

　　나. 조달청 나라장터(G2B) 시스템 이용자 등록을 필한 자이어야 합니다. 입찰참가자격을 등록하지 않은 자는 국가종합전자조달시스템 입찰자격등록규정에 따라 개찰일 전일까지 조달청에 입찰참가자격 등록을 해 주시기 바랍니다.

3. 입찰일정

구분	일정	입찰 및 개찰 장소
전자입찰서 접수개시	20X1. 05. 21. 10 : 00	국가종합전자조달시스템 (https://www.g2b.go.kr)
전자입찰서 접수마감	20X1. 05. 30. 10 : 00	
전자입찰서 개찰	20X1. 06. 01. 11 : 00	입찰담당관 PC (낙찰자 결정 직후 온라인 게시)

4. 낙찰자 결정방법

　　가. 본 입찰은 최저가낙찰제로서 나라장터 국가종합전자조달시스템 예가작성 프로그램에 의한 예정가격 이하의 입찰자 중에서 개찰 시 최저가격으로 입찰한 자를 낙찰자로 결정합니다.

5. 입찰보증금 및 귀속

　　가. 모든 입찰자의 입찰보증금은 전자입찰서상의 지급각서로 갈음합니다.

　　나. 낙찰자로 선정된 입찰자가 정당한 이유 없이 소정의 기일 내에 계약을 체결하지 않을 시 입찰보증금(입찰금액의 5%)은 우리 공사에 귀속됩니다.

6. 입찰의 무효

가. 조달청 입찰참가등록증상의 상호 또는 법인의 명칭 및 대표자(수 명이 대표인 경우 대표자
전원의 성명을 모두 등재, 각자 대표도 해당)가 법인등기부등본(개인사업자의 경우 사업자
등록증)의 상호 또는 법인의 명칭 및 대표자와 다른 경우에는 입찰참가등록증을 변경등록하
고 입찰에 참여하여야 하며, 변경등록하지 않고 참여한 입찰은 무효임을 알려드리오니 유의
하시기 바랍니다.

20X1. 3. 10.

한국○○공사 사장

---

23. ○○기업 건축사업 기획팀에서는 위의 입찰을 신청하기 위하여 준비 회의를 하려고 한다. 회의
에 참가하기 전 공고문을 제대로 이해하지 못한 직원을 모두 고르면?

> • 사원 A : 우리 회사 공사팀이 폐수처리설비 배관 공사를 25일 동안에 완료할 수 있는지 회
>   의 전에 미리 확인해 봐야겠어.
> • 과장 B : 조달청 입찰참가자격 등록을 6월 1일까지는 해야 한다는 점을 기억해야지.
> • 사원 C : 입찰참가자격 등록을 할 때 혹시 우리 회사 법인의 명칭과 대표가 법인등기부등본
>   과 다르지 않은지, 변경해야 하는지 점검해 보는 것이 좋겠어.
> • 대리 D : 모든 입찰자는 입찰등록 시 입찰보증금을 ○○공사에 예치해야 하므로 입찰금액
>   의 5%를 미리 준비해야 한다는 점을 말해줘야지.

① A, B   ② A, C   ③ B, C
④ B, D   ⑤ C, D

---

24. 한국○○공사의 직원 P는 위의 공고문을 바탕으로 해당 사업에 대한 질문에 답변을 해 주어야
한다. 윗글을 바탕으로 P가 답변할 수 없는 질문은?

① 기계설비공사업 면허가 있으면 어떤 회사든지 참가할 수 있는 것이지요?
② 낙찰자를 결정할 때 기준은 무엇인가요?
③ 우리 회사가 낙찰될 경우 언제 알 수 있습니까?
④ 이번 공사의 추정금액이 어느 정도인가요?
⑤ 만약 우리 회사가 낙찰되었다면 며칠부터 공사를 시작해야 하는 거지요?

25. 다음 신혼부부 전세자금 대출에 관한 내용에 따라 신혼부부 전세자금 대출을 받을 수 없는 부부는? (단, 제시되지 않는 다른 대출 조건은 모두 충족한다고 가정한다)

□ **대출대상**
- 대출신청일 현재 세대주로서 대출대상 주택 임차보증금 2억 원 이하[단, 수도권(서울, 인천, 경기)은 3억 원 이하], 전용면적 85m^2 이하(단, 수도권을 제외한 도시지역이 아닌 읍 또는 면 지역은 100m^2 이하)에 임대차계약을 체결하고 임차보증금의 5% 이상을 지불한 자
- 대출 신청일 현재 세대주로서 세대주를 포함한 세대원 전원이 무주택자인 자
- 대출 신청인과 배우자의 연소득이 합산 6천만 원 이하인 자
- 신혼가구 : 혼인관계증명서상 혼인기간이 5년 이내인 가구 또는 결혼 예정자와 배우자 예정자로 구성된 가구

□ **대출금리**

보증금 부부 합산 연소득	5천만 원 이하	5천만 원 초과 ~1억 원 이하	1억 원 초과 ~1.5억 원 이하	1.5억 원 초과
2천만 원 이하	연 1.2%	연 1.3%	연 1.4%	연 1.5%
2천만 원 초과 ~4천만 원 이하	연 1.5%	연 1.6%	연 1.7%	연 1.8%
4천만 원 초과 ~6천만 원 이하	연 1.8%	연 1.9%	연 2.0%	연 2.1%

□ **대출한도** : 전(월)세 계약서상 임차보증금의 80% 이하

구분	대출 한도 금액
수도권(서울, 경기, 인천)	1.7억 원
수도권 이외 지역	1.3억 원

① 부부 합산 연소득 5천5백만 원인 결혼 2년차 부부
② 경기도에 보증금액이 1억 8천만 원인 아파트에 임대차계약을 한 신혼부부
③ 경기도 읍, 면 지역 소재 진용면직 93m^{2}의 주택에 신혼집을 꾸리고사 하는 예비부부
④ 결혼 7년이 되었지만 3년 전 혼인신고를 한 부부
⑤ 2년 전 전세자금 대출을 받아 거주하는 아파트의 보증금이 올라 추가로 대출을 신청하려는 부부

실전모의고사

제**5**회

01. 다음 글의 주제로 적절한 것은?

에너지 분권의 필요성은 크게 국가정책의 변화 방향, 지역 간의 전력 생산과 소비의 불균형 관점에서 소명되었다. 그러나 이러한 분산형 에너지 시스템으로 원활하게 전환하기 위해서는 준비사항이 많이 필요하다. 먼저 에너지 생산의 주체가 되어야 하는 지자체(광역 및 기초)가 국가가 관리하던 에너지 생산을 위한 발전소 입지 선정, 발전량 선정 등 에너지 생산 정책에 있어서 권한과 책임을 가질 수 있어야 한다. 현재 에너지 정책은 국가정책으로 국가에서 해당 지역에 발전소를 건설하기로 결정을 할 경우, 지자체에서는 반대할 권한이 없다. 이 점이 분산형 에너지 시스템의 확대에 걸림돌로 작용하고 있다.

서울특별시가 '원전 하나 줄이기' 사업 등으로 에너지 절감 및 신재생에너지 보급을 통해 에너지 자립률을 상승시키려고 노력 중이다. 경기도, 충청남도, 안산시 등에서는 에너지 자립을 위한 정책을 수립하고 있으나 집행할 권한이 아직은 부족한 실정이므로 지자체에서 직접 해당 지역의 에너지 계획을 수립하고 집행할 수 있도록 권한의 이양이 병행되어야 하며 그에 따른 행정조직 개편, 예산 등도 지자체로 이양하고 지자체에서 에너지 생산시설에 대한 허가 및 관리·감독을 이행해야 한다. 현재 산업통상자원부에서 주도하고 있는 에너지 계획 및 전력수급 기본계획에 따르면 분산형 에너지 시스템으로 정책을 전환하고 있다. 이를 보다 실천적으로 진행하기 위해서는 기본적인 국가계획 수립 시에 지자체의 의견도 반영되어야 하지만 현재 지자체의 의견 수렴 창구가 없다는 점이 문제점으로 대두된다.

정부 주도의 에너지 계획 수립과 집행을 지자체가 주도하여 계획을 수립하고 집행할 수 있어야 하며, 저렴한 에너지를 안정적으로 공급하는 데 주안점을 둔 정책에서 지역 기반의 에너지 생산과 에너지 소비의 불균형을 해소하는 에너지 정책으로 탈바꿈해야 한다. 또한 원자력과 석탄화력발전의 의존도를 줄이고 LNG 복합화력 및 신재생에너지 기반의 분산전원을 확대하여 그간 대두되어 왔던 지역 간의 에너지 생산, 수송, 소비의 불균형과 지역갈등을 완화해야 한다. 이를 위해 지자체에서도 중앙과의 소통을 위한 창구를 마련할 것을 지속적으로 건의하여야 한다.

① 지역 간의 전력 생산과 소비의 불균형으로 지역갈등을 완화할 수 있다.
② 중앙에 집중된 에너지 권한으로 인해 에너지 불균형이 사라지고 있다.
③ 에너지 분권이 원활하게 이루어지기 위해서는 중앙의 권위적인 태도부터 개선되어야 한다.
④ 에너지 불균형을 해소하기 위해서는 각 지자체가 스스로 에너지 계획을 수립해야 한다.
⑤ 에너지 분권을 위해 중앙과 지역 간의 소통창구를 마련하고 중앙에서 지역으로 권한을 위임하여야 한다.

02. 다음 글에 대한 이해로 적절하지 않은 것은?

최근 '국가 먹거리 종합 전략과 지역 먹거리 계획 수립'의 근거를 담은 개정법률안이 발의됐다. 생산·유통·소비까지 전 과정을 연계하는 시스템으로 국민에게 건강한 먹거리를 보장하고, 지속가능한 농식품 산업을 도모하자는 것이다.

국가 차원의 먹거리 전략 수립, 이른바 '푸드플랜(Food Plan)' 개념은 2010년 전후 런던, 암스테르담, 샌프란시스코, 뉴욕, 토론토, 밴쿠버 등 북미와 유럽의 대도시 중심으로 처음 등장했다. 생산·유통·소비부터 시민들의 건강 증진과 기아 근절, 식품 안전, 공공 급식 개선, 로컬 푸드 활성화, 일자리 창출 등 다양한 먹거리 현안을 국가 차원에서 처음으로 다루기 시작한 것이다.

최근 기후 변화, 환경오염, 유전자변형식품(GMO) 등으로 인해 안전한 먹거리의 중요성이 강조되는 가운데, 경쟁력을 앞세운 시장 구조, 대량 생산 체제의 먹거리 산업은 많은 문제점을 야기하고 있다. 효율성·경제성만 따지다 보니 품질이 보장되지 않는 저가 식재료의 사용이 늘고 이에 따라 식품 안전사고도 지속적으로 발생한다. 또한 소비자 접근이 유리한 대형마트, 기업농 중심으로 소비가 이루어지고 전통시장이나 지역 중소기업, 중소농은 갈수록 위축되는 양극화 현상이 심화된다. 영양·건강 측면에서도 저소득층 소외 현상이 심화되고 있다.

우리나라도 전주시, 서울시 등 일부 지역을 중심으로 푸드플랜이 추진되고 있고, 최근 들어 많은 지자체가 관심을 가지기 시작했으나 아직은 걸음마 단계다. 우리나라의 푸드플랜은 다른 나라와 지역의 성공 모델을 벤치마킹하되 우리나라가 지닌, 또한 각 지역만의 고유한 특성과 현안 과제를 중심으로 접근해야 한다. 높은 유통 비용, 농촌 소득 저하 및 양극화, 도농 간의 교류 단절, 공공급식의 질 저하 등은 우리나라가 안고 있는 먹거리 고민이다.

이러한 고민에 대한 하나의 대안으로 등장한 것이 '로컬 푸드'이다. 예를 들어 대기업과 급식 공급 계약을 맺고 있던 지역 학교가 로컬 푸드, 즉 지역 농산물로 공급 계약을 전환할 경우, 대기업에 지급되던 비용이 지역 농가 및 지역 기업으로 환원된다. 이는 신규 시장 및 일자리 창출 등 지역 경제 활성화로 이어진다. 원거리 배송에 따른 환경오염 부담도 줄일 수 있다. 로컬 푸드를 통해 지역 사회와 국가가 안고 있는 다양한 먹거리 현안의 해결 방안을 모색할 수 있는 것이다.

① 우리나라도 먹거리의 전 과정을 연계하는 시스템을 갖춰 국민들이 안심하고 식생활을 할 수 있고, 더불어 농식품 산업도 지속적으로 발전할 수 있도록 법적 토대를 마련하고 있다.

② 국가 차원의 푸드플랜 수립 이전에는 먹거리와 관련된 현안에 대한 논의가 없었다.

③ 최근 기후 변화, 환경오염, 유전자변형식품 생산 등의 상황으로 인해 안전한 먹거리의 중요성이 강조되는 가운데, 효율성·경제성만 중시하여 발생하는 식품 안전사고가 늘어나고 있다.

④ 국가 차원의 먹거리 전략 수립 계획인 푸드플랜이 우리나라 일부 지역에서 추진되고 있으며 높은 유통 비용, 농촌 소득 저하 및 양극화, 도농 간의 교류 단절 등의 문제를 해결해야 한다.

⑤ 먹거리와 관련한 현안을 해결할 수 있는 방안으로서 로컬 푸드를 활용하면 지역 농가 및 지역기업으로 이익을 돌리고 신규 시장 및 일자리를 창출하여 지역 경제를 활성화할 수 있다.

03. K사 연구원들은 자사의 유명 캐릭터를 디자인으로 한 AI 스피커를 개발하기 위해 최근 출시된 콘텐츠 추천 알고리즘 서비스들의 현황을 다음과 같이 분석하였다. 이를 토대로 연구원들이 토론한 내용으로 적절하지 않은 것은?

---

1. 배경

(1) 콘텐츠 추천 알고리즘은 사용자의 이용 기록을 빅데이터로 분석하여 사용자가 선호할 만한 아이템을 사전에 예측하여 여러 가지 항목 중 사용자에게 적합한 특정 항목이나 아이템을 선택하고 제공하는 시스템을 의미한다.

(2) 자사의 유명 캐릭터를 기반으로 하는 AI 스피커를 개발하여, 이용자가 자사의 유명 캐릭터와 대화를 하는 것과 같은 경험을 제공하는 것으로 타사 제품들과의 차별성을 기한다.

2. 콘텐츠 필터링의 종류

(1) 협업 필터링(Collaborative Filtering)

기존 사용자들의 행동 정보를 분석하여 해당 사용자와 비슷한 성향의 사용자들이 선호하는 '관련 항목'을 추천하는 기술이다. 이 기술은 결과가 직관적이고 구체적인 내용을 분석할 필요가 없으며, 사용자들이 자연스럽게 사이트를 이용하면서 축적된 데이터를 그대로 이용한다는 장점이 있다. 하지만 기존 자료를 바탕으로 하기 때문에, 기존에 없던 항목에 관해서는 그에 관한 정보가 쌓일 때까지 '콜드 스타트(Cold Start)'라는 정보 부족 문제나, 사람들이 관심을 가지는 소수의 정보에만 밀도가 집중되고 사용자들의 관심이 적은 절대다수의 항목의 정보가 부족해지는 '롱테일(Long Tail)' 문제가 발생한다.

(2) 콘텐츠 기반 필터링(Content-based Filtering)

각각의 콘텐츠들 자체에 입력된 프로필을 기반으로 관련 정보를 추천하는 기술이다. 예를 들어 음악 서비스에서 사용자가 선택한 음악의 아티스트, 앨범, 장르, 무드 등의 정보를 추출하여 이를 기반으로 이와 유사한 음악들을 추천하는 것이다. 이 기술은 사용자가 입력한 내용 자체를 분석하기 때문에 협업 필터링에서 발생하는 콜드 스타트 문제를 해결할 수 있지만 콘텐츠의 내용을 분석하는 데에 시간과 비용이 소모되며, 다양한 형식의 항목이 복합적으로 구성되어 있는 정보에 대해서는 적용이 곤란하다는 단점이 있다.

3. 한계

(1) 콘텐츠가 제공할 수 있는 다양한 정보 중 사용자와 관련된 정보만을 제공하므로, 사용자가 전체 정보 대신 특정 상품, 광고, 뉴스만을 접하는 문제가 발생할 수 있다.

(2) 사용자가 보고 싶은 정보만 보고, 보기 불편한 정보는 자동으로 건너뛰는 방식으로 정보를 취사선택하는 것이 기술적으로 가능해짐에 따라 정보가 편향적으로 제공되어 극단적인 정보 양극화를 가져올 수 있다.

① 협업 필터링은 항목 중심, 콘텐츠 기반 필터링은 사용자 중심의 정보 제공 방식이네요.

② AI가 추천하는 음악 서비스에 협업 필터링을 적용한다면 발표한 지 얼마 안 된 신곡에 대한 추천 알고리즘은 따로 보강해야겠네요.

③ AI 스피커에 협업 필터링을 적용하면, AI 스피커가 사용자의 정보를 수집할 때까지는 제 기능을 다하지 못한다는 문제가 생기겠네요.

④ 우리 회사의 다른 서비스를 사용하던 기존 이용자의 행동정보가 있으면 이를 바탕으로 한 협업 필터링을 사용할 수 있겠군요.

⑤ 편향된 정보만을 추천받게 되면 자신의 이념에 갇히는 필터 버블 문제가 발생하겠어요.

04. 다음 (가) ~ (라)에 들어갈 ㉠ ~ ㉣ 문단의 순서로 적절한 것은?

〈건강을 지키는 1℃ 체온에 관한 연구보고서〉

보통 열이 있을 때 사람들은 건강을 걱정하지만 체온이 낮은 것에 대해서는 크게 반응하지 않는다. 그래도 되는 것일까? 체온의 균형이 깨지면 대개 병이 온다. 아토피, 성인병을 앓는 사람들의 체온은 대개 36.4℃를 넘지 못하고, 35℃ 이하로 내려가게 되면 자율신경계의 균형이 깨져 암 등 심각한 병을 앓게 된다. 그러므로 체온 1℃는 얕잡아 볼 것이 아니다. 우리가 왜 따뜻하고 건강한 체온을 사수하기 위해 노력해야 하는지를 최신 연구 결과를 통해 더 알아보고자 한다.

1. 보온에 신경 써야 하는 혈관질환

(가)

2. 암 환자의 대부분은 35℃의 저체온 상태

(나)

3. 아토피 환자와 체온의 관계

(다)

4. 중증 뇌경색 환자에게는 저체온 치료가 효과적

(라)

이렇게 중요한 체온을 지키는 방법으로는 다음과 같은 세 가지를 대표적으로 들 수 있다. 첫 번째, 운동이다. 평소 유산소와 무산소 운동을 통해 근육을 키우면 체온을 지키는 데 도움이 된다. 근육은 체내에 존재하는 열의 40% 이상을 생산하는 곳이기 때문에 근육이 충분히 있어야 체온을 정상 상태로 유지할 수 있기 때문이다. 특히 하체에는 우리 몸 근육의 70% 이상이 분포돼 있기 때문에 하체 단련에 더욱 신경 쓰는 것이 좋다. 두 번째로는 소금이다. 체온이 정상 기준보다 낮은 사람에게 도움이 되는 식품은 '소금'이다. 체온이 떨어진 사람이 소금을 먹으면 소금이 발열제 역할을 해 체온 상승에 도움을 주기 때문이다. 정제염보다는 미네랄이 풍부한 천일염을 섭취하는 것이 좋다. 또한 소금을 볶아 천에 잘 싸서 배에 올려 두면 찜질 효과를 볼 수 있으며, 목욕 시 소금을 한 줌 넣으면 발열 효과를 볼 수 있다. 마지막으로 반신욕이다. 매일 짧은 시간이라도 반신욕을 하면 체온을 지키는 데 도움이 된다. 반신욕이 말초신경을 자극해 혈액순환을 원활하게 하고, 신진대사를 도와 체온상승 효과를 볼 수 있기 때문이다. 41℃ 정도의 따뜻한 물에서 명치 아래까지 20 ~ 30분간 담그면 체온을 1℃ 정도 높이는 데 도움이 된다.

㉠ 아토피 환자들의 몸은 만져 보면 대부분 뜨겁다. 체온이 높아서가 아니다. 이유는 아토피 환자들의 표피 온도가 건강한 피부를 가진 사람들에 비해 높기 때문이다. 실제로 아토피 환자의 운동 후 체온 변화에 따른 연구결과를 보면 운동 후 일정시간 휴식을 취해도 표피 온도가 쉽게 낮아지지 않는 결과를 보였다. 이것은 혈관의 구조적 기능 미약으로 보이는데 세포막 자체가 약해져서 혈관의 수축, 확장이 충실하게 일어나지 않기 때문이다. 아토피 치료 과정에서 중요한 점은 환자의 표피 온도를 낮추는 것이다. 이를 위해 환자는 식용유 등 식물성 중성지방, 인스턴트 음식 등의 섭취를 줄이고 근력 운동을 하여 지질 대사를 활발하게 해 주는 것이 좋다.

㉡ 일본의 암 전문의 요시미즈 노부히로 박사는 그의 저서 「암 환자를 구하는 제4의 치료」에서 암 환자의 체온이 35℃ 정도의 저체온 상태라고 밝혔다. 체온이 저하되는 이유에 대해서는 암세포가 만들어 내는 독성 물질이 인체의 자율신경계를 교란시키기 때문이라 주장했다. 아직 노부히로 박사의 주장은 의학계에서 공식적인 이론이라 말하기 어렵지만 많은 전문가들도 체온이 면역력의 바로미터임을 부인하지는 않았다. 이외에도 체온과 면역력을 연결시키는 연구결과들은 지금도 많이 쏟아져 나오고 있다.

㉢ 중증 뇌경색 환자에게는 수술 대신 저체온 치료도 효과가 있다는 연구결과가 나왔다. ○○분당서울대병원 신경과 교수팀은 34명의 악성 중대뇌동맥 뇌경색 환자 중 저체온 치료를 받은 11명의 고령 뇌경색 환자의 치료결과를 분석한 결과 이들의 사망률(18%)이 수술 치료를 받은 환자의 사망률(30 ~ 50%)보다 낮다는 것을 밝혀냈다. 이는 수술 후 부작용과 합병증 위험 때문에 수술이 어려웠던 60세 고령 중증 뇌경색 환자들에게 대체 치료법이 될 수 있을 것으로 보인다. 저체온 치료는 환자의 체온을 일정 수준으로 떨어뜨려 뇌손상을 일으키는 신경전달물질이 생기지 않도록 하여 뇌부종과 뇌 조직 손상을 줄이는 방법이다.

㉣ 우리 신체는 적정 체온, 36℃에서 37.5℃일 때 가장 활발하게 움직인다. 각각의 장기들도 그렇지만 온몸을 연결하는 혈관도 그렇다. 무엇보다 혈관의 수축과 팽창이 잘 일어나야 혈액순환이 잘 이루어져 체온이 유지된다. 혈관이 약한 동맥경화증이나 당뇨, 고혈압 같은 혈관질환자들은 체온 조절이 잘 되지 않을 수 있다. 이런 사람들은 목도리, 모자 등의 보온 용품으로 몸을 보호해야 하고 실내에 있을 때도 일반인보다 5℃ 정도 높은 실내온도를 유지하여 혈액순환을 돕는 것이 좋다. 체온이 떨어지면 열을 생산하기 위해 심장이 평소보다 빨리 뛰기 때문에 심장질환자도 보온에 신경을 써야 한다.

① ㉠-㉡-㉣-㉢ ② ㉡-㉣-㉠-㉢ ③ ㉡-㉣-㉢-㉠
④ ㉣-㉡-㉠-㉢ ⑤ ㉣-㉡-㉢-㉠

05. 다음 글의 ㉠에 들어갈 수 있는 사례를 〈보기〉에서 모두 고른 것은?

　복합 매체는 인류의 삶을 새롭게 변화시킬 수 있으리라는 꿈을 갖게 하였다. 인류는 매체의 혁명으로 불리는 인쇄술이 등장함으로써 지적 축적과 눈부시게 발전하였던 역사적 경험을 지니고 있다. 그와 마찬가지로 하이퍼텍스트라는 매체 혁명으로 의사소통의 새로운 국면을 연 인류는 삶의 양식과 운영에 또 다른 전기를 마련할 것으로 예견된다. 그러나 세상의 이치는 얻는 것이 있으면 잃는 것도 있는 법이다. 매체 혁명을 통한 가능성은 한편으로는 불안하고 어두운 조짐으로 보이기도 한다. 그것은 복합 매체의 초월적 특성이 초래하는 파괴성, 가변적 특성이 낳은 불안의식, 선택적 특성이 빚어내는 가치 붕괴, 통합적 특성으로 인한 주체 상실 등에서 비롯된다.

　초월성이 초래하는 파괴성은 채팅의 은어와 선정성에서 가장 뚜렷하게 드러난다. 복합 매체에서는 사람을 직접 만나는 대신 시간과 공간을 초월해서 만나기 때문에 자기를 드러내지 않아도 되고, 실제 이름 대신 통신 ID로만 통용된다. 그래서 빚어지는 결과는 언어의 폭력성과 국어 규범의 파괴다. 그러나 언어가 사회적 약속이라는 점에 비추어 볼 때 언어의 무책임한 사용은 심각한 파괴 현상을 낳는다.

　가변성이 낳은 불안의식은 이 세상에 확실한 것은 없다는 기준의 부재 현상과 새로운 정보에서 나만 소외되고 있는지도 모른다는 불안감에서 오는 부정적 측면이다. 새로운 것은 좋은 것이라는 생각은 인정하지만 그것도 정도 문제이다. 컴퓨터를 사용하는 사람이면 흔히 경험하는 것이지만 어제 바로 산 소프트웨어가 오늘 구형이 되는 일이 적지 않다. 어제 알고 있던 정보가 오늘 낡은 것이 되고, 수정된 새 정보를 자신이 놓치고 있는지 모른다고 생각하면 불안에 빠질 수밖에 없게 된다.

　선택성이 빚어내는 가치 붕괴는 사회적 삶이 지니고 있는 공동의 질서가 흔들리는 경향에서 생겨난다. 인간은 저 사람이 하는 일과 내가 하는 일이 대체로 비슷하다는 동일성의 기반 위에서 심리적 안정감을 얻는 법이고, 그것이 사회를 유지하는 질서로 작용한다. 그런데 자기에게 필요한 정보만을 얻어 내는 선택성이 매체의 세계에 한정되지 않고 직접·간접적으로 실생활로 확대된다면 여러 가지 사회적인 문제가 야기될 것이다.

　통합성에서 초래되는 주체 상실의 경향은 (　　　　　㉠　　　　　)에서 잘 드러난다. 이러한 정보 활용의 태도가 실생활로 이어지면 그 결과는 주체의 상실로 나타난다. 사람은 누구나 자신의 생을 스스로 누리고 책임지면서 살아가는데, 자기 생각은 없이 남의 생각에 따라 결정하고 행동한다는 것은 위험한 수준을 넘어서 비극적인 것이다. 대중문화나 타인의 생각에 대한 무비판적인 쏠림, 일시적인 유행에 대한 판단 없는 참여 등의 주체 상실 현상은 진정한 민주 사회의 성립과 유지를 어렵게 할 수 있다.

　따라서 복합 매체의 세계에서 의사소통을 하되 다음과 같은 네 가지 원칙이 필요하다. 그 원칙은 다음과 같다. 첫째, 파괴성에 빠지지 않도록 규칙과 책임의 룰을 지키는 규범성의 원칙, 둘째, 극도의 불안 의식에 사로잡히지 않도록 무한정하게 새로움을 추구하지 않는 절제성의 원칙, 셋째, 가치의 붕괴를 막기 위해서 관행과 질서를 존중하는 기준성의 원칙, 넷째, 주체상실을 초래하지 않기 위해서 자신의 생각과 판단을 바탕으로 참여하는 주체성의 원칙이다. 이 네 가지는 복합 매체를 통한 국어 활동에서 꼭 유념해야 할 원칙이다.

A : 인터넷상의 자료들을 그대로 짜깁기하여 작성한 과제물을 제출하는 경우
B : 컴퓨터 게임 공간에서 타인이 얻은 전리품들의 실제 화폐 거래를 중개하는 경우
C : 컴퓨터나 각종 스마트기기를 통해 신속하게 전달받은 정보를 연구에 적용하는 경우
D : 특정 집단 내에서 유행하는 논리를 무비판적으로 흡수한 다음, 이를 자신의 의견으로 발언하는 경우

① A, B　　　　　　　② A, C　　　　　　　③ A, D
④ B, C　　　　　　　⑤ B, D

1회 실전모의
2회 실전모의
3회 실전모의
4회 실전모의
5회 실전모의
6회 실전모의
7회 실전모의
8회 실전모의

06. 다음 글의 제목으로 적절한 것은?

우리가 갈등을 두려워하는 것은 아마 우리가 갈등 이전이나 갈등을 겪는 동안 느끼는 감정들은 선명하고 강렬하게 기억하는 반면 갈등이 해결된 후의 것은 그에 비해 아주 미미하게 기억하기 때문일 것이다. 심한 갈등이 진행되는 동안 겪는 감정은 대개 우리에게 스트레스를 주고 위협적인 것들이다. 하지만 갈등이 해결된 후에는 마침내 해결했다는 것에서나 혹은 우리의 관계가 그러한 어려움을 이겨냈다는 것에서 오는 만족감을 느낄 수 있다. 이처럼 갈등은 긍정적인 결과를 가져올 수 있다.

갈등이 주는 또 다른 이점은 현재의 집단이 더 나은 결정을 하도록 돕는다는 것이다. 연구자들은 어떤 집단에서 갈등이 없다는 것은 그 집단이 건강하지 못하다는 것을 보여 준다고 주장한다. 왜냐하면 이렇게 될 경우 어떠한 대안에 대한 탐색이나 논의 없이 바로 결정되는 이른바 '집단사고(Groupthink)'가 나타나는 결과를 초래하기 때문이다. 갈등을 효과적으로 관리하기만 하면 보다 나은 결정을 하는 데 도움이 된다는 인식을 공유할 때 그 집단은 더욱 나은 성과를 산출할 수 있다. 갈등이 포함된 업무는 구성원을 이전보다 더 가깝게 묶어 주고, 구성원들이 집단의 구조를 정의하는 것을 도와주며 그 집단이 협조적인 관계가 되는 것을 촉진한다.

또한 갈등은 사람들이 자신의 감정을 어딘가에 쏟아 꺼내 놓을 수 있도록 도와준다. 그곳은 개방된 공간이며 사람들이 그러한 감정을 충분히 감당하고 처리할 수 있는 공간이다. 감정을 숨기는 것은 종종 현명한 일이 아니다. 특히 강한 감정일 경우에는 더욱 그러하다. 하지만 이렇게 감정을 숨기는 일들은 발생하기 마련이고 결국 그것은 갈등이 충돌할 때에야 비로소 표출된다. 누군가 감정을 표현해야 비로소 그것을 다룰 수 있게 되는데 이를 통해 구성원들은 서로가 느끼는 실망감, 조바심, 두려움들에 대해 반응하는 방법을 알아 가게 된다.

앞서 언급한 바와 같이 갈등은 또 하나의 이점을 가지고 있는데, 그것은 바로 그들의 관계에 대한 신뢰를 증진한다는 점이다. 예를 들어 대부분 커플은 결혼하기 전에 많은 시간을 함께 보낼 것이다. 하지만 그들이 아무리 서로를 잘 안다고 하더라도 실제적인 어려움이 닥쳤을 때 상대방이 어떻게 행동할 것인가에 대해서는 확신이 없다. 그들 사이에 있었던 첫 번째 심각한 논쟁은 분명 큰 사건이라고 할 수 있다. 하지만 그것을 잘 해결했을 때 따라오는 신뢰감은 훨씬 더 중요하다. 두 사람 모두 그들의 관계가 얼마나 깊고 견고해졌는지 확실하게 느낄 것이다. 갈등은 이러한 감정이 표출되는 것을 돕는다. 이와 비슷한 일이 여러분의 직장, 삶의 공동체, 여러분이 속한 조직 혹은 가족 간에도 나타날 수 있다.

갈등은 사람들의 진실한 만남을 촉진한다. 예를 들어 어떤 관계에서 권력이 낮은 위치에 있는 사람은 항상 결정에 따르기만 하는 것에 싫증을 느끼고 관계를 변화시키기 위해 갈등을 사용할 수 있다. 이 경우 갈등은 한 개인에게 힘을 부여한다. 또는 여러분이 직장과 전공을 선택할 때 한 친구가 강하게 자신의 의견을 피력한다면, 그것은 여러분과 그 친구 사이의 독특한 차이점을 경험하게 하는 기회를 제공한다. 만약 여러분이 스스로의 결정에 대해서 신중하게 생각하고 친구도 그러했다면 많은 허울들을 벗고 진실하게 그와 대면할 수 있다. 그때 여러분은 다른 누구의 생각이나 입장을 대변하는 것이 아닌 현재 자신을 온전히 드러내게 된다. 여러분의 친구도 그러할 것이다. 물론 이런 일들이 항상 일어나는 것이 아니다. 사람들은 이따금 진정한 자신을 뒤로 숨기고 다른 것을 앞에 내세워 갈등에 반응하기도 한다. 하지만 갈등은 대부분 사람들에게 진실한 대인 간의 만남을 갖도록 도와준다.

요컨대 서구의 관점에서 갈등은 친한 관계뿐만 아니라 직장, 동네, 가족, 클럽 혹은 다른 조직에서도 긍정적인 역할을 할 수 있다. 우리가 앞서 언급한 바와 같이, 사람들이 고유함을 유지하는 한 여러분은 그들과의 의사소통에서 갈등을 제거할 수 없다. 또한 억지로 시도할 필요도 없다. 왜냐하면 그것이 본질적으로 '나쁜' 것은 아니기 때문이다. 사실 갈등이 좋은지 나쁜지는 전적으로 그것을 어떻게 다루느냐에 달려 있다.

① 인간관계에서 발생하는 여러 가지 갈등의 유형
② 갈등 해결을 위한 바람직한 의사소통 방법
③ 갈등이 개인에게 미치는 긍정적인 영향
④ 관계 발전을 위한 갈등 활용법
⑤ 갈등에 대한 부정적인 인식으로부터 해방

07. 다음 글에서 ㉠을 설명한 방식으로 적절한 것은?

1884년 10월 13일 국제자오선회의에서 영국의 그리니치 자오선을 본초 자오선으로 채택하면서 지구상의 모든 지역은 하나의 시간을 공유하게 됐다. 본초 자오선을 정하기 전 인류 대부분은 태양의 위치로 시간을 파악했다. 그림자가 생기지 않는 정오를 시간의 기준점으로 삼았는데, 관측 지점마다 시간이 다를 수밖에 없었다.

지역 간 이동이 활발하지 않던 그 시절에는 수많은 시간이 공존했던 것이다. 그러나 세계가 확장하고 지역과 지역을 넘나들면서 문제가 발생했다. 기차의 발명이 그 변화의 시초였다. 기차는 공간을 빠르고 편리하게 이동할 수 있어 산업혁명의 바탕이 됐지만 지역마다 다른 시간의 충돌을 야기했다. 역마다 시계를 다시 맞춰야 했고 시간이 엉킬 경우, 충돌 등 대형 사고가 일어날 가능성도 높았다.

이런 문제점을 공식 제기하고 세계 ㉠표준시 도입을 주장한 인물이 '세계 표준시의 아버지' 샌퍼드 플레밍(1827 ~ 1915)이다. 그는 1876년 아일랜드의 시골 역에서 그 지역의 시각과 자기 손목시계의 시각이 달라 기차를 놓치고 다음 날 런던에서 출발하는 배까지 타지 못했다. 당시의 경험을 바탕으로 기준시의 필요성을 주창하고 경도를 기준으로 시간을 정하는 구체적 방안까지 제안했다. 그의 주장이 받아들여진 결과가 1884년 미국 워싱턴에서 열린 국제자오선회의이다.

시간을 하나로 통일하는 회의 과정에서는 영국이 주장하는 그리니치 표준시와 프랑스가 밀어붙인 파리 표준시가 충돌했다. 자존심을 건 시간 전쟁이었다. 결과는 그리니치 표준시의 일방적인 승리로 끝났다. 이미 30년 이상 영국의 그리니치 표준시를 기준 삼아 기차 시간표를 사용해 왔고 미국의 철도 회사도 이를 따르고 있다는 게 이유였다. 당시 결정한 그리니치 표준시(GMT)는 1972년 원자시계를 도입하면서 협정세계시(UTC)로 대체했지만 여전히 GMT 표기를 사용하는 경우도 많다. 둘의 차이는 1초보다 작다.

표준시를 도입했다는 건 세상이 완전히 열렸음을 의미한다. 세계의 모든 인구가 하나의 표준시에 맞춰 일상을 살고 국가마다 다른 철도와 선박, 항공 시간을 체계적으로 정리할 수 있게 됐다. 지구 곳곳에 파편처럼 흩어져 살아가던 인류가 하나의 세계로 통합된 것이다. 협정세계시에 따르면 한국의 표준시는 UTC +09 : 00이다. 그리니치보다 9시간 빠르다는 의미다. 우리나라가 표준시를 처음으로 도입한 것은 고종의 대한제국 시절이며 동경 127.5도를 기준으로 UTC +08 : 30, 그러니까 지금보다 30분 빠른 표준시를 썼다. 현재는 일제 강점기를 거치고 파란의 현대사를 지나며 박정희 군사정부가 채택한 동경 135도의 표준시를 쓰고 있다.

① ㉠이 한국에 적용된 시기를 살펴보고 다른 나라들의 사례와 비교하고 있다.

② ㉠에 적용된 과학적 원리를 설명하고 역사적 변천 과정을 서술하고 있다.

③ ㉠의 한계점을 지적하고 대안을 설명하고 있다.

④ ㉠을 일정한 기준으로 나누고 각각의 장, 단점을 열거하고 있다.

⑤ ㉠의 필요성이 대두된 배경과 도입과정을 소개하고 그 의의를 설명하고 있다.

08. 다음 글을 통해 추론한 내용으로 적절하지 않은 것은?

오래 전 사람들은 빛의 속도를 측정할 엄두를 내지 못했다. 빛에도 과연 속도라고 할 만한 무엇이 있는지조차 몰랐다. 그들은 빛은 무한대의 속도로 전파된다고 생각했다. 빛이 한 지점에서 다른 지점으로 전파되는 데 시간이 필요 없다고 생각한 것이다. 정말 이렇게 빛의 속도가 무한대라면 우리가 아주 먼 곳에서 어떤 일이 일어나는 것을 보고 있는 경우에도 우리가 그것을 보고 있는 바로 그 순간에 그 일이 일어나고 있다고 말할 수 있다.

17세기부터 사람들은 빛이 전파될 때 시간이 걸릴지 모른다는 생각을 하기 시작하였고 여러 가지 방법으로 빛의 속도를 측정하려고 노력했다. 처음에는 천체의 운동을 이용하여 측정하였고 다음에는 실험실에서 정밀하게 빛의 속도를 측정하는 방법을 고안해 냈다. 그 결과 빛도 일정한 속도로 전파되고 있다는 것을 알게 되었다.

그런데 빛의 속도를 측정해 놓고 보니 엉뚱한 문제가 생겼다. 과연 시간이 무엇이고 현재와 과거, 그리고 미래가 어떤 의미를 가져야 되는지를 고민하게 되었다. 이제 빛이 전파되는 데도 시간이 걸리므로 우리가 어떤 일이 일어나는 것을 보는 것은 사실은 과거의 일을 보고 있는 셈이다. 우리의 일상생활 속에서는 이것이 큰 문제를 일으키지는 않을 것이다. 우리는 몇 십만 내지는 몇 백만 분의 1초 정도는 무시하고 살아도 아무 문제가 없기 때문이다.

그러나 우주에서는 이야기가 달라진다. 빛이 태양에서 가장 가까운 별까지 가는 데도 4.3년이나 걸린다. 우리에게 잘 알려진 안드로메다 은하까지 가는 데는 약 2백만 년이나 걸린다. 그런가 하면 우리는 빛이 수십억 년씩 걸려서 가는 먼 곳의 은하도 관측하고 있다. 그것은 우리가 수백만 년 내지는 수십억 년 전의 과거를 보고 있다는 이야기이다.

이것은 다시 말해 우주에서 어떤 사건이 일어났을 때 그것이 언제 일어난 사건이냐 하는 것은 어디에서 관측하느냐에 따라 달라진다는 것이다. 가까이에서 관측하는 사람은 그 사건이 일어난 직후에 그 일이 일어난 것을 알겠지만 먼 곳에 있는 사람은 빛이 그 소식을 날라다 줄 때까지는 그 일이 일어났는지를 알 수 있는 방법이 없다.

빛이 태양에서 지구까지 오는 데는 약 8분 20초 걸린다. 만약 우주 시간으로 0시에 태양이 갑자기 사라진다고 가정해 보자. 우리는 그것을 0시 8분 20초에나 알 수 있게 될 것이다. 단순히 그 사실을 0시 8분 20초에 알게 되는 것이 아니다. 0시 8분 20초가 될 때까지 태양은 하늘에서 아무 일 없었다는 듯이 빛나고 있을 것이고 지구와의 중력도 그대로 작용하고 있을 것이다. 모든 것이 전과 다름없이 평화로울 것이다. 그러다가 0시 8분 20초가 되면 태양이 없어지는 경천동지할 사건이 일어날 것이다. 과연 지구인들은 태양이 사라진 사건이 정확하게 언제 일어났다고 기록할까? 0시라고 할까? 아니면 0시 8분 20초라고 할까? 빛의 속도를 재려는 인간의 노력이 성공을 거두는 순간 인간에게는 아주 자명해 보였던 시간이 새로운 의미를 가지고 다가오게 된 것이다.

① 지구로부터 멀리 떨어진 별일수록 우주의 미래 모습에 보다 가깝다고 할 수 있다.

② 우리가 보는 모든 자연 현상은 시간적으로 과거에 일어났던 사건이라 할 수 있다.

③ 빛의 속도는 시간의 개념과 의미가 무엇인지 해명해야 하는 새로운 문제를 제기하였다.

④ 우주에서 일어난 사건은 관측하는 위치에 따라 그것을 인지하는 시간이 달라진다.

⑤ 빛의 속도가 무한대라면 거리에 상관없이 별의 현재 모습을 그대로 볼 수 있을 것이다.

09. 다음 글을 통해 알 수 없는 내용은?

최근 들어 경제학자들 사이에서도 인공지능이 중요한 화두로 등장하였다. 인공지능이 일자리에 미칠 영향에 대한 논의는 지난 2013년 영국 옥스퍼드 대학의 경제학자 프레이 교수와 인공지능 전문가 오스본 교수의 연구 이후 본격화됐다. 이들의 연구는 데이비드 오토 등이 선구적으로 연구한 정형화 업무와 비정형화 업무의 분석틀을 이용하되 여기에서 한걸음 더 나아갔다. 인공지능의 발전으로 대부분의 비정형화된 업무도 컴퓨터로 대체될 수 있다고 본 것이 핵심적인 관점의 변화다. 이들은 10 ~ 20년 후에도 인공지능이 대체하기 힘든 업무를 창의적 지능(Creative Intelligence), 사회적 지능(Social Intelligence), 감지 및 조작(Perception and Manipulation) 등 3가지 병목(Bottleneck) 업무로 국한시키고, 이를 미국 직업정보시스템 O*Net에서 조사하는 9개 직능 변수를 이용해 정량화했다. 직업별로 3가지 병목 업무의 비중에 따라 인공지능에 의한 대체 정도가 달라진다고 본 것이다. 프레이와 오스본의 분석에 따르면, 미국 일자리의 47%가 향후 10 ~ 20년 후에 인공지능에 의해 자동화될 가능성이 높은 고위험군으로 나타났다.

프레이와 오스본의 연구는 전 세계 연구자들 사이에서 반론과 재반론을 불러일으키며 논쟁의 중심에 섰다. OECD는 인공지능이 직업 자체를 대체하기보다는 직업을 구성하는 과업의 일부를 대체할 것이라며 프레이와 오스본의 연구가 자동화 위험을 과대 추정하고 있다고 비판했다. 인공지능이 직업 자체를 대체하기보다는 직업을 구성하는 과업의 일부를 대체할 것이라는 주장이었다. OECD의 분석에 따르면 미국의 경우 9%의 일자리만이 고위험군에 해당한다고 밝혔다. 데이비드 오토는 각 직업에 포함된 개별적인 직업을 기술적으로 분리하여 자동화할 수 있더라도 대면 서비스를 더 선호하는 소비자로 인해서 완전히 자동화되는 일자리 수는 제한적일 것이라고 주장했다.

컨설팅 회사 PwC는 OECD의 방법론이 오히려 자동화 위험을 과소평가하고 있다고 주장하고, OECD의 연구 방법을 수정하여 다시 분석하였다. 그 결과 미국의 고위험 일자리 비중이 OECD에서 분석한 9% 수준에서 38%로 다시 높아졌다. 동일한 방법으로 영국, 독일, 일본의 고위험군 비중을 계산한 결과도 OECD의 연구에 비해서 최소 14%p 이상 높은 것으로 나타났다.

매킨지는 직업별로 필요한 업무 활동에 투입되는 시간을 기준으로 자동화 위험을 분석하였다. 분석 결과 모든 업무 활동이 완전히 자동화될 수 있는 일자리의 비중은 미국의 경우 5% 이하에 불과하지만 근로자들이 업무에 쓰는 시간의 평균 46%가 자동화될 가능성이 있는 것으로 나타났다. 우리나라의 경우 52%의 업무 활동 시간이 자동화 위험에 노출될 것으로 나타났는데, 이는 독일(59%), 일본(56%)보다는 낮고, 미국(46%), 영국(43%)보다는 높은 수준이다.

인공지능을 비롯한 기술이 일자리에 미칠 영향에 대한 연구결과는 방법론과 데이터에 따라 다양한 결론에 도달하고 있다. OECD의 연구와 같이 자동화의 위험이 상대적으로 낮다고 추정하는 연구가 있는 반면, 이를 반박하면서 프레이와 오스본의 연구와 유사한 결론을 맺는 연구들도 존재한다. 불확실한 미래를 전망함에 있어서 연구자들의 가설과 방법론에 따라 상이한 결과가 제시되고 있는 것이다.

인공지능의 급격한 발전 속도와 함께 점점 더 많은 연구자들이 인공지능이 고용에 미칠 영향에 대하여 우려의 목소리를 높이고 있다. 인공지능이 새로운 일자리를 만들어 내겠지만 기존 일자리가 사라지는 과정에서 직업이동이 어려운 근로자들의 경제적 충격이 심화되고, 경제 전반의 양극화 문제를 확산시킬 수도 있다는 것이다. 또한 단기적으로 인공지능에 의해서 대체되는 일자리가 광범위하게 발생되면서 소득 양극화를 심화시킬 수 있다는 점 역시 지적된다. 비관적인 상황에서도 노동시장의 충격을 흡수할 수 있는 정책과 제도를 고민하는 것이 인공지능으로 인한 사회적 손실을 최소화하고, 기술적인 이점을 누릴 수 있는 방향이 될 수 있다.

① OECD에서는 인공지능에 의해 특정 직업군이 완전히 사라지기보다 업무의 일부만이 자동화될 것으로 보았으며 미국의 경우 전체 일자리의 9% 정도가 고위험군에 속한다고 분석하였다.

② 매킨지가 근로자들이 업무에 투입하는 시간을 기준으로 분석한 결과 우리나라 근로자들의 업무 활동 시간은 독일, 일본보다는 적고 미국, 영국보다는 많았다.

③ 프레이와 오스본의 연구가 선행 연구들과 다른 점은 정형화된 업무뿐만 아니라 비정형화된 업무도 인공지능이 대체할 수 있다는 관점을 제시한 것이다.

④ PwC가 OECD의 연구 방법을 재해석하여 다시 분석해 보자 고위험군에 속하는 일자리 비율이 OECD 결과보다 크게 높아졌다.

⑤ 프레이와 오스본은 직능을 설명하는 변수를 활용하여 각 직업별로 인공지능에 의한 대체 정도를 정량화하였다.

10. A는 인터넷 사이트에서 교육에 사용할 동영상 자료를 다운받았다. 파일을 다운받는 데 소요된 시간과 속도가 다음과 같을 때, A가 다운받은 파일의 크기는 얼마인가?

> • 다운로드 속도는 초당 600KB이다.
> • 인터넷 사이트에 접속하여 파일을 다운받는 데 소요된 시간은 총 1분 15초이다.
> • 파일을 다운받는 데 소요된 시간은 인터넷 사이트에 접속할 때 걸린 시간의 4배이다.

① 20,000KB   ② 26,000KB   ③ 30,000KB
④ 36,000KB   ⑤ 40,000KB

11. A는 회사로 출근하던 도중 집에 중요한 서류를 두고 온 것을 깨닫고 다시 돌아가게 되었다. A가 회사에 제시간에 도착하려면 최소 몇 km/h로 운전해야 하는가? (단, 모든 운송수단은 동일한 경로로 이동하며, 각각 일정한 속도로 이동한다)

> • 집에서 버스를 타고 60km/h의 속도로 15분 동안 이동하였다. 버스를 타고 이동한 거리는 집에서 회사까지 거리의 절반이었다.
> • 버스에서 내리자마자 집에 서류를 가져오기 위해 택시를 타고 75km/h의 속도로 이동하였다. 택시 승차 시각은 8시 20분이었다.
> • 집에서 서류를 챙겨서 아파트 주차장에 있는 자신의 승용차를 타기까지 3분의 시간이 걸렸고, 바로 운전하여 회사로 출발하였다. 회사에 도착해야 할 시간은 9시이다.

① 68km/h   ② 69km/h   ③ 70km/h
④ 71km/h   ⑤ 72km/h

12. 김새롬 씨는 사무실에서 세 가지 화초를 키우고 있다. 화초에 물을 주는 주기가 다음과 같을 때, 세 가지 화초에 동시에 물을 주는 날짜는 언제인가?

> • 새롬 씨가 키우는 화초는 A, B, C 세 가지이다.
> • A는 6일마다, B는 8일마다, C는 9일마다 물을 준다.
> • 새롬 씨가 세 가지 화초에 처음으로 동시에 물을 준 날은 4월 10일이다.

① 6월 18일　　　　　② 6월 19일　　　　　③ 6월 20일
④ 6월 21일　　　　　⑤ 6월 22일

13. 다음은 의류업체 A, B, C, D 4개 회사의 지난달 의류 제품 판매량에 관한 정보이다. B 회사의 전체 제품 판매량에 대한 국내 판매량의 비율은 얼마인가?

> • 각 업체의 제품 총 판매량은 국내 판매량과 해외 판매량의 합이다
> • 해외 총 판매량은 국내 총 판매량의 5배이다.
> • 국내 총 판매량 중 각 회사의 비율은 A사가 25%, C사가 20%, D사가 15%이다.
> • 해외 총 판매량 중 각 회사의 비율은 A사가 32%, C사가 17%, D사가 9%이다.

① 10%　　　　　② 12%　　　　　③ 14%
④ 16%　　　　　⑤ 18%

[14 ~ 15] 다음 자료를 보고 이어지는 질문에 답하시오.

〈자료 1〉궁·능원 관람객 수

(단위 : 천 명)

구분	2000년	2005년	2010년	2015년	2016년	2017년	2018년	2019년	2020년
합계	6,534	6,401	10,043	10,161	10,357	10,726	13,107	12,317	13,715
유료 관람	2,334	4,403	6,688	6,806	6,738	6,580	7,568	6,118	7,456
무료 관람	4,200	1,998	3,355	3,355	3,619	4,146	5,539	6,199	6,259
외국인	1,127	1,598	1,877	1,877	2,198	2,526	2,690	2,411	3,849

* 4대 고궁 및 중요 조선왕릉. 3개 유적의 입장객을 합한 숫자임.
* 무료 관람 대상 : 궁·능원 및 유적 관람 등에 관한 규정 제7호에 규정된 4세 이하 어린이, 65세 이상 노인 등
* 유료 관람객 인원에는 단체 관람인원과 외국인 관람인원 포함

〈자료 2〉4대 고궁 관람객 수

(단위 : 명)

구분		2018년	2019년	2020년
경복궁	합계	5,710,669	5,061,533	6,020,118
	유료관람객	4,228,406	3,277,285	4,084,132
	무료관람객	1,482,263	1,784,248	1,935,986
	외국인	1,917,948	1,631,997	2,897,935
창덕궁	합계	1,610,233	1,631,997	1,820,012
	유료관람객	1,052,596	873,920	1,019,411
	무료관람객	557,637	758,077	800,601
	외국인	454,707	405,780	532,728
창경궁	합계	739,967	770,036	895,137
	유료관람객	425,882	391,563	( )
	무료관람객	314,085	378,473	360,405
	외국인	34,747	38,789	49,749
덕수궁	합계	1,343,888	1,257,124	1,549,787
	유료관람객	707,078	571,350	772,996
	무료관람객	636,810	685,774	776,791
	외국인	182,096	178,583	278,133

14. 2020년 창경궁 유료 관람객 수와 유료 관람객 수 중 외국인의 비율을 순서대로 나열한 것은?

① 494,983명, 약 9%

② 484,983명, 약 10%

③ 534,732명, 약 9%

④ 534,732명, 약 10%

⑤ 534,732명, 약 11%

15. 다음 중 〈자료 1〉과 〈자료 2〉에 대한 설명으로 옳지 않은 것은?

① 2020년 4대 고궁 총 관람객 수는 처음으로 1천만 명을 넘어섰다.

② 2019년 우리나라 궁·능원을 방문한 외국인 관람객은 전년보다 25만 명 이상 줄었다.

③ 2019년 4대 고궁 중 관람객 수가 가장 적은 곳은 창경궁으로 전체 고궁 관람객의 10% 미만이 었다.

④ 2015년 이후 궁·능원을 방문한 관람객은 꾸준히 증가하다가 2019년에는 감소하였으나 2020 년에는 다시 증가 추세로 돌아섰다.

⑤ 분석기간 중 궁·능원을 방문하는 관람객 중 무료 관람객 수가 유료 관람객 수보다 많았던 해는 없다.

1회 실전모의
2회 실전모의
3회 실전모의
4회 실전모의
5회 실전모의
6회 실전모의
7회 실전모의
8회 실전모의

[16 ~ 17] 다음은 한계중소기업에 관한 연구 자료이다. 자료를 읽고 이어지는 질문에 답하시오.

한계기업은 '이자보상비율(영업이익/이자비용)이 3년 연속 100% 미만인 기업'으로 정의되며, 대상 기업 중 규모별로 중소기업에 해당하는 기업을 한계중소기업이라고 정의할 수 있다. 이처럼 한계중소기업은 경쟁력을 상실하여 이자지급과 월급상환 등을 지속하기 어려운 기업이다.

20X9년에 한국은행에서 조사한 바에 따르면 기업 부채비율은 20X7년 86.5%로 20X2년 105.7%에 비해 19.2%p 하락하였다. 특히 기업의 규모별로 동 기간 중 중소기업이 144.3%에서 120.6%로 23.7%p 하락하여 99.2%에서 80.7%로 하락한 대기업보다 부채비율 하락폭이 큰 것으로 나타나고 있다. 또한 한계중소기업의 비중은 동기 대비 14.4%에서 15.0%로 다소 늘어나는 추세이다.

20X8년 12월 발표된 한국은행의 금융안정보고서에 의하면 20X8년 6월 한계중소기업에 대한 신용공여액은 32.2조 원을 차지하고 있으며, 한계기업의 비중은 20X2년 8.8%에서 20X8년 13.2%로 증가하면서 정부의 적극적인 구조조정지원정책이 요구되고 있다.

한국은행에 따르면 20X2년부터 부도법인 수가 1,364개에서 20X7년 614개로 50% 가량 감소하였으나 중소기업을 포함한 모든 기업들 중에서 이자보상비율이 3년 연속 100% 미만인 한계기업은 20X2년 2,355개 업체에서 20X7년 2,723개 업체로 지속적으로 증가한 것으로 조사되었다. 또한 중소기업의 매출액 이익률은 20X1년 글로벌 금융위기로 다음 해 마이너스를 기록하고 20X4년 회복되었으나 이후 다시 감소하고 있다. 그리고 중소기업의 영업이익률은 20X5년 3.20%로 20X7년까지 3년 동안 증가 추세에 있으나 글로벌 금융위기 이전으로 회복하지 못하고 있는 실정이다.

16. 위 자료에 따라 한계기업을 구분할 때, 다음 (가) ~ (마) 기업 중 한계기업은 모두 몇 개인가?

⟨(가) ~ (마) 기업의 최근 3개년 영업이익 및 이자비용 현황⟩

(단위 : 백만 원)

구분	20X7년		20X8년		20X9년	
	영업이익	이자비용	영업이익	이자비용	영업이익	이자비용
(가) 기업	260	270	300	250	310	240
(나) 기업	805	410	750	400	640	380
(다) 기업	690	290	700	290	820	250
(라) 기업	280	250	270	280	220	250
(마) 기업	400	570	420	550	440	550

① 0개 ② 1개 ③ 2개
④ 3개 ⑤ 4개

17. 다음 중 위 연구 자료의 내용과 일치하지 않는 것은?

① 기업의 부채 현황

(단위 : %)

20X2년	20X3년	20X4년	20X5년	20X6년	20X7년
105.7	98.4	100.5	94.2	90.0	86.5

② 부도법인 현황

(단위 : 개)

20X2년	20X3년	20X4년	20X5년	20X6년	20X7년
1,364	1,143	967	890	703	614

③ 한계기업 현황

(단위 : 개)

20X2년	20X3년	20X4년	20X5년	20X6년	20X7년
2,355	2,420	2,440	2,446	2,623	2,723

④ 중소기업 매출액 이익률 현황

(단위 : %)

20X0년	20X1년	20X2년	20X3년	20X4년	20X5년	20X6년	20X7년
1.28	0.63	−1.57	−5.65	2.32	2.54	2.60	3.60

⑤ 중소기업 영업이익률 현황

(단위 : %)

20X0년	20X1년	20X2년	20X3년	20X4년	20X5년	20X6년	20X7년
3.97	4.09	4.50	4.86	3.20	3.20	3.76	3.96

18. 30명이 활동하는 사내 댄스동아리의 총무직을 맡고 있는 오 과장은 회원들의 댄스 연습을 위해 사내 센터 예약시스템을 통해 2시간 동안 대관을 하고자 8월 19일에 신청서를 작성·제출하고 입금까지 했으나 갑작스런 일정변경으로 인해 8월 27일에 대관을 취소하게 되어 26,000원을 돌려받았다. 오 과장이 대관하려고 했던 곳은?

구분	취미교실	다목적강당	소강당	다목적 공연장	연습 스튜디오
좌석 수	30석	50석	50석	40석	40석
이용 가능 시설	프로젝터/조명	프로젝터/음향	프로젝터/음향/피아노	프로젝터/음향/피아노	음향/피아노
대관료	65,000원/2시간	65,000원/1시간	120,000원/2시간	130,000원/2시간	130,000원/1시간
좌석 종류	이동식 의자	접이식 의자	극장식 의자	극장식 의자	접이식 의자
전화번호	2176-0710	2176-0771	2176-0720	2176-0731	2176-0753

• 사용 절차

신청 가능 유무 확인 → 신청서 작성 → 해당 센터 확인 → 대관심사

→ 승인 → 대관료 입금 → 센터 사용 → 사용 종료

※ 신청서를 제출한 날로부터 대관심사까지 총 3일, 승인까지는 총 5일 걸림.
※ 승인이 나고 7일째 되는 날 센터를 사용해야 함.

• 대관료 환불(센터 사용일을 기준으로 함)
 - 센터 사용 6일 전 취소 신청 : 전액 반환
 - 센터 사용 4~5일 전 취소 신청 : 40% 반환
 - 센터 사용 1~3일 전 취소 신청 : 20% 반환
 - 센터 사용 당일 취소 신청 : 반환 불가

① 취미교실   ② 나목석강낭   ③ 소강당
④ 다목적 공연장   ⑤ 연습 스튜디오

19. A 기업은 이번에 새로 입사하게 된 신입사원 M을 대상으로 교육을 진행하고자 한다. 다음과 같은 조건에서 20X0년 1월에 가장 빨리 모든 교육과정을 이수하는 날은 언제인가? (단, 선행 과정을 이수한 다음 날부터 후행 과정을 수강할 수 있다)

교육과정	이수조건	선행 과정	후행 과정
자기개발	1회 수강		
예산	2회 수강		
문서작성	3회 수강	커뮤니케이션	실무운영
실무운영	5회 수강	문서작성	
직업윤리	2회 수강		정보보안
정보보안	2회 수강	직업윤리	
커뮤니케이션	3회 수강	직업윤리	

※ 7개의 교육과정은 매일 교육이 실시되며, 토·일요일엔 실시되지 않는다.
※ M은 자신이 원하는 요일에 여러 교육과정을 수강할 수 있지만 동일한 교육과정은 하루에 1회만 수강할 수 있다.

20X0년 1월						
일	월	화	수	목	금	토
			1	2	3	4
5	6	7	8	9	10	11
12	13	14	15	16	17	18
19	20	21	22	23	24	25
26	27	28	29	30	31	

① 1월 17일   ② 1월 20일   ③ 1월 23일
④ 1월 28일   ⑤ 1월 31일

20. 지역 · 산업별지원국 컨소시엄지원부 J 대리는 워크숍 준비와 관련하여 Y 과장에게 자문을 구하였다. 다음 자료로 판단할 때 Y 과장의 대답으로 옳은 것은?

〈워크숍 참여 가능 시간〉

전문가＼요일	월	화	수	목	금
A	13:00~16:20	15:00~17:30	13:00~16:20	15:00~17:30	16:00~18:30
B	13:10~16:10	–	13:00~16:10	–	13:00~18:30
C	16:00~19:20	14:00~16:20	–	14:00~16:20	16:00~19:20
D	17:00~19:30	–	17:00~19:30	–	17:00~19:30
E	–	15:00~17:10	–	15:00~17:10	–
F	16:00~19:20	–	16:00~19:20	–	16:00~19:20

※ – : 참여 불가

〈워크숍 장소 선호도〉

(단위 : 점)

장소＼전문가	A	B	C	D	E	F
가	5	4	5	6	7	5
나	6	6	8	6	8	8
다	7	8	5	6	3	4

조건

- 전문가 A~F 중 3명 이상이 참여할 수 있어야 워크숍 개최가 가능하다.
- 워크숍은 1시간 동안 진행되며, 워크숍 참여자는 회의 시작부터 종료까지 자리를 지켜야 한다.
- 워크숍 시간이 정해지면 해당 일정에 참여 가능한 전문가들의 선호도를 합산하여 가장 높은 점수가 나온 곳을 워크숍 장소로 정한다.
- 워크숍 장소별 이용 시간은 동일하며 각 전문가들의 참여시간은 이동시간까지 포함한다.

① 월요일에는 워크숍을 개최할 수 없다.
② 금요일 16시에 워크숍을 개최할 경우 워크숍 장소는 '다'이다.
③ 금요일 18시에 워크숍을 개최할 경우 워크숍 장소는 '다'이다.
④ A가 반드시 참여해야 할 경우 목요일 16시에 워크숍을 개최할 수 있다.
⑤ C, D를 포함하여 4명 이상이 참여해야 할 경우 금요일 17시에 워크숍을 개최할 수 있다.

21. 다음 〈보기〉는 예린이가 이번 주 평일에 야식으로 먹을 음식에 대한 조건이다. 조건을 모두 따를 때 요일에 따라 예린이가 먹을 수 있는 음식으로 적절하지 않은 것은? (단, 음식에는 요리와 음료가 모두 포함된다)

보기

- 매운 음식은 이틀 연속 먹을 수 없다.
- 같은 음료를 이틀 연속 마실 수 없다.
- 화요일과 목요일에는 꼭 노란색 음식을 먹는다.
- 흰색 음식은 일주일에 두 번 이상 섭취한다.
- 매일 요리 하나와 음료 하나를 골라 야식으로 먹는다.
- 이번 주 평일 야식으로 매운 요리, 단 요리, 짠 요리를 최소한 한 가지씩 먹고자 하며 빨간색, 검은색, 노란색, 흰색의 음식을 하나 이상씩 먹고자 한다.
- 월요일 야식으로는 닭볶음탕과 우유를 먹고, 화요일 야식으로는 카레를 먹고자 한다.
- 한 번 먹은 요리는 같은 주에 다시 먹지 않는다.
- 같은 색깔의 요리와 음료는 같이 먹을 수 없다.

구분	빨간색	검은색	노란색	흰색
매운 요리	닭볶음탕	사천짜장면		
단 요리	양념치킨	초코푸딩		생크림케이크
짠 요리	곱창	간장치킨	카레	
음료		커피	오렌지주스	우유

① 수요일 요리 – 생크림케이크
② 목요일 요리 – 초코푸딩
③ 금요일 요리 – 곱창
④ 금요일 음료 – 커피
⑤ 수요일 요리 – 간장치킨

[22 ~ 23] 다음 자료를 보고 이어지는 질문에 답하시오.

〈상황〉

P(만 30세)는 동갑내기 친구들 5명과 함께 워터파크에 가기 위해 이용요금을 알아보고 있다. P와 친구들은 8개월 동안 매월 2만 원씩 회비를 걷어 왔으며, 회비 중 사용하고 남은 금액으로 워터파크를 이용하고, 부족한 금액만큼만 추가로 내기로 하였다(걷은 회비 60%는 이미 사용하였다).

〈워터파크 이용권〉

종류	주간권(종일)		오후권(14:30)	
	대인	소인 / 경로	대인	소인 / 경로
로시즌	40,000원	31,000원	34,000원	26,000원
미들시즌	50,000원	39,000원	42,000원	33,000원
하이시즌	60,000원	47,000원	49,000원	38,000원

〈콤보 이용권〉

종류	1일권		2일권	
	대인	소인 / 경로	대인	소인 / 경로
로시즌	62,000원	49,000원	80,000원	65,000원
미들시즌	72,000원	56,000원	88,000원	71,000원
하이시즌	84,000원	67,000원	97,000원	79,000원
비고	하루 동안 워터파크, 놀이공원 이용 가능		워터파크, 놀이공원 하루씩 이용 가능	

* 로시즌 : 4월 21일 ~ 6월 1일 / 미들시즌 : 6월 2일 ~ 6월 29일 / 하이시즌 : 6월 30일 ~ 7월 20일
* 경로 : 만 65세 이상 / 소인 : 만 36개월 이상 ~ 만 12세 이하, 만 36개월 미만은 무료입장
* 이용권 요금은 실내로커 미포함 요금입니다.

〈물품 이용요금〉

종류		이용요금	대여료	보증금	비고
구명재킷		6,000원	6,000원	–	–
로커	실외	500원	–	500원	동절기 실내로커 인원 초과 시 운영
	실내	2,000원	2,000원	–	–
타월	대형	6,000원	3,000원	3,000원	–
	중형	3,000원	1,000원	2,000원	–

비치체어	미니형	14,000원	14,000원	–	–
	고급형	18,000원	18,000원	–	골드시즌 20,000원(7/21 ~ 8/15)

* 이용요금에는 대여료와 보증금이 포함되며, 보증금은 물품 반납 시 반환됩니다.

22. P와 친구들은 6월 둘째 주 금요일에 워터파크 주간권을 구입하여 가기로 하였다. 다음 중 옳지 않은 것은? (단, 6월 1일은 화요일이다)

① P와 친구들이 워터파크에 가는 날은 6월 11일이다.

② 회비를 추가로 걷지 않더라도 워터파크 이용권을 구입하고 각자 1개씩 실내로커를 이용할 수 있다.

③ 대형타월을 1인당 1개씩 대여하여 사용 후 반납하면 18,000원을 돌려받는다.

④ 워터파크 이용권 구입 후 구명재킷과 실내로커는 1인당 1개씩, 미니형 비치체어는 2인당 1개씩 이용하면 1인당 2,000원을 추가로 내야 한다.

⑤ P와 친구들이 워터파크에 가는 날, 주간권 대신 오후권을 구입한다면 이용권 구매비용을 48,000원 절약할 수 있다.

23. (22번과 이어짐) P는 친구들과 워터파크를 간 날 3주 후 금요일에 언니 가족(30대인 언니 · 형부, 만 36개월, 만 57개월인 조카 각 1명)과 함께 콤보 이용권 1일권을 구매하여 워터파크와 놀이공원에 가기로 하였다. 다음 중 옳은 것은?

① P와 언니 가족의 이용권 구입비용은 338,000원이다.

② 만 36개월 조카는 이용권을 구입하지 않고 무료로 입장할 수 있다.

③ 조카 2명에게 구명재킷을 대여하여 입히려면 요금은 24,000원이 필요하다.

④ 놀이공원 방문 계획을 취소하고 워터파크 주간권만 구입할 경우 112,000원을 절약할 수 있다.

⑤ 언니 가족과 방문하는 날에는 실외로커를 이용할 수 있으며, 보증금만 있기 때문에 대여료는 무료이다.

[24 ~ 25] 다음 자료를 바탕으로 이어지는 질문에 답하시오.

R 기업 보안부서는 회사의 보안을 강화하기 위해 RFID 방식의 출입증을 도입하기로 하였다. 구매담당자 김 대리는 RFID 출입증 판매업체들을 방문하여 견적을 조사하고, 각 부서별로 의견을 수렴하여 다음 자료를 정리하였다.

〈자료 1〉 업체별 RFID 출입증 견적 비교

구분	A 업체	B 업체	C 업체	D 업체
최초 구매 비용	• 1매당 3,000원 • 50매 이상이면 1매당 2,200원	1매당 2,700원	• 1매당 3,200원 • 40매 이상이면 1매당 2,500원	• 1매당 3,500원 • 20매 이상이면 1매당 2,800원
무게	48g	44g	52g	51g
디자인	단순 디자인	고급 디자인	고급 디자인	고급 디자인
A/S 보장 기간	3개월	4개월	6개월	8개월
재발급 비용	1매당 2,500원	1매당 1,800원	1매당 2,600원	1매당 1,900원

〈자료 2〉 부서별 의견

총무부	자재부	홍보부	연구소
경량이고, 재발급 비용이 저렴할 것	구매 비용이 저렴할 것	고급 디자인일 것	A/S 기간이 길 것

＊ 단, 부서별 의견 간의 우선순위는 없음.

24. 위의 자료를 바탕으로 추론한 내용으로 적절하지 않은 것은?

① 직원이 50명이고 자재부와 연구소의 의견을 따른다면 C 업체는 고려 대상이 아니다.

② 총무부의 의견을 따른다면 B 업체가 선정된다.

③ 홍보부와 연구소의 의견을 따른다면 D 업체가 선정될 것이다.

④ 직원이 45명이고 총무부, 자재부의 의견에 따른다면 B 업체가 선정될 것이다.

⑤ 연구소의 의견을 따른다면 직원이 30명일 때와 50명일 때의 선정 업체는 같다.

25. R 기업 전 직원의 출입증을 구매하기로 하고 다음과 같은 〈우선순위〉와 〈제품 선정 방식〉을 마련하였다. 이를 바탕으로 〈조건〉에 따라 업체를 선정한다면 어느 업체의 제품을 선택하겠는가? (단, 총 직원 수는 45명이고 직원 수와 동일한 개수의 출입증을 제작한다)

우선순위

최초 구매 비용 > 재발급 비용 > A/S 기간 > 무게

조건

- 최초 구매 비용과 재발급 비용이 저렴한 업체를 선호한다.
- A/S 보증기간이 긴 업체를 선호한다.
- 출입증의 무게가 가벼운 제품의 업체를 선호한다.

제품 선정 방식

㉠ 각 항목별로 가장 적합한 업체부터 가장 적합하지 않은 업체 순으로 4, 3, 2, 1점의 점수를 매긴다.

㉡ 우선순위에 따라 1순위 항목은 각 점수에 1점을 가산하고, 2순위는 0.5점, 3순위는 0.3점 가산하며 4순위는 가산하지 않는다.

　　㉢ 우선순위상 3순위인 A/S 기간은 D>C>B>A 순이므로 0.3점씩 가산하여 A : 1.3점, B : 2.3점, C : 3.3점, D : 4.3점이다.

㉢ 각 업체별로 항목별 점수를 매긴 후 이를 합산하여 총점이 가장 높은 업체의 제품을 구매한다.

㉣ 최고점을 받은 업체가 2개 이상일 경우 업체 선정을 보류한다.

---

① A 업체

② B 업체

③ C 업체

④ D 업체

⑤ 선정을 보류한다.

Memo

미래를 창조하기에 꿈만큼 좋은 것은 없다.
오늘의 유토피아가 내일 현실이 될 수 있다.

There is nothing like dream to create the future.
Utopia today, flesh and blood tomorrow.

빅토르 위고 Victor Hugo

실전모의고사

제6회

• 수험번호 | _____

• 성   명 | _____

01. 다음 글에 대한 이해로 적절한 것은?

> 성과지향성은 조직이 업무성과의 향상이나 수월성을 어느 정도 강조하고 이에 대해 얼마나 적극적으로 보상하는가에 따라 규정된다. 성과지향성이 높은 조직은 개인의 성취를 중시하고 개인의 성취에 따라 보상이나 지위가 달라져야 함을 인정한다. 따라서 조직구성원은 자신에게 주어진 일을 어떻게, 얼마나 잘 수행하였는가에 근거하여 평가를 받는다. 또한 성과지향성이 높은 조직은 지속적인 자기개발이나 성과의 향상을 요구하고 이에 가치를 부여한다. 이에 반해 성과지향성이 낮은 조직은 객관적인 성취보다는 개인의 사회적 배경을 포함한 귀속적 요인이나 연공서열에 따른 평가와 그에 기초한 보상이 이루어지는 경향이 있다. 같은 맥락에서 성과지향성이 낮은 조직은 사회 또는 가족관계를 중시하며 소속감을 강조한다. 성과지향이 낮은 조직의 경우, 성과평가에 충성심이나 협동심 등 주관적인 요소가 작용할 여지가 많다. 결과적으로 성과지향성이 낮은 조직은 업무에 대한 평가에 '무엇을 하였는가'보다는 '누가 하였는가'가 더 중요하다.
>
> 이렇게 볼 때 성과지향적 조직에서는 관리자에 대한 평가를 그 관리자가 얼마나 업무를 잘 수행하는가의 객관적인 요소에 따라 달라지기 때문에 성별과 같은 사회적 배경이 작용할 여지가 그만큼 적어질 것이다. 이는 관리자의 성에 따른 성고정관념적 평가의 여지가 적어진다는 것을 의미하기도 한다. 실제로 62개국을 대상으로 한 경험적 연구는 높은 성과지향성이 양성평등에 긍정적인 영향요인임을 밝힌 바 있다. 또한 성과지향성은 객관적인 과업이나 성취를 강조하는 시장지향적인 합리문화와 그 특성의 일부를 공유한다. 합리문화는 개인주의적 정향성과 일정한 관련이 있다. 물론 합리문화의 개인주의적 성향이 지나칠 경우, 응집력과 팀워크를 약화시키는 부정적 측면이 없지 않지만 개인의 성과와 성취를 강조한다는 점에서 여성 구성원의 평가에는 긍정적일 것이다. 여성관리자는 권력의 원천 중 전문적 권력(Expert Power)을 통해 조직에서 겪는 어려움을 극복하려고 한다. 이는 전문적 권력이 주관적 편견이나 관행에 따른 평가의 여지가 상대적으로 적기 때문이다. 결국 여성관리자는 전문적 권력을 통해 '무엇'을 할 수 있는가를 보여 줌으로써 '누구'인가의 영향력을 상쇄하려는 시도를 하는 것이라고 볼 수 있다.

① 가족관계를 중시하는 조직문화는 여성관리자에 대한 인식에 긍정적으로 작용할 것이다.

② 성과지향적 조직문화는 구성원의 성별에 따른 차별을 더욱 강화할 것이다.

③ 성과지향적 조직문화는 여성관리자에 대한 인식에 긍정적으로 작용할 것이다.

④ 성과지향성이 낮은 조직에서는 조직구성원 간의 성차별 가능성이 낮을 것이다.

⑤ 성과지향성이 낮은 조직에서 여성관리자의 전문적 권력이 발휘될 가능성은 높아질 것이다.

02. 다음 보도 자료에 대한 설명으로 옳지 않은 것을 〈보기〉에서 모두 고르면?

보도 자료			
제공일	202X. 2. 20. (목)	보도일시	즉시 보도
담당 부서	저출산 · 고령사회위원회 사무처	담당자	안○○(02-****-****)

제7기 저출산 · 고령사회위원회 위원 위촉
- 여성 · 가족 · 노인 · 청년 · 주거 · 교육 · 인구 · 노동계 · 경영계 등 각 분야별 현장전문가와 정책전문가들로 구성, 저출산 · 고령사회 대응역량 강화 -

□ 대통령 직속 저출산 · 고령사회위원회(이하 '위원회')는 2월 20일 민간 전문가 15명을 위원으로 위촉하여, 제7기 위원회를 구성하였다고 밝혔다.

□ 금번 7기 위원회는 초저출산(2018년, 합계출산율 0.98명)과 금년부터 베이비붐 세대(1955 ~ 1963년생)의 고령인구 편입으로 유례없이 빠르게 진행되고 있는 인구구조변화에 보다 효과적으로 대응코자, 여성 · 가족 · 노인 · 다양한 가족 · 청년 · 주거 · 교육 · 인구 · 노동 · 기업 등 저출산 · 고령사회 정책과 밀접한 분야를 중심으로 지역과 현장의 전문가와 정책전문가들로 구성하였다.

여성 · 가족	노인 · 연금	다양한 가족	청년	주거	교육	인구	정책	사회복지	노동자 대표	사용자 대표
3명	2명	1명	1명	1명	1명	1명	1명	1명	2명	1명

• 본 위원 위촉에 맞춰서 정책운영위원회(28명)와 분과위원회(7개, 94명)의 위원도 함께 위촉되었다.

보기

ㄱ. 보도 자료를 생성한 주무부서와 담당자를 알 수 없다.
ㄴ. 저출산 · 고령사회위원회는 대통령 직속 위원회이다.
ㄷ. 위촉된 민간 전문가 15명 중 여성 위원의 비율은 절반 이상이다.
ㄹ. 7기 위원회의 임기에 대한 내용이 생략되어 있다.

① ㄱ, ㄷ   ② ㄱ, ㄹ   ③ ㄴ, ㄹ
④ ㄱ, ㄴ, ㄷ   ⑤ ㄱ, ㄷ, ㄹ

03. 다음 글에 나타난 필자의 견해와 가장 일치하는 것은?

일반적으로 권력은 능력을 의미하며 권력에는 많은 종류가 있다. 사람들은 부자이기 때문에 어떤 힘을 가지기도 하며 이와 같은 부를 창출하고 보호하는 사회에서 살기 때문에 정치적인 권력을 소유하기도 한다.

그런데 컴퓨터에 대한 흥미로운 비판 가운데 하나는 컴퓨터가 권력의 집중을 야기한다는 주장이다. 컴퓨터가 등장함에 따라 대부분의 정치적, 사회적 조직들은 그들이 필요로 하는 대규모의 정보들을 효율적으로 다룰 수 있게 됐으며 그 결과 조직의 거대화, 집중화가 가능해졌다는 것이다. 권력의 집중화에 대한 이 같은 우려는 사생활의 문제와 깊이 연계되어 있다. 정부가 시민들의 활동 내용을 상세하게 기록하여 보존할 수 있게 됨에 따라 시민들에 대한 정부의 통제력이 엄청나게 커졌다는 두려움에서 이와 같은 논의가 생겨난 것이다.

반면에 우리 사회를 민주화하는 데 컴퓨터를 유용하게 사용할 수 있다고 주장하는 사람들이 있다. 권력의 집중을 두려워하는 사람들은 컴퓨터가 정부의 수중에 있다고 생각하지만 컴퓨터가 탈집중화에 도움이 된다고 보는 사람들은 컴퓨터가 개별 시민의 손에 있다고 생각한다. 시민들이 컴퓨터를 이용해 각종 정보에 접근할 수 있으며 이를 통해 정부 기구와 국민의 대표자들 사이의 의사소통이 더욱 원활해질 수 있다고 보는 것이다.

컴퓨터에 의한 권력의 집중화 논의는 복잡할 뿐만 아니라 문제의 본질을 규명하기가 매우 어렵다. 여기에 뒤얽혀 있는 쟁점 가운데 하나는 컴퓨터가 과연 집중화–탈집중화를 유발하는 원인 중 가장 중요한 요소에 해당하는가에 관한 것이다. 컴퓨터가 둘 중 하나를 조장하는 데 이용될 수 있는 것처럼 보이지만 사회에는 권력의 집중화를 부추기는 많은 다른 정치적, 사회적 요인들이 존재하기 마련이다. 그리고 이러한 요인들 때문에 컴퓨터가 권력의 집중화에 더욱더 쉽게 이용될 수도 있다. 따라서 권력의 집중화는 컴퓨터의 내재적 특성에 기인하는 것이 아니라 컴퓨터가 차지하는 사회적 맥락에 연유하는 것으로 볼 일이다.

이와 연관된 또 하나의 복잡한 쟁점은 권력의 집중화와 권력의 탈집중화의 구별이 모호하다는 것이다. 일반적으로 권력이란 '의사 결정 권한'을 말하고, 권력의 집중이란 의사 결정의 권한이 조직의 상위로 이동하는 것이라고 말한다. 그러나 이렇게 단순히 보아도 컴퓨터가 정책 결정에 어떻게 영향을 미치는가 하는 것은 분명하지가 않다. 컴퓨터는 위계질서의 정점에 있는 사람에게 더 많은 정보를 쉽게 다룰 수 있게 해 주고 그래서 아래 지위에 있는 사람들과의 직접적인 협의의 필요성과 의존도를 약화시킨다고 볼 수도 있다. 반면에 이러한 현상을 이미 컴퓨터를 이용해 조직의 아래에서 조직의 위로 각종 요구나 의견을 충분히 투입한 결과로 해석할 수도 있는 것이다. 따라서 조직의 아래에도 충분히 의사 결정에 참여할 수 있는 권한이 주어졌다고 볼 수 있는 것이다.

사이먼(H. A. Simon)에 따르면 컴퓨터가 의사 결정을 집중화하고 있다는 논의는 주로 컴퓨터 기술의 초기 시대에 제기되었다. 즉 컴퓨터의 효율성이 급속도로 증대되면서 일부만이 컴퓨터에 접근할 수 있었던 환경에서 비롯되었다는 것이다. 그러나 PC가 등장하고 컴퓨터에 대한 접근이 누구에게나 일상적인 일이 되어버린 현재의 사회적 환경은 이러한 우려를 종식시키기에 충분하다.

이상으로 보아 컴퓨터가 본질적으로 권력의 집중화로 편향된 것 같지는 않다. 컴퓨터는 다양하게 이용될 수 있으며 궁극적으로 인간이 원하는 쪽으로 이용될 것으로 보인다. 따라서 어떤 조직에서 집중화의 경향이 일어나고 있다면 컴퓨터는 그러한 방향으로 이용될 것이며 의사 결정의 권한이나 정보의 확산이 필요하다면 컴퓨터는 그러한 방식으로 이용될 것이다. 그러므로 집중화가 증대한다는 사실에 대한 두려움이 현실적인 것이기는 하지만 컴퓨터가 적(敵)은 아니다.

① 컴퓨터는 과거에 권력 집중화의 도구였으나 컴퓨터에 대한 접근성이 높아지며 점점 권력의 분산에 이바지하고 있다.

② 컴퓨터는 본질적으로 권력의 탈집중화에 기여하는 속성을 가진다.

③ 컴퓨터가 권력의 집중화에 기여한다 하더라도 적(敵)으로 간주할 수 있다.

④ 컴퓨터는 권력의 집중화와 탈집중화를 유발하는 중요한 요인으로 간주되어야 한다.

⑤ 컴퓨터와 권력의 상관관계는 사회적 맥락에 따라 다르게 해석된다.

1회 실전모의

2회 실전모의

3회 실전모의

4회 실전모의

5회 실전모의

6회 실전모의

7회 실전모의

8회 실전모의

04. 다음 글의 ㉠ ～ ㉢에 들어갈 내용으로 적절하지 않은 것을 〈보기〉에서 고르면?

정치적으로 불안한 시대의 개인들은 내면으로 침잠하기 마련이다. 헬레니즘 철학을 대표하는 에피쿠로스의 쾌락주의, 스토아학파의 금욕주의, 피론의 회의론은 모두 불안한 정국에서 탄생했다. 고대의 '쾌락주의'는 오늘날의 그것과 성격이 전혀 다르다. 에피쿠로스가 최고의 열락으로 꼽은 것은 육체의 쾌락이 아니라 정신의 '평정(Ataraxia)'이었기 때문이다. 금욕주의도 마찬가지다. 스토아학파의 '금욕(Askesis)'은 중세처럼 자기 수양의 목적이 아니라 변덕스러운 감정에서 벗어나 '무감(Apatheia)'의 경지에 이르기 위한 기술에 불과했다. 세계와 연을 끊으려는 것은 회의론도 마찬가지였다. 회의학파의 대표자인 피론은 마음의 평정을 위해 아예 세계에 대한 판단을 중지하라고 가르쳤다. 에피쿠로스나 스토아학파나 피론의 회의주의나 인생의 목적을 마음의 교란에서 벗어나 내면의 행복에 도달하는 데에 둔 것은 한가지였다. 세 학파 사이의 차이는 (㉠   ).

회의학파는 그 요인을 세계에 대한 '견해'라고 보았다. 어차피 세상에 확실한 것은 아무것도 없으니 차라리 아무 견해도 갖지 않는 게 낫다는 것이다. 스토아학파는 그 요인을 '정념'이라고 보았다. 이러한 정념은 욕망에서 나오므로 마음의 평정을 찾으려면 욕망부터 제어해야 한다는 것이다. 한편 에피쿠로스학파는 그것을 '고통'이라 보았는데 그들은 마음의 고통이 주로 신과 죽음에 대한 공포에서 나온다고 생각했다. 마음의 평정에 이르는 에피쿠로스학파의 방법은 신과 죽음에 대한 공포가 실은 아무 근거가 없는 감정임을 보여 주는 것이었다. 전능하신 신이 있어 그가 인간에게 형벌을 내린다는 이야기는 유치한 허구에 불과하며 원자론자였던 그들은 우주란 충돌하는 원자로 이루어진 무정한 기계에 불과하므로 거기에 계획자나 건축가가 있을 리 없다고 보았다. 하지만 당시 신을 부정하는 것은 매우 위험한 일이었기 때문에 그들은 신이 없다고 하는 대신 신이 인간사에 관심도 없고 관여도 하지 않는다고 주장했다. 어느 쪽이든 (㉡   ). 그렇다면 남은 것은 죽음에 대한 공포뿐인데, 에피쿠로스는 그 공포를 해소하는 유명한 해법을 남겼다. (㉢   ). 우리가 존재하는 한 죽음은 우리에게 부재하고, 죽음이 오면 우리는 더 이상 존재하지 않는다.

당시 에피쿠로스학파와 경쟁하고 있던 것은 스토아학파였다. 쌍벽을 이루는 이 두 학파 중에서 후대에 더 많은 영향을 끼친 것은 역시 스토아학파다. 원자론은 그 안에 유물론과 무신론을 함축하고 있어, 원자론을 신봉하던 에피쿠로스학파가 당대 지성계의 주류가 되기는 힘들었을 것이다. 스토아학파는 매우 독특한 우주론을 갖고 있었다. 그들에 따르면 태초에 신이 있었는데, 이 신은 불과 같은 존재라고 하였다. 신은 자신을 이루는 불을 공기와 물과 흙으로 변화시키고 이 네 원소의 결합으로 우주를 만들었다고 보았다. 4원소 중 물·흙·공기 마저 불에서 나온 것이라면, (㉣   ). 그렇다면 우리의 우주가 지금은 이렇게 존재하지만 언젠가는 다시 거대한 불로 돌아갈 것이다. 하지만 우주가 완전한 종말을 맞는 것은 아니다. 그 소멸이 새로운 생성의 출발이 되기 때문이다. 스토아학파는 우주의 모든 것이 화염에 휩싸이는 대화재(大火災) 속에서 다시 새로운 세계가 탄생하며, 이 탄생과 소멸의 순환은 영원히 반복된다고 보았다.

그들은 4원소를 다시 능동적인 것과 수동적인 것으로 나누는데 능동적인 것으로 분류된 불과 공기는 '숨결'이 되고, 수동적인 것으로 분류된 물과 흙은 '물질'이 된다고 하였다. 숨결은 불처럼 따뜻하며 공기처럼 자유롭고, 물질은 물처럼 축축하고 흙처럼 건조하여 만물의 재료가 된다. 세상의 모든 것은 이 '숨결'과 '물질'의 결합으로 만들어지며 숨결은 신이 되지만 조물주와 같은 인격적 존재는 아니다. 숨결로서 신은 사물의 제작자로, 세계의 밖에 따로 존재하는 게 아니라 아리스토텔레스의 형상인처럼 개개의 사물 안에 스며들어 있다고 하였다. 숨결은 생물만이 아니라 무생물에도 깃들어 있으며 우주를 하나의 거대한 생명체로 본다는 점에서 스토아학파의 우주론은 범신론에 가깝다.

보기

㉠ 마음을 교란하는 요인을 무엇으로 보느냐에 달려 있었다.
㉡ 우리가 신을 두려워할 이유는 없는 셈이다.
㉢ 죽음에 대하여 항상 고민하라.
㉣ 결국 우주의 모든 것이 불로 이루어진 셈이다.

① ㉠   ② ㉡   ③ ㉢
④ ㉣   ⑤ 없음.

05. 다음 공고문을 바르게 이해하지 못한 것은?

제목	20XX년 4월 1차 무단방치 자전거 처분 공고		
담당부서	교통행정과		
등록일	20XX. 04. 08. 13:39:28	조회수	389
연락처	02-22□□-□□83		
첨부파일	🗔 방치 자전거 처분공고 목록(20XX년 1월 2주~4월 2주).zip		
내용	○○시 □□구 공고 20XX-0421호 **무단방치 자전거 처분 공고** 　우리 구 공공장소에 10일 이상 무단방치된 자전거에 대하여 『자전거 이용 활성화에 관한 법률』 제20조(무단방치 금지) 및 같은 법 시행령 제11조(무단방치 자전거의 처분) 규정에 따라 다음과 같이 공고합니다. 공고기간 종료 시까지 찾아가지 아니한 때에는 관련 규정에 따라 매각처분, 기증 또는 공공자전거로 활용하게 되며, 매각대금은 공고일로부터 1년이 지나면 우리 구 금고에 귀속됨을 알려 드립니다. 　　　　　20XX년 4월 9일　○○시　□□구청장 1. 공고기간 : 20XX. 4. 9.~4. 23.(14일간) 2. 처분 대상 자전거 : 장기방치 자전거(목록은 [붙임] 문서 참고) 3. 공고장소 : 구청 게시판 및 홈페이지(www.◇◇◇.go.kr) 4. 열람장소 : 구청 1층 교통행정과 5. 보관장소 : □□구 ○○로 100, ○○자전거대여소(○○역 인접) 6. 자전거 반환방법 : 본인 자전거 관리번호 확인 후 반환신청서 작성 직접 제출, 또는 팩스 송부(FAX : 02-○○-○○84) 　※ 운반 · 보관 등으로 발생된 소요경비는 반환청구자가 부담 7. 처분일 : 공고기간 종료 후 8. 처분방법 : 공고기간 내에 반환신청이 없으면 매각처분이나 기증 또는 공공 자전거로 활용 9. 문의처 : □□구청 교통행정과(☎ 02-22○○-○○83) [붙임] 1. 자전거 반환신청서 / 2. 방치 자전거 수거 대장 1부		

① 구청의 무단방치 자전거 처분에 관련한 공고는 한 달에 1번 이상일 경우도 있을 것이다.

② 해당 공고문에서는 자전거 반환신청서와 방치 자전거 수거 대장이 있으므로 자신의 장기방치 자전거가 있는지 확인할 수 있다.

③ 장기방치 자전거는 적어도 공고일 기준 10일 이상 관내에 공공장소에 무단방치한 자전거일 것이다.

④ 방치 자전거 목록에서 자신의 자전거를 확인한 소유주는 본인 자전거 관리번호를 확인한 다음 반환신청서를 작성하여 직접 제출하거나 팩스로 송부하여야 한다.

⑤ 공고기간 내에 찾아가지 않은 자전거는 기증 또는 공공자전거로 사용하거나 강제처분하고 매각하게 되는데, 매각대금은 매각 후 1년이 지나면 구청에 귀속된다.

06. 다음 글에 대한 이해로 적절하지 않은 것은?

소셜미디어에서 가짜 뉴스는 큰 논란거리가 되고 있다. 인터넷과 모바일이 발달하고 다양한 정보들이 생산되면서 불거진 해프닝만은 아니다. 가짜 뉴스(Fake News)는 거짓된 정보를 토대로 생산된 뉴스를 의미한다. 그러나 이것이 기존의 오보(False Report)나 풍자적 뉴스(Satirical Fake News), 패러디(Parodies), 루머(Rumor) 등과 다른 점은 '의도'를 가지고 '거짓 정보(Hoax)'를 퍼뜨린다는 점이다. 단순히 개인이나 언론사가 사전에 사실과 다른 가짜 정보임을 인지하지 못한 상태로 관련 뉴스를 제작하고 확산시키는 형태와는 차이점이 있다. 가짜 뉴스는 의도를 가지고 있는 만큼 특정한 목적을 가지고 그 영향력을 극대화시키려는 속성도 있기 때문이다. 따라서 가짜 뉴스의 이면에는 특정한 이익을 노리는 세력이 존재할 가능성이 있고 반대로 이러한 세력에 의해 큰 피해를 입는 쪽이 나타날 수도 있다.

사실과 다른 정보임을 인지하지 못한 상태로 뉴스가 생산되는 경우에 추후 해당 뉴스가 사실과 다르다는 점이 밝혀지면 뉴스 생산 주체는 스스로 나서서 실수를 인정하는 절차를 거친다. 또한 사실과 다른 정보임을 인지한 상태로 의도적인 풍자나 패러디를 목적으로 하는 뉴스의 경우에는 뉴스에 포함된 정보가 거짓 정보임이 이미 서두에 전제로 제시된다. 그러나 가짜 뉴스는 다르다. 가짜 뉴스의 생산 과정에서는 이런 잘못된 정보에 대한 실수를 인정하지 않겠다는 의지가 엿보이며 대놓고 거짓 정보임을 퍼뜨리면서도 이것이 가짜일 가능성을 알리는 어떠한 장치도 없다.

가짜 뉴스는 너무 많은 정보 속에서 작성 주체와 원본 내용의 불명확성을 무기로 제목과 간략한 내용을 통해 이용자의 이목을 끄는 방식으로 진화해 현재와 같은 문제를 발생시키고 있다. 가짜 뉴스가 기존 뉴스 기사의 형식을 갖출 경우 전체 내용을 확인하기 전에는 진위 여부를 판단할 수 없다. 또한 교묘하게 조작된 가짜 뉴스의 경우에는 내용을 보더라도 그 진위 여부를 판단하는 것이 쉽지 않다.

이렇듯 가짜 뉴스는 '콘텐츠 생산이 급격히 증가하는 환경에서 원본과 작성 주체의 불명확성이라는 특성을 감안해 이용자가 믿을 수 있는 뉴스의 형식을 갖춰 신뢰를 얻은 후, 정파적 혹은 경제적 목적으로 내용을 의도적으로 교묘히 조작하여 한눈에 전체 내용을 파악할 수 없는 소셜미디어, 모바일 메신저 등 콘텐츠 유통 플랫폼을 통해 콘텐츠 확산을 의도한 뉴스'라고 정의할 수 있다.

① 가짜 뉴스는 단순히 인터넷이나 모바일 등 통신 기술의 발달로 나타난 것이 아니다.

② 가짜 뉴스는 이로 인한 피해자가 발생할 수 있는 문제이므로 이에 대한 처벌을 강화해야 한다.

③ 기존의 뉴스와는 달리 가짜 뉴스는 작성 주체가 불명확하기 때문에 조작된 뉴스 기사의 진위 여부를 판단할 수 없다는 문제가 있다.

④ 대량으로 신속하게 생산되는 정보의 홍수 때문에 수용자는 진위 여부를 판단할 수 없게 됐으며 가짜 뉴스는 이 지점을 파고들었다.

⑤ 기존 뉴스 생산 주체들은 그들이 인지하지 못한 상태에서 사실과 다른 정보로 인해 뉴스가 생산된 경우에 그것이 사실과 다르다는 점이 밝혀지면 실수를 인정하고 사실 관계를 바로잡았다.

1회 실전모의
2회 실전모의
3회 실전모의
4회 실전모의
5회 실전모의
6회 실전모의
7회 실전모의
8회 실전모의

07. 다음 글의 내용에 따라 차별 문제를 해결할 수 있는 대안으로 적절하지 않은 것은?

불과 십수 년 전만 해도 신입사원을 뽑는 기업체의 공고에 '25세 미만' 같은 조건이 붙어 있는 경우를 흔하게 볼 수 있었다. 이 공고에 따르면 이제 막 26세가 된 사람은 아무리 탁월한 기량을 지니고 있더라도 지원조차 할 수 없는 셈이다.

최근 들어 이런 제한이 많이 사라지긴 했지만 '대학을 졸업한 지 1년 이내인 자'처럼 변형된 조건을 내세우는 곳이 아직 많다. 이처럼 '합리적인 이유가 없는 차별'은 능력 있는 많은 사람들에게서 취업의 기회를 근원적으로 박탈하고 있다.

비단 나이에 따른 차별만이 문제인 것은 아니다. 성별이나 신체장애, 종교로 인한 차별이 있는가 하면, 단지 B형 간염 바이러스 보균자라는 이유만으로 취업을 거부당한 사람도 있다. 이처럼 각종 차별이 일상화 되다 보면 우리도 모르게 이런 문제에 무감각해질 위험이 있다.

제도의 차원에서 이러한 차별의 예방이나 교정에 실효적 기능을 담당하는 것은 '법'이라고 할 수 있다. 아직 충분하지는 않지만 우리나라 역시 그런 법 조항을 갖고 있다. 우리나라의 헌법 제11조 제1항에는 "모든 국민은 법 앞에 평등하다. 누구든지 성별, 종교 또는 사회적 신분에 의하여 정치적 · 경제적 · 사회적 · 문화적 생활의 모든 영역에 있어서 차별을 받지 아니한다."라고 명시되어 있다. 여기서 말하는 '성별, 종교 또는 사회적 신분'은 수많은 차별 사례 중 몇 가지만을 예로 든 것이다. 국가 인권위원회법에서도 차별 금기에 관한 상당히 넓은 범위의 영역을 이미 규정해 놓고 있는데도 차별은 쉽게 사라지지 않고 있다. 그 이유가 무엇일까? 차별을 막는 법 조항이 있음에도 차별이 존재하는 이유는 그 법을 해석, 적용, 시행하는 과정에 다음과 같은 문제점이 있기 때문이다.

첫 번째 문제점은 '성별, 종교, 장애, 나이, 사회적 신분, 출신 지역, 출신 국가, 출신 민족, 용모 등 신체조건, 혼인 여부, 임신 또는 출산, 가족 형태 또는 가족 상황, 인종, 피부색, 사상 또는 정치적 의견, 형의 효력을 잃은 전과, 성적(性的) 지향, 학력, 병력(病歷)' 등을 이유로 한 차별 현상의 상당 부분이 사적 생활 영역에서 일어난다는 점과 관련이 있다.

우리 사회의 민주화가 진척되어 감에 따라 국가 권력에 의한 차별보다는 오히려 고용주, 서비스 공급자 같은 사적 생활 관계의 주체들에 의한 차별이 만연하기 시작했다. 그런데 공적 영역에서 일어나는 차별은 헌법상의 차별 금지 조항이 적용되는 데 반해, 사적 영역에서 발생한 차별은 조항을 적용하기에 모호하다. 가해자가 국가이고 피해자가 시민일 때는 피해자가 헌법 조항을 근거로 시정 조치를 국가에 직접 요구할 수 있지만 가해자와 피해자가 모두 개인이면 이런 요구가 쉽지 않다는 것이다. 예컨대 내가 목욕탕에 갔다가 장애인이라는 이유로 입장을 거부당했다고 하자. 이런 상황에서 법을 기초로 그 목욕탕 주인에게 시정을 요구할 뾰족한 방법은 없다. 별도의 입법 조치가 없는 한, 현재로서는 그 목욕탕 주인에게 불법 행위에 따른 손해 배상을 청구하는 정도의 일만 할 수 있다. 개인과 개인의 관계는 공법(公法)이 아닌 사법(私法)으로 해결해야 한다는 원칙이 우리 법체계의 바탕을 이루고 있기 때문이다.

두 번째로 차별 행위에 따른 민사상의 손해 배상액이 너무 적다는 문제가 있다. 차별을 당한 사람이 독하게 마음먹고 민사 소송을 제기해서 승소해도 차별로부터 생긴 마음의 상처를 치유하기에는 턱없이 부족한 배상액을 받는 경우가 많다. 소송을 제대로 수행하려면 변호사 비용만 수백만 원이 드는데 그 결과물인 배상액이 기껏해야 수십만 원이라면 누구라도 소송을 진행하고자 하지 않을 것이다.

　세 번째로 불법 행위에 따른 손해 발생과 인과 관계 등의 입증 책임을 모두 차별당한 사람이 지게 된다는 문제도 존재한다. 우리 사법의 기본 원칙상 입증 책임은 원고의 몫이기 때문이다. 하지만 차별 행위가 있었다는 사실을 법정에서 입증하는 것은 결코 쉬운 일이 아니다. 예컨대 어떤 회사에 입사하지 못한 기혼 여성이 채용 과정에서 차별이 있었음을 주장하며 소송을 한다고 할 때, 오로지 기혼 여성이라는 이유로 회사가 자신을 떨어뜨렸다는 사실을 입증해 내지 못하면 패소한다. 이처럼 차별을 당한 개인이 소송에서 이기기란 매우 어렵다.

① 사회적인 노력을 기울여 시민들이 차별 금지와 평등의 의의를 학습할 수 있도록 의식을 개혁해야 한다.

② 사적 영역에서 일어나는 차별 철폐를 위한 법적 근거인 차별 금지 조항을 지금보다 명료히 할 필요가 있다.

③ 인권을 위해 싸우도록 훈련된 변호사들이 차별 관련 소송을 대리하는 일에 매진할 수 있는 기반이 조성되어야 할 필요가 있다.

④ 개인이 차별 철폐 소송에서 불법 행위에 따른 손해 발생과 인과 관계 등을 입증할 수 있는 책임을 지도록 해야 한다.

⑤ 차별 철폐 관련 소송이 활성화될 수 있도록 국가인권위원회가 피해자를 대리해서 직접 소송할 수 있는 권한을 강화하고 이를 위한 예산을 확보해야 한다.

08. 다음 ㉠ ～ ㉤ 중 밑줄 친 ⓐ가 내포한 의미와 가장 가까운 것은?

㉠'주이불비(周而不比)'란 여러 사람과 두루 친하면서 서로 견주지 않는 것을 말하고, ㉡ '화이부동(和而不同)'이란 서로 화합하면서도 같아지려고 하지 않는다는 뜻이다. 쉽게 말하면 자기 의견만 내세우지 않고 나와 다른 이들을 수용하고 인정하는 태도를 지향하라는 것이다.

이상주의자였던 공자는 세상을 다스리는 군주들에게 이런 태도를 강조했는데, 어느 왕이 이런 사상을 좋아했을까 싶다. 역지사지(易地思之)라고 했던가? 모든 권력을 손에 쥐고 자기가 하고 싶은 대로 다 할 수 있는 권한이 있는 최고 우두머리가 뭐가 아쉬워서 굳이 남의 입장을 헤아리겠는가? 그러나 다른 나라의 군주와 끊임없이 대결하고 함께 살아가기 위해서는 서로를 인정하고 화합할 필요성이 커진다. 자신의 삶에, 현실에 어떻게 적용시키느냐에 따라 이 정신은 얼마든지 효용성을 발휘할 수 있다.

"한 마디로 평생 실천할 만한 것이 있습니까?"라는 자공의 물음에 공자가 ⓐ'기소불욕 물시어인(己所不慾 勿施於人)'이라 대답하였다. 자기가 원하지 않는 일을 남에게 시키지 말라는 뜻이다. 공감이 되어 가슴에 새기고 싶은 문구이다. 이 자체를 공자는 '서(恕)'라고 하였다. 누군가를 용서하는 것, 인문학의 근본이 되는 마음이다.

《복송열반경(北宋涅般經)》〈사자후보살품(獅子吼菩薩品)〉편에 다음과 같은 이야기가 수록되어 있다. 어느 왕이 대신에게 말하기를 코끼리 한 마리를 끌고 와서 맹인에게 보여라 하였다. 맹인들이 각자 손으로 만져 보았다. 왕이 맹인을 불러 모아 묻기로 그대들이 코끼리를 만져 보고 무엇과 비슷한 것인가 하였더니, 상아를 만져본 사람은 코끼리의 모양이 무와 비슷하다 하였고, 귀를 만져 본 사람은 키와 같다고 하였고, 다리를 만져 본 사람은 절구와 같다 하였고, 등을 만져 본 사람은 침상과 같다 하였고, 배를 만져 본 사람은 독과 같다 하였고, 꼬리를 만져 본 사람은 새끼줄과 같다고 하였다.

㉢군맹평상(群盲評象)이라는 장님 코끼리 만지는 고사의 내용이다. 사람들이 모든 사물을 자기 주관대로 판단하거나 그 일부밖에 파악하지 못함을 비유한 것이다. 맹인들이 말하고 있는 것이 비록 코끼리의 전체 모습은 아니지만 이것을 떠나 달리 코끼리가 있는 것도 아니다. 물론 고사에서는 제대로 코끼리를 인지하지 못한 ㉣장님들의 오해에 관한 이야기지만 이를 거꾸로 뒤집어 생각하면 장님들이 코끼리의 어느 곳을 만져 보더라도 정확한 답을 얘기할 수 있도록 충분한 정보를 제공하지 않은 대신들도 문제가 있었다고 볼 수 있다.

우리의 행동은 다른 사람들의 행복에 영향을 준다. 우리는 우리의 행동이 다른 많은 사람들, 우리의 가족, 우리의 친구들 및 기타 사람들의 생활과 상호 연관되어 있다는 것을 부인할 수 없다. 우리의 능력이 미치는 한 우리는 다른 사람들의 행복을 손상하는 쾌락을 추구하는 어떠한 일도 해서는 안된다. 이를 성경에서는 ㉤황금률(黃金律)이라고 하는데 '그러므로 무엇이든 남에게 대접을 받고자 하는 대로 너희도 남을 대접하라'는 것이다.

---

① ㉠   ② ㉡   ③ ㉢

④ ㉣   ⑤ ㉤

09. 다음 글에 대한 이해로 적절하지 않은 것은?

보통 지명이 우리의 생활과 동떨어져 있다고 생각하기 쉽다. 그러나 우리는 일상 속에서 늘 지명을 이야기하고, 지명에 해당하는 장소를 찾아다닌다. 예를 들어 누군가가 우리에게 사는 곳을 물었을 때 우리는 지명으로 대답한다. 친구랑 여행 장소를 정하거나 시내로 쇼핑을 갈 때도 지명을 말한다. 또한 우리의 이름 속에도 지명이 숨겨져 있다. 우리의 성명은 성씨(姓氏)와 이름으로 구성되어 있는데, 모든 성씨에는 본관(本貫)이 있다. 이때 본관은 조상의 고향이거나 경제적 근거지였던 곳인 경우가 많다.

우리나라의 지명은 역사적으로 많은 우여곡절을 겪으면서 변천해 왔다. 그러나 자세히 관찰해 보면 우리나라 지명만이 갖는 특징이 있는데 이는 우리 지명의 거의 대부분이 지형, 기후, 정치, 군사 등에서 유래되었다는 점이다.

우리나라의 지명에는 山(산), 谷(곡), 峴(현), 川(천), 新(신), 大(대), 松(송) 등의 한자 지명이 매우 많다. 이는 한반도의 산과 골짜기를 넘는 고개, 그 사이를 굽이치는 하천을 반영한 것이다. 그 다음으로 南(남), 東(동), 上(상), 內(내), 下(하) 등의 한자가 많이 쓰였다. 또 石(석), 岩(암), 水(수), 浦(포), 井(정) 등이 많은 것은 큰 바위가 이정표 역할을 했다거나 물을 중심으로 생활했다는 것을 반영하고 있다. 한편 평지나 큰 들이 있는 곳에는 坪(평), 平(평), 野(야), 原(원) 등의 한자가 많이 쓰였다.

조선시대에 생겨난 지명에는 촌락의 특수한 기능이 반영되는 경우가 많았는데, 특히 교통 및 방어와 관련된 촌락이 그러하였다. 하천 교통이 발달한 곳에는 도진 취락(渡津聚落)이 발달했는데, 이러한 촌락의 지명에는 ～도(渡), ～진(津), ～포(浦)등의 한자가 들어간다. 한편 주요 역로를 따라 역원 취락(驛院聚落)이 발달했다. 역은 공문서의 전달과 관리의 내왕(來往), 관물(官物)의 수송 등을 주로 담당했고, 원은 관리나 일반 여행자에게 숙박 편의를 제공했다.

광복 후, 국토 공간의 변화에 따라 지명에도 큰 변화가 있었다. 국토 개발에 따라 새로운 지명이 생겼고, 고유의 지명이 소멸되거나 변질되기도 했다. 서울의 경우 인구 증가로 인해 새로운 동(洞)이 만들어지면서 공항동, 본동과 같은 낯선 지명이 새로 생겨났으며, 반면에 굴레방다리, 말죽거리, 장승배기, 모래내, 뚝섬과 같은 고유 지명은 행정구역 명칭이 되지 못해 잊혀져 가고 있다. 또한 방향 착오를 일으키는 지명도 많다. 인천의 각 구의 명칭을 보면 동구의 동쪽에 서구가 있으며 북구와 서구는 같은 위치에 있다. 한편 무미건조한 숫자로 된 지명도 많아지고 있는데 이는 그 지역의 유서 깊은 고유지명을 외면한 행정편의적 발상이다.

① 지역 주민의 삶이 지명에 반영되었다는 것을 알 수 있다.
② 오늘날의 지명에 나타난 문제점이 무엇인지를 알 수 있다.
③ 우리나라 지명에는 여러 가지 뜻이 담겨져 있다는 것을 알 수 있다.
④ 우리 조상들의 지명에 대한 애착이 있었음을 생각할 수 있다.
⑤ 마을의 기능에 따라서 붙여진 지명이 많음을 알 수 있다.

10. A 대리와 B 사원은 컴퓨터 프로그램 코딩 업무를 하고 있다. 이번에 진행된 프로그램 코딩 일정이 다음과 같을 때, A 대리와 B 사원이 함께 일한 날은 며칠인가?

- 숙련된 A 대리는 혼자 컴퓨터 프로그램을 코딩하는 데 8일이 걸린다.
- 신입사원인 B 사원은 같은 컴퓨터 프로그램을 혼자 코딩하는 데 12일이 걸린다.
- A 대리가 혼자 컴퓨터 프로그램 코딩을 시작했다.
- 납기가 급작스럽게 앞당겨져 A 대리가 업무를 시작한 지 4일째부터 B 사원과 함께 업무를 진행했다.
- A 대리와 B 사원은 납기 안에 함께 프로그램 코딩을 마무리했다.

① 2일　　　　　　　② 3일　　　　　　　③ 4일
④ 6일　　　　　　　⑤ 10일

11. 해외로 출장을 가는 김 대리는 다음과 같이 이동을 계획하고 있다. 연착 없이 계획대로 출장지에 도착했다면 도착했을 때의 현지 시각은 몇 시인가?

- 서울 시각으로 5일 오후 1시 35분에 출발하는 비행기를 타고 경유지 1곳을 들러 출장지에 도착한다.
- 경유지의 시간은 서울보다 1시간 빠르고, 출장지는 경유지의 시간보다 2시간 느리다.
- 첫 번째 비행은 3시간 45분이 소요된다.
- 경유지에서 3시간 50분을 대기하고 출발한다.
- 두 번째 비행은 9시간 25분이 소요된다.

① 오전 5시 35분　　　② 오전 6시　　　　　③ 오전 7시
④ 오후 6시　　　　　　⑤ 오후 5시 35분

12. A 상품과 B 상품의 재고를 할인 판매할 경우와 정상 판매할 경우의 매출액 차이는?

> - A 상품과 B 상품의 재고는 각각 60개씩이다.
> - 정상판매 시, A 상품은 2개에 35,000원, B 상품은 3개에 55,000원에 판매되었다.
> - 할인판매 시, A 상품과 B 상품 모두 5개에 80,000원에 판매할 예정이다.

① 210,000원 ② 220,000원 ③ 230,000원
④ 240,000원 ⑤ 250,000원

13. ○○기업 근처에는 직각삼각형 모양의 공원이 있다. 공원 각 지점 사이의 거리와 공원의 둘레가 다음과 같을 때, 공원의 넓이는?

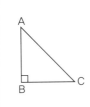

> - 직각삼각형의 각 모서리를 A, B, C 지점이라고 가정한다.
> - 공원 A 지점에서 B 지점의 길이는 18m이다.
> - 공원의 둘레는 72m이다.

① 132m^2 ② 144m^2 ③ 216m^2
④ 288m^2 ⑤ 324m^2

[14 ~ 15] 다음 자료를 보고 이어지는 질문에 답하시오.

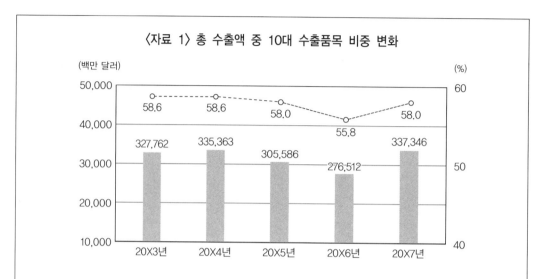

〈자료 1〉 총 수출액 중 10대 수출품목 비중 변화

〈자료 2〉 10대 수출품목액

(단위 : 백만 달러)

순위	20X5년		20X6년		20X7년	
	품목명	금액	품목명	금액	품목명	금액
1위	반도체	62,717	반도체	62,005	반도체	97,937
2위	자동차	45,794	자동차	40,637	선박해양구조물 및 부품	42,182
3위	선박해양구조물 및 부품	40,107	선박해양구조물 및 부품	34,268	자동차	41,690
4위	무선통신기기	32,587	무선통신기기	29,664	석유제품	35,037
5위	석유제품	32,002	석유제품	26,472	평판디스플레이 및 센서	27,543
6위	자동차부품	25,550	자동차부품	24,415	자동차부품	23,134
7위	평판디스플레이 및 센서	21,915	합성수지	17,484	무선통신기기	22,099
8위	합성수지	18,418	평판디스플레이 및 센서	16,582	합성수지	20,436
9위	철강판	16,458	철강판	15,379	철강판	18,111
10위	전자응용기기	10,038	플라스틱제품	9,606	컴퓨터	9,177

14. 다음 중 위 자료에 대한 설명으로 옳지 않은 것은?

① 20X7년 10대 수출품목 중 전년도에는 없었다가 새롭게 진입한 품목은 한 가지이다.

② 20X7년 1 ~ 5위 수출품목의 수출액 합은 244,300백만 달러를 상회한다.

③ 20X5년 1 ~ 8위 수출품목은 20X6년에도 8위 안에 든다.

④ 20X7년 석유제품의 수출액은 20X5년 대비 약 9% 증가했다.

⑤ 20X6년 6위와 7위 제품의 수출액 차이는 20X5년 해당 제품의 수출액 차이보다 더 크다.

15. 위 자료를 바탕으로 새롭게 작성한 그래프 중 적절하지 않은 것을 모두 고르면? (단, 계산은 소수점 아래 첫째 자리에서 반올림한다)

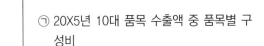

ⓒ 20X5년 10대 품목 수출액 중 품목별 구성비

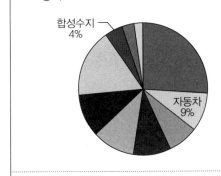

ⓛ 반도체 수출액의 전년 대비 증감률

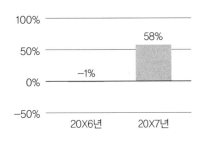

ⓒ 10대 품목 수출액 중 자동차의 비중

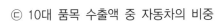
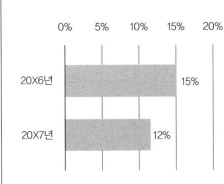

ⓔ 전년 대비 순위변화

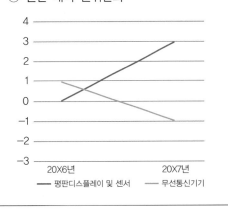

① ㉠

② ㉠, ㉡

③ ㉠, ㉣

④ ㉡, ㉢

⑤ ㉡, ㉣

[16 ~ 17] 다음 자료를 보고 이어지는 질문에 답하시오.

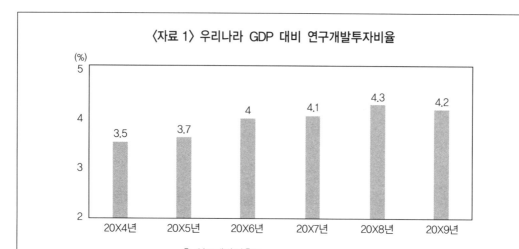

〈자료 1〉 우리나라 GDP 대비 연구개발투자비율

※ GDP 대비 연구개발투자비율 = $\dfrac{\text{총 연구개발지출금}}{\text{당해 연도 GDP}} \times 100$

〈자료 2〉 OECD 주요국의 GDP 대비 연구개발투자비율

(단위 : %)

구분	20X4년	20X5년	20X6년	20X7년	20X8년	20X9년
멕시코	0.5	0.5	0.5	0.5	0.5	0.5
터키	0.8	0.8	0.8	0.8	0.9	0.9
이탈리아	1.2	1.2	1.3	1.3	1.4	1.3
헝가리	1.1	1.2	1.3	1.4	1.4	1.4
영국	1.7	1.7	1.6	1.7	1.7	1.7
네덜란드	1.7	1.9	1.9	2.0	2.0	2.0
미국	2.7	2.8	2.7	2.7	2.8	2.8
독일	2.7	2.8	2.9	2.8	2.9	2.9
일본	3.1	3.2	3.2	3.3	3.4	3.3

16. 다음 중 자료에 대한 설명으로 옳지 않은 것은?

① 조사기간 동안 우리나라를 제외한 OECD 주요국들의 GDP 대비 연구개발투자비율 변화량은 각각 전년 대비 0.2%p 이내에 있다.

② 20X5년 네덜란드와 터키의 GDP가 동일했다면 네덜란드는 터키보다 2배 이상의 금액을 연구개발에 투자했을 것이다.

③ 20X9년 미국의 GDP가 독일의 4.8배라면 미국은 독일보다 4배 이상 많은 금액을 연구개발에 투자했을 것이다.

④ 20X7년 이탈리아의 GDP가 멕시코의 1.9배라면 이탈리아는 멕시코보다 5배 이상 많은 금액을 연구개발에 투자했을 것이다.

⑤ 우리나라의 GDP 대비 연구개발투자비율은 다른 국가들에 비해 높은 편이지만 투자금액을 비교한 것이 아니기 때문에 가장 많은 금액을 투자하고 있다고 볼 수는 없다.

17. 20X9년 우리나라 GDP가 1조 3,778억 달러일 때, 연구개발을 위해 투자한 금액은 얼마인가?

① 5,648,980만 달러
② 5,786,760만 달러
③ 5,924,540만 달러
④ 6,062,320만 달러
⑤ 6,200,100만 달러

18. 사원 A는 다음 자료를 바탕으로 업무 계획을 세우려고 한다. 다음 ㉠ ~ ㉣ 중 적절하지 않은 계획을 모두 고르면?

공지

안녕하세요. 홍보사업팀 차량시승행사 담당자 김○○입니다. 본사에서는 현재 연구개발 중인 신규 차량에 대해 시승행사를 진행 중입니다. 해당 차량시승행사와 관련해 고객들이 시승 신청한 현황을 알려드립니다.

신청 현황

차량 모델	신청인원 수(명)	배치 날짜	비고
A	26	5/12	하이브리드 차량
B	34	5/12 ~ 17 중 하루	
C	57	5/12 또는 5/16	전기차
D	37	5/13	할인행사 진행
E	48	5/14	

아울러 당부 말씀드립니다.
- 해당 사업 계약의 규정상 하루 최대 시승 가능 인원수는 차량 한 대당 15명이며, 하루에 한 가지 모델의 시승행사만 진행합니다.
- 하루에 참여할 수 있는 고객의 수는 최대 30명입니다.
- 안전을 위하여 시승 차량에는 반드시 차 한 대당 한 명의 운전 강사가 동승하여야 합니다.
- 고객 1명당 최소 10분, 최대 30분의 시승시간을 제공합니다.
- 시승행사를 위한 차량 제공은 10시부터 17시 50분까지만 가능합니다.
- 시승 차량에 동승하는 강사에 대한 정보는 인사팀(☎ 031 - ○○○ - ○○11)으로 문의 바랍니다.
- 기타 제한 사항 또는 문의사항은 홍보사업팀(☎ 031 - ○○○ - ○○22)으로 문의 바랍니다.

내용을 참고하여 각 차량 모델별 필요 수량과 고객 배정 목록, 강사 배정 목록을 홍보사업팀으로 알려 주시면 반영하겠습니다. 사원 여러분의 노고에 한상 감사드립니다.

ㄱ 행사가 진행되는 동안 C 모델의 경우 다른 모델들보다 필요한 차량의 수가 가장 많겠군.

ㄴ 인사팀에서 운전 강사에 대한 정보를 받으면 되겠다.

ㄷ 5월 13일에는 3대의 차량을 준비해야겠어.

ㄹ 하루 행사 동안 일부 고객은 최대 시승시간을 채우지 못하고 내려야 하는 경우도 있을 테니 사전에 양해를 구해야겠어.

① ㄱ, ㄷ   ② ㄱ, ㄹ   ③ ㄴ, ㄷ

④ ㄱ, ㄴ, ㄹ   ⑤ ㄱ, ㄷ, ㄹ

1회 실전모의
2회 실전모의
3회 실전모의
4회 실전모의
5회 실전모의
6회 실전모의
7회 실전모의
8회 실전모의

19. 다음 회의록을 참고하여 다음 회의까지 각 부서별로 수행해야 할 업무로 적절한 것을 〈보기〉에 서 모두 고르면?

회의록			
회의명	신제품 프로모션 기획 2차 회의		
일시	20X9년 9월 30일	장소	별관 3층 소회의실
참석자	개발부 : A 부장, B 과장, C 대리 / 영업부 : D 차장, E 대리, F 사원		
회의내용	1. 목적 　－내년 새롭게 출시하는 화장품을 알리기 위한 프로모션 행사 기획 2. 추진방향 　－다양한 판촉 행사를 기획함으로써 제품의 긍정적 이미지를 제고 　－최신 홍보 · 판촉 행사 트렌드를 따라가되, 신선한 기획안 준비 3. 추진내용 및 역할 분담 ※ 아래 역할표 －추가 다른 부서 협력 요청 사항 　1) 최근 자사의 홍보용 콘텐츠 분석 : 미디어제작부(10/7까지) 　2) 최근 화제성이 높은 해외 판촉 사례 분석 : 마케팅부(10/15까지) 4. 기획 및 준비 기간 : 20X9년 9월 30일~20X9년 11월 29일 5. 다음 회의 일정 : 20X9년 10월 8일 　－1차 회의 참석자에서 마케팅부 2명, 미디어제작부 2명 추가 　－최근 자사 홍보 콘텐츠의 경향 분석 및 정리 자료는 미디어제작부에 사전 요청		

역할	담당
홍보 및 판촉 성공 국내 사례 분석 (최근 1년간 출시된 유사 국내 제품의 특징과 관련 제품 홍보 및 판촉 성공 사례 수집 및 분석)	개발부
자사 신제품의 장점과 특징을 타사의 제품과 비교하여 정리	개발부
최근 2년간 자사의 홍보 및 판촉 행사 분석	영업부
홍보물 유통 경로 체크	영업부
신제품 홍보 및 판촉 행사 방안 구상	개발부, 영업부

보기

가. 영업부 F 사원은 최근 2개년 해외의 홍보 및 판촉 성공 사례를 분석하며 신제품 판촉
   행사 방안을 구상한다.

나. 개발부 C 대리는 최근 자사의 홍보 및 판촉 방식을 참고하여 신제품의 특징을 좀 더 차별
   적으로 부각할 수 있는 새로운 홍보 방안을 구상해 본다.

다. 개발부 B 과장은 자사의 신제품이 가진 특징을 타사의 제품과 비교, 조사하고, 제품 판촉
   행사 및 홍보를 성공적으로 진행했던 국내의 사례를 살펴본다.

라. 영업부 E 대리는 최근 홍보물 유통 방식에 대하여 조사하고, 이를 신제품 홍보와 관련된
   아이디어 구상에 활용한다.

① 가, 나   ② 가, 라   ③ 다, 라

④ 가, 나, 다   ⑤ 나, 다, 라

20. 다음 자료를 참고할 때, 면접관 4명의 의견을 모두 반영한다면 채용될 지원자는 누구인가?

- 요리사 신규채용 공고에 따른 지원자 명단은 아래와 같다.

번호	분야	경력	나이	거주자
지원자 1	한식, 중식	2년	25	대전
지원자 2	양식	5년	32	용인
지원자 3	일식, 중식	없음	27	대전
지원자 4	중식	6년	31	남양주
지원자 5	중식, 양식	7년	38	성남
지원자 6	한식, 일식	3년	35	대전
지원자 7	한식	10년	39	수원
지원자 8	양식	없음	29	안산
지원자 9	한식, 양식	13년	47	대전
지원자 10	일식, 양식	8년	37	대전

- A∼D 면접관 4명의 선발 기준은 다음과 같다.

A : 대전 거주자이고 한식 분야 경력의 지원자를 원한다.

B : 경력이 전혀 없는 사람은 곤란하므로 최소 3년 이상의 경력자를 원한다.

C : 나이가 40세 이상인 지원자를 원한다.

D : 두 가지 분야가 가능한 사람을 원한다.

① 지원자 5 ② 지원자 6 ③ 지원자 7
④ 지원자 8 ⑤ 지원자 9

21. 다음 설문조사 자료를 근거로 사교육 현황 보고서를 작성하려고 할 때, 보고서의 내용으로 적절한 것은?

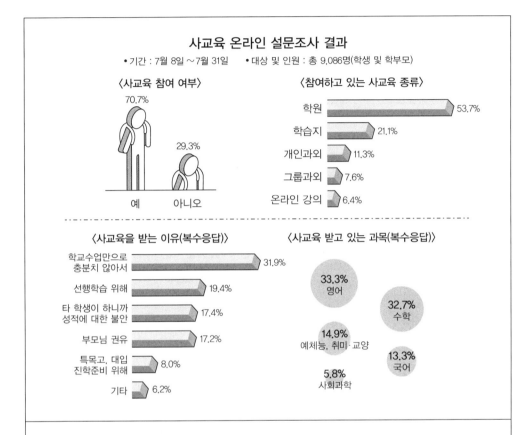

사교육 온라인 설문조사 결과

• 기간 : 7월 8일 ~ 7월 31일   • 대상 및 인원 : 총 9,086명(학생 및 학부모)

〈사교육 참여 여부〉
70.7% 예
29.3% 아니오

〈참여하고 있는 사교육 종류〉
학원 53.7%
학습지 21.1%
개인과외 11.3%
그룹과외 7.6%
온라인 강의 6.4%

〈사교육을 받는 이유(복수응답)〉
학교수업만으로 충분치 않아서 31.9%
선행학습 위해 19.4%
타 학생이 하니까 성적에 대한 불안 17.4%
부모님 권유 17.2%
특목고, 대입 진학준비 위해 8.0%
기타 6.2%

〈사교육 받고 있는 과목(복수응답)〉
33.3% 영어
32.7% 수학
14.9% 예체능, 취미·교양
13.3% 국어
5.8% 사회과학

　국내 초·중·고 학생들의 사교육 문제가 이미 수위를 넘고 있는 가운데, 그 이유가 막연한 불안심리에 따른 것으로 알려져 대책이 시급한 것으로 드러났다. 학교급별로 분석해보면 초등학교(39.2%)가 불안심리를 꼽았고 중학교(41.9%), 고등학교(41.6%)는 '진학준비'를 선택했다. 학교 소재지별로는 대도시(42.4%)와 중·소도시(39.8%)는 '진학준비'를 꼽았으나 읍면 지역(37.6%)의 경우 '불안심리'를 1순위로 선택했다.

① 우리나라 교육 현장에서 영어와 수학에 대한 수요를 충족하지 못하고 있다.
② 사교육을 통한 선행학습은 학업성취도 증가와 대입 목표 달성에 도움이 된다.
③ 특목고 진학에 대한 열기가 과열되어 사교육 시장이 점차 증가하고 있다.
④ 사교육 형태 중 학원이 성적 향상에 가장 큰 도움이 되어 많은 학생과 학부모가 선호하고 있다.
⑤ 성적에 대한 불안감, 부모님의 권유로 사교육을 받고 있는 학생은 전체의 34.6%이다.

[22 ~ 23] 다음은 스마트폰 가격 및 요금제에 관한 내용이다. 이어지는 질문에 답하시오.

〈스마트폰 출고가격 및 공시지원금〉

스마트폰 종류	A	B	C	D	E
출고가격	950,000원	838,000원	915,000원	860,000원	790,000원
공시지원금	190,000원	170,000원	210,000원	180,000원	120,000원

〈스마트폰 요금제〉

구분	Data	기본제공 서비스	사용요금
스몰	1.2GB	음성 / 문자 기본제공 영상통화 100분 제공	33,000원
미디엄	4.0GB	음성 / 문자 기본제공 영상통화 300분 제공	50,000원
라지	100GB	음성 / 문자 기본제공 영상통화 300분 제공	69,000원
패밀리	150GB	음성 / 문자 기본제공 영상통화 300분 제공	79,000원
인피니티	무제한	음성 / 문자 기본제공 영상통화 300분 제공	100,000원

* 스마트폰 구매 시 소비자는 '공시지원금' 또는 '선택약정 할인' 중 하나를 선택해야 한다.
* '공시지원금'을 선택하는 경우 월 납부액은 출고가에서 공시지원금과 대리점 지원금(공시지원금의 15%)을 뺀 금액을 24개월로 나눈 월 기기 값에 사용 요금을 합한 금액이다.
* '선택약정 할인'을 선택하는 경우 월 납부액은 사용 요금제의 75%에 출고가를 24개월로 나눈 월 기기 값을 합친 금액이다.
* 월 기기 값과 선택한 요금제 이외에 다른 비용은 없으며, 1원 단위 이하는 버린다.

22. 다음 중 스마트폰 가격과 요금제에 대한 설명으로 옳지 않은 것은?

① A와 C는 출고가 대비 공시지원금의 비율이 20% 이상이다.

② 출고가격이 가장 비싼 제품과 가장 싼 제품의 대리점 지원금의 차이는 10,000원 이상이다.

③ 한 달에 데이터를 약 3GB, 영상통화를 약 250분 사용할 경우 미디엄 요금제를 사용하는 것이 경제적이다.

④ D를 공시지원금을 받아 24개월 할부로 구매하고 스몰 요금제로 1년 동안 사용한다면 총 납부액 (전화 요금, 할부요금 포함)은 출고가격보다 높다.

⑤ 미디엄 요금제를 사용하는 사람이 선택약정 할인을 통해 B를 구매하는 경우 월 납부액은 72,410 원이다.

23. 공시지원금을 받아 스마트폰을 구매하고 라지 요금제를 사용할 경우 월 납부액이 가장 저렴한 스마트폰은?

① A   ② B   ③ C

④ D   ⑤ E

1회 실전모의
2회 실전모의
3회 실전모의
4회 실전모의
5회 실전모의
6회 실전모의
7회 실전모의
8회 실전모의

[24 ~ 25] 다음 자료를 읽고 이어지는 질문에 답하시오.

앙부일구는 조선 세종 때 처음으로 만들어진 해시계이다. '일구(日晷)'는 보통 '구' 또는 '일영(日影)'과 함께 해시계를 일컫는 말로 사용되던 용어이다.

보통 전통 사회에서 사용되던 해시계는 해 그림자를 받는 시반면이 평평한 평면형 해시계가 대부분이다. 그러나 앙부일구는 예외적으로 오목형 해시계이다. 즉, 시각을 표시해 둔 시반면이 오목한 모양의 반구면 내부에 그려져 있다. 이 오목형 해시계는 동아시아에서 유일하게 우리나라에서만 제작되어 널리 사용되었다.

시반면에는 절기선과 시각선이 새겨져 있는데 시침을 남북의 축으로 한 경도선을 시각선, 위도선을 절기선으로 삼았다. 반구의 정중앙에 위치한 시침의 끝부분이 만들어 내는 해 그림자는 1년 중 24절기에 따라 각각의 절기선을, 그리고 하루 낮 동안에는 시각선을 각각 가리키며 움직이게 된다. 앙부일구는 1년의 절기와 하루 중의 시각을 동시에 잴 수 있는 해시계였다.

하루를 12등분한 시(時)로 나누어 자·축·인·묘·진·사·오·미·신·유·술·해(자시 23 ~ 01시, 축시 01 ~ 03시, 인시 03 ~ 05시, 묘시 05 ~ 07시, 진시 07 ~ 09시, 사시 09 ~ 11시, 오시 11 ~ 13시, 미시 13 ~ 15시, 신시 15 ~ 17시, 유시 17 ~ 19시, 술시 19 ~ 21시, 해시 21 ~ 23시)의 12지신 이름을 붙이고, 매 시는 초(初)와 정(正) 두 부분으로 나눈다. 앙부일구가 처음 만들어졌을 때에는 하루를 100각으로 나눈 100각법을 따랐지만 서양식 천문 계산법을 담은 시헌력(時憲曆)을 1653년에 채택하면서 12시 96각법으로 바뀌었다. 매 시의 초와 정은 초각(15분), 1각(15분), 2각(15분), 3각(15분)으로 나뉘었으며, 초와 정 각각의 시간이 60분이 되어 현재의 시법과 일치하게 되었다.

예를 들어 '오시 정3각 5분'을 현재 시법으로 변환해 보자. 오시는 오전 11시와 오후 1시(13시) 사이를 말하고, 정3각(초초각, 초1각, 초2각, 초3각이 지나고 정초각, 정1각, 정2각, 정3각)은 오후 12시 45분에서 60분 사이를 말한다. 따라서 오시 정3각 5분은 '오후 12시 50분'이 된다.

24. 윗글에 대한 이해로 적절한 것은?

① 앙부일구에서 해 그림자를 받는 시반면은 평평하다.
② 앙부일구는 세종 때 만들어진 세계 최초의 해시계이다.
③ 앙부일구는 절기와 시각을 동시에 측정하는 것이 가능하다.
④ 앙부일구가 처음 만들어진 세종 때에는 시헌력을 따라 12시 96각을 따랐다.
⑤ 앙부일구는 시반면의 시침을 남북 측으로 한 구면 위의 위도선을 시각선으로 삼았다.

25. 오전 7시 35분을 앙부일구 시법(12시 96각법)으로 표현했을 때 옳은 것은?

① 진시 초2각 5분   ② 진시 정2각 5분   ③ 묘시 초2각 5분
④ 묘시 초3각   ⑤ 묘시 정3각

실전모의고사

제7회

7회 실전모의고사

▶ 정답과 해설 36쪽

01. 다음 뉴스에서 전하고 있는 내용이 아닌 것은?

> 기자 : 식량소비량 중 국내에서 생산된 농산물의 비율을 뜻하는 식량자급률. 지난해 국내 식
> 량자급률은 50.9%입니다. 하지만 쌀과 감자 등을 제외한 대부분은 여전히 수입에 의
> 존하고 있어 식량위기가 도래할 수 있다는 주장이 거셉니다. 지난해 국내 콩 자급률은
> 32.1%, 보리는 23%, 밀은 1.2%에 그쳤습니다. 농산물 가격이 오르면서 소비자물가를
> 위해 수입산이 대거 반입되고 있기 때문입니다. 그러나 전문가들은 이 같은 먹거리 수
> 입 의존은 향후 국제곡물가격 폭등 시 국내 식량위기를 초래할 것이라고 경고합니다.
>
> [INT] (전문가 A) : 필리핀 같은 경우 1970년대까지만 하더라도 세계에서 쌀을 수출하는 (주
> 요) 국가였습니다. 그러한 정부가 쌀을 수입하는 정책으로 변환하며 자급률이 줄게 되
> 었고 2007 ~ 2008년 애그플레이션이 나타났던 시기에 식량 폭동까지 나타났습니다.
> 아무리 소득이 많고 수급여건이 좋아도 일정 수준의 자급이 되지 못하면 식량안보상황
> 에 처할 수 있고 이러할 경우 정치 · 사회적 혼란을 야기해서 국민들에게 큰 고통을
> 줄 수 있다고 말할 수 있습니다.
>
> 기자 : 세계 곡물수요가 공급을 초과하거나 주요 수입국의 자연재해 등으로 곡물 조달이 어려
> 운 경우 국내 농산물 생산기반이 없으면 식량난을 겪을 것이라는 예측입니다.
>
> [INT] (전문가 B) : 우리나라의 곡물자급률(사료용 작물 포함)이 24% 수준입니다. 쌀 외에는
> 거의 외국 수입에 의존하고 있다고 보시면 되는데요. 전세계적으로 수요가 늘어나는
> 등 장기적인 요소가 있고요, 단기적으로 곡물파동 등 이상 기온으로 인한 곡물가 급등
> 등을 식량안보를 위협하는 요소로 볼 수 있습니다.
>
> 기자 : 정부는 지난 2013년의 목표치를 대내외 환경변화를 고려해 새롭게 설정하고 공급과잉
> 상태의 쌀 외에 다른 작물 중심으로 자급률을 높일 수 있는 방향으로 설정해 식량자급
> 률과 농가소득에 도움이 되는 방향으로 추진할 방침입니다.

① 이상기온이 발생하면 곡물가가 급등할 수 있다.

② 식량안보를 위해 쌀의 자급률을 높여야 한다.

③ 식량자급률은 식량안보상황에 영향을 줄 수 있다.

④ 식량안보가 확보되지 못하면 사회석 혼란이 야기된다.

⑤ 식량안보를 위해 농산물의 수입 의존도를 낮춰야 한다.

02. 다음 글의 논지 전개 방식으로 적절한 것은?

> 다른 나라와 마찬가지로 최근 호주에서도 자동차는 개인의 전유물에서 시민들이 공유하는 교통수단으로 인식이 변화하고 있다. 호주 현지 전문가들은 카셰어링 비즈니스로 자동차 산업에 일어나고 있는 변화의 정도를 '위험한 속도(Breakneck Speed)'로까지 비유하고 있다. 카셰어링이란 렌터카와 다른 방식인데, 시간 또는 분 단위로 자동차를 빌려 사용하는 방식으로 비용절감뿐만 아니라 환경적, 사회적 측면에서 세계적으로 각광받고 있는 사업 모델이다. 호주에서 카셰어링 시장규모는 8,360만 호주 달러로 지난 5년간 연평균 21.7%의 급격한 성장률을 보이고 있다. IBIS World 산업보고서에 따르면 호주 카셰어링 시장은 앞으로도 가파르게 성장해 2022년에는 현재보다 2.5배 증가한 2억 1,920만 호주 달러에 이를 것으로 보이고 Roy Morgan 리서치에서도 10년 안에 호주 카셰어링 이용자가 현재 20만 명에서 150만 명까지 폭발적으로 늘어나 자동차 산업에 큰 변화를 가져올 것이라고 예상하고 있다. 그렇다면 호주에서 카셰어링 비즈니스가 급성장한 배경은 무엇일까?
>
> 그 배경으로 우선 도심의 인구 증가를 들 수 있다. 다민족 국가인 호주는 이민자들로 인한 인구의 지속적인 증가와 도심으로의 인구 유입 현상을 동시에 겪고 있다. 그러나 카셰어링 서비스 이후 카셰어링 차량 한 대당 도로상의 개인 소유차 9대를 줄이는 효과가 있었으며 카셰어링 멤버들은 해당 서비스 가입 이후 자동차 사용을 50%까지 줄였다고 한다. 이 카셰어링 비즈니스는 주차 문제와 교통 정체를 해결하는 데 도움이 클 것으로 예상된다. 이러한 이유로 호주정부에서 카셰어링 서비스를 적극적으로 지원하고 있다.
>
> 다음은 세계 최고 수준인 호주의 높은 물가를 들 수 있다. 고물가로 생활비가 많이 들어 차량을 소유하는 부담이 크기 때문에 카셰어링 서비스의 이용도가 높아지고 있다. 도시에 거주하고 운전 이동 거리가 적을수록 카셰어링 서비스를 이용하는 비용이 훨씬 저렴하고 여기에다 주차 공간을 찾는데 소요되는 시간도 줄이는 이점도 있기 때문이다.
>
> 또한 IT 환경의 발달이 카셰어링 비즈니스의 급성장에 끼친 영향이 크다. 호주에서 카셰어링 비즈니스를 이용하는 세대들은 휴대 전화를 통한 온라인 플랫폼 이용에 익숙하고 소유보다는 공유를 선호하는 세대이다. 이들은 특히 친환경 차량에도 관심이 높아 온실가스 배출이 제로인 차량을 이용할 수 있다면 기꺼이 비용을 더 지불할 의사도 있다는 조사결과도 있다.
>
> 지금의 세계는 소유가 아닌 공유의 시대로 나아가고 있다. 호주의 카셰어링 비즈니스 시장은 지속적인 성장을 하고 있지만, 앞선 미국이나 유럽 각국의 대도시에 비하면 아직 시작에 불과하다. 그래서 호주의 카셰어링 비즈니스는 아직 부족하고 오히려 잠재력이 큰 시장이다.

① 시간 이동에 따른 대상의 변화 과정을 기술하고 있다.
② 구체적인 근거를 제시하며 현상의 원인을 분석하고 있다.
③ 비유를 통해 어려운 개념을 쉽게 설명하고 있다.
④ 결말을 먼저 밝히고 역순행적으로 진행 과정을 서술하고 있다.
⑤ 현실의 문제를 비판하기 위하여 사례를 들어 반박하고 있다.

03. 다음 글을 읽고 판단할 때, '장소'에 대한 설명으로 적절한 것은?

우리가 경험하고 이해하는 공간은 다양하다. 하늘, 바다, 경관의 공간 또는 높은 빌딩에서 내려다볼 때 발아래에 펼쳐진 도시라는 공간, 또 외부에서 바라보거나 내부에서 경험하게 되는 건물들로 구성된 공간, 지도나 계획도, 천체도, 기하학, 별과 별 사이의 공간 같은 추론의 공간, 또 사물들이 점유한 공간, 국가가 영토로 규정한 공간, 신에게 바쳐진 공간, 이처럼 공간의 범위는 다양하다. 공간은 형태가 없고, 손으로 만져 볼 수도 없고 또 직접 묘사하거나 분석할 수 있는 실체가 아니다. 그러나 우리가 어떻게 공간을 느끼고, 알고 또 설명하더라도 거기에는 항상 장소감이나 장소 개념이 관련되어 있다. 일반적으로 공간이 장소에 맥락을 주는 것처럼 보이지만 공간은 그 의미를 특정한 장소들로부터 얻는다.

공간의 본질은 철학자나 과학자들이 많이 논의해 온 주제이다. 그러나 이러한 논의는 아직까지 해결되지 않았으며 다양한 형태의 공간들을 모두 포괄하면서 상당히 일관된 틀을 정식화하는 것은 쉬운 일이 아니다. 그러므로 이런 논쟁에 휘말리는 것은 적절치 못하다. 하지만 공간과 장소 간의 관계를 명확히 하고 그에 따라 장소를 개념적, 경험적 맥락에서 분리하지 않는 일은 중요하다. 이 딜레마는 직접 경험과 추상적 사고라는 양극단을 가진 연속체 속에 다양한 형태의 공간이 자리 잡고 있음을 인식함으로써 어느 정도 해결될 수 있다. 이 연속체를 다시 몇 가지 형태의 공간으로 구분해 볼 수 있다. 예를 들어 무의식적이고 실용적인 경험 공간, 개별적인 인간들이 의식적으로 경험하는 지각 공간, 건축물 같은 '인공 공간(Built Space)' 그리고 추상적인 기하학적 공간 등이 있다. 이 중에서 '실존' 또는 '생활' 공간이 특히 중요하다. 이 공간은 장소에 대한 현상학적 이해와 관련되기 때문이다. 물론 개념이나 경험, 창조된 공간이 항상 이러한 범주 가운데 딱 들어맞는 것은 아니다. 하지만 이러한 분류는 공간과 관련된 관념, 경험, 활동 등 매우 넓은 범위를 포괄하며 장소의 다양한 의미를 전달해 주기 때문에 유용하다.

일상생활에서 장소는 위치나 외관으로 간단하게 기술될 수 있는, 독립적이고 명확하게 규정되는 실체로 경험되는 것이 아니다. 오히려 장소는 환경 · 경관 · 의식 · 일상적인 일 · 다른 사람들 · 개인적인 체험 · 가정에 대한 배려와 같은 것들이 뒤섞인 데서, 그리고 다른 장소들과의 맥락 속에서 느껴진다. 장소는 나의 장소, 너의 장소, 거리, 동네, 시내, 시 · 군, 지역, 국가와 대륙 등 공간적 정체화가 가능한 모든 수준에서 나타난다. 하지만 장소가 반드시 이렇게 깔끔하게 위계적으로 분류되는 것은 아니다. 모든 장소는 서로 겹치고, 서로 섞이며 다양하게 해석될 수 있다. 그러나 우리의 장소 경험 측면에서 보면 장소 규모의 복잡성과 다양성이 당연히 바람직한 특성이지만 장소를 하나의 현상으로 이해하려고 하게 되면 이 특성이 매우 골치 아픈 문제가 된다. 그러나 장소를 명확하게 인식할 수 있는 한 가지 방법이 있다. 장소를 다차원적인 경험 현상으로 보고 위치나 경관 같은 장소의 다양한 속성 및 개인적 장소 경험 등을 탐구하는 것이다. 이런 방식으로 장소 의미의 원천이나 본질을 밝힐 수 있다.

장소는 인간의 질서와 자연의 질서가 융합된 것이고 우리나 세계를 직접적으로 경험하는 의미 깊은 중심이다. 장소는 고유한 입지, 경관, 공동체에 의하여 정의되기보다는 특정 환경에 대한 경험과 의도에 초점을 두는 방식으로 정의된다. 장소는 추상이나 개념이 아니다. 장소는 생활 세계가 직접 경험되는 현상이다. 그래서 장소는 의미, 실재 사물, 계속적인 활동으로 가득 차 있다. 이것은 개인과 공동체 정체성의 중요한 원천이며 때로는 사람들이 정서적·심리적으로 깊은 유대를 느끼는 인간 실존의 심오한 중심이 된다. 사실 장소와 인간의 관계는 사람들과의 관계와 마찬가지로 필수적이고 다양하며, 때로는 불쾌한 것이다.

규모에 상관없이 모든 장소는 자연물과 인공물, 활동과 기능 그리고 의도적으로 부여된 의미가 종합된 총체적인 실체이다. 이런 구성 요소들로 특정 장소의 정체성이 만들어지지만 구성 요소가 이 정체성을 규정하는 것은 아니다. 장소의 정체성이란 특별한 성격을 가진 내부성이자 내부에 있다는 경험으로서 장소들을 공간상에 분리시키는 역할을 한다. 내부성은 중세 도시의 성곽 같이 물리적 형태와 관련이 있고 또 물리적 형태에 반영되기도 한다. 또는 장소의 고유한 특질을 유지하려는 의식(儀式)과 주기적인 활동으로 내부성이 표출될 수도 있다. 하지만 무엇보다도 내부성은 장소 경험의 강렬함과 관련이 있다.

① 장소는 객관적인 지표를 기준으로 정의 내릴 수 있다.
② 장소는 공간과는 독립적으로 이해해야 한다.
③ 장소는 개인의 경험과 밀접하게 관련되어 있다.
④ 장소는 공간적 정체화가 가능하다면 명확하게 분류할 수 있다.
⑤ 공간과 달리 장소에 대한 경험은 정서적이다.

04. 다음 중 ㉠과 ㉡에 대한 설명으로 옳지 않은 것은?

기체는 물질이 나타내는 네 가지 상 즉, 고체, 액체, 기체, 플라즈마 중 하나로 고체나 액체에 비해 밀도가 낮고 일정한 모양과 부피를 가지지 않는다는 특성을 가진다. 부피는 물질 또는 도형이 차지하거나 포함하는 공간으로, 닫힌 표면에 의해 둘러싸인 3차원 공간의 용적을 의미한다. 온도는 현존하는 모든 물체의 차고 뜨거운 정도를 수치화하여 나타낸 것이고, 압력은 물체와 물체, 액체와 물체, 기체와 물체 등 서로 만나는 접촉면에서 서로를 미는 힘을 가리킨다.

기체의 온도에 따른 부피의 변화는 압력이 일정할 때 기체의 온도가 올라가면 기체의 분자 운동이 활발해지고, 이에 따라 부피가 증가하게 된다. 즉, 온도가 증가하면 부피도 증가하므로 온도와 부피는 서로 비례하게 된다. 이를 샤를의 법칙이라고 한다. 그렇다면 압력과 부피 간의 관계는 어떨까?

기체의 온도를 일정하게 하고 부피를 줄이면 압력은 높아진다. 한편 압력을 일정하게 유지할 때 온도를 높이면 부피는 증가한다. 이와 같이 기체의 상태에 영향을 미치는 압력(P), 온도(T), 부피(V)의 상관관계를 1몰*의 기체에 대해 표현하면 $P = \dfrac{RT}{V}$(R : 기체 상수)가 되는데, 이를 ㉠이상 기체 상태 방정식이라 한다. 이 식은 기체에서 세 변수 사이에 발생하는 상관관계를 간명하게 설명할 수 있다.

여기서 이상 기체란 분자 자체의 부피와 분자 간 상호 작용이 없다고 가정한 기체이다. 이상 기체가 되기 위해서는 다음의 다섯 가지 규칙을 모두 만족해야 한다. 첫 번째, 어떤 한 기체는 많은 동일한 분자들로 구성된다. 여기에서 '많다'라는 표현은 분자 개개의 경로를 추적할 수 없음을 의미한다. 두 번째, 분자들은 뉴턴의 운동법칙을 따른다. 세 번째, 분자 자체만의 총 부피는 기체 전체가 차지하는 부피 중에서 무시할 수 있을 만큼 작은 부분이다. 즉, 분자 자체의 부피는 무시한다. 네 번째, 모든 분자의 운동은 무작위적이다. 즉, 각각의 분자들은 각각의 운동방향과 속력을 가지고 운동한다. 다섯 번째, 분자들은 서로 상호작용을 하지 않으며, 분자와 분자 또는 분자와 용기 벽면의 충돌은 완전탄성충돌이라 가정한다.

하지만 실제 기체에 이상 기체 상태 방정식을 적용하면 잘 맞지 않는다. 실제 기체에는 분자 자체의 부피와 분자 간의 상호작용이 존재하기 때문이다. 분자 간의 상호 작용은 인력과 반발력에 의해 발생하는데, 일반적인 기체 상태에서 분자 간 상호작용은 대부분 분자 간 인력에 의해 일어난다. 온도를 높이면 기체 분자의 운동 에너지가 증가하여 인력의 영향은 줄어든다. 또한 인력은 분자 사이의 거리가 멀어지면 감소하는데, 어느 정도 이상 멀어지면 그 힘은 무시할 수 있을 정도로 약해진다. 하지만 분자들이 거의 맞닿을 정도가 되면 반발력이 급격하게 증가하여 반발력이 인력을 압도하게 된다. 이러한 반발력 때문에 실제 기체의 부피는 압력을 아무리 높이더라도 이상 기체에서 기대했던 것만큼 줄지 않는다.

이제 부피가 V인 용기 안에 들어 있는 1몰의 실제 기체를 생각해 보자. 이때 분자의 자체 부피를 b라 하면 기체 분자가 운동할 수 있는 자유 이동 부피는 이상 기체에 비해 b만큼 줄어든 $V - b$가 된다. 한편 실제 기체는 분자 사이의 인력에 의한 상호작용으로 분자들이 서로 끌어당기므로 이상 기체보다 압력이 낮아진다. 이때 줄어드는 압력은 기체 부피의 제곱에 반비례하는데, 이것을 비례 상수 a가 포함된 $\dfrac{a}{V^2}$로 나타낼 수 있다. 왜냐하면 기체의 부피가 줄면 분자 간 거리도 줄어 인력이 커지기 때문이다. 즉 실제 기체의 압력은 이상 기체에 비해 $\dfrac{a}{V^2}$만큼 줄게 된다.

이와 같이 실제 기체의 분자 자체 부피와 분자 사이의 인력에 의한 압력 변화를 고려하여 이상 기체 상태 방정식을 보정하면 $P=\dfrac{RT}{V-b}$가 된다. 이를 ⓒ반데르발스 상태 방정식이라 하는데, 여기서 매개 변수 a와 b는 기체의 종류마다 다른 값을 가진다. 이 방정식은 실제 기체의 압력, 온도, 부피의 상관관계를 이상 기체 상태 방정식보다 잘 표현할 수 있게 해 주었으며, 반데르발스가 1910년 노벨상을 수상하는 계기가 되었다. 이처럼 자연현상을 정확하게 표현하기 위해 단순한 모형을 정교한 모형으로 수정해 나가는 것은 과학 연구에서 매우 중요한 절차 중의 하나이다.

*1몰 : 기체 분자 6.02×10^{23}개

① ㉠, ㉡ 모두 기체의 압력, 온도, 부피 간의 상관관계를 나타낸다.
② ㉠과 달리 ㉡에서는 기체 분자 사이에 작용하는 인력이 기체의 부피에 따라 달라짐을 반영한다.
③ ㉠으로부터 ㉡이 유도된 것은 단순한 모형을 실제 상황에 맞추기 위해 수정한 과학의 예이다.
④ 매개 변수 b는 ㉠을 ㉡으로 보정할 때 실제 기체의 자체 부피를 고려하여 추가된 것이다.
⑤ 용기의 부피가 같다면 ㉠에서 기체 분자가 운동할 수 있는 자유 이동 부피는 ㉡에서보다 작다.

05. 다음 글을 이해한 내용으로 적절한 것은?

어떤 회사를 중소기업인지 아닌지 구분할 수 있는 방법은 우리나라 법전에 명시되어 있다. 중소기업기본법에서는 기업의 3년간 평균 매출액에 따라 그 기업이 중소기업인지 아닌지를 정하고 있다. 다만 업종별 상대적 매출이 높을 수밖에 없거나 낮을 수밖에 없는 경우가 있기 때문에 업종에 따라 평균 매출액의 기준은 최소 400억 원부터 최대 1,500억 원까지로 다르게 설정되어 있다.

예를 들어 옷, 가방, 가구, 종이와 같은 제품을 만드는 회사라면 상대적으로 평균 매출액이 높기 때문에 1,500억 원 이하여야 중소기업이 된다. 반면 식료품, 플라스틱 제품을 만드는 회사의 경우에는 평균 매출액이 1,000억 원 이하여야 중소기업이다. 또 제조업이나 건설업, 도매 및 소매업과 같은 서비스업은 상대적으로 평균 매출액이 낮기 때문에 1,000억 원 이하까지는 모두 중소기업으로 분류될 수 있다. 마지막으로 호텔이나 식당 같은 숙박 및 음식점업, 학원 같은 교육 서비스업의 중소기업 기준은 평균 매출액 400억 원 이하이다.

우리나라에서 소위 '대기업'이라고 부르는 회사들도 그 기준이 따로 정해져 있는데, 기준에 따라 대기업에 해당되면 당연히 중소기업은 아니게 된다. 대기업을 구분하는 기준은 바로 공정거래위원회(이하 공정위)에서 지정하는 상호출자제한기업집단에 속하느냐, 속하지 않느냐이다. 기업집단의 자산이 10조 원 이상이 되면 공정위는 이 기업집단의 우두머리인 '총수'를 정하고 혹시 부정한 일을 저지르지 않는지 특별 관리를 한다. 이렇게 상호출자 금지, 순환출자 금지 등의 특별 관리를 받는 상호출자제한기업집단은 우리가 '재벌'이라고 부르는 집단과 동일하다고 보면 된다. 이 법은 그룹을 관리하고 규제하기 위해 만들어진 법으로, 재벌 기업들이 상호출자를 통해 규모를 불려 왔기 때문에 이를 제한하기 위해서 상호출자제한이라는 법을 사용하는 것이다. 이렇게 상호출자집단에 속한 기업들은 기업 매출이나 자산 규모와는 무관하게 대기업으로 분류가 된다. 즉, 내가 다니는 회사의 연봉이나 처우 혹은 시스템과는 무관하게 그룹 전체의 자산이 얼마나 크냐에 따라 대기업으로 지정된다는 뜻이다.

이와 같이 중소기업, 대기업에 대한 법적인 개념이 명확한 데 비해 일상생활에서는 아직도 중소기업이라는 단어를 혼동해 사용하는 경우가 많다. 그 이유 중 하나는 2014년 이전만 해도 중소기업의 분류 기준이 기업의 종사자 수가 300명 이하인지 아닌지로 설정되어 있었기 때문이다. 따라서 지금까지도 직원 수를 기준으로 삼아 중소기업을 구분하는 경우도 적지 않은 것이다.

① 2014년 이전까지는 직원 수가 500명 이하이면 무조건 중소기업에 해당되었다.

② 중소기업과 대기업을 분류하는 법적 기준의 불명확함이 혼란을 초래하고 있다.

③ 상호출자제한기업집단에 속하는 기업은 다른 요소들과는 무관하게 모두 대기업이다.

④ 현재 매출이 충분히 높지 않은 기업도 자산이 1천억 원 이상이면 대기업으로 분류된다.

⑤ 중소기업의 여부는 중소기업기본법을 기준으로 연간 매출액에 따라 결정된다.

06. 다음 글의 ㉠에 대한 필자의 견해로 보기 어려운 것은?

㉠격차사회란 구성원들을 하나의 도량형으로 평가하는 사회입니다. 단 하나의 도량형으로 모든 사람들의 등급을 매길 수 있기 때문에 격차가 발생합니다. 이것이 예전의 계급사회와 다른 점입니다. 귀족과 농민은 단순히 서 있는 열이 다를 뿐만 아니라 아예 같은 부류가 아니었으며, 전혀 다른 종족에 속해 있었습니다. 그래서 어떤 뜻밖의 상황으로 서로의 입장이 바뀌는 일 같은 건 애초에 상정되지 않았습니다.

「수상록」의 저자 몽테뉴는 프랑스 보르도의 귀족이었습니다. 몽테뉴의 영지와 대저택을 손에 넣은 사람은 상인이었던 그의 증조부입니다. 하지만 그것만으로는 귀족이 될 수 없었습니다. 그의 아들이 시인으로서 신망을 높이고 교육에 재산을 투자하였으며, 그 손자가 국왕과 귀족의 전쟁에 나가고, 라틴어와 작법을 익혀 증손 세대인 몽테뉴 대에 이르러서야 마침내 주위의 사람들로부터 '그 사람은 타고난 귀족'이라 인정받게 됩니다. 몽테뉴의 시대에는 부유한 시민이 귀족계급으로 신분이동하는 데 4대에 걸친 노력이 필요했습니다. 계급사회는 그렇게 태생이 계급을 정합니다. 운 좋게 기회를 낚아서 갑자기 사회의 최상층에 자리 잡는 일 같은 건 발생하지 않습니다.

우리가 현재 맞닥뜨리고 있는 것은 격차사회이지 계급사회가 아닙니다. 격차사회는 모두가 같은 종족임을 전제로 만들어진 사회입니다. 언뜻 보기에는 매우 민주적인 사회라 할 수 있습니다. 능력과 성과를 수치로 비교할 수 있다는 것은 우선 그 외의 조건이 모두 동일하다는 것을 전제로 하기 때문입니다. 하지만 실제로 평등한지 여부는 알지 못합니다. 예를 들어 학력을 비교하는 경우에 성적이 좋은 아이와 나쁜 아이는 같은 조건에서 경쟁하고 있으며, 그들 사이에 차이를 만드는 것은 선천적 소질과 후천적인 학습 노력뿐이라는 이야기가 되는 겁니다.

연봉을 비교하는 경우도 마찬가지입니다. 연봉이 높은 사람도 낮은 사람도 동일한 조건에서 경쟁하는데 연봉 차이가 나는 건 결국 재능과 노력의 차이 때문이라고 합니다. 그러면서 학교든 직장이든 순위 교체는 언제나 가능하다고 하지요. 그렇지 않으면 수치적으로 차별화하는 의미가 없기 때문입니다.

격차사회는 계급사회와 이 점이 다르므로, 이 점을 제대로 간파해야 합니다. 격차사회의 가장 큰 문제점은 바로 여기에 있기 때문입니다. 모두가 동일한 조건에서 경쟁한다는 전제 자체가 사실은 '허구'라는 겁니다.

① 경쟁에서 밀려난 약자들이라도 노력으로 우위에 설 수 있다.
② 개인이 아무리 노력하더라도 다른 사람과 서 있는 열은 같아질 수 없다.
③ 능력과 성과를 수치로 비교할 수 있다는 것은 그 외의 조건이 모두 동일함을 전제로 한다.
④ 오늘날은 사람의 등급을 하나의 도량형으로 평가하는 사회이다.
⑤ 이 때문에 현대사회에서 많은 문제들이 발생한다.

07. 다음 글의 제목으로 가장 적절한 것은?

현실 사회의 사람들이 주류 경제학에서 이론적으로 상정해 온 경제적 인간(Homo Economicus)처럼 완벽한 이기심과 합리성을 갖춘 존재는 아니지만 기본적으로, 그리고 평균적으로 자기 이익을 추구한다고 보아도 큰 무리는 없을 것이다. 그런데 가격 기구를 통해 효율적인 자원 배분을 이룰 수 있다고 간주된 시장은 그 이론적 전제가 충족되지 않을 때 비효율성을 드러낸다. 이러한 시장 실패를 가져오는 대표적인 존재는 외부성, 공공재, 그리고 정보의 비대칭성이다.

이 중 공공재가 시장에서 조달되기 어려운 것은 자신의 선호를 숨긴 채 타인의 기여에 무임승차 하려는 개인의 이기적 태도, 즉 공동체를 생각하는 공공심의 부재에 기인한다. 만약 타인의 공공심에 대한 상호 신뢰가 구축된 사회라면 공공재의 조달에 어려움을 덜 겪게 될 것이다.

또한 정보의 비대칭성으로 인한 불신은 국내외 거래와 동업, 기업합병 등에 장애요인이 된다. 이 경우 사회적 신뢰와 연결망을 바탕으로 하는 사회자본은 대기업 등 대규모 조직의 형성, 금융발전, 무역을 촉진할 수 있다. 이러한 요인들은 모두 사회자본이 경제성장에 긍정적 요인으로 작용하도록 한다. 한편 법질서 준수, 관용과 배려 등 사회규범으로서의 사회자본 역시 사회갈등을 예방하고 사회통합을 통해 안정적 경제활동과 포용적 경제성장에 기여할 수 있다.

그 밖에도 사회자본은 경제 체질 강화를 위한 구조개혁을 가능하게 하는 자원이 된다. 예컨대 경제의 효율성과 성장잠재력을 높이기 위한 개혁의 교섭 과정에서 기득권 일부를 먼저 양보해야 할 세력이 있는 경우를 생각해 보자. 이들이 교섭 상대방이나 중재자에 대한 신뢰가 없어 이번의 양보가 결국 일방적인 희생에 그치게 될 것이라는 생각이 지배적이라면 결코 개혁안을 수용하지 않을 것이다.

또한 체제전환국들이 시장경제와 민주주의를 수용하는 과정에서도 사회자본의 역할이 중요하다. 격변의 과정에서 국민들이 가진 기대치는 높지만, 이행과정 초기의 현실은 진통과 혼란이 불가피하다. 이행기 정부와 같은 변화 주도 세력에 대한 공적 신뢰가 뒷받침되어야 국민들이 개혁의 성과가 체감되기까지 기대에 못 미치는 초기의 현실을 인내하고 지속적인 지지를 보낼 수 있을 것이다.

끝으로 사회적 신뢰와 관여 등의 사회자본은 행복감과 같은 주관적 안녕감에도 중요한 역할을 한다. 행복에 영향을 미치는 요인 중 인간관계의 중요성은 사람들의 생애를 추적 조사한 연구에서 입증된 비 있다.

① 사회자본을 통한 정보의 비대칭성 극복
② 사회자본의 중요성과 형성 방안
③ 구조개혁 첨병으로서의 사회자본
④ 사회자본의 역할 및 중요성
⑤ 사회자본이 개인과 국가의 행복감에 미치는 영향

08. 다음 글의 밑줄 친 (A)와 (B)의 주장을 뒷받침하는 내용을 〈보기〉에서 골라 글에 추가한다고 할 때, 바르게 연결된 것은?

기술이 일과 직업 그리고 임금에 미치는 영향에 관한 논쟁은 산업 시대의 역사만큼이나 오래되었다. 1810년대 영국 섬유 노동자들은 방직기 도입을 반대하며 시위를 벌였다. 방직기가 노동자들의 일자리를 위협했기 때문이다. 이후로 새로운 기술진보가 나타날 때마다 신기술이 노동을 대규모로 대체할 것을 우려하는 파문이 일었다.

(A) 이 논쟁의 한 축에는 신기술이 노동자를 대체할 가능성이 있다고 믿는 사람들이 있다.

(B) 이 논쟁의 다른 한 축에는 노동자들에게 아무 문제가 없을 것이라고 말하는 사람들이 있다.

경제학자 바실리 레온티에프가 기발하게도 말과 사람을 비교함으로써 이 논의의 논점을 분명하게 했다. 수십 년 동안 말의 노동은 기술 변화에 영향을 받지 않을 것처럼 보였다. 조랑말을 이용한 속달 우편 서비스를 전신이 대신하고, 역마차를 철도가 대체할 때도 미국의 말 사육 두수는 끝없이 늘어날 것으로 보였다. 말과 노새는 농장에서뿐만 아니라 빠르게 성장하는 미국 도시의 중심부에서도 사람과 화물을 운송하는 전세마차와 합승마차에 요긴하게 쓰였다. 그러나 내연기관이 도입, 확산되면서 추세가 급격하게 반전되었다. 엔진이 도시에서는 자동차에 사용되고 시골에서는 트랙터에 사용되면서 말은 무용지물이 되었다. 미국의 말 사육 두수는 불과 반세기 만에 거의 88%나 감소했다.

비슷한 변화가 인간 노동에도 적용될까? 자율 주행 차량과 셀프서비스, 슈퍼컴퓨터가 궁극적으로 인간을 경제에서 몰아낼 기술 진보 물결의 전조일까? 레온티에프는 이 질문에 대한 답이 'yes'라고 생각했다. "가장 중요한 생산 요소로서 인간의 역할은 말의 역할이 처음에 감소하다가 나중에 사라진 것과 같은 방식으로 감소할 것입니다."

보기

ㄱ. 해야 하고, 할 수 있는 일의 양은 무한하게 증가하므로 고정된 '노동 총량'이란 없다.

ㄴ. 1964년 컴퓨터 시대의 여명기에 사회이론가 그룹은 린든 존슨 당시 미국 대통령에게 서한을 보내, 컴퓨터에 의한 자동 제어가 거의 무한한 생산 능력을 가진 시스템을 낳게 되고 결국 인간고용을 감소시킬 것이라고 경고했다.

ㄷ. 19세기 중반부터 선진국을 중심으로 실질 임금과 일자리 수가 비교적 꾸준히 증가해 왔다는 미국 국립과학 아카데미 보고서의 내용이 있다.

ㄹ. 1930년 전기와 내연기관이 도입된 뒤 케인스는 이러한 혁신이 물질적 번영을 가져오겠지만 동시에 '기술적 실업'을 만연시킬 것으로 예측했다.

① (A)의 뒷받침 내용 : ㄱ, ㄴ
② (A)의 뒷받침 내용 : ㄴ, ㄷ
③ (B)의 뒷받침 내용 : ㄱ, ㄷ
④ (B)의 뒷받침 내용 : ㄴ, ㄹ
⑤ (B)의 뒷받침 내용 : ㄷ, ㄹ

09. 〈보기〉의 예시 중 다음 글에서 설명한 소비자 피해사례에 해당하는 것의 개수는?

공정거래위원회와 한국소비자원이 추석을 맞아 소비자 피해가 빈번히 발생하는 항공, 택배, 상품권, 자동차 견인 분야에 대한 소비자 피해주의보를 공동으로 발령했다. 두 기관에 따르면 항공·택배·상품권·자동차 견인 분야에서 소비자 피해 구제 접수 건수는 1,348건에서 지난해 1,761건으로 3년 사이 413건(30.6%)이 증가했다.

대표적인 소비자 피해 사례는 항공권 취소 시 과다한 수수료 요구 및 운송 과정에서 위탁 수하물 파손, 택배 물품 파손과 분실, 주문한 상품권 미배송·배송지연, 과도한 차량 견인 요금 청구 등이다. 항공 분야에서는 구매한 항공편의 운항이 취소돼 여행 일정에 차질이 생겼음에도 항공사가 보상을 거절하거나 위탁 수하물이 파손되었음에도 정확한 보상 안내를 하지 않는 경우가 발생하기도 한다. 택배 분야에서는 택배 서비스 이용이 집중되는 추석 명절 특성상 배송지연, 물품 분실 등의 사고가 많이 발생하며 신선 식품의 경우 상한 상태로 배송되는 피해가 발생하기도 한다. 상품권 분야에서는 상품권 판매 사업자가 인터넷에서 대폭 할인 등의 광고로 소비자를 유인하여 묶음 구매, 현금 결제를 유도한 뒤 상품권을 배송하지 않는 경우가 발생하기도 한다. 차량 견인 분야에서는 견인 사업자가 기준을 크게 초과해 부당한 요금을 청구하거나 차량이 견인 도중 파손되는 경우가 있다.

이와 같이 9 ~ 10월에 소비자 피해가 빈번한 것은 명절 특수 서비스 이용이 추석 연휴 동안 집중되어 나타나기 때문이다. 상품을 선택할 때에는 가격, 거래 조건, 상품 정보, 업체 정보 등을 종합적으로 비교해 신중하게 결정해야 한다. 항공 분야의 경우 항공권 구매 시 운송 약관과 유의 사항, 예약 정보를 확인하고, 위탁수하물이 있는 경우 반드시 해당 항공사의 관련 규정과 주의 사항을 확인해야 한다. 얼리버드, 땡처리 등 할인 항공권의 경우 환불 수수료가 높게 책정되는 경우가 있으므로 구매 전 환불조건을 꼼꼼히 확인해야 한다. 또한 항공 이용 과정에서 위탁 수하물 파손, 분실, 인도 지연 시에는 공항 내 항공사 직원에게 즉시 피해 사실을 신고해야 한다. 택배 분야의 경우 택배 물량이 크게 증가하는 시기이니 배송 지연을 예방하기 위해 1주일 이상의 충분한 시간적 여유를 두고 배송 신청을 한다. 배송 물품 분실 시 소비자 분쟁 해결 기준에 따른 배상을 받기 위해서는 운송장에 물품 종류, 수량, 가격을 정확히 기재하고 물품 배송이 완료될 때까지 운송장을 보관해야 한다. 인터넷에서 대폭 할인 등의 광고를 이용해 대량 구입을 유인하는 곳에서의 구매는 피하고 상품권의 유효 기간, 사용이 가능한 가맹점 등을 확인해 편리하게 사용할 수 있는 상품권을 선택한다. 자동차 견인 분야의 경우 사고로 경황이 없을지라도 견인 사업자가 요구하는 금액을 확인한 뒤 견인에 동의하고, 가급적 자동차 보험 특약에 포함된 견인 서비스를 이용한다. 자동차 견인 과정에서 부당한 요금 징수로 피해를 입은 경우에는 영수증 등 입증 자료를 확보하여 관할 시·군·구청에 신고할 수 있다. 명절 연휴 피해를 입은 소비자는 보상이 완료될 때까지 계약서나 영수증, 사진, 동영상 등 증빙 자료를 보관해야 한다.

소비자 피해가 발생하면 소비자상담콜센터인 '1372소비자상담센터(국번 없이 1372, ccn.go.kr)' 또는 '행복드림 열린소비자포털(모바일 앱, consumer.go.kr)'을 통해 거래내역, 증빙서류 등을 갖추어 상담 또는 피해구제를 신청할 수 있다.

소비자 피해의 상당수가 사업자의 미흡한 정보 제공 때문에 발생하는 것인 만큼 사업자들도 가격, 거래조건 등의 정확한 정보를 소비자들이 알기 쉽게 표시하거나 제공해야 한다. 사업자들도 이용 약관이 표준 약관이나 소비자 분쟁 해결 기준과 다른 경우에는 사전에 소비자들에게 명확히 고지하는 것이 중요하다. 항공 등을 이용할 때, 소비자가 예약을 했다가 연락 없이 나타나지 않는 경우 사업자는 물론 해당 서비스를 이용하고자 하는 다른 소비자들도 피해를 볼 수 있다. 소비자들도 일정이 변경되면 가급적 빨리 해당 업체에 연락해 예약을 취소하는 등 성숙한 소비 문화가 정착될 수 있도록 노력해야 한다.

보기

(가) A 씨는 추석 연휴 여행을 위해 7월 30일에 인천−LA 왕복항공권을 구입했다. 그러나 9월 13일, 항공사로부터 9월 22일부터 인천−LA 노선이 인천−샌프란시스코 노선으로 변경되어 대체편 예약과 항공권 변경이 필요하다는 메일을 받았다. 이에 A 씨는 직항으로 구입했으나 경유편을 이용하게 되는 등 손해를 보았기에 전액 환불을 요구했으나 항공사는 왕복 요금의 50%가 되지 않는 금액만 환불이 가능하며 추가적인 보상이 불가하다고 주장했다.

(나) B 씨는 9월 20일 백화점에 있는 L사 매장을 방문해 상품권을 사용하려고 했다. 그러나 L사측은 발행일로부터 5년 이내의 상품권만 매장에서 사용이 가능하다고 했다. 또한 발행일로부터 10년 이내의 상품권은 인터넷에서만 사용이 가능하며 10년이 경과한 상품권은 사용이 불가하다고 했다. 그러나 상품권 뒷면에는 별도의 유효기간이 없다고 기재되어 있었다.

(다) C 씨는 지인에게 선물을 보내기 위하여 명절 3일 전 미리 배송 신청하였다. 그러나 명절 당일까지 지인에게 선물이 도착하지 않았다. 이에 택배회사에 이의제기하고 배상을 요구했으나 택배회사는 택배 물량이 크게 증가하여 부득이 배송이 지연된 것이라며 적극 응답하지 않았다.

(라) D 씨는 9월 23일 택시와 추돌사고가 발생해 견인 사업자를 통해 갓길로 견인조치 했다. 그런데 사업자가 5m 가량 이동한 것에 대한 견인비 명목으로 500,000원을 요구했다.

① 0개 ② 1개 ③ 2개
④ 3개 ⑤ 4개

10. AA 기업 사원 채용시험의 지원자에 대한 정보가 다음과 같다. 1차 면접에 합격한 지원자는 몇 명인가?

> • 1차 면접에 합격한 지원자의 남녀 성비는 4 : 5이다.
> • 이 중 2차 면접에 합격한 지원자의 남녀 성비는 3 : 7이다.
> • 2차 면접에서 불합격한 지원자의 남녀 성비는 21 : 23이다.
> • 2차 면접에서 합격한 지원자의 수는 50명이다.

① 150명   ② 155명   ③ 165명
④ 220명   ⑤ 270명

11. 김새롬 씨는 오늘 벼룩시장에서 생활용품을 판매했다. 판매 물품과 내용이 다음과 같을 때, 새롬 씨가 판 물건의 총 이익률은?

> • 오늘 판매한 수제 캔들은 24개, 수제 비누는 40개이다.
> • 수제 캔들의 원가는 900원이고, 판매가는 3,000원이다.
> • 수제 비누의 원가는 1,200원이고, 판매가는 4,000원이다.
> • 총 이익률은 $\dfrac{\text{매출총이익}}{\text{총 매출액}} \times 100$, 매출총이익은 총 매출액 − 총 매출원가이다.

① 2%   ② 21%   ③ 39%
④ 70%   ⑤ 82%

12. C 기업에서는 매년 상/하반기마다 인사 평가를 수행하고 있다. 하 대리는 입사 4년 차 하반기 개인 평가를 앞두고 있는데, 지난 4년간 개인 평가점수의 전체 평균이 7.5점 이상이 되려면 하 대리는 4년 차 하반기에 최소 몇 점을 받아야 하는가?

- 1년 차 상/하반기 평가점수 : 평균 6.8점
- 2년 차 상/하반기 평가점수 : 평균 7.1점
- 3년 차 상/하반기 평가점수 : 평균 8.2점
- 4년 차 상반기 평가점수 : 7.6점

---

① 8.2점   ② 8.4점   ③ 8.6점
④ 8.8점   ⑤ 9.0점

13. 다음은 지난주 ○○기업 고객센터에 접수된 소비자 문의에 대한 응답시간을 나타낸 표이다. 소비자 문의 240건에 대한 평균 응답시간이 50분이라고 할 때, A와 B는 각각 몇 건인가? (단, 고객센터에 접수된 모든 질문은 2시간 이내에 응답되었다)

응답시간	문의 건수
0 ~ 20분 미만	26건
20분 이상 ~ 40분 미만	58건
40분 이상 ~ 60분 미만	89건
60분 이상 ~ 80분 미만	33건
80분 이상 ~ 100분 미만	(A)
100분 이상 ~ 120분 미만	(B)
합계	240건

① A : 25건, B : 9건   ② A : 26건, B : 8건   ③ A : 27건, B : 7건
④ A : 28건, B : 6건   ⑤ A : 29건, B : 5건

1회 실전모의

2회 실전모의

3회 실전모의

4회 실전모의

5회 실전모의

6회 실전모의

7회 실전모의

8회 실전모의

[14 ~ 15] 다음 자료를 보고 이어지는 질문에 답하시오.

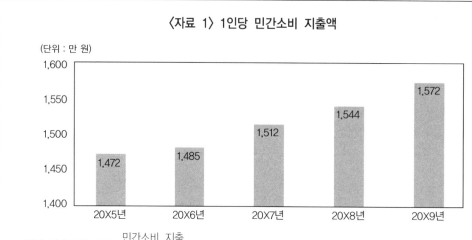

〈자료 1〉 1인당 민간소비 지출액

(단위 : 만 원)

	20X5년	20X6년	20X7년	20X8년	20X9년
금액	1,472	1,485	1,512	1,544	1,572

* 1인당 민간소비 지출 = $\dfrac{\text{민간소비 지출}}{\text{총 인구}}$

〈자료 2〉 가구 소비지출 구성비

(단위 : %)

구분	20X5년	20X6년	20X7년	20X8년	20X9년
교통	12.4	13.0	12.6	12.0	14.3
식료품 / 비주류음료	14.0	13.8	13.8	13.7	14.1
음식 / 숙박	12.9	13.1	13.2	13.5	13.9
주거 / 수도 / 광열	10.8	10.4	10.8	10.7	11.1
기타 상품 / 서비스	8.2	8.4	8.4	8.6	7.9
교육	11.4	11.2	11.1	11.1	7.4
보건	6.6	6.6	6.8	7.0	7.1
오락 / 문화	5.6	5.8	5.8	5.9	6.8
의류 / 신발	6.8	6.6	6.3	6.2	6.2
통신	6.2	5.9	5.8	5.6	5.4
가정용품 / 가사서비스	4.0	4.1	4.1	4.3	4.4
주류 / 담배	1.1	1.1	1.3	1.4	1.4

14. 다음 중 제시된 자료에 대한 해석으로 옳지 않은 것은?

① 20X7년 4인 가족은 주거 / 수도 / 광열 부문의 비용으로 약 653만 원을 지출하였다.

② 가구 소비지출에서 통신 부문 비용이 차지하는 비율과 지출액은 점점 줄어들고 있다.

③ 20X8년과 20X9년 주류 / 담배 부문의 소비지출 비율은 동일하나, 지출액은 3,000원 이상 차이가 난다.

④ 가구 소비지출 전체 부문 중 음식 / 숙박 부문에서만 유일하게 지출액 구성비율이 매년 지속적으로 증가하였다.

⑤ 1인당 민간소비 지출액은 꾸준히 증가하였으며, 20X9년 1인당 민간소비 지출액은 20X5년 대비 100만 원 증가하였다.

15. A 씨는 배우자, 자녀 1명과 함께 살고 있다. 제시된 자료만을 토대로 할 때, A 씨 가족이 20X9년 식료품 / 비주류음료 부문에 지출한 금액은?

① 2,115,280원   ② 2,216,520원   ③ 4,433,040원

④ 6,345,840원   ⑤ 6,649,560원

1회 실전모의
2회 실전모의
3회 실전모의
4회 실전모의
5회 실전모의
6회 실전모의
7회 실전모의
8회 실전모의

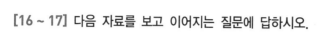

[16 ~ 17] 다음 자료를 보고 이어지는 질문에 답하시오.

〈자료 1〉 생활체육참여율

(단위 : %)

구분	20X4년	20X5년	20X6년	20X7년	20X8년	20X9년
주 1회	43.3	45.5	54.8	56.0	59.6	50.2
주 2회 이상	35.0	31.4	41.5	45.3	49.3	48.2

* 생활체육참여율 : 10세 이상 인구 중 1회당 30분 이상 규칙적인 체육활동에 참여하는 인구의 비율

〈자료 2〉 성별 및 연령집단별 주 2회 이상 생활체육참여율

(단위 : %)

구분		20X4년	20X5년	20X6년	20X7년	20X8년	20X9년
성별	남성	35.1	29.8	41.2	44.1	49.2	45.6
	여성	34.9	33.0	43.9	46.6	49.3	50.8
연령집단	20세 미만	27.4	24.8	38.9	36.2	45.9	45.3
	20 ~ 29세	30.3	28.7	47.2	46.0	46.9	56.5
	30 ~ 39세	32.1	30.6	40.3	42.3	46.8	51.1
	40 ~ 49세	38.5	31.1	44.3	48.3	50.7	47.8
	50 ~ 59세	41.4	36.0	45.9	47.9	51.0	47.2
	60 ~ 69세	39.8	37.4	48.1	51.0	54.2	52.1
	70세 이상	37.1	34.9	39.4	44.6	49.5	48.8

16. 다음 중 자료에 대한 설명으로 옳지 않은 것은?

① 20X7년에 주 1회 생활체육참여율은 전년 대비 2% 이상 증가하였다.

② 연령집단 중 20X4년에 주 2회 이상 생활체육참여율이 두 번째로 높은 연령대는 60대이고, 20X6년에는 20대가 두 번째로 높다.

③ 20X6년 이후 매년 10세 이상 인구의 절반 이상이 주 1회 30분 이상 규칙적으로 체육활동에 참여하였다.

④ 20X9년 주 2회 이상 규칙적인 체육활동을 하는 70세 이상 인구의 비율은 20X4년 대비 35% 이상 증가하였다.

⑤ 조사기간 중 주 2회 이상 규칙적인 체육활동을 하는 인구의 비율이 전년 대비 가장 큰 폭으로 증가한 해는 20X6년이다.

17. 20X9년 총 조사 대상 인원수가 9,000명이고 성비가 1 : 1일 때, 주 2회 이상 규칙적인 체육활동에 참여한 여성의 수는?

① 4,572명   ② 2,286명   ③ 2,169명

④ 2,052명   ⑤ 1,978명

18. 다음 〈상황〉에서 민간심의위원을 선정하려고 한다. 〈조건〉에 따라 반드시 참인 것은?

상황

감염병 사태가 심각해짐에 따라 중앙방역본부를 중심으로 방역대책 전반을 심의·의결하기 위해 5명의 방역대책위원회 민간심의위원을 선정하기로 하였다. 방역대책위원회는 정부 측 인사로 구성되는 당연직 4명과 민간전문가로 구성된 민간심의위원 5명 총 9명으로 구성되며 민간심의위원 후보자는 8명이다. 후보는 질병관리전문가 1명, 백신개발전문가 1명, 감염병전문가 4명, 예방의학전문가 2명이며, 다음 〈조건〉을 만족해야 한다.

조건

• 질병관리전문가와 백신개발전문가 둘 중 적어도 1명은 선정되어야 한다.
• 질병관리전문가와 감염병전문가는 합쳐서 4명 이상 선정될 수 없다.
• 백신개발전문가와 예방의학전문가가 함께 모두 선정될 수는 없다.
• 질병관리전문가가 선정되면 예방의학전문가 2명도 함께 선정되어야 한다.

---

① 감염병전문가는 어떤 경우에도 3명이 선정된다.
② 질병관리전문가와 백신개발전문가는 항상 위원으로 선정된다.
③ 백신개발전문가가 선정되지 않으면 감염병전문가 2명이 선정된다.
④ 감염병전문가 3명이 선정되면 질병관리전문가 1명도 선정된다.
⑤ 예방의학전문가 2명이 선정되면 백신개발전문가 1명도 선정된다.

19. A 기업은 전년도부터 '에너지 자원 절약 프로젝트'를 실시하고 있다. 다음 달 '3층 이하 엘리베이터 사용 자제'를 포함한 총 3개 항목들을 실천하여 에너지를 최대한 절감하려고 할 때, 나머지 2개의 실천 항목은 무엇이 되어야 하는가?

〈실천 과제 항목별 월간 절감비용〉

(단위 : 천 원)

구분	월 절감비용
(ㄱ) 개인 컵 사용	58,000
(ㄴ) 이면지 재활용	55,000
(ㄷ) 3층 이하 엘리베이터 사용 자제	26,000
(ㄹ) 실내 온도 제한	50,000
(ㅁ) 점심시간 사무실 소등	34,000
(ㅂ) 퇴근 시 불필요한 전력 사용 차단(복사기 등)	46,000
(ㅅ) 외근 등 장시간 부재 시 PC 전력 대기모드 전환	23,000

〈복수 항목 실천 시 추가 절감률〉

(단위 : %)

구분	추가 절감률
(ㄱ)+(ㄴ)+(ㄹ)	25
(ㄱ)+(ㄷ)+(ㅁ)	20
(ㄱ)+(ㄹ)+(ㅁ)	15
(ㄴ)+(ㄷ)+(ㅅ)	20
(ㄴ)+(ㄹ)+(ㅁ)	10
(ㄷ)+(ㄹ)+(ㅂ)	15
(ㄷ)+(ㅂ)+(ㅅ)	15

※ 에너지 자원 절약 프로젝트는 한 달에 3가지를 필수적으로 실천해야 함.
※ 총 절감비용=해당 복수 항목의 절감비용의 총합×(1+해당 추가 절감률)

① (ㄱ), (ㅁ)   ② (ㄹ), (ㅂ)   ③ (ㅂ), (ㅅ)
④ (ㄴ), (ㅅ)   ⑤ (ㄱ), (ㄴ)

20. 다음 자료를 참고할 때, 지진 대비 건축 설계에 대한 이해로 바르지 않은 것은?

지진은 모든 물체에 동일하게 지진력이 작용되지 않고 유연한 물체에는 연하게, 강한 물체에는 강하게 작용되는 속성이 있다. 그렇기 때문에 지진력에 무작정 대항하기보다는 지진력을 피하는 개념으로 구조물을 유연하게 설계하는 방식으로 지진 대피법을 전환해야 한다. 지진 다발지역의 초고층 건물 및 현수교와 같은 장대교량의 건설에 대한 이론적인 배경도 여기에 근거한다. 이러한 지진의 주기특성을 수학적인 도구를 사용해 분석한 결과를 응답스펙트럼이라 부르는데 이는 지진이 발생한 지역에서 나타나는 지진의 얼굴이라고 할 수 있다.

내진설계는 지진이 발생한 때나 지진이 발생한 후에도 구조물의 안전성을 유지하고 그 기능을 발휘할 수 있도록 설계 시에 지진하중을 추가로 고려한 설계를 의미하지만 예상되는 모든 지진에 피해를 입지 않도록 설계하는 것은 아니며, 다음 세 가지 항목을 목표로 한다.

(1) 작은 규모의 지진 : 구조부재 및 비구조부재는 손상받지 않아야 한다.

(2) 중간 규모의 지진 : 비구조부재의 손상 허용, 구조부재는 손상받지 않아야 한다.

(3) 대규모 지진 : 구조부재와 비구조부재의 손상 허용, 구조물 붕괴로 인한 인명 손상이 발생하지 않아야 한다.

지진으로부터 우리의 인명과 재산을 보호하려면 앞서 말한 지진의 특성과 구조물의 설계 모두를 이해하여야 한다. 지진에 대비한 구조물의 설계는 크게 세 종류가 있다. 구조물을 흔들리게 설계하여 지진에 대항하고자 하는 '내진구조', 지진파의 강한 에너지 대역으로부터 도피하여 지진과 대항하지 않고자 하는 '면진구조', 신무기를 개발하여 능동적으로 대처하고자 하는 '제진구조'다.

예를 들어 달리고 있는 전동차 안에 있는 노인들은 손잡이를 붙잡아서 몸의 균형을 유지하려고 하는 반면, 젊은 사람들은 자기의 두 발로 버팀으로써 넘어지지 않는다. 이렇게 몸이 균형을 유지하는 현상을 구조물에 적용하면 나이 든 사람이 주위의 물체를 붙잡아 몸의 균형을 유지하는 것처럼 구조물 내에 X자형 보조적인 부재(내진벽)를 설치하여 지진에 견딜 수 있게 하는 구조물이 '내진구조물'이며, 젊은 사람들이 두 발로 버틸 수 있는 것처럼 구조물 자체에서 구조물의 진동과 반대되는 방향으로 인위적인 힘을 가하여 진동을 제어하는 설비를 갖춘 구조물이 '제진구조물'이다. 제진구조물에는 크게 두 가지의 경우가 있다. 하나는 구조물에 입력되는 지반진동과 구조물의 응답을 계산하여 이와 반대되는 방향의 제어력을 인위적으로 구조물에 가함으로써 진동 자체를 저감시키는 방법이고, 다른 하나는 입력되는 진동의 주기성분을 즉각적으로 분석하여 이와 공진을 피할 수 있도록 구조물의 진동특성을 바꾸는 방법이다. 그러나 이러한 방법은 실제적으로는 전자계산기에 의한 계산상의 조그만 착오로 인해 오히려 구조물을 파괴할 수 있는 방향으로 가려하게 되는 위험성과 지진에 대비하여 항상 설비를 유지 보수해야 하는 단점이 있다.

'면진구조물'은 지진에 대항하지 않고 지진을 피하는 구조물로 지반과 구조물 사이에 고무와 같은 절연체를 설치하여 지반의 진동에너지가 구조물에 크게 전파되지 않도록 구조물의 고유주기를 길게 하거나 지진에 의해 발생된 진동이 구조물에 전달되지 않도록 원천적으로 봉쇄하는 방법을 사용한다.

모든 내진 설계 구조물과 그 구성부재는 지진에 견딜 수 있는 일정 강도(強度)를 확보하고, 지진의 흔들림에 유연하게 대응할 수 있는 연성(軟性)도 갖춰야 한다. 각각 다음과 같은 방법을 예로 들 수 있다.

〈그림 A〉

지진에 버틸 수 있는 X자형 보강재

〈그림 B〉

지진의 진동을 흡수하는 스프링(Damper)

① 〈그림 A〉의 경우 강도를 높이기 위한 방법이고, 〈그림 B〉의 경우 연성을 높이기 위한 방법이다.

② 〈그림 A〉의 경우 전동차 안에서 균형을 잡기 위해 다른 물체를 붙잡는 것과 같은 원리다.

③ 〈그림 A〉는 지진동에 대한 건물의 대항력을 높여 지진동이 움직이는 방향과 반대로 힘을 가한다.

④ 〈그림 B〉의 스프링은 지면과 건물의 하단 사이에 위치할 때 효과가 있을 것이다.

⑤ 〈그림 B〉는 지진이 발생시키는 충격 에너지를 원천적으로 봉쇄하는 역할을 한다.

[21 ~ 22] 다음 자료를 읽고 이어지는 질문에 답하시오.

회의록	
회의명	○○기업 신규 로고 개발 프로젝트 (1차)
일시	20X1년 8월 10일 **장소** 중앙회의실
첨부자료	○○기업 기존 로고 도면, ○○기업 기존 로고에 대한 소비자 설문조사 결과
참석대상자 명단	디자인팀 : A 사원, B 사원, C 대리 마케팅팀 : D 사원, E 대리, F 과장(출장으로 불참)
회의 내용	1. 목적 : 최근 사내 각 부처에서 기존 기업 로고의 이미지가 낙후되었다는 의견 제기 　• 기존 로고 분석 및 소비자 반응 자료 참고 　• 향후 신규 로고의 방향 제시 　• 디자인 용역 외주 예산 확보를 위한 예산안 작성 2. 프로젝트 기간 : 20X1년 8월 1일 ~ 9월 30일 3. 기존 로고 분석과 신규 디자인 방향 　• 기존 로고의 장점 : 30년 전통의 로고로 기존 소비자층의 선호도가 높음. 　• 기존 로고의 단점 : 기존 소비자층이 아닌 젊은 세대의 감각과는 거리가 있어 신규 소비자의 유입에 걸림돌이 되고 있음. 　• 기존 로고의 틀은 유지하면서 새로운 세대 감각과의 조화 필요 　• 신규 소비자를 유치하기 위한 전략을 참조해 제작할 것 4. 팀별 운영 계획 　• 디자인팀이 외부 디자인 업체 후보를 추리면 다음 회의에서 결정 　• 디자인팀이 전담하여 신규 로고 제작을 외주하고 신규 로고 후보를 3개까지 제출받을 것 　• 이를 바탕으로 향후 프로젝트 회의에서 참석자들의 합의하에 최종 로고 선정 　• 디자인 외주 용역 예산안은 마케팅팀이 담당함. 　• 마케팅팀은 청년 세대 소비자의 유치 계획을 정리하여 제출 　• 신규 로고 홍보 방안 : 최종 로고를 완성한 이후 회의부터 홍보팀의 참석을 요청 5. 다음 회의 일정 : 20X1년 8월 16일

21. F 과장은 회의 참석대상자 명단에 있었으나 출장으로 인해 회의에 참석하지 못하였다. 이후 회의록을 통해 회의 내용을 파악하고자 할 때, 다음 중 적절하게 파악한 내용을 모두 고른 것은?

> (ㄱ) 신규 소비자의 유입을 위하여 로고를 전면 교체해야 한다.
> (ㄴ) 로고 제작은 외부 디자인 업체가 담당한다.
> (ㄷ) 신규 로고의 최종 결정 과정에 F 과장도 참여할 수 있다.
> (ㄹ) 다음 회의(20X1. 8. 16.)부터 F 과장은 홍보팀과 함께 회의에 참여한다.

① (ㄴ)
② (ㄱ), (ㄴ)
③ (ㄴ), (ㄷ)
④ (ㄱ), (ㄴ), (ㄷ)
⑤ (ㄴ), (ㄷ), (ㄹ)

22. 이번 회의를 바탕으로 향후 프로젝트에서 해야 할 일을 제대로 이해하지 못한 사람을 모두 고른 것은?

> A 사원 : 기존 로고에서 소비자 선호도가 높은 특징을 정리해서 외주 요청사항에 포함시켜야겠어.
> B 사원 : 프로젝트 기간이 빠듯할 수도 있을 것 같은데, 일정 안에 제작이 가능한 업체를 찾아야 해.
> C 대리 : 외부 디자인 업체에 외주를 주기 위해 예산을 미리 확보해야 하니까 예산안을 준비해야겠다.
> D 사원 : 기존 로고에 대한 소비자들의 의견을 조사해서 로고 제작에 참조해야겠어.
> E 대리 : 신규 소비자인 청년층을 유치하기 위한 전략 계획을 정리해야 해.

① A, B
② B, C
③ C, D
④ C, E
⑤ D, E

[23 ~ 24] 다음은 어느 주말 TV프로그램 편성정보이다. 이어지는 질문에 답하시오.

〈프로그램 편성규칙〉

• 오후 7시부터 오후 11시 사이에 5개 채널(3, 5, 10, 14, 19)에서 방영되는 프로그램의 종류는 뉴스, 드라마, 버라이어티, 다큐멘터리, 스포츠 중 하나이다.

• 오후 7시부터 오후 11시 사이에 같은 채널 내에서 같은 프로그램이 두 번 방영되는 경우는 앞서 방영한 프로그램이 재방송되는 것으로 한 종류의 프로그램이 방영된 것으로 간주하며 동일 프로그램의 정규방송과 재방송을 이어서 방영하지는 않는다.

〈편성정보〉

• 오후 7시 정각에 시작하는 프로그램이 있는 채널은 2개이다.

• 오후 7시부터 11시 사이에 5개 채널(3, 5, 10, 14, 19)에서 방영되는 프로그램 중 스포츠 프로그램을 제외한 프로그램의 방영시간은 모두 1시간이고 스포츠 프로그램은 최소한 1시간 이상 방영된다.

• 채널 3에서는 이 시간대에 3종류의 프로그램 4개가 방영되며 오후 7시와 오후 10시에 시작하는 프로그램은 동일하다.

• 채널 5에서는 오후 6시까지 스포츠 프로그램을 방영하고 이후 3시간짜리 새로운 프로그램을 방영한다.

• 채널 10에서는 7시부터 11시 사이에 5개 프로그램을 방영한다. 오후 7시 30분에는 뉴스 프로그램을 시작하고, 이 뉴스가 끝나는 시간부터 채널 14에서 뉴스 프로그램 방영을 시작한다.

• 채널 14에서는 이 시간대에 4종류의 프로그램 5개가 방영되며, 오후 7시 30분까지 방영되는 프로그램은 오후 9시 30분에 시작하는 프로그램과 동일하다.

• 채널 19에서는 이 시간대에 2종류의 프로그램 4개를 방영하며, 오후 8시에 뉴스 프로그램 방영을 시작한다.

• 모든 채널에서 뉴스 프로그램을 방영하기 직전에 버라이어티 프로그램을 방영한다.

• 이 시간대에 다큐멘터리 프로그램을 편성한 채널에서는 스포츠 프로그램을 방영한다.

• 드라마와 버라이어티 프로그램은 같은 채널에서 연속해서 방영하지 않는다.

• 뉴스 프로그램 다음에는 스포츠 프로그램이 올 수 없다.

23. 위 내용을 토대로 할 때, 채널 14에서 오후 7시 30분까지 방영되는 프로그램은 무엇인가?

① 뉴스　　　　　　　　② 드라마　　　　　　　　③ 스포츠

④ 버라이어티　　　　　⑤ 다큐멘터리

24. 위 내용을 토대로 할 때, 채널 편성정보로 반드시 옳은 것은?

① 채널 3에서는 오후 7시와 오후 9시에 드라마를 방영한다.

② 채널 14에서는 오후 10시 30분부터 버라이어티를 방영한다.

③ 채널 5에서는 오후 7시에서 오후 9시 사이에 스포츠 프로그램만 방영한다.

④ 채널 19에서는 오후 7시에서 오후 11시 사이에 드라마와 뉴스를 번갈아 방영한다.

⑤ 채널 10에서는 오후 7시 30분에 시작한 뉴스가 끝난 직후 다큐멘터리를 방영한다.

1회 실전모의
2회 실전모의
3회 실전모의
4회 실전모의
5회 실전모의
6회 실전모의
7회 실전모의
8회 실전모의

25. 다음은 ○○공사 복무규정 중 유연근무제 형태에 대해 발췌한 내용이다. 〈보기〉의 민수 씨의 상황에서 선택할 수 있는 유연근무제의 형태로 가장 적절한 것은? (단, 모든 직원의 근무시간은 09:00 ～ 20:00로 한정하며, 휴게시간 1시간은 근로시간에 포함하지 않는다).

〈유연근무제 근무형태〉

구분	세부형태	개념	시행여부
시간선택제		주 40시간보다 짧은 시간 근무 • 주 5일, 1일 최소 3시간 이상 근무하되, 주당 15시간 이상 35시간 이하 범위 내 사용 • 주당 20시간 근무형태를 선택할 경우 의무 근로시간으로 오전(09:00 ～ 14:00) 또는 오후(14:00 ～ 18:00) 근무형태 중 선택 가능	시행
탄력근무제		주 40시간 근무하되, 출퇴근시간 · 근무시간 · 근무일을 자율 조정	부분시행
	시차출퇴근형	• 1일 8시간 근무체제 유지 - 출근시간 자율적으로 조정	시행
	근무시간선택형	• 주 5일 근무 • 1일 8시간에 구애받지 않고 근무시간(출퇴근시간)을 자율 조정	시행
	집약근무형	• 주 5일 미만 근무 ㉺ 1일 10시간 근무 시 주 4일만 출근	미시행
	재량근무형	• 출퇴근 의무 없이 프로젝트 수행으로 주 40시간 인정 * 고도의 전문직 지식과 기술이 필요해 업무수행 방법이나 시간배분을 담당자의 재량에 맡길 필요가 있는 분야	시행
원격근무제		특정한 근무장소를 정하지 않고 정보통신망을 이용하여 주 40시간(1일 8시간) 근무	시행
	재택근무형	• 사무실이 아닌 재택에서 근무	시행
	스마트워크 근무형	• 재택 인근 스마트워크센터 등 별도 사무실에서 근무 • 모바일기기를 이용, 사무실이 아닌 장소에서 근무	시행

※ 12:00 ～ 13:00, 18:00 ～ 19:00는 휴게시간이다.

보기

　민수 씨는 평소 학습의지가 높아 A 대학원 회계 · 경제학 석사과정에 지원하여 합격하였다. 학사일정에 따라 내년 3월에 입학하여 학업을 수행해야 하며, 월요일부터 목요일까지 오전 09시부터 정오 12시까지 수업에 참여해야 한다. 매주 금요일은 수업이 없다. 민수 씨는 유연근무제 형태를 선택해 근무시간을 조정하여 공부를 시작하고자 한다.

① 시차출퇴근형　　② 시간선택제　　③ 집약근무형
④ 근무시간선택형　　⑤ 스마트워크 근무형

실전모의고사

제8회

01. 다음 글에서 언급한 보행사고 감소를 위한 추진전략으로 적절하지 않은 것은?

〈보행사고 감소를 위한 추진전략〉

도로에서 사람과 재화의 이동은 사회적, 경제적, 정치적으로 필수 불가결하지만 이러한 이동은 교통사고로 이어질 수 있다. 따라서 자동차의 주행경로 등에 보행자가 노출되면 보행사고가 발생할 가능성이 높아지므로 직접적인 노출을 감소시켜야 한다.

보행자가 지장물, 불법주정차 차량 등에 가려져 운전자가 보행자를 인식하지 못하여 많은 사고가 발생하기도 한다. 따라서 보행자의 시인성을 확보하기 위해 시설개선을 하는 것이 필요하다. 또한 보행자가 다니는 길에서 보행사고를 감소시키기 위해 보행활성화를 유도하는 것도 효과적이다. 보행자가 많으면 운전자에게 보행자가 계속 눈에 띄기 때문에 운전자는 조심하여 서행 운전하게 된다. 이러한 경우 운전자가 주변을 볼 수 있는 시야가 넓어지기 때문에 돌발 상황에 쉽게 대처할 수 있게 된다.

보행자 사고의 심각도에 결정적 역할을 하는 것은 바로 차량 운행 '속도'이다. 따라서 보행사고 심각도를 감소시키기 위해서는 차량 속도저감기법을 적극적으로 고려해야 한다. 충돌속도가 45km/h 이상인 경우에는 생존 가능성이 50% 이하이고, 30km/h 이하인 경우에는 생존 가능성이 90% 이상이다. 또한 주택가, 이면도로 등 일상생활과 밀접한 생활도로에서의 차량 주행 속도를 낮추는 방법도 고려해야 한다.

보행자 보호의 중요성에 대한 사회적 경각심이 높아짐에 따라 보행사고 위험요인을 고려한 타깃형 집중단속을 강화하고 있다. 그러나 자동차 운전자들의 보행자에 대한 배려나 보호의지 등 교육·홍보를 통한 안전의식을 개선시켜 나가는 것이 더욱 중요하다. 보행자의 경우에는 도로 위에서 자신을 위주로 상황을 판단하는 경향이 높기 때문에 멀리서 자동차가 다가오면 "자동차가 오기 전에 길을 건널 수 있다." 또는 "자동차가 알아서 속도를 줄이겠지." 등의 오판을 하게 된다. 이러한 문제를 해결하기 위해 어린이부터 어른까지 모든 보행자가 안전한 보행습관을 몸에 익힐 수 있도록 범국민 문화캠페인을 전개하는 것이 필요하다. 안전한 도로는 운전자와 보행자 모두 법규를 지켰을 때 만들어지는 것이다.

① 보행활성화를 유도하여 운전자의 시야를 넓혀 준다.
② 자동차 주행경로에는 가급적 보행자가 다니지 않도록 한다.
③ 보행자 및 운전자의 안전의식을 개선시킨다.
④ 주택가, 이면도로 등 생활도로에서의 자동차 운행 속도를 줄인다.
⑤ 운전자가 보행자를 인식할 수 있도록 도로에 설치된 시설물을 제거한다.

02. 다음 글의 필자가 글을 통해 전달하고자 하는 바로 가장 적절한 것은?

> 화가 고갱이 퐁타방이라는 마을에 머물고 있을 때, 그 마을의 한 젊은 부부에게 신세를 진 일이 있어 그 감사의 표시로 젊은 부부 중 부인의 초상화를 그려 보낸 적이 있다. 그러나 초상화를 받은 부인(당시 마을에서 미인으로 평판이 나 있었다)은 물론 남편까지도 이 초상화에 대해 고마워하기는커녕 무슨 이런 추한 그림이 있느냐는 투로 불만을 노골적으로 표시했다. 결국 초상화는 다시 고갱의 손으로 돌아오고 말았다. 훗날 〈아름다운 앙젤〉이라는 이 부인의 이름을 딴 제명이 붙은 초상화는 파리에서 비싼 값으로 팔렸다.
>
> "참 아깝게 되었군요. 그때 그 초상화를 기꺼이 받아 지금껏 보관하고 계셨더라면…."
>
> "나하고 전혀 닮지도 않은 그런 못난 그림을 내가 가졌더라면 나는 지금도 그 그림 때문에 부끄러워 얼굴을 들고 다니지 못했을 거예요."
>
> 그러나 당시 화상이었던 반 고흐의 동생 테오는 형에게 보내는 편지에서 이 그림의 인상을 이렇게 적고 있다.
>
> "여기에 그려져 있는 젊은 여인에게 어미 소 같은 포근함이 느껴지며 얼굴의 표정은 물론 자태에서 싱싱한 시골풍이 엿보여 보고 있으면 그저 즐겁습니다."
>
> '그림의 목적이 꼭 닮아야 하고 아름다워야 하나'라는 질문에 논란의 여지는 있지만, 미술사적으로 보아 모방의 개념이 그림을 평가하는 하나의 관점으로 되어 왔다는 것은 숨길 수 없는 사실이다. 그래서인지 일반적으로 화가라 하면 사물을 그대로 모방하는 기술자로 보아 버리는 경우가 많다.
>
> 미술사가 뵐플린은 그의 저서 〈미술사의 원리〉에서 화가 리히터의 체험을 소개하고 있다. 화가 리히터는 친구 셋과 더불어 티볼리에서 똑같은 풍경을 대상으로 보이는 대로만 그리자고 단단히 약속하고 그리기 시작하였으나, 각자가 그려 낸 그림은 제각기 너무나도 다른 풍경이었다고 고백을 하고 있다. 이것은 똑같은 풍경을 찍어 내는 사진과 달리 화가들에겐 일치되는 단 하나의 절대적 모방이 불가능함을 잘 지적한 것이 아닐까.
>
> 풍경이 아름답다고 여겨질 때, 우리는 '한 폭의 그림 같다'는 표현을 즐겨 하지만 결코 '한 장의 사진 같다'는 말을 하지 않는다. 화가가 아무리 대상을 그대로 모방한다 하더라도 그려진 그림에는 어느 정도 화가 자신의 표적이 드러나게 마련이다. 뒤러(A. Dürer)는 그렇기 때문에 화가의 힘은 자연을 모방한다기보다 자연으로부터 무엇인가를 끌어내는 것에 있다고 하지 않았던가. 고갱의 작품 〈아름다운 앙젤〉도 알고 보면 부인의 모습을 모방한 것이 아니라, 부인으로부터 무엇인가를 찾아 낸 — 그래서 고갱 자신의 표적이 드러난, 단순한 초상화가 아닌 예술 작품인 것이다.

① 대상을 바라보는 화가들의 각기 다른 시선을 소개하고자 한다.

② 일상생활에서 미술 감상이 왜 필요한지를 주장하고자 한다.

③ 미술 감상이란 무엇이고 어떻게 해야 하는지를 제시하고자 한다.

④ 미술의 대중화를 위해 미술들이 해야 할 일을 강조하고자 한다.

⑤ 사람들이 미술 감상을 통해 얻을 수 있는 이점을 보여주고자 한다.

1회 실전모의
2회 실전모의
3회 실전모의
4회 실전모의
5회 실전모의
6회 실전모의
7회 실전모의
8회 실전모의

03. 다음은 용서와 관련한 어느 책의 서문이다. 이 글에서 확인할 수 없는 내용은?

> 21세기 들어 세상 곳곳에서 개인적 차원이나 정치적 차원의 다양한 폭력과 잘못된 일들이 벌어진다. 지구촌 여기저기에서 전쟁이 끊이지 않으며, 유럽의 시리아 난민들은 기본적인 일상적 삶마저 박탈당한 채 살아간다. 세계적인 정황에서 국가 간의 관계뿐 아니라, 개인들의 관계 속에서도 다양한 얼굴을 한 폭력과 상호 증오가 난무한다. 이 잔혹한 시대에 어떻게 살아가고 반응해야 하는가. 어쩌면 용서와 화해는 잔혹한 폭력의 시대를 살아가는 인간이 생존하기 위해 필수적인 것인지도 모른다. 용서에 대한 이 책은 유한하고 불완전한 인간 삶에서 불완전한 인간이 만들어 내는 갖가지 양태의 잘못된 일들을 넘어서서 모두가 살아갈 만한 세계를 추구하고 모색하기 위한 것이다. 용서와 화해가 얼마만큼 가능하고 어떤 방식으로 전개되는가는 개인적이고 사회정치적인 구체적 상황에 따라 매우 다르다. 따라서 용서에 대해 수치로 제시할 수 있는 측정 기준이나 가이드를 만들어 내는 것은 불가능하다. 우선적으로 가해자와 피해자, 이 두 사람 간의 사건이 용서의 전형적 예로 생각할 수 있다. 그러나 용서에는 두 사람 간 혹은 두 그룹 간의 용서뿐 아니라 자기용서, 형이상학적 용서, 정치적 용서, 종교적 용서 등 다양한 형태의 용서가 있다.
>
> 크게 보면 용서에는 두 가지가 있다. 최선의 바람직한 용서인 '완전한 용서' 그리고 '불완전한 용서'이다. 완전한 용서는 용서하는 자와 용서받은 자 사이에 기대할 수 있는 모든 일이 가능한 상황에서의 용서이다. 즉, 가해자는 자신의 잘못을 고백하면서 앞으로는 잘못을 되풀이 하지 않겠다고 약속을 하며 용서를 구하고, 피해자는 이를 받아들이고 가해자를 용서하는 것이다. 반면 불완전한 용서는 완전한 용서가 지닌 여러 가지 요소 중에서 부분적으로만 이루어지는 용서를 말한다. 물론 이렇게 최선의 바람직한 용서인 완전한 용서와 불완전한 용서 두 가지로 용서를 나누는 데는 한계가 있어서 용서를 완벽하게 구분할 수는 없다. 인간의 행위는 수학공식같이 기계적 측정과 수치로 드러나 구분할 수 없기 때문이다.
>
> 인간은 이 완전한 용서와 불완전한 용서라는 두 측면 사이에서 갈등하고 좌절하며, 다시 힘을 내어 완전하고 이상적인 최선의 용서를 이루려는 의지와 마음을 가져야 한다. 그러한 필요성 때문에 전략적으로 이러한 구분이 필요하기도 하다.

① 21세기에 인간이 겪는 잔혹한 폭력과 일상적 삶의 박탈은 인간으로 태어난 이상 숙명적으로 받아들여야 하는 일이다.

② 용서와 화해는 폭력의 시대를 살아가는 인간이 살아남기 위해 다른 인간들과 함께 살아갈 수 있는 세계를 위한 것이다.

③ 용서에는 가해자와 피해자 간에 이루어지는 일반적인 것들만 아니라 그룹 간 용서, 스스로에 의한 용서, 정치 · 종교적 용서 등 다양한 형태의 것이 있다.

④ 가해자가 잘못을 고백하면서 앞으로 그 잘못을 되풀이하지 않을 것임을 약속하며 피해자에게 용서를 구하고, 피해자가 이를 받아들이는 것이 가장 바람직한 용서이다.

⑤ 용서는 수학공식처럼 분명하게 구분할 수 있는 것이 아니므로 그 상황에서 늘 갈등하고 좌절하면서도 용서를 이루기 위한 의지와 마음을 지니고 노력하는 것이 중요하다.

04. 다음 글의 내용과 일치하지 않는 것은?

> 질적으로 유사한 인자(因子)의 종류가 서로 다른 문예 양식들에 동시에 존재하는 경우는 비일비재하다. 회화는 문학의 창작과 관련하여 작가에게 무수한 영감을 주는 원천이다. 어떤 작가는 특정 그림을 소재로 하거나 특정 그림의 영향을 받아 창작의 방향을 세우기도 한다. 우리의 전통 한시 양식의 하나인 제화시(題畵詩)는 회화를 보고 느낀 감회를 표현한 문학작품으로 그림의 내용이 문학작품의 창작에 직접 관여하게 됨으로써 제재와 표현 영역을 제한하고 규정하게 된다. 제화시 같은 문학 장르는 회화의 영향이 직접적으로 작용한 예이다. 문학작품의 내용이 그대로 회화로 형상화되는 경우도 있다. 〈춘향전도〉와 〈구운몽도〉 같은 것도 이야기의 차례대로 몇 개의 핵심 장면을 화면에 담은 병풍으로 많이 제작되었다.
>
> 그러나 이러한 직접적인 설화화(說話化) 외에 문학의 모티브라든가 분위기가 암묵적으로 회화에 차용되는 경우는 더욱 흔하다. 문학작품에서 문학적 모티브로 숙성된 다음 그것이 비로소 회화 작품의 주제로 형상화될 수도 있고, 경험의 동시성을 포착하여 재현하는 시각 예술이 문인에게 창작의 기법이나 재료를 제공해 주는 경우도 있다. 이때 문학과 회화 사이의 상동성(相同性)은 상상력을 연결 고리로 하여 성립된다. 문학의 언어가 사람들로 하여금 동시대의 그림을 눈앞에 떠올릴 수 있게 하는 힘을 지니고 있다고 할 때 혹은 그 반대로 하나의 그림이 문학작품 속의 인물이나 사건을 연상하게 하는 힘을 가지고 있다고 할 때 그 사이를 연결하는 매개는 상상력이다.
>
> 상상력이란 단순한 심리 활동인 느낌과도 다르고 이성적인 심리 작용인 흔한 사고와도 다르다. 상상력은 느낌과 사고 사이에 위치한다. 느낌은 사고라는 상부 구조를 세우기 위해 조직되는 인간 정신의 기본 토대이다. 느낌은 사고가 세워지기 전에 견고하게 자리잡음으로써 사고가 잘 기능할 수 있도록 하는 기초가 된다. 상상력은 막연한 느낌 이상의 것으로서 어떤 것을 주목하고 의식하는 행위이다. 어떤 상상력이 작용한다면 그 작용에 영향을 준 것이 분명히 있기 마련이다. 그렇다면 상상력이 유발되는 어떤 계기 혹은 동기가 존재하지 않겠는가?
>
> 당대성과 텍스트 상관성은 상상력의 계기 혹은 동기로서 매우 적절해 보인다. 당대성이란 시대적인 동일성뿐 아니라 사회문화적 상황의 유사성과 정신적 분위기의 흡사함까지도 포괄하는 개념으로 사용된다. 동시대를 호흡하면서 유사한 사회문화적 분위기가 자연스럽게 형성될 것이고 그것이 비슷한 상상을 가능하게 하는 것이다. 이로써 동시대의 문학과 회화가 서로 닮는 현상이 벌어진다. 시인이 화가를 닮은 것은 묘사에서의 핍진성(逼眞性) 때문이다. 화가가 캔버스 위에 외적 세계의 이미지를 옮기듯이 시인은 마음의 눈으로 외적 세계의 이미지를 내적 이미지로 옮겨 놓는다.

① 상상력은 막연한 느낌 이상의 것으로서 대상에 대하여 주목하고 의식하는 행위이다.
② 사고는 이성적인 심리작용에 해당한다.
③ 느낌은 사고가 잘 될 수 있도록 하는 것이다.
④ 상상력은 느낌이나 사고를 초월하여 이루어지는 활동이다.
⑤ 느낌은 사고를 하기 위한 기본 토대가 되는 것을 말한다.

05. 다음 글의 밑줄 친 ㉠의 이유를 가장 적절하게 설명한 것은?

과학의 가장 큰 특성 중의 하나는 과학이 실험을 행한다는 점이다. 많은 사람들이 '과학'이라고 하면 실험을 머릿속에 떠올릴 만큼 실험은 과학의 가장 전형적인 특성이다. 물론 이론 물리학자나 이론 화학자처럼 실험을 하지 않고 이론만을 연구하는 과학자가 없는 것은 아니지만 결국 이들의 연구 결과 얻어진 이론도 실험적인 사실에 의해서 뒷받침이 되어야만 받아들여지게 되는 것이므로 실험과 관계가 없다고 볼 수 없다. 그러나 이와 같이 과학에서의 실험이 갖는 큰 중요성은 종종 실험에 대한 잘못된 믿음을 발생시켰다. '과학자가 실험에 의해 그간 모르던 새로운 사실들을 알아내서 이것을 정리하고 체계화하는 것이 곧 과학이다'라는 믿음이 바로 그것이다. 따라서 이런 믿음에 의하면 참다운 과학자상은 겸허한 자세로 '실험 결과가 어디로 이끌든지 그것을 좇아서' 연구에 전념하는 사람이다.

그러나 실험이 모르던 사실들을 새로 알게 해 준다는 생각은 대부분의 경우 잘못된 것이다. 실험을 할 때는 누구나 어떤 결과가 나오리라는 것을 예상하고서 시작하며 그러기에 '예상외의 실험 결과'라는 말이 있게 된 것이다. 그리고 이렇게 예상하지 않던 실험 결과가 얻어지면 그것을 그대로 받아들이기보다는 거의 그 결과를 믿지 않고 실험 도중에 무슨 잘못이 있었을 것으로 의심하여 세심한 검토를 하게 된다. 물론 대부분의 경우에는 무언가 잘못한 것이 드러나게 되고 이를 시정하면 다시 예상했던 결과를 얻게 된다. 만약 과학자들 사이에 완전히 받아들여진 이론으로부터 벗어나는 실험 결과가 얻어지면 그런 실험 결과를 믿는 사람들은 아무도 없고 실험을 행한 과학자 자신마저도 분명히 자신이 무슨 잘못을 범했을 것으로 확신할 것이다.

이것은 결국 실험이 새로운 사실들을 알게 해 준다는 생각이 잘못되었다는 것을 지적해 주는 것이며 과학의 연구에 이론적 사고가 훨씬 더 중요하다는 것을 보여 준다. 물론 그렇지 않은 경우도 있기는 하지만 이같은 '성공 사례'들은 이보다 수천, 수만 배 더 많은 통상의 예, 즉 잘못이 드러나서 그것을 시정하고 다시 예상했던 결과를 얻게 되는 예에 비해 볼 때 극히 적은 비율의 예외에 불과한 것이다. 그리고 이런 예외의 경우에도 그런 예상외의 실험 결과를 얻어 낸 과학자가 수많은 반복과 검토 끝에 결국은 그것을 받아들이는 과정에서 자기 자신의 결과에 대해서 끈질기게 의심을 품는다는 사실로부터 그가 믿고 있는 이론에 의한 선입견의 힘이 얼마나 큰가를 알 수 있다. 또한 그가 끝내 예상외의 결과를 받아들이게 되는 것은 그 결과에 대한 새로운 이론적 설명이 얻어져서야 가능하며 이런 의미에서 그가 받아들이는 것은 '예상외의 결과'가 아니라, 이런 새로운 이론을 바탕으로 했을 때 이해할 수 있는 결과, 즉 '예상할 수 있는 결과'가 되는 셈이다.

실험으로부터 얻어 낸 사실들을 단순히 정리하고 체계화하는 것이 과학이라는 생각도 역시 비슷한 잘못을 내포하고 있다. 실험으로부터 얻어 내는 결과 자체는 항상 분명한 사실을 말해 주지는 않는다. 많은 경우에, 그리고 현대 과학에 있어서 대부분의 실험 결과는 외부 현상이나 과학적 사실과는 거리가 먼 데이터에 불과하며 이것이 의미를 가지기 위해서는 과학자의 해석을 거쳐야 한다. 그리고 이 '해석'이 결국은 과학자의 이론적 사고에 의해서 행해지는 것이다. ㉠ 과학의 역사상 자주 보이는 커다란 논쟁들은 흔히는 대개 실험 결과를 가지고 이것을 어떻게 해석하느냐에 관한 것이었다.

이러한 일은 역사적인 예에만 국한되지 않는다. 실제로 누구나 과학 시간에 하게 되는 실험들에서 비슷한 경험을 한다. 즉 주어진 실험에는 항상 기대되는 결과가 있으며 그 결과가 얻어져야만 실험이 제대로 되었다고 생각하고 그렇지 못한 경우에는 결과를 조작하려는 충동까지도 흔히 가지게 되는 것이다. 널리 퍼져 있는 과학에 관한 그릇된 일화들도 실험에 대한 잘못된 생각이 받아들여지는 데 작용을 했다. 예를 들어 갈릴레오가 피사의 사탑에서 무거운 공과 가벼운 두 금속 공을 떨어뜨려서 동시에 땅에 떨어지는 것을 보였다거나 공이 떨어지는 동안 맥박을 사용해서 떨어진 거리가 시간의 제곱에 비례한다는 것을 알아냈다는 것 말이다. 하지만 이것은 사실일 수 없다. 당시의 사회 환경에서 그런 엉뚱한 실험을 피사의 탑 위에서 행하도록 당국이 허용했을 리도 없고 인간의 맥박을 가지고 실제로 그런 결과를 얻어 낼 수도 없었으리라는 것은 쉽게 알 수 있다. 결국 사람들이 과학적 법칙을 받아들이는 것은 그러한 실험들보다는 이 법칙들에 바탕한 이론적 설명의 합리적이고 정연한 설득력에 훨씬 더 크게 힘입은 것이다.

① 실험 결과는 실험 환경 및 조건에 따라 달라질 수 있기 때문이다.
② 과학자가 지지하는 이론에 따라서 같은 실험 결과를 다르게 해석할 수 있기 때문이다.
③ 과학자들은 결과를 미리 예측한 후 실험하기 때문이다.
④ 대부분의 과학자들은 실험 결과를 과학적 이론보다 중요시하기 때문이다.
⑤ 이미 알려진 이론과는 다른 실험 결과가 나오는 경우가 상당하기 때문이다.

1회 실전모의
2회 실전모의
3회 실전모의
4회 실전모의
5회 실전모의
6회 실전모의
7회 실전모의
8회 실전모의

06. 다음 글을 읽고 20세기 중반 이후 정당 체계에서 발생한 정당 기능의 변화로 볼 수 없는 것은?

대의 민주주의에서 정당의 역할에 대한 대표적인 설명은 책임 정당 정부 이론이다. 이 이론에 따르면 정치에 참여하는 각각의 정당은 자신의 지지 계급과 계층을 대표하고, 정부 내에서 정책결정 및 집행 과정을 주도하며, 다음 선거에서 유권자들에게 그 결과에 대해 책임을 진다. 유럽에서 정당은 산업화 시기에 생성된 노동과 자본 간의 갈등을 중심으로 다양한 사회 경제적 균열을 이용하여 유권자들을 조직하고 동원하였다. 이 과정에서 정당은 당원 중심의 운영 구조를 지향하는 대중 정당의 모습을 띠었다. 당의 정책과 후보를 당원 중심으로 결정하고, 당내 교육과정을 통해 정치 엘리트를 충원하며, 정치인들이 정부 내에서 강한 기율을 지니는 대중 정당은 책임 정당 정부 이론을 뒷받침하는 대표적인 정당 모형이었다.

대중 정당의 출현 이후 정당은 의회의 정책 결정과 행정부의 정책 집행을 통제하는 정부 속의 정당 기능, 지지자들의 이익을 집약하고 표출하는 유권자 속의 정당 기능, 그리고 당원을 확충하고 정치 엘리트를 충원하고 교육하는 조직으로서의 정당 기능을 갖추어 갔다. 그러나 20세기 중반 이후 발생한 여러 원인으로 인해 정당은 이러한 기능에서 변화를 겪었다.

산업 구조와 계층 구조가 다변화됨에 따라 정당들은 특정 계층이나 집단의 지지만으로는 집권이 불가능해졌고, 이에 따라 보다 광범위한 유권자 집단으로부터 지지를 획득하고자 했다. 그 결과 정당 체계는 특정 계층을 뛰어넘어 전체 유권자 집단에 호소하여 표를 구하는 포괄 정당 체계의 모습을 띠게 되었다. 선거 승리라는 목표가 더욱 강조될 경우 일부 정당은 외부 선거 전문가로 당료들을 구성하는 선거 전문가 정당 체계로 전환되기도 했다. 이 과정에서 계층과 직능을 대표하던 기존의 조직라인은 당 조직의 외곽으로 밀려나기도 했다.

한편 탈산업 사회의 도래와 함께 환경, 인권, 교육 등에서 좀 더 나은 삶의 질을 추구하는 탈물질주의가 등장함에 따라 새로운 정당의 출현에 대한 압박이 생겨났다. 이는 기득권을 유지해 온 기성 정당들을 위협했다. 이에 정당들은 자신의 기득권을 유지하기 위해 공적인 정치 자원의 과점을 통해 신생 혹은 소수 정당의 원내 진입이나 정치 활동을 어렵게 하는 카르텔 정당 체계를 구성하기도 했다. 다양한 정치 관계법은 이런 체계를 유지하는 대표적인 수단으로 활용되었다. 정치 관계법과 관련된 선거 제도의 예를 들면, 비례 대표제에 비해 다수 대표제는 득표 대비 의석 비율을 거대 정당에 유리하도록 만들어 정당의 카르텔화를 촉진하는 데 활용되기도 한다.

이러한 정당의 변화 과정에서 정치 엘리트들의 자율성은 증대되었고, 정당 지도부의 권력이 강화되어 정부 내 자당 소속의 정치인들에 대한 통제력이 증가되었다. 하지만 반대로 평당원의 권력은 약화되고 당원 수는 감소하여 정당은 지지 계층 및 집단과의 유대를 잃어 가기 시작했다.

뉴미디어가 발달하면서 정치에 관심은 높지만 정당과는 거리를 두는 '인지적' 시민이 증가함에 따라 정당 체계는 또 다른 도전에 직면하게 되었다. 정당 조직과 당원들이 수행했던 기존의 정치적 동원은 소셜 네트워크 내 시민들의 자기 조직적 참여로 대체되었다. 심지어 정당을 우회하는 직접 민주주의의 현상도 나타났다. 이에 일부 정당은 카르텔 구조를 유지하면서도 공직후보 선출권을 일반 국민에게 개방하는 포스트 카르텔 정당 전략이나, 비록 당원으로 유입시키지 못할지라도 온라인 공간에서 인지적 시민과의 유대를 강화하려는 네트워크 정당 전략으로 위기에 대응하고자 했다. 그러나 이러한 제반의 개혁 조치가 대중 정당으로의 복귀를 의미하지는 않았다. 오히려 당원이 감소되는 상황에서 선출권자나 후보들을 정당 밖에서 충원함으로써 고전적 의미의 정당 기능은 약화되었다.

물론 이러한 상황에서도 20세기 중반 이후 정당 체계들이 여전히 책임 정당 정치를 일정하게 구현하고 있다는 주장이 제기되기도 했다. 예를 들어 국가 간 비교를 행한 연구는 최근의 정당들이 구체적인 계급, 계층 집단을 조직하고 동원하지는 않지만 일반 이념을 매개로 정치 영역에서 유권자들을 대표하는 기능을 강화했음을 보여 주었다. 유권자들은 좌우의 이념을 통해 정당의 정치적 입장을 인지하고 자신과 이념적으로 가까운 정당에 정치적 이해를 표출하며, 정당은 집권 후 이를 고려하여 책임 정치를 일정하게 구현하고 있다는 것이다. 이때 정당은 포괄 정당에서 네트워크 정당까지 다양한 모습을 띨 수 있지만, 이념을 매개로 유권자의 이해와 정부의 책임성 간의 선순환적 대의 관계를 잘 유지하고 있다는 것이다.

이와 같이 정당의 이념적 대표성을 긍정적으로 평가하는 주장에 대해 몇몇 학자 및 정치인들은 대중 정당론에 근거한 반론을 제기하기도 한다. 이들은 여전히 정당이 계급과 계층을 조직적으로 대표해야 하며, 따라서 정당의 전통적인 기능과 역할을 복원하여 책임 정당 정치를 강화해야 한다는 주장을 제기하고 있다.

① 정부 속의 정당 기능의 약화
② 유권자 속의 정당 기능의 약화
③ 조직으로서의 정당 기능의 강화
④ 유권자를 정치적으로 동원하는 기능의 약화
⑤ 유권자의 일반 이념을 대표하는 기능의 강화

1회 실전모의
2회 실전모의
3회 실전모의
4회 실전모의
5회 실전모의
6회 실전모의
7회 실전모의
8회 실전모의

07. 다음 〈경영실적 평가〉를 참고할 때 A 공단의 평가 결과에 대한 이해로 적절하지 않은 것은?

〈경영실적 평가〉

가. 평가의 기본개념 및 평가지표의 내용

1) 각 공공기관의 전년도 혹은 최근 몇 년간의 경영개선 추세를 비교하여 2021년도 경영개선 실적 또는 사업목표 달성도를 평가하였다.

2) 평가범주의 이원화, 경영전략화 주요사업

- 주요사업 비계량은 단일 자료로 평가하였던 전년도와 달리 기관의 주요 사업별 성과관리의 적정성을 추진계획 수립의 진행 실적과 성과로 평가하였다.

3) 계량 및 비계량자료 가중치

- 공기업과 준정부기관의 가중치 합계는 총 100점이며, 전년도보다 비계량 가중치가 증가하여 계량자료와 비계량자료의 가중치 비율은 60 : 40이다. 이 중 주요사업의 경우 계량과 비계량자료 가중치가 32 : 18로 여전히 계량지표의 가중치 비율이 상당히 높은 편이다.

- 강소형기관의 경우에는 가중치의 합계가 총 60점이며, 계량지표와 비계량지표의 가중치 비율은 45 : 15로 구성되어 있다. 반면, 주요사업 계량과 비계량의 가중치 비율은 20 : 10으로 전년도와 동일하게 구성하였다.

나. 평가방법

1) 경영관리 평가자료

- 재무제표 및 기관이 제시한 자료 등을 근거로 업무효율, 재무예산 성과, 계량관리 업무 및 총 인건비 인상률 등을 과거 일정기간 추세치와 비교하여 평가하였다. 평가 방법으로는 목표부여평가, 목표미실적평가 등의 방법이 주로 활용되었다.

2) 주요사업 계량자료

- 주요사업 계량지표도 경영관리 계량지표의 평가 방식과 대체로 유사한 방식을 적용하였다. 다만, 선도적 공공기관의 핵심 사업에 대해서는 글로벌 우수사업의 실적과 국제적으로 공인된 기관에 의하여 평가 · 인증되는 실적 및 수준 등을 반영한 글로벌 실적 비교로 평가하였다.

3) 비계량지표

- 계량지표만으로는 경영성과를 종합적으로 평가하기 어려우므로 전략기획 및 기관혁신, 재무예산 및 복리후생관리, 그리고 수요사업 추진 실적 등 계량화하기 어려운 평가항목들은 설문조사 등을 통해 정성평가하였다.

- 비계량지표의 경영실적은 자료 및 세부평가내용 전체를 대상으로 전반적인 운영실적과 전년 대비 개선도를 고려하여 평가하였다.

- 또한 사전에 결정한 비계량자료 평가등급 평점 기준이 적용된 '절대함수 체계'에 근거하여 공단별 공동 평가를 실시함으로써 공정성과 객관성을 확보하였다.

〈평가결과 : A 공단〉

　A 공단의 평점은 거의 전 분야에서 고르게 상승하였다. 특히 노동생산성 지표를 사업수행효율성 자료로 변경하면서 지난해 1점에서 올해 5점으로 득점이 대폭 상승했다. 이는 인원 대비 매출액 달성 목표를 부여하고 성과달성을 위한 전사적인 노력이 있었기 때문이다. 따라서 전년 대비 큰 폭(4.7%)의 매출액 상승이 가능했다.

　한편 전년도 지적사항도 상당 부분 개선하였다. 기관의 1인당 복리후생비가 8.87% 감소하였음에도 비금전적 복리후생제도 확대에 노력하여 복리후생 만족도가 전년 대비 10.9% 향상되었다. 또한 노사가 합의하는 등 제도 운영을 위한 전반적인 개선 노력을 기울인 점도 긍정적으로 평가된다. 다만 임금피크제 대상자에 대하여 명예퇴직을 허용하는 부분, 퇴직 1년 전 공로연수 운영 부분은 추가적인 개선방안이 마련되어야 할 것으로 판단된다. 나아가 체계적인 노사관계 전략을 수립하고 활동 유형별 예방 및 관리 노력을 한 점, 소통 채널별 만족도 조사를 시행한 점 등도 긍정적으로 평가된다.

① 전년 대비 실적 상승 및 지적사항 개선 부분에서 좋은 평가를 받았다.

② 퇴직 전 공로연수 제도 운영은 비계량지표 부분에서 감점요인이었다.

③ 비계량지표 부분에서 체계적인 노사관계 전략 수립은 평가에 긍정적 영향을 주었다.

④ 복리후생비가 감소했지만 계량지표인 복리후생 만족도가 10% 이상 상승하였으므로 좋은 평가를 받았다.

⑤ 계량지표인 업무효율 부분에서 매출액 달성 목표를 부여하고 매출액을 큰 폭으로 증가시켰으므로 좋은 평가를 받았다.

08. 다음 글의 (가) ~ (마)의 중심내용으로 바르지 않은 것은?

(가) 온실가스로부터 지구를 지키지 못하면 인류의 미래를 보장할 수 없을지도 모른다는 위기감이 부상하면서 신개념에너지에 대한 관심이 높아지고 있다. 이러한 관심에 힘입어 여러 방식의 신재생에너지가 개발되고 있으며 이 중 가장 주목받고 있는 것은 바로 풍력발전이다. 사실 인류가 바람을 에너지원으로 사용한 지 1만 년, 풍차를 사용한 지 3000년이 넘었다. 풍력발전이 시작된 지도 100년이 넘었지만 그동안 생산비용이 저렴하고 사용하기 편리한 화력발전에 밀려 그다지 빛을 보지 못했다. 그러나 온실가스와 같은 환경문제가 대두되자 이로부터 자유로운 풍력발전이 차세대 에너지로 주목받게 되었고 이에 힘입어 풍력발전은 변신을 거듭하고 있다.

(나) 풍력발전은 바람의 운동에너지를 회전에너지로 변환하고 발전기를 통해 전기에너지를 얻는 기술이다. 공학자들은 바람의 운동에너지를 조금이라도 더 얻기 위해 풍력발전기 기술을 발달시키고 있다. 먼저 '요우 시스템(Yaw System)'이 있다. 바람에 따라 풍력발전기의 방향을 바꿔 회전날개(Blade)가 항상 바람의 정면으로 향하게 하는 것이다. 풍향계와 풍속계로 바람의 움직임을 실시간으로 측정해 발전기의 출력이 항상 최대가 되도록 한다. 또 비행기 날개와 같이 회전날개의 각도를 변화시키는 '피치 시스템(Pitch System)'이 있다. 로터의 회전날개는 비행기의 날개와 마찬가지로 에어포일 구조로 돼 있어 바람에 따라 회전날개의 각도를 바꾼다. 이외에도 회전력을 잃지 않기 위해 기어 없이 직접 발전기에 연결하고, 복합재료를 이용해 발전기통(나셀, Nacelle)의 무게를 줄이는 등 다양한 방법을 쓴다. 무게가 줄어들면 보다 높은 위치에 풍력발전기를 매달 수 있기 때문이다.

(다) 풍력발전기를 설치하는 위치도 중요하다. 풍력발전기의 출력은 풍속의 3제곱과 프로펠러의 회전면적의 제곱에 비례한다. 풍속이 빠를수록, 프로펠러의 면적이 클수록 출력이 높아진다는 말이다. 지상에는 풍력발전의 출력을 높이는 데 한계가 있다. 지상의 바람은 빠르지 않고, 더욱이 바람이 항상 불지 않기 때문이다. 따라서 풍력발전기는 최대 풍속에 맞춰 설계하지 않고, 최빈 풍속에 따라 설계한다. 높은 고도에서 바람은 일정한 풍속과 빈도로 분다. 즉 풍력발전기는 높이 있을수록 좋다. 문제는 풍력발전기를 높게 설치하기 위해서, 또 로터의 회전날개 길이를 수십 미터 이상 크게 만들기 위해서 막대한 비용이 든다는 점이다. 따라서 최근에는 고고도풍(High Altitude Wind)을 이용하려는 새로운 연구들이 진행 중이다. 즉 철탑을 세울 수 있는 높이보다 더 높은 곳에 있는 바람을 이용하자는 것이다.

(라) 어떻게 고고도풍을 이용할까? 방법은 비행선, 연 등에 발전기를 달아 하늘에 띄우는 것이다. 캐나다 마겐 파워사는 헬륨 가스 비행선에 발전기를 단 MARS(Magenn Power Air Rotor System)라는 공중에 떠 있는 발전기를 판매하고 있다. 이 발전기는 헬륨 풍선의 부력을 이용해 발전기를 띄우고 물레방아를 흐르는 물에 담그면 회전하듯 바람에 의해 풍선이 회전하도록 만들어져 있다. 이 회전하는 풍선은 발전기와 연결되어 있어 전기를 생산할 수 있다. 브리자 테크놀로지는 이보다 작은 비행선 수십 대를 뗏목처럼 연결하여

바다에서 띄우는 HWT(Hovering Wind Turbine)를 계획 중이다. HWT는 수십 대의 작은 헬륨 비행선이 서로 묶여져 있는데 각각의 헬륨 풍선 앞에 붙어 있는 풍차가 발전하도록 되어 있다. 연을 사다리처럼 생긴 풍차에 매달아 공중을 오르내리는 아이디어도 있다. 마치 에스컬레이터가 움직이는 것과 같이 사다리 모양으로 연결된 연이 오르락 내리락하는 것을 이용해 발전기를 돌린다는 것이다. 또 연을 회전목마처럼 둥근 판의 사방에 달아 연이 날아가면 그 힘으로 발전기를 회전시키는 장치도 연구 중이다. 이는 지상에 있는 둥근 판(이나 원형 팔)의 사방에 연을 매달아 이를 조종하면서 둥근 원판을 회전목마와 같이 회전시킨다는 것이다.

(마) 고고도풍을 이용한 풍력발전은 결국 제트기류를 이용하게 될 것이다. 제트기류는 대류권 상층부에 부는 초속 30m의 편서풍이다. 때로는 초속 100m가 넘는 경우도 종종 있다. 제트기류의 단 1%만 이용해도 미국에서 사용하는 전기에너지를 모두 충당할 수 있다고 한다. 2차 세계대전 당시 일본은 미국 본토까지 폭탄을 실어 나르기 위해 이 바람을 사용했지만 이제 제트기류는 인류를 구원할 막대한 에너지원이 됐다. 우리나라 상공도 이 제트기류가 지나가기 때문에 이를 이용하면 막대한 전기를 얻을 수 있을 것이다.

① (가) : 새로운 대안으로 떠오른 풍력발전
② (나) : 바람의 운동에너지를 이용한 풍력발전의 설계
③ (다) : 풍력발전기의 이상적 위치와 높이
④ (라) : 고고도풍을 이용하는 기술의 한계점
⑤ (마) : 제트기류를 이용한 풍력발전의 가능성

09. 다음 글에 대한 이해로 적절하지 않은 것은?

직장 내 괴롭힘은 하루 중 대부분의 시간을 회사에서 보내는 현대 직장인들에게 적지 않은 영향을 미치고 있다. 이로부터 발생하는 일명 '회사 우울증'은 상황에 따라 공황장애, 외상 후 스트레스 장애 등 정신질환의 원인이 되고, 그 정도가 심할 경우 극단적인 선택에까지 이르게 한다. 이러한 직장 내 괴롭힘 문제는 개인의 인권에만 영향을 미치는 것이 아니다. 기업 또한 상당한 손실을 입게 된다. 직장 내 괴롭힘은 피해자의 정신적, 신체적 건강을 훼손하는 것은 물론 그 목격자에게까지 영향을 미쳐, 조직구성원의 직무만족도 및 조직 몰입도를 낮추고 이직·퇴직률을 높이는 것으로 정상적인 조직 운영이 저해될 환경을 조성하기도 한다.

이러한 현상은 한국뿐만 아니라 세계 다양한 국가들에서도 발생하고 있다. 직장 내 괴롭힘으로 인한 영향을 수치화한 연구에 따르면, 괴롭힘 한 건 발생에 따른 손실은 연간 약 2만 8천 파운드(영국, 약 4천만 원), 3 ~ 10만 달러(스웨덴, 약 4백만 ~ 1천3백만 원), 8만 3천 달러(미국, 약 9천만 원) 등으로 추정되고 있으며, 한국직업능력개발의 연구에 따르면 한국은 직장 내 괴롭힘 한 건당 연간 약 1,550만 원 이상의 비용이 발생하는 것으로 나타났다. 주목할 점은 앞서 제시된 금액들은 보다 객관적인 수치를 얻기 위해 사용가능한 정량적 데이터만을 활용하여 산출된 값이라는 점이다. 즉, 제시된 금액은 추정 가능한 최소한의 금액이며, 실제 근로자 1인의 생산능력이 파악되거나 업무 집중도와 같은 정성적 요소에 의한 손실 영향 등까지 고려된다면 비용손실은 현재 금액보다 상당히 증가할 것이다.

일반적으로 괴롭힘은 그 행위의 강도와 빈도에 따라 구분한다. 행위의 강도에 따라 순차적으로 폭력(Violence), 공격(Harassment), 홀대(Mistreatment), 외면(Ostracism), 무례(Incivility)로 분류될 수 있으며, 행위의 강도로 구분되어진 괴롭힘의 개념들이 빈번하게 일어날 경우 이들을 직장 괴롭힘(Bullying / Mobbing)의 개념으로 포괄할 수 있다. 직장 괴롭힘(Bullying / Mobbing)은 주로 반복성(주 1회)과 지속성(6개월 이상)을 바탕으로 정의한다. 단 한건의 발생에도 처벌이 가능한 괴롭힘은 물론, 불명확하고 미묘하여 형언하기 어려운 교묘한 행위의 반복 또한 직장 내 괴롭힘에 해당되는 것이다.

즉, 신체적 폭력, 성희롱과 같은 명시적 행위와 더불어 '직장 내 따돌림' 문화 또한 직장 괴롭힘의 범주에 포함되며 기업과 개인에게 상당한 피해를 입히는 동일 선상의 행동으로 정의되고 있는 것으로 해석된다.

윤리경영 글로벌 컨설팅업체인 N 기업은 10대 윤리경영 트렌드 중 한 가지로 직장 내 괴롭힘을 언급하였다. 그들은 '직장 내 괴롭힘에 대한 목소리에 힘이 실리고 있다(The shift in power of voice in the story of harassment)'를 제목으로 하여 직장 내 괴롭힘에 대한 문제가 올해 기업의 윤리경영에 상당한 영향을 미칠 것으로 예상하였다.

그들은 과거에는 단단하게 굳어진 조직 문화에 이의를 제기할 때 개인의 영향력이 미미했기에 피해자의 상당한 노력과 용기와 위험감수가 필요했지만 소셜미디어 등을 통해 모든 사람들이 상호 연결된 초연결사회로 접어들면서 조직과 개인의 힘이 서서히 균형이 맞춰지게 되었다고 주장한다.

1회 실전모의

2회 실전모의

3회 실전모의

4회 실전모의

5회 실전모의

6회 실전모의

7회 실전모의

8회 실전모의

　　그렇다면 이러한 직장 내 괴롭힘의 발생 원인은 무엇일까? 경쟁과 성과주의의 조직문화, 힘의 불균형, 수직적이고 상호 소통이 어려운 산업 등 다양한 요인들이 주장되어 왔지만 이번 보고서 리뷰에서는 '스스로 가해자 혹은 피해자로 인식할 가능성'에 초점을 맞추고자 한다. 선행 연구에 의하면 직장 내 괴롭힘의 피해자는 지표를 통한 측정 방법보다 주관적인 측정 방법을 통해서 더 많이 나타났다. 이는 객관적으로 분류된 지표를 통해 측정한 경우 괴롭힘을 당한 것으로 나타난 인원이 피해 사실을 조직의 분위기나 본인의 탓으로 돌리는 성향 등으로 인해 이를 괴롭힘으로 인지하지 못하고 있는 것으로 해석된다. 또한 일반적으로 가해자들의 경우, 본인의 가해 사실에 대해 정당화할 수 있는 근거들을 갖고 있는 것으로 알려져 있다. 즉, 가해자의 가해에 대한 인식과 피해자의 피해에 대한 인식이 직장 내 괴롭힘의 발생에 영향을 미칠 수 있다는 것이다.

① 직장 내 괴롭힘은 괴롭힘을 당하는 직원에게 '회사 우울증'과 같은 정신적인 질병을 겪게 할 뿐 아니라 그 일을 목격한 직원에게도 부정적인 영향을 끼치고 결국 그들이 속한 기업에까지 손실을 입힌다.

② 직장 내 괴롭힘은 세계적으로 확인되는 현상이며 그로 인한 손실이 상당한 수준이고 빠져있는 정성 요소까지 고려된다면 손실이 된 비용은 조사된 금액보다 훨씬 더 늘어날 것으로 예상된다.

③ 글로벌 컨설팅 업체에서는 윤리경영 트렌드로서 직장 내 괴롭힘 문제에 적극적으로 대처해야 함을 주장하고 있다. 직장 내 괴롭힘 문제가 장기적으로 기업의 존폐를 결정할 수 있기 때문이다.

④ 이전에는 문제 제기를 위해서 상당한 노력과 용기, 위험에 대한 감수가 필요했으나, 현재에는 소셜미디어 등이 발달하여 조직과 개인의 힘이 서서히 균형이 맞춰지게 되었다.

⑤ 직장 내 괴롭힘의 발생 원인으로 가해자와 피해자가 스스로 어떻게 인식하고 있는가가 중요한 한 요소가 될 수 있다. 피해자는 조직의 분위기나 본인의 성향 탓으로 돌려 괴롭힘으로 인식하지 못할 수 있고, 가해자는 대체로 자신의 행위를 정당화할 수 있는 근거를 갖고 있기 때문이다.

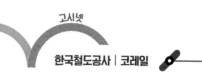
10. A 사원이 주주총회에 참석하는 직원들의 다과를 〈보기〉에 따라 준비하였을 때, 과자는 한 상자에 얼마인가?

보기

- 총회에 참석하는 인원은 15명이다.
- 다과는 1인당 물 1병과 음료 1병, 과자 2개, 약간의 과일을 준비하였다.
- 물은 1병에 600원, 음료는 1병에 1,400원이고, 과자는 한 상자에 10개가 들어 있다.
- 여분으로 5명의 분량을 추가로 준비하였다.
- 과일을 준비하는 데에는 17,000원을 지출하였고, 다과 비용으로 총 75,000원을 지출하였다.

① 450원   ② 700원   ③ 4,500원
④ 9,000원   ⑤ 45,000원

11. ○○기업은 다음과 같이 신입사원을 선발하였다. 올해 선발된 남성 사원의 수는?

- 작년에 선발된 신입사원은 모두 325명이었다.
- 올해 선발된 신입사원 중 남성 신입사원은 8% 증가하고, 여성 신입사원은 12% 증가하였다.
- 올해 선발된 신입사원은 작년보다 32명 더 많았다.

① 150명   ② 173명   ③ 189명
④ 196명   ⑤ 204명

12. P 기업은 원활한 인력수급을 위해 외국인을 선발하려고 한다. 외국인 선발절차는 기능 실기시험과 한국어 면접시험으로 구분되는데 실기시험은 36분, 면접시험은 27분이 소요되며, 실기시험은 한 번에 6명씩, 면접시험은 한 번에 4명씩 진행한다. 기능 실기시험과 한국어 면접시험을 동시에 시작할 때, 기능 실기시험을 12번 진행하는 동안 면접시험에 참여한 인원은 몇 명인가? (단, 휴식시간은 고려하지 않는다)

① 56명   ② 60명   ③ 64명
④ 68명   ⑤ 72명

13. 김새벽 씨는 뉴욕으로 휴가를 가기 위해 다음과 같이 여행 준비를 하고 있다. 여행 경비는 원화로 모두 얼마인가? (단, 제시된 환율을 기준으로 하고 수수료는 고려하지 않는다)

- 여행 경비는 왕복 항공권, 숙박료, 기타 경비이다.
- 숙박은 3박씩 두 곳에 예약하여 모두 6박이다.
- 숙박 한 곳은 5월 10일 기준 환율로 3박 예약에 총 285USD를 지불했다.
- 다른 한 곳 역시 5월 10일 기준 환율로 3박 예약에 총 306USD를 지불했다.
- 왕복 항공권은 원화로 1,659,000원을 결제하였다.
- 기타 경비 1,100USD를 5월 12일 은행에서 환전하였다.

날짜	기준 환율(USD/KRW)
5월 10일	1,060
5월 11일	1,065
5월 12일	1,080

① 1,824,460원   ② 2,460,460원   ③ 3,473,460원
④ 3,474,990원   ⑤ 3,476,685원

[14 ~ 15] 다음 생활시간조사에 관한 자료를 보고 이어지는 질문에 답하시오.

〈자료 1〉 18세 이상 전체 인구의 생활 행동별 요일 내 평균 시간

(단위 : 분)

행동 분류별		2006년	2011년	2016년	2021년
필수시간	수면	442	445	450	480
	식사	94	111	116	127
	건강관리	8	8	7	6
의무시간	근로시간	206	187	183	180
	가정관리	110	106	105	109
	학습시간	33	17	15	23
여가시간	게임시간	5	13	10	10
	여가활동	217	275	248	259

* 생활시간조사는 18세 이상의 국민이 각자 주어진 24시간을 보내는 양상을 파악하기 위한 것으로 24시간을 필수시간, 의무시간, 여가시간으로 구분하여 행동 분류별 시간 사용량을 파악하고 있다.

〈자료 2〉 18세 이상 행위자 인구의 생활 행동별 요일 내 평균 시간

(단위 : 분)

행동 분류별		2006년	2011년	2016년	2021년
필수시간	수면	442	445	450	480
	식사	94	111	116	127
	건강관리	8	60	47	43
의무시간	근로시간	385	343	334	341
	가정관리	146	137	131	134
	학습시간	222	327	294	232
여가시간	게임시간	85	80	73	64
	여가활동	220	276	250	261

* 행위자 인구는 18세 이상의 성인 중 하루 24시간 중 1분 이상 필수시간, 의무시간, 여가시간에 속한 특정 행위를 한 사람들을 의미한다. 따라서 〈자료 2〉는 해당 생활 행동 행위자만을 대상으로 계산한 요일 평균 행위시간을 나타낸다.

14. 〈자료 1〉에 대한 해석으로 적절한 것은?

① 2021년 여가활동은 2006년에 비해 110% 이상 증가하였다.

② 2006년부터 2021년까지 의무시간의 세 항목들은 같은 추세를 보인다.

③ 가정관리에 투자하는 시간이 계속 감소하고 있음을 알 수 있다.

④ 조사 기간 중 5년 전 조사 대비 식사시간의 증가율은 2021년에서 가장 크다.

⑤ 전체적으로 필수시간의 총합은 증가하고, 근로시간은 감소한다.

15. 다음 중 〈자료 1〉과 〈자료 2〉를 통해서 알 수 있는 사실이 아닌 것은?

① 2021년 게임 행위자의 평균 시간은 전체 인구 평균에 비해 6배 이상이다.

② 여가시간의 행위자 평균 시간과 전체 인구의 평균 시간의 추세는 동일하다.

③ 학습을 하지 않는 사람의 수는 학습을 하는 사람의 수보다 10배 이상 많다.

④ 조사 기간의 수면시간과 식사시간은 전체 인구 평균과 행위자의 평균이 동일하다.

⑤ 의무시간과 여가시간의 모든 항목에서 행위자 평균이 전체 인구 평균보다 높게 나타났다.

1회 실전모의
2회 실전모의
3회 실전모의
4회 실전모의
5회 실전모의
6회 실전모의
7회 실전모의
8회 실전모의

[16 ~ 17] 다음 자료를 보고 이어지는 질문에 답하시오.

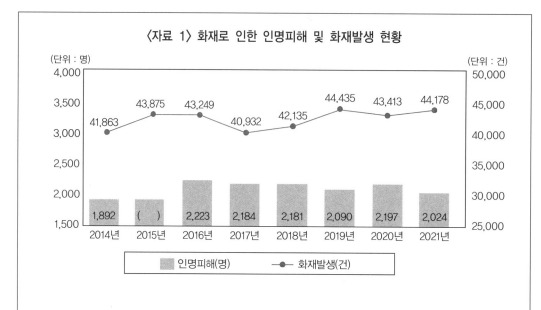

〈자료 1〉 화재로 인한 인명피해 및 화재발생 현황

〈자료 2〉 화재로 인한 인명피해 세부 현황

(단위 : 명)

구분	2014년	2015년	2016년	2017년	2018년	2019년	2020년	2021년
소계	1,892	( )	2,223	2,184	2,181	2,090	2,197	2,024
사망	305	( )	267	307	325	253	345	306
부상	1,587	( )	1,956	1,877	1,856	1,837	1,852	1,718

16. 2015년 화재로 인한 사망자 수는 전년 대비 20% 감소하였고, 2016년 화재로 인한 부상자 수는 전년 대비 20% 증가하였다. 2015년 화재로 인한 인명피해 인원은 총 몇 명인가?

① 1,874명   ② 1,892명   ③ 1,974명

④ 2,107명   ⑤ 2,250명

17. 다음 중 제시된 자료에 대한 설명으로 옳지 않은 것은?

① 조사기간 중 인명피해 인원이 전년 대비 가장 크게 감소한 해는 2021년이다.
② 조사기간 중 화재로 인한 부상자 수는 매년 인명피해 인원의 80% 이상이다.
③ 조사기간 중 전년 대비 화재발생 증가율이 가장 큰 해는 2017년이다.
④ 조사기간 중 화재발생 건수는 매년 전년 대비 2,500건 이내로 변화한다.
⑤ 2019년에 화재로 인한 사망자 수는 전년 대비 20% 이상 감소하였다.

18. ○○공단 총무부는 임직원들의 편의를 제공하기 위해 호텔 회원권을 구매하여 사용하고 있다. 그런데 총무부 A 과장은 호텔 회원권 구매 시 호텔로부터 제공받는 기존 서비스의 문제점을 보완하기 위해 다음과 같은 서비스 개선안을 호텔에 제시했다. 호텔 측이 서비스 개선안을 수리하였다고 할 때, 이를 통해 향후 기대할 수 있는 이점이 아닌 것은?

구분	기존 서비스	문제점	서비스 개선안
숙박권	무료숙박권 50장 제공	• 성수기에는 사용할 수 없음. • 20만 원 이하의 룸에 무료숙박권을 사용할 경우 비효율적임. • 1박당 20만 원 이상인 룸의 경우 사용 불가함.	• 성수기와 비수기의 평균 숙박비인 15만 원이 기입된 무료숙박권 50장을 제공 (15만 원×50＝750만 원) • 1박당 15만 원 이상인 룸을 예약할 경우에는 무료숙박권과 함께 추가비용만 지불하여 사용
식사권 (쿠폰)	• 아침식사 무료 쿠폰 50장 제공(단, 무료숙박권 사용 시 사용 가능) • 식음료 무료 쿠폰 30장 제공(1쿠폰당 4만 원 주문 가능) • 정해진 기한 내 사용하지 않을 경우 소멸	• 숙박을 하지 않으면 아침식사 쿠폰을 사용할 수 없고, 숙박을 하더라도 아침식사를 하지 않는 경우 3만 원에 해당하는 아침식사 무료 쿠폰을 낭비하게 됨. • 식음료 무료 쿠폰은 1인당 1쿠폰만 사용이 가능하여, 2명이 식사를 할 경우 비용이 8만 원을 초과하면 쿠폰이 3장 있어도 사용할 수 없어 추가비용을 지불해야 함. • 식음료 무료 쿠폰은 4만 원 이하의 금액인 경우에도 잔액 환불이 불가함. • 정해진 기한 내 사용하지 못할 경우 모두 소멸됨.	• 아침식사 무료 쿠폰의 경우 3만 원짜리 식음료 무료 쿠폰으로 대체 제공(단, 사용 시 잔액이 남을 경우 환불 불가) • 1인당 1쿠폰의 사용제한이 없는 4만 원짜리 식음료 무료 쿠폰 제공(액면 금액의 50% 미만의 잔액이 남을 경우 잔액 환불 가능) • 식음료 무료 쿠폰 사용 기간을 발행일로부터 3년으로 명시

① 무료숙박권과 무료식사권을 완전히 분리하여 각각 사용할 수 있다.

② 무료숙박권의 경우 1박당 20만 원 이상인 룸 예약에도 사용이 가능하다.

③ 호텔 측으로부터 총 150만 원에 해당하는 3만 원짜리 식음료 무료 쿠폰을 제공받을 수 있다.

④ 공단 입장에서는 매년 사용하지 못하고 소멸될 수 있는 무료식사권의 활용도를 더욱 높일 수 있다.

⑤ 4만 원짜리 식음료 무료 쿠폰의 경우 사용 시 잔액이 남을 경우 전액 환급받을 수 있어 더욱 경제적이다.

19. 다음은 대학생을 대상으로 한 설문조사의 일부이다. 제시된 자료를 근거로 대학교육 현황 보고서를 작성하려고 할 때, 작성할 내용으로 가장 타당한 것은?

(가) 대학 진학을 후회하는 이유는?

(복수 응답, 단위 : %)

설문	응답률
대학에서 배운 것이 실무(취업)에 도움이 되지 않아서	63.8
대학 과포화로 졸업장이 더 이상 경쟁력이 되지 않아서	37.1
대기업, 공기업에서 고졸 채용이 증가하는 추세여서	18.0
갈수록 비싸지는 등록금 때문에	20.6
제대로 된 학문을 배울 수 없어서	14.5
갈수록 취업사관학교처럼 변질되는 것 같아서	19.5
인원제한 / 학점경쟁 등 듣고 싶은 수업을 들을 수 없어서	4.3
기타	4.6

(나) 현재 공부하고 있는 분야

(복수 응답, 단위 : %)

구분	외국어 공부	자격증 공부	공무원 시험	고시 시험	전공학점 공부
응답률	68.6	44.1	40.0	5.7	74.3

① 요즘 대학생들은 대학교육이 취업에 도움이 되지 않는다고 여기고 있으며, 이 때문에 전공 및 학과 공부에 매진하는 양상이 나타나고 있다.

② 등록금 부담이 가중되면서 공무원과 고시를 준비하는 학생들이 더욱 증가하고 있는 추세이다.

③ 전국의 대학 수가 늘어나 과포화된 데에는 대기업 및 공기업의 고졸채용 증가도 원인으로 지목될 수 있다.

④ 대학생들이 전공 공부 외에도 외국어와 자격증 공부에 시간을 많이 할애하는 이유는 대학교육이 취업과 거리가 있기 때문이다.

⑤ 대학이 취업사관학교로 변하는 것에 대한 거부감으로 대학에서 순수학문만을 고집하기 때문에 취업 관련 수업이 턱없이 부족한 상황이다.

20. 다음 글을 참고하여 우리나라가 2021년 4월 14일 오후 9시일 때 서경 120도에 위치한 미국 LA의 일시를 고르면?

> '시차(時差)'란 한 지역과 다른 지역 사이의 시간 차이를 말한다. 지역에 따른 시간 차이로 인해 발생하는 불편함을 최소화하기 위해 세계의 표준시가 제정된 것은 1894년이다. 당시 각국의 학자들은 산업화의 중심이었던 영국에 모여 표준시를 제정했는데, 지구의 북극과 남극을 잇는 본초자오선이 통과하는 곳에 있는 영국의 그리니치 천문대를 기준으로 표준시인 그리니치 평균시(GMT ; Greenwich Mean Time)가 제정되었다.
>
> 그리니치 평균시를 기준으로 서쪽으로 경도 15도씩 멀어지면 한 시간을 빼고, 동쪽으로 경도 15도씩 멀어지면 한 시간을 더하는 방식으로 세계 각 나라의 시간이 계산된다. 지구는 하루에 360도, 한 시간에 15도씩 돌기 때문에 모든 표준시를 15도를 기준으로 나눈 것이다.
>
> 영국에서 동경 135도 정도 떨어진 한국의 시차는 GMT＋9가 된다. 우리나라와 같이 지역 간 경도 차이가 크지 않은 나라는 전국적으로 단일 표준시를 사용하지만 러시아, 캐나다, 미국, 인도 등 넓은 지역을 보유한 나라들은 각 지역 주민들의 편의를 위해 경도에 맞춰 다양한 표준시를 사용하기도 한다.
>
> 하지만 모든 나라가 이와 같은 표준시 계산 방법을 따르는 것은 아니다. 각 나라에서 사용하는 표준시는 해당 국가의 재량에 의해 결정되는 것으로 역사나 경제 등의 이유로 실제 시차와는 다른 표준시를 채택한 나라도 있다. 세계에서 가장 넓은 땅을 가진 중국은 중국 내에서만 시차가 4시간이 발생하지만 행정적 불편함을 이유로 1949년부터 북경을 기준으로 한 단일 표준시를 사용하고 있다.
>
> 우리나라의 가운데 지점은 동경 127.5도를 지나지만 시차 계산을 위해 동경 135도를 지나는 것과 같이 9시간 빠른 시각을 표준시로 한다.

① 4월 14일 오전 4시 　　　　② 4월 14일 오후 1시

③ 4월 14일 오후 8시 　　　　④ 4월 15일 오전 4시

⑤ 4월 15일 오전 6시

www.gosinet.co.kr gosinet

1회 실전모의

2회 실전모의

3회 실전모의

4회 실전모의

5회 실전모의

6회 실전모의

7회 실전모의

8회 실전모의

21. 다음 〈자료〉를 토대로 계산할 때, 〈보기〉에 나타난 H의 케빈 베이컨 수는?

자료

1994년 1월, MTV의 인기 토크쇼 '존 스튜어트쇼'에 한 통의 편지가 배달됐다. 크레이그 패스, 마이크 기넬리, 브라이언 터틀 등 대학생 3명은 "배우 케빈 베이컨이 모든 사람을 아는 신이라는 것을 입증할 수 있다."고 장담했다. 흥미를 느낀 방송사는 이들을 베이컨과 함께 출연시켰다. 세 사람은 청중이 이름을 대는 배우들이 베이컨과 어떻게 연결되는지 막힘없이 풀어냈다. 예를 들어 해리슨 포드는 베이컨과 같은 영화에 출연한 적은 없지만 베이컨과 '레이더스'에 함께 등장했던 캐런 앨런과 함께 '애니멀 하우스'의 주연을 맡았기 때문에 한 단계만 건너면 인연이 있다는 식이다. 이를 계기로 미국에서는 '베이컨 게임'으로 불리는 놀이가 대유행했다. 영화에 함께 출연한 관계를 1단계로 설정하고, 다른 배우들이 베이컨과 몇 단계 안에 연결될 수 있는가를 더 빨리 찾는 게임이었다. 시간이 지나자 사람들은 신기한 현상을 발견했다. 그들이 알고 있는 배우들이 모두 6단계 또는 그 이전에 베이컨과 연결된다는 것이었다.

그렇다면 케빈 베이컨 수는 어떻게 계산하는 것일까. 어떤 사람의 케빈 베이컨 수는 모든 사람과 케빈 베이컨 게임을 했을 때 나오는 단계의 합이다. 예를 들어 총 5명이 있고, 1과 3, 1과 4, 2와 3, 3과 4, 4와 5가 친구인 경우를 생각해 보자. 1은 2까지 3을 통해 2단계 만에, 3까지 1단계, 4까지 1단계, 5까지 4를 통해서 2단계 만에 알 수 있다. 따라서 1의 케빈 베이컨 수는 2+1+1+2=6이다. 2는 1까지 3을 통해서 2단계 만에, 3까지 1단계 만에, 4까지 3을 통해서 2단계 만에, 5까지 3과 4를 통해서 3단계 만에 알 수 있다. 따라서 2의 케빈 베이컨 수는 2+1+2+3=8이다. 3은 1까지 1단계, 2까지 1단계, 4까지 1단계, 5까지 4를 통해 2단계 만에 알 수 있다. 따라서 3의 케빈 베이컨 수는 1+1+1+2=5이다. 4는 1까지 1단계, 2까지 3을 통해 2단계, 3까지 1단계, 5까지 1단계 만에 알 수 있다. 따라서 4의 케빈 베이컨 수는 1+2+1+1=5가 된다. 마지막으로 5는 1까지 4를 통해 2단계, 2까지 4와 3을 통해 3단계, 3까지 4를 통해 2단계, 4까지 1단계 만에 알 수 있다. 따라서 5의 케빈 베이컨 수는 2+3+2+1=8이다.

보기

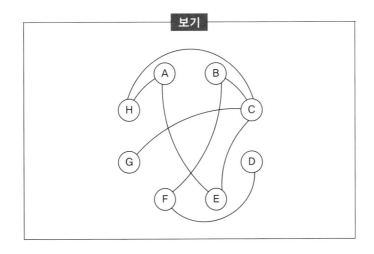

① 13

② 14

③ 15

④ 16

⑤ 17

[22 ~ 23] 다음 자료를 바탕으로 이어지는 질문에 답하시오.

〈민원인 방문 기록일지〉

방문날짜	시간대	민원인 방문 현황
10월 1일	오전	10시 25분부터 5분마다 한 명씩 방문
	오후	13시 30분부터 20분마다 한 명씩 방문
10월 2일	오전	10시 정각부터 10분마다 한 명씩 방문
	오후	14시 5분부터 10분마다 한 명씩 방문
10월 3일	오전	9시 30분부터 10분마다 한 명씩 방문
	오후	13시 40분부터 15분마다 한 명씩 방문
10월 4일	오전	9시 10분부터 15분마다 한 명씩 방문
	오후	13시 정각부터 15분마다 한 명씩 방문
10월 5일	오전	10시 정각부터 10분마다 한 명씩 방문
	오후	13시 40분부터 15분마다 한 명씩 방문

• 민원인 1인당 민원처리 시간은 10분이다.
• 민원처리 시간(오전-10:00 ~ 12:00, 오후-13:30 ~ 16:30) 외에 방문한 사람은 해당 민원을 접수할 수 없다.
• 민원처리 시간 내에 민원을 처리할 수 없는 경우에는 민원인을 돌려보낸다.
• 동시에 민원처리가 가능한 인원은 2명이며, 민원처리 시간보다 먼저 도착한 사람은 대기번호를 부여받는다.

22. 다음 중 민원처리 건수가 가장 많은 날은?

① 10월 1일   ② 10월 2일   ③ 10월 3일

④ 10월 4일   ⑤ 10월 5일

23. 10월 5일 방문 기록일지에 대한 설명으로 옳은 것을 〈보기〉에서 모두 고르면?

보기

㉠ 오전에 민원처리를 완료하고 돌아간 사람은 모두 12명이다.

㉡ 민원처리 시간이 5분으로 줄어든다면 민원처리 건수는 1건 늘어난다.

㉢ 민원처리 시간이 15분으로 늘어나도 전체 민원처리 건수는 변하지 않는다.

㉣ 마지막에 방문한 민원인은 민원처리를 완료하지 못하고 돌아갔다.

① ㉠, ㉡   ② ㉡, ㉣   ③ ㉢, ㉣

④ ㉠, ㉡, ㉣   ⑤ ㉡, ㉢, ㉣

1회 실전모의

2회 실전모의

3회 실전모의

4회 실전모의

5회 실전모의

6회 실전모의

7회 실전모의

8회 실전모의

[24 ~ 25] 다음 K시 소재 S 연구기관의 〈계약 절차 및 유의사항〉과 〈S 연구기관 조직도〉를 보고 이어지는 질문에 답하시오. (단, 다음 내용에 기재된 금액은 모두 부과세 10%가 포함된 값이다)

〈계약 절차 및 유의사항〉

■ 계약 준비 시 고려사항

1. 물품, 제조, 인쇄
   • 1백만 원을 초과하고 2.2천만 원 이하인 경우에는 소액 수의계약 추진
   • 2.2천만 원 초과인 경우 경쟁입찰을 통한 계약 추진(물품 구매의 경우 해당 계약부서로 구매가능 여부 문의, 특정한 경우 사유서 제출 후 수의계약 가능)
   • 2천만 원 이하는 견적서 1개 이상, 2천만 원 초과는 견적서 2개 이상 필수

2. 용역
   • 3백만 원을 초과하고 3천만 원 이하인 경우 수의계약 추진
   • 3천만 원 초과인 경우 경쟁입찰을 통한 계약 추진(1억 원 이하의 경우 사유서 제출 후 수의계약 가능)
   • 3천만 원 이하의 경우 견적서 1개 이상, 3천만 원 초과는 견적서 2개 이상 필수

■ 계약의 종류

1. 제한경쟁 중 지역제한 계약 : 법인등기부상 본점 소재지가 해당 물품 납품지 혹은 용역결과물 납품지의 지역 관할 구역 안에 있는 자로 입찰참가자격을 제한 가능(물품과 용역의 경우 추정가격 2억 원 미만)

2. 수의계약
   • 물품, 제조, 인쇄 : 견적서 1개 이상, 구매물품사양서를 첨부하여 계약 신청하며, 1천만 원 이상의 경우 일상감사 결재 필수, 예산 2.2천만 원 이하 인쇄 시 수의계약
   • 용역 : 견적서(혹은 산출내역서 1개), 과업내용이 필요할 경우 2개 업체 이상의 견적서 첨부

■ 계약신청서 내부결재선(원장 직속일 경우 원장)

1. 물품, 제조, 인쇄

계약 금액	1천만 원 이하	1천만 원 초과~3천만 원 이하	3천만 원 초과~5천만 원 이하	5천만 원 초과~1억 원 이하	1억 원 초과
결재선	실장	센터장	차상위부서장	부원장	원장

2. 용역

계약 금액	3천만 원 이하	3천만 원 초과~5천만 원 이하	5천만 원 초과~1.5억 원 이하	1.5억 원 초과~3억 원 이하	3억 원 초과
결재선	실장	센터장	차상위부서장	부원장	원장

3. 수의계약

계약 금액	2천만 원 이하	2천만 원 초과~3천만 원 이하	3천만 원 초과
결재선	차상위부서장	부원장	원장

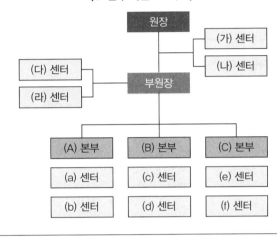

〈S 연구기관 조직도〉

24. 다음 5명의 연구원이 각각의 업무를 수행하고자 할 때, 최종 결재선이 다른 사람은?

① (가) 센터 박 연구원 – 동영상 편집 용역, 2.5천만 원, 수의계약
② (라) 센터 정 연구원 – 사업평가 연구 용역, 5천만 원, 경쟁입찰
③ (c) 센터 김 연구원 – 홍보물 인쇄, 3천만 원
④ (d) 센터 이 연구원 – 연구 장비 구입, 2천만 원, 경쟁입찰
⑤ (f) 센터 최 연구원 – △△연구시설 용역, 4천만 원, 경쟁입찰

25. S 연구기관의 신입사원 구 씨는 K시 소재의 G사와 다음과 같은 계약을 진행하게 되었다. 선배 사원이 구 씨에게 조언할 말로 옳지 않은 것은?

- 계약명 : 온라인 교육 콘텐츠 개발
- 금액 : 90,000,000원(부가세 10% 별도)
- 계약내용 : 6차시(1차시당 30분) 6개 과목 교재 개발 및 동영상 촬영
- 진행부서 : (나) 센터

---

① 최종 결재선은 원장입니다.

② 어떤 경우에도 수의계약은 진행할 수 없습니다.

③ 지역제한 경쟁입찰로 진행할 수 있습니다.

④ 견적서는 2개 이상 있어야 합니다.

⑤ 수의계약 시 최종 결재선은 원장입니다.

1회 실전모의고사

성명표기란

감독관
확인란

수험번호

※ 검사문항 : 1~25

문번	답란	문번	답란
1	① ② ③ ④ ⑤	16	① ② ③ ④ ⑤
2	① ② ③ ④ ⑤	17	① ② ③ ④ ⑤
3	① ② ③ ④ ⑤	18	① ② ③ ④ ⑤
4	① ② ③ ④ ⑤	19	① ② ③ ④ ⑤
5	① ② ③ ④ ⑤	20	① ② ③ ④ ⑤
6	① ② ③ ④ ⑤	21	① ② ③ ④ ⑤
7	① ② ③ ④ ⑤	22	① ② ③ ④ ⑤
8	① ② ③ ④ ⑤	23	① ② ③ ④ ⑤
9	① ② ③ ④ ⑤	24	① ② ③ ④ ⑤
10	① ② ③ ④ ⑤	25	① ② ③ ④ ⑤
11	① ② ③ ④ ⑤		
12	① ② ③ ④ ⑤		
13	① ② ③ ④ ⑤		
14	① ② ③ ④ ⑤		
15	① ② ③ ④ ⑤		

※ 검사문항 : 1~25

KORAIL

2회 실전모의고사

감독관
확인란

성명표기란

수험번호

(주민등록 앞자리 생년제외) 월일

수험생 유의사항

※ 답안은 반드시 컴퓨터용 사인펜으로 보기와 같이 바르게 표기해야 합니다.
〈보기〉 ① ② ③ ❹ ⑤

※ 성명표기란 위 칸에는 성명을 한글로 쓰고 아래 칸에는 성명을 정확하게 표기하십시오. (맨 왼쪽 칸부터 성과 이름은 붙여 씁니다)

※ 수험번호/월일 위 칸에는 아라비아 숫자로 쓰고 아래 칸에는 숫자와 일치하게 표기하십시오.

※ 월일은 반드시 본인 주민등록번호의 생년을 제외한 월 두 자리, 일 두 자리를 표기하십시오.
〈예〉 1994년 1월 12일 → 0112

문번	답란	문번	답란	문번	답란
1	① ② ③ ④ ⑤	16	① ② ③ ④ ⑤		
2	① ② ③ ④ ⑤	17	① ② ③ ④ ⑤		
3	① ② ③ ④ ⑤	18	① ② ③ ④ ⑤		
4	① ② ③ ④ ⑤	19	① ② ③ ④ ⑤		
5	① ② ③ ④ ⑤	20	① ② ③ ④ ⑤		
6	① ② ③ ④ ⑤	21	① ② ③ ④ ⑤		
7	① ② ③ ④ ⑤	22	① ② ③ ④ ⑤		
8	① ② ③ ④ ⑤	23	① ② ③ ④ ⑤		
9	① ② ③ ④ ⑤	24	① ② ③ ④ ⑤		
10	① ② ③ ④ ⑤	25	① ② ③ ④ ⑤		
11	① ② ③ ④ ⑤				
12	① ② ③ ④ ⑤				
13	① ② ③ ④ ⑤				
14	① ② ③ ④ ⑤				
15	① ② ③ ④ ⑤				

KORAIL

3회 실전모의고사

성명표기란

수험번호

(주민등록 앞자리 생년제외) 월일

※ 검사문항 : 1~25

문번	답란
1	① ② ③ ④ ⑤
2	① ② ③ ④ ⑤
3	① ② ③ ④ ⑤
4	① ② ③ ④ ⑤
5	① ② ③ ④ ⑤
6	① ② ③ ④ ⑤
7	① ② ③ ④ ⑤
8	① ② ③ ④ ⑤
9	① ② ③ ④ ⑤
10	① ② ③ ④ ⑤
11	① ② ③ ④ ⑤
12	① ② ③ ④ ⑤
13	① ② ③ ④ ⑤
14	① ② ③ ④ ⑤
15	① ② ③ ④ ⑤

문번	답란
16	① ② ③ ④ ⑤
17	① ② ③ ④ ⑤
18	① ② ③ ④ ⑤
19	① ② ③ ④ ⑤
20	① ② ③ ④ ⑤
21	① ② ③ ④ ⑤
22	① ② ③ ④ ⑤
23	① ② ③ ④ ⑤
24	① ② ③ ④ ⑤
25	① ② ③ ④ ⑤

※ 검사문항 : 1~25

KORAIL

4회 실전모의고사

감독관
확인란

문번	답란	문번	답란
1	① ② ③ ④ ⑤	16	① ② ③ ④ ⑤
2	① ② ③ ④ ⑤	17	① ② ③ ④ ⑤
3	① ② ③ ④ ⑤	18	① ② ③ ④ ⑤
4	① ② ③ ④ ⑤	19	① ② ③ ④ ⑤
5	① ② ③ ④ ⑤	20	① ② ③ ④ ⑤
6	① ② ③ ④ ⑤	21	① ② ③ ④ ⑤
7	① ② ③ ④ ⑤	22	① ② ③ ④ ⑤
8	① ② ③ ④ ⑤	23	① ② ③ ④ ⑤
9	① ② ③ ④ ⑤	24	① ② ③ ④ ⑤
10	① ② ③ ④ ⑤	25	① ② ③ ④ ⑤
11	① ② ③ ④ ⑤		
12	① ② ③ ④ ⑤		
13	① ② ③ ④ ⑤		
14	① ② ③ ④ ⑤		
15	① ② ③ ④ ⑤		

성명표기란

수험번호

⓪ ① ② ③ ④ ⑤ ⑥ ⑦ ⑧ ⑨

(주민등록 앞자리 생년제외) 월일

⓪ ① ② ③ ④ ⑤ ⑥ ⑦ ⑧ ⑨

수험생 유의사항

※ 답안은 반드시 컴퓨터용 사인펜으로 보기와 같이 바르게 표기해야 합니다.
〈보기〉 ① ② ③ ❹ ⑤

※ 성명표기란 위 칸에는 성명을 한글로 쓰고 아래 칸에는 성명을 정확하게 표기하십시오. (맨 왼 쪽 칸부터 성과 이름은 붙여 씁니다)

※ 수험번호/월일 위 칸에는 아라비아 숫자로 쓰고 아래 칸에는 숫자와 일치하게 표기하십시오.

※ 월일은 반드시 본인 주민등록번호의 생년을 제외한 월 두 자리, 일 두 자리를 표기하십시오.
〈예〉 1994년 1월 12일 → 0112

KORAIL

5회 실전모의고사

감독관 확인란

성명표기란

수험번호

※ 검사문항 : 1~25

문번	답란	문번	답란
1	① ② ③ ④ ⑤	16	① ② ③ ④ ⑤
2	① ② ③ ④ ⑤	17	① ② ③ ④ ⑤
3	① ② ③ ④ ⑤	18	① ② ③ ④ ⑤
4	① ② ③ ④ ⑤	19	① ② ③ ④ ⑤
5	① ② ③ ④ ⑤	20	① ② ③ ④ ⑤
6	① ② ③ ④ ⑤	21	① ② ③ ④ ⑤
7	① ② ③ ④ ⑤	22	① ② ③ ④ ⑤
8	① ② ③ ④ ⑤	23	① ② ③ ④ ⑤
9	① ② ③ ④ ⑤	24	① ② ③ ④ ⑤
10	① ② ③ ④ ⑤	25	① ② ③ ④ ⑤
11	① ② ③ ④ ⑤		
12	① ② ③ ④ ⑤		
13	① ② ③ ④ ⑤		
14	① ② ③ ④ ⑤		
15	① ② ③ ④ ⑤		

수험생 유의사항

※ 답안은 반드시 컴퓨터용 사인펜으로 보기와 같이 바르게 표기해야 합니다.
  〈보기〉 ① ② ③ ❹ ⑤
※ 성명표기란 위 칸에는 성명을 한글로 쓰고 아래 칸에는 성명을 정확하게 표기하십시오.
※ 수험번호 / 월일 위 칸에는 아라비아 숫자로 쓰고 아래 칸에는 숫자와 일치하게 표기하십시오.
※ 수험번호 / 월일 위 칸에는 아라비아 숫자로 쓰고 아래 칸에는 숫자와 일치하게 표기하십시오.(단, 월일은 반드시 본인 주민등록번호의 생년을 제외한 월 두 자리, 일 두 자리를 표기하십시오.)
  (예) 1994년 1월 12일 → 0112

※ 검사문항 : 1~25

KORAIL

6회 실전모의고사

감독관
확인란

답안란 (문번 1~15)

문번	답란
1	① ② ③ ④ ⑤
2	① ② ③ ④ ⑤
3	① ② ③ ④ ⑤
4	① ② ③ ④ ⑤
5	① ② ③ ④ ⑤
6	① ② ③ ④ ⑤
7	① ② ③ ④ ⑤
8	① ② ③ ④ ⑤
9	① ② ③ ④ ⑤
10	① ② ③ ④ ⑤
11	① ② ③ ④ ⑤
12	① ② ③ ④ ⑤
13	① ② ③ ④ ⑤
14	① ② ③ ④ ⑤
15	① ② ③ ④ ⑤

답안란 (문번 16~25)

문번	답란
16	① ② ③ ④ ⑤
17	① ② ③ ④ ⑤
18	① ② ③ ④ ⑤
19	① ② ③ ④ ⑤
20	① ② ③ ④ ⑤
21	① ② ③ ④ ⑤
22	① ② ③ ④ ⑤
23	① ② ③ ④ ⑤
24	① ② ③ ④ ⑤
25	① ② ③ ④ ⑤

성명표기란

수험번호

(주민등록 앞자리 생년제외) 월일

수험생 유의사항

※ 답안은 반드시 컴퓨터용 사인펜으로 보기와 같이 바르게 표기해야 합니다.
〈보기〉 ① ② ③ ❹ ⑤

※ 성명표기란 위 칸에는 성명을 한글로 쓰고 아래 칸에는 성명을 정확하게 표기하십시오. (맨 왼쪽 칸부터 성과 이름은 붙여 씁니다)

※ 수험번호/월일 위 칸에는 아라비아 숫자로 쓰고 아래 칸에는 숫자와 일치하게 표기하십시오.

※ 월일은 반드시 본인 주민등록번호의 생년월일을 제외한 월 두 자리, 일 두 자리를 표기하십시오.
〈예〉 1994년 1월 12일 → 0112

KORAIL

7회 실전모의고사

감독관 확인란

성명표기란

(주민등록 앞자리 생년제외) 월일

수험번호

※ 검사문항 : 1~25

문번	답란
1	① ② ③ ④ ⑤
2	① ② ③ ④ ⑤
3	① ② ③ ④ ⑤
4	① ② ③ ④ ⑤
5	① ② ③ ④ ⑤
6	① ② ③ ④ ⑤
7	① ② ③ ④ ⑤
8	① ② ③ ④ ⑤
9	① ② ③ ④ ⑤
10	① ② ③ ④ ⑤
11	① ② ③ ④ ⑤
12	① ② ③ ④ ⑤
13	① ② ③ ④ ⑤
14	① ② ③ ④ ⑤
15	① ② ③ ④ ⑤

문번	답란
16	① ② ③ ④ ⑤
17	① ② ③ ④ ⑤
18	① ② ③ ④ ⑤
19	① ② ③ ④ ⑤
20	① ② ③ ④ ⑤
21	① ② ③ ④ ⑤
22	① ② ③ ④ ⑤
23	① ② ③ ④ ⑤
24	① ② ③ ④ ⑤
25	① ② ③ ④ ⑤

KORAIL

8회 실전모의고사

※ 검사문항 : 1～25

감독관
확인란

수험번호

성명표기란

주민등록 앞자리 생년제외 월일

문번	답란
1	① ② ③ ④ ⑤
2	① ② ③ ④ ⑤
3	① ② ③ ④ ⑤
4	① ② ③ ④ ⑤
5	① ② ③ ④ ⑤
6	① ② ③ ④ ⑤
7	① ② ③ ④ ⑤
8	① ② ③ ④ ⑤
9	① ② ③ ④ ⑤
10	① ② ③ ④ ⑤
11	① ② ③ ④ ⑤
12	① ② ③ ④ ⑤
13	① ② ③ ④ ⑤
14	① ② ③ ④ ⑤
15	① ② ③ ④ ⑤

문번	답란
16	① ② ③ ④ ⑤
17	① ② ③ ④ ⑤
18	① ② ③ ④ ⑤
19	① ② ③ ④ ⑤
20	① ② ③ ④ ⑤
21	① ② ③ ④ ⑤
22	① ② ③ ④ ⑤
23	① ② ③ ④ ⑤
24	① ② ③ ④ ⑤
25	① ② ③ ④ ⑤

수험생 유의사항

※ 답안은 반드시 컴퓨터용 사인펜으로 보기와 같이 바르게 표기해야 합니다.
〈보기〉 ① ② ③ ❹ ⑤

※ 성명표기란 위 칸에는 성명을 한글로 쓰고 아래 칸에는 성명을 정확하게 표기하십시오. (맨 왼쪽 칸부터 성과 이름은 붙여 씁니다)

※ 수험번호/월일 위 칸에는 아라비아 숫자로 쓰고 아래 칸에는 숫자와 일치하게 표기하십시오.

※ 월일은 반드시 본인 주민등록번호의 생년을 제외한 월 두 자리, 일 두 자리를 표기하십시오.
(예) 1994년 1월 12일 → 0112

KORAIL

실전모의고사_연습용

성명표기란

수험번호

(주민등록 앞자리 생년제외) 월일

수험생 유의사항

※ 답안은 반드시 컴퓨터용 사인펜으로 보기와 같이 바르게 표기해야 합니다.
〈보기〉① ② ③ ❹ ⑤
※ 성명표기란 위 칸에는 성명을 한글로 쓰고 아래 칸에는 성명을 정확하게 표기하십시오. (맨 왼쪽 칸부터 성과 이름은 붙여 씁니다)
※ 수험번호 위 칸에는 아라비아 숫자로 쓰고 아래 칸에는 숫자와 일치하게 표기하십시오.
※ 월일은 반드시 본인 주민등록번호의 생년을 제외한 월 두 자리, 일 두 자리를 표기하십시오.
(예) 1994년 1월 12일 → 0112

※ 검사문항 : 1~25

문번	답란
1	① ② ③ ④ ⑤
2	① ② ③ ④ ⑤
3	① ② ③ ④ ⑤
4	① ② ③ ④ ⑤
5	① ② ③ ④ ⑤
6	① ② ③ ④ ⑤
7	① ② ③ ④ ⑤
8	① ② ③ ④ ⑤
9	① ② ③ ④ ⑤
10	① ② ③ ④ ⑤
11	① ② ③ ④ ⑤
12	① ② ③ ④ ⑤
13	① ② ③ ④ ⑤
14	① ② ③ ④ ⑤
15	① ② ③ ④ ⑤

문번	답란
16	① ② ③ ④ ⑤
17	① ② ③ ④ ⑤
18	① ② ③ ④ ⑤
19	① ② ③ ④ ⑤
20	① ② ③ ④ ⑤
21	① ② ③ ④ ⑤
22	① ② ③ ④ ⑤
23	① ② ③ ④ ⑤
24	① ② ③ ④ ⑤
25	① ② ③ ④ ⑤

KORAIL

실전모의고사_연습용

※ 검사문항 : 1~25

감독관
확인란

성명표기란

수험번호

월일 (주민등록 앞자리 생년제외)

문번	답란	문번	답란	문번	답란
1	① ② ③ ④ ⑤	6	① ② ③ ④ ⑤	16	① ② ③ ④ ⑤
2	① ② ③ ④ ⑤	7	① ② ③ ④ ⑤	17	① ② ③ ④ ⑤
3	① ② ③ ④ ⑤	8	① ② ③ ④ ⑤	18	① ② ③ ④ ⑤
4	① ② ③ ④ ⑤	9	① ② ③ ④ ⑤	19	① ② ③ ④ ⑤
5	① ② ③ ④ ⑤	10	① ② ③ ④ ⑤	20	① ② ③ ④ ⑤
		11	① ② ③ ④ ⑤	21	① ② ③ ④ ⑤
		12	① ② ③ ④ ⑤	22	① ② ③ ④ ⑤
		13	① ② ③ ④ ⑤	23	① ② ③ ④ ⑤
		14	① ② ③ ④ ⑤	24	① ② ③ ④ ⑤
		15	① ② ③ ④ ⑤	25	① ② ③ ④ ⑤

고용보건복지_NCS

SOC_NCS

금융_NCS

저마다의 일생에는,

특히 그 일생이 동터 오르는 여명기에는

모든 것을 결정짓는 한 순간이 있다.

그 순간을 다시 찾아내는 것은 어렵다.

그것은 다른 수많은 순간들의 퇴적 속에

깊이 묻혀있다.

- 장 그르니에, 섬 LES ILES

고시넷 NCS

오픈봉투모의고사

코레일
한국철도공사

사무영업/운전/차량/토목/건축/전기통신
직업기초능력평가
의사소통능력, 수리능력, 문제해결능력

실전모의고사 8회

정답과 해설

gosi net
(주)고시넷

고시넷 NCS

오픈봉투모의고사

2022

코레일
한국철도공사

사무영업/운전/차량/토목/건축/전기통신
직업기초능력평가
의사소통능력, 수리능력, 문제해결능력

실전모의고사 8회

정답과 해설

gosinet
(주)고시넷

1회 실전모의고사

문제 18쪽

01	①	02	②	03	③	04	⑤	05	②
06	⑤	07	②	08	④	09	④	10	②
11	①	12	③	13	①	14	③	15	③
16	②	17	①	18	②	19	②	20	⑤
21	③	22	②	23	②	24	③	25	②

---

01 문서이해능력 세부 내용 이해하기

|정답| ①

|해설| 두 번째 문단의 '만인의 만인에 대한 전쟁 상태야 말로 자연 상태에서 인간의 생존 조건이라고 천명하고 있는 홉스에게선 전쟁이 평화에 대해 논리적으로 우선할 수밖에 없었다'를 통해 홉스는 전쟁 상태가 우선시되고 그 뒤로 평화로운 상태가 따라온다고 주장했음을 알 수 있다.

|오답풀이|

② 첫 번째 문단의 '전쟁 상태라 하면 일단은 사생결단의 물리적 충돌을 의미하나 홉스는 이 정의에다 일종의 냉전이라 할 수 있는 적대 관계를 포함시켰다'를 통해 알 수 있다.

③, ④ 세 번째 문단의 '만인이 만인에게 적인 전쟁 상태에 수반되는 온갖 사태는 인간이 자신의 힘과 창의에 의해 얻을 수 있는 것 이외에는 다른 어떠한 보장도 없이 살아가야 하는 상태에 수반되는 사태와 동일하다'를 통해 알 수 있다.

⑤ 첫 번째 문단의 '홉스는 쌍방 중 어느 쪽에게든 타방을 공격할 의도가 상존하고 따라서 어느 쪽이나 자기를 지키기 위해선 타방에 대한 경계를 늦출 수 없는 상태인 적대 관계 역시 전쟁 상태로 규정한 것이다'를 통해 알 수 있다.

02 문서이해능력 세부 내용 이해하기

|정답| ②

|해설| 치안서비스는 특정인을 소비하지 못하도록 배제시킬 수도 없으며 서로 다투지 않아도 일정한 편익을 누릴 수 있다는 점에서 공유자원이 아닌 순수공공재에 해당한다.

|오답풀이|

① 무분별한 야생동물 수렵은 멸종과 같은 문제를 야기할 우려가 있으므로 정해진 구역에서만 수렵을 허가하는 것은 공유자원에 의한 시장실패를 막을 수 있는 대책으로 적절하다.

③ 유료 고속도로가 아닌 도심의 도로는 배제성이 없어 누구나 무료로 이용가능하나, 이용 차량이 증가하여 혼잡해질 경우 혼란을 불러올 수 있다. 따라서 도심의 교통 혼잡 문제를 해결하기 위해 통행료를 징수하는 것은 공유자원에 의한 시장실패를 막을 수 있는 대책으로 적절하다.

④ 과도한 고기잡이는 어장 황폐화와 같은 문제를 야기할 우려가 있으므로 저인망 그물 사용을 금지하는 것은 공유자원에 의한 시장실패를 막을 수 있는 대책으로 적절하다.

⑤ 원칙적으로 유한한 공유재인 환경을 많은 사람들이 무분별하게 오염시킬 수 있는 상황에서 이를 막기 위해 국립공원 이용 예약제나 등산로 휴식년제를 도입하는 것은 공유자원에 의한 시장실패를 막을 수 있는 대책으로 적절하다.

03 문서이해능력 필자의 견해 파악하기

|정답| ③

|해설| 고대 그리스의 지성 세계 안에서 수학자들은 상대적으로 소수의 무리에 속했으며, 대개는 개별적으로 고립되어 수학을 공부하는 경우가 더 많았음을 알 수 있다. 필자는 이런 환경에서 그리스인들이 탐구를 계속하여 상대적으로 아주 짧은 시간 동안에 폭발적인 혁신을 이루어 냈다는 점에서 '그리스 수학'을 '하팍스'로 보고 있다.

04 문서작성능력 기사 제목 작성하기

| 정답 | ⑤

| 해설 | 제시된 기사는 전기자동차 시장 규모가 점점 확대되면서 전기자동차 충전인프라 또한 확충될 것으로 보이며, 이에 따라 전기자동차와 충전케이블 등에 사용되는 구리 수요가 급증할 것으로 전망하고 있다. 따라서 기사의 제목으로 '전기자동차 충전인프라 확충에 따른 구리 수요 급증 전망'이 적절하다.

05 문서이해능력 세부 내용 이해하기

| 정답 | ②

| 해설 | 다른 반응은 딥페이크 기술에 의한 다양한 부정적인 측면에 대한 내용임에 반해 ②는 딥페이크 기술의 긍정적인 측면을 말하고 있다.

06 문서이해능력 글의 내용 추론하기

| 정답 | ⑤

| 해설 | 달걀을 삶을 때 온도를 급격하게 올리면 달걀 내의 공기가 팽창하면서 달걀 껍데기가 깨지게 된다. 그러나 서서히 온도를 올리더라도 달걀 껍데기의 두께 차이로 인해 온도 증가에 따라 팽창 정도가 달라져 껍데기가 깨질 수도 있다.

| 오답풀이 |

① 흰자위의 소수성 사슬이 물과의 상호작용을 피해서 자기들끼리 서로 결속하면 단백질이 뭉쳐져 점차 단단해지면서 젤 형태로 변한다. 여기에 열이 더 가해질 경우 내부에 갇혀있던 물 분자마저 빠져나오면서 더욱 단단한 고체로 변한다.

② 흰자위 단백질에서 가장 높은 비중을 차지하는 것은 오발부민이며 이는 온도, pH 변화에 따라 변성이 된다.

③ 노른자위의 단백질은 흰자위보다는 조금 적지만, 지용성 비타민(A, D, E)은 흰자위보다 훨씬 더 많이 녹아 있다. 약 90%가 물로 이루어진 흰자위에는 지용성 물질이 녹아 있기 힘들기 때문이다.

④ 삶은 달걀의 노른자위 색이 검푸르게 변하는 것은 노른자위에 포함된 철 이온과 단백질의 분해로 형성된 황화 이온이 반응하여 황화철이 형성되었기 때문이다.

07 문서이해능력 세부 내용 이해하기

| 정답 | ②

| 해설 | 복잡한 사회를 살아가는 현대인은 부교감신경을 활성화하는, 즉 긴장 상태였던 신체를 안정시켜 주는 소리를 더 찾게 된다고 하였다. 신체가 스트레스 상황에 처할 때 자극되어 신체가 민첩하게 대처할 수 있게 만드는 소리는 교감신경을 활성화하는 것이다.

| 오답풀이 |

①, ⑤ ASMR은 오감을 자극해 심리적 안정감을 주는 감각적 경험으로, 주로 소리에 초점이 맞춰져 있다. 바람 소리, 시냇물 소리 등 평상시에는 집중하지 않으면 잘 들을 수 없는 자연 속 소리들도 그 대상이 되며, 향후에는 시각 또는 촉각적인 감각을 활용한 파생 콘텐츠가 나올 것으로 전망된다.

③ ASMR 실험 참가자 90%가 몸의 한 부분에서 저릿함을 느꼈으며 80%는 기분이 긍정적으로 바뀌는 경험을 했다고 하였다.

④ 교감신경이 지나치게 활성화된 불면증 환자에게 인류가 원시시대부터 자연에서 편하게 들었던 소리를 들려주면 부교감신경이 강화되어 안정감을 느끼게 할 수 있다.

08 문서작성능력 글의 흐름에 맞게 빈칸 넣기

| 정답 | ④

| 해설 | 세 번째 문단을 보면 과거 왕이 집권하던 시절에 사용되던 '대권'을 예로 들며, 민주공화국인 대한민국에서 이 같은 시대착오적인 표현을 언론에서 사용하는 것은 적절하지 않다고 말하고 있다. 따라서 (라)에는 '왕조시대 언어 사용'을 삼가야 한다는 말이 들어가는 것이 적절하다.

09 문서이해능력 글의 내용 추론하기

| 정답 | ④

| 해설 | 첫 번째 문단에서 '박쥐는 몸집에 견주어 오래 살아 바이러스가 오래 머물 수 있고, 종종 거대한 무리를 이뤄 한 개체에 감염된 바이러스가 쉽사리 다른 개체로 옮아간다'고 하였다.

| 오답풀이 |

① 보통 포유류라면 외부에서 침입한 병원체에 대해 염증 등 면역반응을 일으킨다. 그러나 박쥐는 이와는 달리, 바이러스에 대항하는 면역력을 병에 걸리지 않을 정도로 약화해 지나치게 강한 면역반응을 피한다고 하였다.

② 박쥐는 비행에 따른 감염을 억제하는 쪽으로 진화했는데, 그 과정에서 노화를 막는 효과를 부수적으로 얻었다고 나와 있다. 따라서 수명에 영향을 미치지 않는다는 설명은 잘못되었다.

③ 박쥐의 높은 체온과 비행 능력은 수많은 바이러스를 몸속에 지니면서도 거의 병에 걸리지 않는 비결과 관련 있다고 과학자들은 보았다.

⑤ 박쥐는 무리를 지어 사는 습성으로 인해 한 개체에 감염된 바이러스가 쉽사리 다른 개체로 옮겨가게 한다. 그러나 이 습성이 박쥐가 병에 걸리지 않는 이유와 관련이 있는 것은 아니다.

10 기초통계능력 경우의 수 구하기

| 정답 | ②

| 해설 | K는 하루에 카페인 섭취량이 400mg 이하가 되도록 커피를 마시고 현재까지 200mg의 카페인을 섭취했으므로, 오늘 현재 시간 이후로 200mg 이하의 카페인을 섭취하는 경우의 수를 구하면 된다. 이를 (인스턴트커피, 핸드드립 커피)로 나타내면 다음 10가지 경우가 존재한다. (0, 0), (0, 1), (0, 2), (1, 0), (1, 1), (1, 2), (2, 0), (2, 1), (3, 0), (4, 0)

11 기초연산능력 길이 계산하기

| 정답 | ①

| 해설 | 피타고라스의 정리에 의해 가로, 세로, 대각선 길이의 비는 $4 : 3 : \sqrt{4^2+3^2} = 4 : 3 : 5$이다. 대각선 길이가 40인치이므로 가로 길이는 32인치, 세로 길이는 24인치가 되어 가로 길이와 세로 길이의 차이는 $32-24=8(\text{in})$가 된다. 1in는 2.5cm로 계산한다고 하였으므로 8in는 $8 \times 2.5 = 20(\text{cm})$이다.

12 기초연산능력 거리 · 속력 · 시간 활용하기

| 정답 | ③

| 해설 | A 코스의 거리를 x km라고 하면 B 코스의 거리는 $(14-x)$ km이므로 다음과 같은 식이 성립한다.

$$\frac{x}{1.5} + \frac{14-x}{4} = 6.5 - 0.5$$

$$\frac{x}{1.5} + \frac{14-x}{4} = 6$$

$$4x + 1.5(14-x) = 36$$

$$4x + 21 - 1.5x = 36$$

$$2.5x = 15$$

$$\therefore x = 6(\text{km})$$

따라서 A 코스의 거리는 6km이다.

13 기초통계능력 확률 계산하기

| 정답 | ①

| 해설 | 임의로 선택한 직원이 신입 직원이면서 남성일 확률은 (전체 직원 중에서 임의로 선택한 직원이 신입 직원일 확률)×(전체 직원 중에서 임의로 선택한 직원이 남성일 확률)로 구할 수 있다. 따라서 $(1-0.8) \times 0.4 = 0.2 \times 0.4 = 0.08$이다.

14 도표분석능력 자료의 수치 분석하기

| 정답 | ③

| 해설 | 기존시청점유율이 20X1년 대비 20X2년에 상승한 방송사는 D, G, H, I, J 방송사로, 증가율을 구하면 다음과 같다.

• D 방송사 : $\frac{10-8.4}{8.4} \times 100 \fallingdotseq 19.0(\%)$

• G 방송사 : $\frac{6-5.8}{5.8} \times 100 \fallingdotseq 3.4(\%)$

• H 방송사 : $\frac{5.2-5}{5} \times 100 = 4(\%)$

• I 방송사 : $\frac{2.5-2.4}{2.4} \times 100 \fallingdotseq 4.2(\%)$

• J 방송사 : $\frac{2.4-2.3}{2.3} \times 100 \fallingdotseq 4.3(\%)$

따라서 20X2년 기존시청점유율이 전년 대비 5% 이상 증가한 방송사는 D 방송사뿐이다.

| 오답풀이 |

① 20X2년 통합시청점유율 상위 3개 방송사는 A, B, C 방송사로 전체의 22.5+14.6+11.7=48.8(%)를 차지한다.

② 20X1년 기존시청점유율 순위는 A−B−C−E−F−D−G−H−I−J−K이고, 20X2년 기존시청점유율 순위는 A−B−C−D−E, F−G−H−I−J−K이다. 따라서 순위가 20X1년 대비 20X2년에 상승한 방송사는 D 방송사뿐이다.

④ 20X2년에 기존시청점유율보다 통합시청점유율이 더 높은 방송사는 B, C, E, F, G 방송사로 총 5개이다.

⑤ K 방송사는 20X2년 기존시청점유율이 전년 대비 감소하였지만, 통합시청점유율이 기존시청점유율보다 낮다.

15 도표작성능력 자료를 그래프로 변환하기

| 정답 | ③

| 해설 | A ∼ K 방송사의 영향력을 계산하면 다음과 같다.

- A 방송사 : $\frac{22.5-25}{25} \times 100 = -10(\%)$

- B 방송사 : $\frac{14.6-12.5}{12.5} \times 100 = 16.8(\%)$

- C 방송사 : $\frac{11.7-11}{11} \times 100 ≒ 6.4(\%)$

- D 방송사 : $\frac{9.6-10}{10} \times 100 = -4(\%)$

- E 방송사 : $\frac{9.2-8}{8} \times 100 = 15(\%)$

- F 방송사 : $\frac{8.7-8}{8} \times 100 = 8.75(\%)$

- G 방송사 : $\frac{6.1-6}{6} \times 100 ≒ 1.7(\%)$

- H 방송사 : $\frac{5.1-5.2}{5.2} \times 100 ≒ -1.9(\%)$

- I 방송사 : $\frac{2.5-2.5}{2.5} \times 100 = 0(\%)$

- J 방송사 : $\frac{2.3-2.4}{2.4} \times 100 ≒ -4.2(\%)$

- K 방송사 : $\frac{1.9-2}{2} \times 100 = -5(\%)$

영향력이 높은 순서대로 나열하면 B(16.8%)−E(15%)−F(8.75%)−C(6.4%)−G(1.7%)−I(0%)−H(−1.9%)−D(−4%)−J(−4.2%)−K(−5%)−A(−10%)이다. 따라서 방송사와 수치가 바르게 나열된 것은 ③이다.

16 도표분석능력 자료의 수치 분석하기

| 정답 | ②

| 해설 | 기업의 연구개발 금액은 2003년에 18조 원, 2021년에 90조 원으로 연평균 증가량은 $\frac{90-18}{18} = 4$(조 원)이다.

| 오답풀이 |

① 2021년 총 투자는 153+262=415(조 원)이므로 정부투자 금액은 415×0.16=66.4(조 원), 즉 66조 4,000억 원이다.

③ 설비투자, 건설투자는 감소하고 있으나 총 투자 대비 정부투자 비율은 2021년에 증가하였다.

④ 2012년의 사내보유 금액은 597조 원, 건설투자 금액은 222조 원으로 사내보유 금액은 건설투자 금액의 3배 미만이다.

⑤ 사내보유 금액의 증감 패턴은 증가−감소−감소−증가−증가−증가, 설비투자 금액의 증감 패턴은 증가−증가−증가−증가−증가−감소로 반대 양상을 보이지 않는다.

17 도표분석능력 자료를 바탕으로 수치 계산하기

| 정답 | ①

| 해설 | A ∼ C는 다음과 같이 구할 수 있다.

- A : 2019년의 사내보유 금액을 a조 원이라고 하면 다음과 같은 식이 성립한다.

$$\frac{a-750}{750} \times 100 = \frac{808-a}{a} \times 100$$

$$\frac{a-750}{750} = \frac{808-a}{a}$$

$$a(a-750) = 750(808-a)$$

$$a^2 - 750a = 606,000 - 750a$$

1회 실전모의

2회 실전모의

3회 실전모의

4회 실전모의

5회 실전모의

6회 실전모의

7회 실전모의

8회 실전모의

$a^2 = 606,000$

$\therefore a ≒ 778$(조 원)

따라서 A에 들어갈 수치는 778이다.

- B : 2021년 총 투자액은 $153+262=415$(조 원), 2011년 총 투자액은 $102+230=332$(조 원)으로 2021년 총 투자액은 2011년 총 투자액의 $\frac{415}{332}×100=125$(%)이다.

따라서 B에 들어갈 수치는 125이다.

- C : 설비투자 금액은 2003년에 76조 원, 2010년에 111조 원이므로 매년 증가하는 일정량은 $\frac{111-76}{7}=5$(조 원)이다. 따라서 C에 들어갈 수치는 $76+(5×3)=91$(조 원)이다.

위에서 구한 수치의 대소 관계는 A>B>C이다.

---

18 문제처리능력 식당 메뉴에 대한 의사결정 내리기

| 정답 | ②

| 해설 | ㉢ (다)의 조사 결과, 고객들이 식당을 선택하는 가장 중요한 기준은 '맛'이고, 양을 줄이는 것보다 가격 인상에 더 민감하다는 것을 알 수 있다. 따라서 더 좋은 맛을 내기 위해 식재료를 변동하고 음식의 가격 인상보다는 양을 조정하는 방향으로 진행할 것임을 알 수 있다.

---

19 문제처리능력 출장비 산출하기

| 정답 | ②

| 해설 | 필수 참여 세미나인 환경마크 인증 심사는 8월 4일, 고속열차와 사회문제 세미나는 8월 5일로 예정되어 있다. 그리고 특허전략 A to Z 세미나는 8월 6일, 특허의 이해와 활용 세미나는 8월 3일로 예정되어 있으므로 N 사원의 세미나 참여 일정은 8월 3일~5일 혹은 4~6일이다. 교통비는 8월 3~5일의 경우 40,000원, 8월 4~6일의 경우 45,000원이 필요하다. 따라서 특허의 이해와 활용을 선택하여 3~5일에 출장을 가야 한다.

조식비와 숙박비는 보안 요청에 따라 그랜드 호텔, 호텔 주성에서 $(3,000+32,000)+(2,500+29,500)=67,000$(원)이 필요하다.

따라서 출장에 필요한 최소 비용은 교통비 40,000원과 총 숙박비 67,000원을 합한 107,000원이다.

---

20 문제처리능력 온돌의 작용 원리 파악하기

| 정답 | ⑤

| 해설 | E는 구들장이다. 구들장은 아랫목은 낮고 윗목은 높게 설치되어 있어 열이 고르게 퍼지도록 한다.

| 오답풀이 |

① A는 부넘기이다. 부넘기에서 열은 사이폰 작용에 의하여 고래 방향으로 빨려 들어간다.

② B는 고래이다. '함실 온돌'과 '부뚜막 온돌'은 아궁이의 형태에 따라 분류하는 방법이다.

③ C는 개자리이다. 개자리에 열기가 흘러 들어가지만 열이 고르게 퍼지게 하는 구들장에 의해 윗목과 아랫목은 모두 고르게 따뜻하다.

④ D는 굴뚝개자리이다. 굴뚝개자리는 역류되는 연기를 바깥으로 내미는 역할을 한다.

---

21 문제처리능력 복지 포인트 금액 산출하기

| 정답 | ③

| 해설 | A 사원은 2020년 고용보험 가입자로, 중증질환(당뇨질환자)을 가진 외국인(일본국적 보유)이다. 따라서 본인부담 병원비는 '병·의원별 본인부담 병원비'에 '중증질환자 차등 본인부담률(30%)'을 곱하여 산정한다. 〈A 사원의 본인부담 병원비 결제 내역〉에 따라 2020년 본인부담 병원비를 구하면 다음과 같다.

- 깁 한방병원(읍·년 지역)

$$\left\{(180,000-100,000)×\frac{35}{100}+100,000×\frac{30}{100}\right\}×0.3$$
$$=(28,000+30,000)×0.3=17,400(원)$$

- 을 치과병원(시·군 지역)

$$\left\{(150,000-60,000)×\frac{40}{100}+60,000×\frac{30}{100}\right\}×0.3=$$
$$(36,000+18,000)×0.3=16,200(원)$$

- 병 종합병원(시·군 지역)

$$\left\{(100,000-50,000)\times\frac{50}{100}+50,000\times\frac{30}{100}\right\}\times0.3=$$
$$(25,000+15,000)\times0.3=12,000(원)$$

- 정 한방병원(읍·면 지역)

$$\left\{(300,000-200,000)\times\frac{35}{100}+200,000\times\frac{30}{100}\right\}\times0.3$$
$$=(35,000+60,000)\times=28,500(원)$$

- 무 치과병원 : 2021년에 해당하므로 제외한다.

전년도 기준 본인부담 병원비의 평균금액을 복지 포인트로 지급하려고 하므로, 지급해야 할 복지 포인트는
$$\frac{17,400+16,200+12,000+28,500}{4}=18,525(원)이다.$$

22 문제처리능력 병원비의 금액 산출하기

| 정답 | ②

| 해설 | N 사원은 중국 국적의 사원으로 시·군 지역의 종합병원에서 치료를 받았으며, 고위험임산부이므로 10%의 중증질환자 차등 본인부담률이 적용된다. 따라서 N 사원의 본인부담 병원비를 구하면 다음과 같다.

$$\left\{(180,000-90,000)\times\frac{50}{100}+90,000\times\frac{30}{100}\right\}\times0.1=$$
$$(45,000+27,000)\times0.1=7,200(원)$$

따라서 지원해야 할 금액은 7,200원이다.

| 오답풀이 |

① M 사원 본인부담 병원비(지원 금액) :

$$200,000\times\frac{40}{100}=80,000(원)$$

③ O 사원 본인부담 병원비(지원 금액) :

$$(100,000\times\frac{45}{100})\times0.3=13,500(원)$$

④ R 사원 본인부담 병원비(지원 금액) :

$$(120,000-80,000)\times\frac{40}{100}+80,000\times\frac{30}{100}$$
$$=16,000+24,000=40,000(원)$$

⑤ S 사원 본인부담 병원비(지원 금액) :

$$\left\{(100,000-40,000)\times\frac{35}{100}+40,000\times\frac{30}{100}\right\}\times0.15$$
$$=(21,000+12,000)\times0.15=4,950(원)$$

23 문제처리능력 회진 순서 이해하기

| 정답 | ②

| 해설 | 9시부터 회진을 시작한다고 가정할 때, 회진 순서는 다음과 같다.

9:00 ~ 9:20	A(101호)
9:20 ~ 9:40	F(101호)
9:40 ~ 10:00	C(102호)
10:00 ~ 10:20	E(105호)
10:20 ~ 10:40	D(106호)
10:50 ~ 11:10	B(108호)

따라서 의사 K가 세 번째로 진료를 보는 환자는 102호의 C 환자이다.

24 문제처리능력 회진 순서 이해하기

| 정답 | ③

| 해설 | 의사가 모든 회진을 마치는 데에는 101호에서 102호로 이동(1), 102호에서 105호로 이동(1), 105호에서 106호로 이동(1), 106호에서 108호로 이동(1.5)으로 총 4.5만큼의 동선이 소요된다.

| 오답풀이 |

① 가장 빠르게 회진을 마치는 시간은 11:10이다.

② 가장 마지막으로 회진을 받는 환자는 108호의 B이다.

④ 가장 빠른 시간에 회진을 끝내기 위해 두 번째 순서로 회진을 받는 환자는 F이다.

⑤ 만약 의사 K가 수술 일정으로 10:30부터 회진을 한다면 다음과 같다.

10:30 ~ 10:50	F(101호)
10:50 ~ 11:10	A(101호)
11:10 ~ 11:30	C(102호)
11:30 ~ 11:50	E(105호)
12:00 초과	

따라서 회진을 마치는 시간은 11:50이다.

25 문제처리능력 사업 공고문 이해하기

|정답| ②

|해설| (나) 만 19세 미만 아동·청소년에 해당하며 가족이 A 지역에 소속된 청소년 상담 센터에 근무 중이므로 저소득층 여부에 관계없이 지원을 받을 수 있다.

(마) A 지역 학교에 다니는 만 19세 미만 아동·청소년에 해당한다. 2종 수급자로 저소득층에 해당하므로 지원을 받을 수 있다.

|오답풀이|

(가) A 지역에 거주하거나 A 지역 학교에 다니고 있지 않으므로 지원을 받을 수 없다.

(다) 미용 또는 외모개선 목적의 수술 및 치료는 지원을 받을 수 없다.

(라) 예방진료로 질병·부상의 치료를 직접목적으로 하지 않는 사항에 대해서는 지원을 받을 수 없다.

2회 실전모의고사   문제 50쪽

01	④	02	①	03	③	04	①	05	⑤
06	③	07	①	08	③	09	④	10	④
11	④	12	④	13	①	14	⑤	15	②
16	②	17	③	18	④	19	③	20	⑤
21	②	22	④	23	⑤	24	②	25	②

01 문서이해능력 세부 내용 이해하기

|정답| ④

|해설| 3문단에 '폴리스의 중심이 되는 도시는 대체로 해안으로부터 멀지 않은 평지에 위치하였으며'라고 제시되어 있다.

|오답풀이|

①, ② 1문단에 제시되어 있다.

③ 2문단에 제시되어 있다.

⑤ 4문단에 제시되어 있다.

02 문서작성능력 어문규정에 어긋난 것 찾기

|정답| ①

|해설| 동적이며 힘이 있다는 뜻을 나타내는 '다이내믹[dainæmik]'은 외래어 표기법에 따라 다이나믹이 아니라 다이내믹으로 써야 한다.

|오답풀이|

② 아라비아 숫자만으로 연월일을 표시할 때는 띄어 쓰는 것을 원칙으로 한다.

③ '일(日)'은 '날'을 뜻하고 '자(字)'도 '날짜'를 뜻하므로 서로 의미가 중복된다. 따라서 '자'를 빼는 것이 적절하다.

④ 사동은 주어가 다른 사람이나 대상에게 동작이나 행동을 하게 하는 것을 말한다. '부각하다'는 '어떤 사물을 특징지어 두드러지게 하다'는 뜻으로 사동의 의미를 담고 있으므로 '-시키다'라는 사동 접미사를 붙이지 않는 것이 적절하다.

⑤ '개시(開始)'는 '행동이나 일 따위를 시작함'을 의미하므로 결과를 홈페이지를 통해 알릴 때에는 '개시'가 아닌 '게시(揭示)'로 쓰는 것이 적절하다.

03 문서이해능력 글의 중심내용 이해하기

| 정답 | ③

| 해설 | 각 문단은 다음과 같은 내용이 기술되어 있다.
• 1 ~ 2문단 : 시간과 공간의 혁명
• 3문단 : 철도 승객의 증가
• 4 ~ 6문단 : 도시의 변화
• 7문단 : 학문의 변화
따라서 ③과 같은 내용을 찾아볼 수 없다.

04 문서작성능력 문단 분류하기

| 정답 | ①

| 해설 | (가) ~ (라)의 내용을 경쟁에 대한 관점으로 분석해 보면 다음과 같다.

(가) 시장경제에서 경쟁의 역할에 주목하면서 경쟁적 시장은 자원의 효율적 이용에 기여하는 행위가 장려되도록 경제적 동기를 부여하는 긍정적 측면이 있다고 보고 있다.

(나) 개인의 능력이 결정적인 역할을 하는 직위의 경우 능력이 조금만 더 있어도 커다란 가치를 얻게 되는데, 이는 정상적인 경쟁시장에서보다 더 큰 보상이 주어지는 것이며 이를 통해 경쟁이 제 역할을 하지 못하고 있음을 알 수 있다.

(다) 내가 얻는 만큼 상대가 잃고, 상대가 얻는 만큼 내가 잃는 게임인 만큼 치열한 대립과 경쟁을 불러일으킨다는 제로섬게임을 설명하며, 마지막 문장 '경쟁이란 상대의 이익을 빼앗는 과정이다.'를 통해 경쟁의 역기능을 설명하고 있다.

(라) 공유자원의 이용을 개인의 자율에 맡길 경우 서로 각자의 이익만을 극대화하려 함에 따라 자원이 남용되거나 고갈되는 공유지의 비극이 발생한다는 내용을 다루

고 있다. 따라서 (라) 문단은 주인들의 이기적인 행동으로 마을의 공유지가 폐허가 됐다는 것을 통해 경쟁의 역기능을 설명하고 있다.

즉 (가)는 경쟁의 원리가 사회 · 경제적 규범으로 제 기능을 발휘하고 있는 시장경제에서의 경쟁의 긍정적 측면을 강조하고 있으며, (나), (다), (라)는 경쟁이 제 기능을 발휘하지 못하고 있는 사례들을 나열하여 경쟁의 역기능을 강조하고 있다.

05 문서이해능력 글의 내용과 일치여부 파악하기

| 정답 | ⑤

| 해설 | 고품질의 상수도 서비스를 제공하기 위하여 권역별 통합을 통한 대형화 및 전문경영기법을 도입하고, 이에 맞추어 요금통합을 이루어 나가면 지역 간 상수도 서비스의 격차가 완화되고 자발적 요금통합의 문제를 해결해 나갈 수 있을 것이라 전망하고 있다.

| 오답풀이 |

① 소득 수준에 따라 요금의 차등을 두어 사회후생을 극대화하는 것은 보편적 서비스 개념의 기존 논의보다 진보적인 입장이다.

② 상수도 서비스는 국가가 직접 관리하는 전기, 통신과 달리 지방자치단체가 운영권한을 가지고 있어 지방공공요금으로 분류된다.

③ 지방 상수도의 요금 편차는 버스와 도시가스요금의 편차를 감안할 때 지방 공공요금 중 그 편차가 가장 높다.

④ 제주특별자치도와 통합창원시의 상수도 요금 통합사례는 자발적 정책에 의한 통합이 아닌 수동적으로 통합한 것이다.

06 문서이해능력 글을 읽고 추론하기

| 정답 | ③

| 해설 | 오르테가 이 가세트가 논의한 '문화인'은 과학이 무신론이고 윤리와는 거리가 멀다는 이유로 과학에 대한 반감을 지니고 있는 사람들이다. 따라서 과학의 엄밀성을 신봉한다는 내용은 적절하지 않다.

07 문서이해능력 글의 내용에 맞는 사례 찾기

| 정답 | ①

| 해설 | 4문단을 보면 프랑스 국가 사회주의의 원리가 제시되어 있는데, 노동자는 집단 공동체(부조, 금고)나 자신의 고용주에게 생명이나 노고를 바치고 국가는 고용주와 함께 노동자의 협력을 얻어서 노동자의 실업, 질병, 노령화 및 사명에 대한 일정한 생활보장을 노동자에게 주어야 한다는 것이다. 따라서 ①의 사례는 제시문을 뒷받침하기에 적절하다.

08 문서작성능력 글의 흐름에 맞게 문단 배열하기

| 정답 | ③

| 해설 | 먼저 인문학에 대한 전반적인 인식에 대한 조사 결과가 나타나 있는 (나)를 제시하고, 그중 인문학이 중요한 이유를 세대별로 분석한 (라)와 (바)를 순서대로 제시한 후, 한계점을 다루고 있는 (마)를 제시한다. 그 후 발전 방향을 다룬 (다)를 제시하고 담당자 의견이 제시되어 있는 (가)가 마지막으로 오는 것이 가장 자연스럽다. 따라서 글의 순서는 (나)-(라)-(바)-(마)-(다)-(가)가 적절하다.

09 문서이해능력 사례에 글의 내용 적용하기

| 정답 | ④

| 해설 | 마지막 문단을 보면 예측을 검증한 결과가 참이라면 가설은 더욱 믿을 만한 것이 되며 이를 가설의 '확증'이라고 하였다. 그러나 확증은 가설이 옳다는 것을 절대적으로 뒷받침하지는 못하고 단지 가설이 옳을 확률이 높다는 사실을 알려 주는 것이므로 '가설이 반드시 옳다는 것이 증명되었다'는 설명은 적절하지 않다.

10 기초연산능력 방정식 활용하기

| 정답 | ④

| 해설 | 45인승 버스 x대, 25인승 버스 y대를 대절하였다고 하면 다음과 같은 식이 성립한다.

$44x + 24y = 268$ ············ ㉠
$45x + 30y = 285$ ············ ㉡

㉠÷4－㉡÷5를 하면 $2x = 10$이 되어 $x = 5$, $y = 2$가 된다. 따라서 렌트한 45인승 버스는 5대이다.

11 기초연산능력 거리 · 속력 · 시간 활용하기

| 정답 | ④

| 해설 | 시간과 거리와 속력에 관한 공식 $S = vt$로 해결하는 문제이다.

A와 B가 이동한 시간을 t라 하면

A의 이동 거리 : $S_1 = 3t$

B의 이동 거리 : $S_2 = 5t$

두 사람이 이동한 거리의 합이 일정하므로

$16 = S_1 + S_2 = 3t + 5t$

$16 = 8t$

$\therefore t = 2$(시간)

A의 이동 거리 : $S_1 = 3t = 6$(km)

B의 이동 거리 : $S_2 = 5t = 10$(km)

따라서 A와 B가 이동한 거리의 차는 $10 - 6 = 4$(km)이다.

12 기초연산능력 면적 구하기

| 정답 | ④

| 해설 | • A 작물을 심은 면적 : $108 \times \dfrac{3}{10} = 32.4$(m²)

• B 작물을 심은 면적 : $(108 - 32.4) \times \dfrac{4}{9} = 33.6$(m²)

• C 작물을 심은 면적 : $\{108 - (32.4 + 33.6)\} \times \dfrac{4}{7} = 24$(m²)

따라서 어떤 작물도 심지 않은 정원의 면적은 $108 - (32.4 + 33.6 + 24) = 18$(m²)이다.

13 기초연산능력 일률 활용하기

| 정답 | ①

| 해설 | 전체 보고서의 양을 8과 14의 최소공배수인 56이라고 가정하면 박 사원은 하루에 7만큼의 보고서를 작성하고, 김 사원은 하루에 4만큼의 보고서를 작성한다. 처음 이틀

과 마지막 이틀 동안 $4\times(7+4)=44$만큼의 보고서가 작성되었으므로 $56-44=12$만큼을 김 사원 혼자 작성해야 한다. 따라서 김 사원이 혼자 보고서를 작성하는 날은 $12\div4=3$(일)이다.

14 도표분석능력 도표 내용 이해하기

|정답| ⑤

|해설| 평일에는 남자보다 여자의 여가 시간이 평균적으로 더 길고, 휴일에는 여자보다 남자의 여가 시간이 평균적으로 더 길다.

|오답풀이|

① 조사 시기에 전체 여가 시간은 평일은 3.0 ~ 4.0시간인 반면에 휴일은 5.0 ~ 7.0시간으로 휴일 여가 시간이 1시간 이상 많다고 할 수 있다.

② 조사 시기에 30대의 평일 여가 시간은 2.3 ~ 3.2시간이며, 40대의 평일 여가 시간은 2.4 ~ 3.3시간으로 두 연령대의 평일 여가 시간은 3.5시간을 넘지 않는다.

③ 〈자료 1〉의 연령집단 나이대별 여가 시간을 보면 20대나 30대에서 여가 시간이 줄어드는 것을 확인할 수 있다.

④ 여자의 휴일 여가 시간이 가장 길었던 해는 20X6년으로 6.7시간이며, 가장 짧았던 해는 20X9년으로 4.9시간이다. 두 해 여가 시간의 차이는 1.8시간으로 1시간 이상 차이가 난다.

15 도표분석능력 여가 시간 파악하기

|정답| ②

|해설| 20X7년 이후 평일 여가 시간이 가장 짧았던 연령집단은 20X7년의 10대로 2.6시간이며, 그 해의 남성 평균 여가 시간은 3.1시간으로 그 차이는 0.5시간이다.

16 도표분석능력 자료의 수치 분석하기

|정답| ②

|해설| • 20X4년 : $\frac{48,990}{12,501} \fallingdotseq 3.9$(배)

• 20X5년 : $\frac{48,728}{12,417} \fallingdotseq 3.9$(배)

• 20X6년 : $\frac{49,915}{13,177} \fallingdotseq 3.8$(배)

• 20X7년 : $\frac{51,247}{13,410} \fallingdotseq 3.8$(배)

• 20X8년 : $\frac{53,772}{13,794} \fallingdotseq 3.9$(배)

따라서 조사기간 중 한국의 생활폐기물 일평균 발생량은 매년 지정폐기물 일평균 발생량의 4배에 미치지 못한다.

|오답풀이|

① 한국의 폐기물 종류별 일평균 발생량 중 수치가 꾸준히 증가하고 있는 것은 사업장 배출시설계 폐기물뿐이다.

③ 20X4년에 비해 생활폐기물 발생량이 감소한 국가는 제외하고 증가율을 구하면 다음과 같다.

• 미국 : $\frac{731-727}{727}\times100 \fallingdotseq 0.6$(%)

• 영국 : $\frac{488-484}{484}\times100 \fallingdotseq 0.8$(%)

따라서 1인당 생활폐기물 발생량의 전년 대비 증가율이 가장 높은 나라는 영국이다.

④ 20X4년에 1인당 생활폐기물 발생량이 전년 대비 증가한 나라는 핀란드뿐이다.

⑤ 매년 미국의 생활폐기물 발생량이 가장 많다.

17 도표작성능력 자료를 그래프로 변환하기

|정답| ③

|해설| 일본의 전년 대비 증가율은 다음과 같다.

• 20X4년 : $\frac{355-355}{355}\times100 = 0$(%)

• 20X5년 : $\frac{353-355}{355}\times100 \fallingdotseq -0.6$(%)

|오답풀이|

① 영국의 전년 대비 증가율은 다음과 같다.

• 20X5년 : $\frac{488-484}{484}\times100 \fallingdotseq 0.8$(%)

• 20X6년 : $\frac{489-488}{488}\times100 \fallingdotseq 0.2$(%)

② 이탈리아의 전년 대비 증가량은 다음과 같다.

• 20X4년 : $492-518=-26$(kg)

• 20X5년 : $483-492=-9$(kg)

④ 체코의 전년 대비 증가량은 다음과 같다.
  • 20X6년 : 310−307＝3(kg)
  • 20X7년 : 317−310＝7(kg)

⑤ 폴란드의 전년 대비 증가량은 다음과 같다.
  • 20X5년 : 297−314＝−17(kg)
  • 20X6년 : 272−297＝−25(kg)

18 사고력 자료를 근거로 배열하기

|정답| ④

|해설| 제시된 글에 따라 정기검진의 시작 시기와 주기를 정리하면 다음과 같다.

구분		정기검진 시작 시기 (가족력)	정기검진 주기 (가족력)
위암		만 40세	2년
대장암		만 50세 (만 40세)	1년
유방암		만 40세 (만 25세)	2년 (1년)
폐암	흡연자	만 40세	1년
	비흡연자	만 60세	1년
간암(간경변증 환자, B형 또는 C형 간염 바이러스 보균자)		만 30세	6개월

• A의 정기검진까지의 기간 : 만 40세−만 38세＝2(년)
• B의 정기검진까지의 기간 : 만 40세−만 33세＝7(년)
• C의 정기검진까지의 기간 : 만 25세−만 25세＝0(년)
• D의 정기검진까지의 기간 : 만 40세−만 36세＝4(년)

따라서 A ~ D 중 첫 정기검진까지의 기간이 가장 적게 남은 사람부터 순서대로 나열하면 C−A−D−B가 된다.

19 사고력 학습할 자격증 선정하기

|정답| ③

|해설| 가. 기준 1에 의해 1순위가 가장 많은 HSK 5급이, 기준 4를 따랐을 때 합산 점수가 높은 상위 2개 사무자

동화산업기사와 HSK 5급 중 1순위가 더 많은 HSK 5급이 선정된다. 따라서 동일한 자격증이 선정된다.

나. 기준 2에 따라 5순위가 가장 적은 자격증은 사무자동화산업기사와 SPA 6급이므로 이 중에서 학습할 자격증이 선정될 것이다.

다. 기준 3에 따르면 사무자동화산업기사나 HSK 5급이 선정되는데 자격증 결정 조건에서 이에 대한 내용이 없으므로 아무도 스터디에서 나가지 않는다.

|오답풀이|

라. 팀에서 2명이 나가는 경우는 토익스피킹 7등급이 선정되는 경우이다. 토익스피킹 7등급이 선정되면 임화가 나가고, 임화가 나가면 김기림도 나가게 된다. 하지만 기준 1 ~ 4 중 토익스피킹 7등급이 선정되는 기준이 없으므로 옳지 않다.

20 문제처리능력 보도자료 읽고 추론하기

|정답| ⑤

|해설| '취업 잘되는 국가기술자격 20선'을 보면 기능사는 7가지(지게차운전, 한식조리, 전기, 용접, 에너지관리, 자동차정비, 공조냉동기계)이고 기사는 11가지(건축, 전기, 토목, 전기산업, 정보처리, 건축산업, 전기공사산업, 건설안전, 전기공사, 수질환경, 산업안전)이다. 따라서 기능사보다 기사가 더 많다.

|오답풀이|

① 워크넷의 20X8년 구인 공고는 약 118만 건(1,181,239)이고 자격과 관련된 구인 건수는 281,675로 약 24%이다.

② 여성들이 취득하는 자격증 1위 한식조리(1만 8,643명), 2위 미용사(일반), 3위 미용사(네일), 4위 미용사(피부), 5위 미용사(메이크업)를 보면 옳은 설명이다.

③ 남성의 자격증 취득 1위 지게차운전기능사와 3위 전기기능사, 4위 정보처리기사가 '취업 잘되는 국가기술자격 20선'에 포함되는 자격증이므로 옳은 설명이다.

④ 국가기술자격을 요구할 때는 월 평균 225만 9천 원의 임금이라고 설명하고 있으며 자격증이 없을 때보다 25만 8천 원이 높다고 하였으므로 옳은 설명이다.

21 문제처리능력 응시자격의 여부 파악하기

| 정답 | ②

| 해설 | ㄴ 비전문취업(E-9) 또는 선원취업(E-10) 체류자격으로 대한민국에 5년 이상 체류하지 아니한 자에게 응시자격이 주어지므로, 비전문취업 비자를 통해 한국에 6년 동안 거주한 경험이 있는 외국인에게는 응시자격이 주어지지 않는다.

ㄹ 만 18세 이상 39세 이하인 자에게 응시자격이 주어지므로, 만 42세인 외국인에게는 응시자격이 주어지지 않는다.

22 문제처리능력 입주자 조건 파악하기

| 정답 | ④

| 해설 | 잔여공급 대상자에 우선공급 낙첨자가 포함되므로 만 3세 미만의 자녀를 둔 한부모가족인 낙첨자라면 잔여공급 대상자가 될 수 있다.

| 오답풀이 |

① 우선공급과 잔여공급의 선정 기준 모두 (예비)신혼부부와 한부모가족을 대상으로 한다. 그러므로 결혼한 적이 없는 사람은 입주자의 조건이 될 수 없다.

② 우선공급과 잔여공급 모두에서 해당 지역에 거주하지 않은 경우 0점을 부여할 뿐, 신청 자체가 금지된 것은 아니다.

③ 혼인기간이 2년 이내인 신혼부부가 우선공급의 대상일 뿐, 혼인기간이 2년을 초과한 신혼부부의 입주 신청이 금지된 것은 아니다. 혼인기간 2년 초과 7년 이내인 신혼부부도 잔여공급 대상이 된다는 점에서도 입주 신청 자격이 있음을 추론할 수 있다.

⑤ 총 자산은 토지, 건물, 자동차, 금융자산의 합에서 부채를 공제해 도출한다.

23 문제처리능력 자료를 바탕으로 가점 계산하기

| 정답 | ⑤

| 해설 | 강하늘 씨는 우선공급 대상에 해당하지 않기 때문에 잔여공급 기준을 바탕으로 가점을 계산한다. 미성년 자녀 수는 2명(태아, 만 3세의 딸)으로 2점, 무주택기간은 2년 이상(결혼 42개월 차로 만 30세 이전에 혼인하였기에 혼인기간을 무주택기간으로 산출)으로 3점, 해당 지역 연속 거주기간은 19개월로 2점, 주택청약종합저축 납입인정 횟수는 60회로 3점의 가점을 얻는다. 따라서 총 가점은 10점이다.

24 문제처리능력 자료를 기반으로 적절한 정보 안내하기

| 정답 | ②

| 해설 | 조건에서 총 인원이 40명이고 B-Type 행사이므로 연회장은 C 홀이나 D 홀이 되어야 하지만, 날짜와 시간이 가장 빠른 25일에 이미 D 홀은 예약이 있으므로 C 홀로 정해야 한다. 따라서 C 홀 오후 5시로 예약을 잡을 수 있다.

25 문제처리능력 예약 변경하기

| 정답 | ②

| 해설 | 예약 인원은 50명이고 S-Type 행사이므로 연회장은 C 홀이나 D 홀을 이용할 수 있다. D 홀 예약은 15시에 있으나 예약 전 1시간은 세팅 시간이므로 14시에 예약을 잡을 수 없다. 따라서 12일, C 홀로 예약을 변경하면 된다.

3회 실전모의고사

문제 82쪽

01	③	02	⑤	03	④	04	⑤	05	④
06	⑤	07	①	08	⑤	09	④	10	④
11	③	12	②	13	③	14	④	15	①
16	③	17	②	18	①	19	①	20	⑤
21	③	22	③	23	②	24	③	25	②

01 문서이해능력 글의 내용과 일치여부 파악하기

| 정답 | ③

| 해설 | 두 번째 문단을 보면 '한 명의 독자로서 책의 어떤 부분이 좋고 싫은지를 명확히 생각하며 읽는 것이 좋다'고 하였으며 세 번째 문단에서는 '좋은 문장, 나쁜 문장이라고 생각하는 것이 아니라 철두철미하게 주관적으로 좋은가 싫은가'를 따져야 '작가로서의 자신'을 발견할 수 있다고 하였으므로 필자는 책을 읽으면서 자신이 좋아하는 문장과 싫어하는 문장을 가려 보는 방법을 권장하고 있음을 알 수 있다.

| 오답풀이 |

① 다양한 장르의 책을 최대한 많이 읽어야 한다고 언급되어 있지만 글쓰기의 전문가가 쓴 책을 많이 읽어야 한다고는 언급하지 않았다.

④ 세 번째 문단에서 '좋은 문장, 나쁜 문장이라고 생각하는 것이 아니라 철두철미하게 주관적으로 좋은가 싫은가를 따져야 한다'고 하였다.

⑤ 다섯 번째 문단에서 '나는 어떤 문장을 써야 하는가'라는 외적 요청에 의해 문장을 쓰면 재미있게 쓸 수 없으며 오래 이어지지도 못한다고 하였다.

02 문서이해능력 세부 내용 파악하기

| 정답 | ⑤

| 해설 | 엘리자베트킹기아 메닝고셉티쿰(Elizathethkingia meningosepticum)의 효소를 이용하면 A형 항원이 제거되므로 A형인 사람이 O형으로 될 수 있다. 따라서 ⑤는 적절하지 않다.

오답풀이

① 마지막 문단에서 '2007년 ~ 세균에게서 A형과 B형 항원 제거 기능을 지닌 효소를 찾아냈다'라고 하였다.

② 첫 번째 문단에서 혈액형이 유전된다는 사실이 언급되어 있다.

③ 세 번째 문단에서 혈액형을 결정하는 항원을 제거해서 아무 피나 수혈할 수 있다고 하였다.

④ 두 번째 문단에서 '이외에도 혈액에서 일어나는 응집반응을 기준으로 혈액형을 구분하는 방법은 여러 가지가 있는데'라고 하였다.

03 문서이해능력 제시된 정보를 바탕으로 추론하기

| 정답 | ④

| 해설 | 네 번째 문단에서 뇌전증을 비롯한 정신질환자의 경우 6개월 이상 병원에 입원한 경우에만 수시적성검사 대상자로 분류된다고 하였다.

| 오답풀이 |

① 네 번째 문단에서 보건복지부나 지자체, 병무청 등의 기관은 운전면허 결격사유 해당자 정보를 도로교통공단에 보내 수시적성검사를 하지만 대상자는 극히 제한적이며 뇌전증을 비롯한 정신질환자의 경우 6개월 이상 병원에 입원한 경우에만 수시적성검사 대상자로 분류된다고 하였다.

② 세 번째 문단에서 2종 면허 운전자는 신체검사를 받지 않고 면허를 갱신하고 있다고 하였다.

③ 두 번째 문단에서 운전면허 취득 시 1장짜리 질병 신고서를 작성해야 함과 동시에, 시력과 색맹, 청력, 팔·다리 운동 등의 신체검사를 실시한다고 하였다.

⑤ 세 번째 문단에서 1종 면허소지자 대상으로 시력검사를 실시하고 있다고 하였으나 청력검사는 1종 대형, 특수 면허 소지자에 한정된다고 하였다.

04 문서이해능력 글의 중심내용 이해하기

| 정답 | ⑤

| 해설 | 스튜어드십 코드를 원만하게 도입하기 위해서는 제도적인 개선과 국민연금의 참여가 필요하다고 언급하였으나, 그 구체적 방안을 제시하고 있는 것은 아니다.

05 문서작성능력 글의 전개방식 파악하기

| 정답 | ④

| 해설 | (나) 〈모나리자〉의 탄생 배경과 작품에 대한 해설, 대중에게 공개된 과정 등을 역사의 흐름에 따라 서사적으로 이야기하고 있다.

(라) 〈모나리자〉의 그림 속 인물과 풍경을 묘사의 방법으로 전달하고 있다.

06 문서이해능력 세부 내용 이해하기

| 정답 | ⑤

| 해설 | 첫 번째 문단에서 문양은 주제의 성격이나 표현의 내용으로 볼 때 순수 감상용 미술과 다른 특징을 지니고 있다고 하였으며 생활 미술에 속한다고 하였다.

07 문서작성능력 제목 작성하기

| 정답 | ①

| 해설 | 글에 따르면, 과거에는 고정된 사회계층을 기반으로 낭만적 관계가 형성됐으며 사랑은 사회적 의미를 띠거나 사회적 인정을 대신해 주는 감정이 아니었다. 하지만 자신의 가치를 확신하지 못해 불안해하는 현대인들은 사회관계 안에서 자신을 나타냄으로써 사회적 자존감과 가치를 획득하므로 본인의 가치를 확신하기 위해 타인에게 의존하고 상대방을 통해 자신의 가치를 가늠한다. 현대사회의 사랑은 자존감 획득을 위한 협상 무대이자 전장으로 이는 낭만적 관계를 뜻했던 과거의 사랑과 달리 현대의 사랑은 자존감을 위한 고투라고 할 수 있다.

| 오답풀이 |

② 불안은 현대 사랑의 배경이 되는 사회적 정서로 제시되었지만 글의 전반적인 주제로는 볼 수 없다.

③ 과거의 사랑과 현대의 사랑을 대비하며 개념이 변화한 배경을 분석하는 글이므로 좀더 포괄적인 제목이 필요하다. 또한 철학자들의 발언은 글의 서문을 열지만 글 전체의 주제는 아니다.

④ 존재의 유일성에 대한 언급은 매우 적으며 〈젊은 베르테르의 슬픔〉이 잠시 언급되기는 하나 문학작품 분석이 글의 목적은 아니다.

⑤ 주장을 뒷받침하기 위해 과거와 현대의 연애지침서의 차이를 비교한 대목이 있으나 이는 근거로 활용된 소재이지 글의 중심소재는 아니다.

08 문서이해능력 글의 내용과 일치여부 파악하기

| 정답 | ⑤

| 해설 | 마지막 문단에 의하면 '공손은 어떤 행위 자체에 내재된 특성이 아니라 한 집단을 구성하는 개인들 사이에서 공유된 기준에 근거한 상호 관계에 의해 결정되는 것'이라 제시하고 있으므로 ⑤는 잘못된 설명이다.

09 문서이해능력 글의 내용과 일치여부 파악하기

| 정답 | ④

| 해설 | 두 번째 문단에서 '원본 데이터 관찰은 데이터 각 항목과 속성값을 관찰하기 때문에 꼼꼼한 반면 큰 그림을 놓치기 쉽다. 반면에 요약 통계값이나 시각화를 사용하면 숲은 보지만 나무는 보지 못하는 우를 범할 수 있다'라고 하였다. 즉, 데이터를 세세하게 보기 위해서는 원본 데이터 관찰방법이 적절하며 큰 범위에서 검토하기 위해서는 요약 통계값이나 시각화 방법을 사용하는 것이 적절하다고 판단할 수 있다.

| 오답풀이 |

① 세 번째 문단에서 '세 가지 방법이 보완적으로, 그리고 순환적으로 사용되어야 한다는 것이다. ~ 원본 데이터를 보다가 의심 가는 부분이 있으면 적절한 시각화나 통계값을 통해 검증하고, 반대로 시각화나 통계값을 통해 발견한 패턴은 해당하는 원본 데이터 값을 찾아 추가적인 검증을 해야 한다'라고 하였다.

② 두 번째 문단에서 '원본 데이터를 관찰하는 방법, 다양한 요약 통계값(Statistics)을 사용하는 방법, 마지막으로 적절한 시각화를 사용하는 방법이 있다'라고 하였다.

③ 첫 번째 문단에서 '탐험적 데이터 분석이 필요한 이유는 ~ 데이터의 분포 및 값을 검토함으로써 데이터가 표현하는 현상을 더 잘 이해하고, 데이터 준비 단계에서 놓쳤을 수도 있는 잠재적인 문제를 발견할 수 있다. 또한 ~ 이를 바탕으로 기존의 가설을 수정하거나 새로운 가설을 추가할 수 있다'라고 하였다.

1회 실전모의

2회 실전모의

3회 실전모의

4회 실전모의

5회 실전모의

6회 실전모의

7회 실전모의

8회 실전모의

⑤ 네 번째 문단에서 '평균에는 집합 내 모든 데이터의 값이 반영되기 때문에 이상값이 존재하는 경우 값이 영향을 받지만, 중앙값에는 가운데 위치한 값 하나가 사용되기 때문에 이상값이 존재해도 대표성이 있는 결과를 얻을 수 있다'라고 하였다.

---

10 기초통계능력 조건부확률 계산하기

| 정답 | ④

| 해설 | 신입사원 중 여성의 집합을 A, 신입사원 중 경력자의 집합을 B라 하고 20X1년 신입사원에 대한 정보를 정리하면 다음과 같다.

- P(A)=0.6
- P(A∩B)=0.2
- P(A∪B)=0.8

P(B)=P(A∪B)−P(A)+P(A∩B)이므로 P(B)=0.4가 된다. 따라서 $P(A \mid B) = \frac{P(A \cap B)}{P(B)} = \frac{0.2}{0.4} = 0.5$로 50%이다.

---

11 기초연산능력 시차 계산하기

| 정답 | ③

| 해설 | 헝가리 공장 현지 담당자가 화상회의를 할 수 있는 시간은 오전 10시부터 오후 5시까지, 즉 서울 기준으로 오후 5시부터 12시까지다. 김 과장의 업무시간은 오후 6시까지이므로 화상회의가 가능한 시간은 서울 시간으로 오후 5시부터 6시까지, 즉 헝가리 시간으로는 오전 10시부터 11시까지다.

---

12 기초통계능력 평균 구하기

| 정답 | ②

| 해설 | 각 연령대에서의 점수의 합은 다음과 같다.

- 10대 : 7.0×60=420
- 20대 : 7.6×64=486.4
- 30대 : 8.2×40=328

따라서 응답자 전체의 만족도 평균 점수는

$$\frac{420 + 486.4 + 328}{60 + 64 + 40} = \frac{1,234.4}{164} = 7.5(점)$$이다.

---

13 기초연산능력 최소 비용 계산하기

| 정답 | ③

| 해설 | (가) ~ (마) 쇼핑몰의 A3 용지 구매비를 구하면 다음과 같다.

(가) 200매 묶음으로 판매하기 때문에 45묶음(8,900÷200=44.5)을 구매해야 한다.
2,000+(45×5,000)=227,000(원)

(나) 2,500매 박스로 판매하기 때문에 4박스(8,900÷2,500=3.56)를 구매해야 한다.
4×47,000=188,000(원)

(다) 1,000매 박스로 판매하기 때문에 9박스(8,900÷1,000=8.9)를 구매해야 한다.
6,000+(9×18,500)=172,500(원)

(라) 8,900×20=178,000(원)

(마) 500매 묶음으로 판매하기 때문에 18묶음(8,900÷500=17.8)을 구매해야 한다.
(18×9,000)×1.1=178,200(원)

따라서 (다) 쇼핑몰에서 최소 비용으로 구매할 수 있다.

---

14 도표분석능력 자료의 수치 분석하기

| 정답 | ④

| 해설 | 11개국 중 기대수명 80세를 넘는 국가는 2000년 1개국(일본)에서 2010년 7개국(한국, 프랑스, 호주, 스페인, 스위스, 이탈리아, 일본)으로 증가하였다.

| 오답풀이 |

① 〈자료 1〉을 보면 우리나라 여자의 기대수명은 남자보다 꾸준히 높게 나타났으며 성별 기대수명의 차이가 가장 크게 나타났던 해는 1985년 8.63세(=73.23−64.60)이다. 1990년은 8.41세(=75.87−67.46) 차이이다.

② 기대수명이 가장 높은 국가부터 가장 낮은 국가까지 순위를 매길 때 1980년 11개국 중 한국의 기대수명 순위는 66.15세로 10위인 반면, 2015년 한국의 기대수명 순위는 82.06세로 6위이다.

③ 2015년 기준 11개국 중 기대수명이 가장 높은 국가(일본)와 기대수명이 가장 낮은 국가(중국)의 기대수명은 7.6세(=83.3−75.7) 차이이다.

⑤ 한국도 1995년에 기대수명 75세를 넘지 못했으며 이 외에는 모두 75세를 넘어섰다.

15 도표분석능력 기대수명 변화율 구하기

|정답| ①

|해설| 1980년 대비 2015년 기대수명의 변화율을 구하면 다음과 같다.

- 한국 : $\dfrac{82.06-66.15}{66.15} \times 100 ≒ 24.1(\%)$

- 중국 : $\dfrac{75.7-65.5}{65.5} \times 100 ≒ 15.6(\%)$

- 미국 : $\dfrac{78.9-73.3}{73.3} \times 100 ≒ 7.6(\%)$

- 영국 : $\dfrac{81.0-73.0}{73.0} \times 100 ≒ 11.0(\%)$

- 독일 : $\dfrac{80.4-72.3}{72.3} \times 100 ≒ 11.2(\%)$

- 프랑스 : $\dfrac{81.9-73.5}{73.5} \times 100 ≒ 11.4(\%)$

- 호주 : $\dfrac{82.3-73.6}{73.6} \times 100 ≒ 11.8(\%)$

- 스페인 : $\dfrac{82.5-74.4}{74.4} \times 100 ≒ 10.9(\%)$

- 스위스 : $\dfrac{82.7-75.2}{75.2} \times 100 ≒ 10.0(\%)$

- 이탈리아 : $\dfrac{82.3-73.5}{73.5} \times 100 ≒ 12.0(\%)$

- 일본 : $\dfrac{83.3-75.4}{75.4} \times 100 ≒ 10.5(\%)$

따라서 1980년 대비 2015년 기대수명의 변화가 가장 큰 국가는 한국, 가장 작은 국가는 미국이다.

16 도표분석능력 자료의 수치 분석하기

|정답| ③

|해설| 20X3년 인구 10만 명당 경찰관 수는 한국이 204명, 영국이 229명으로 영국이 한국보다 $\dfrac{229-204}{204} \times 100 ≒12.3(\%)$ 많다.

|오답풀이|

① 국내 총 인구 수$=\dfrac{\text{국내 총 경찰관 수}}{\text{인구 10만 명당 경찰관 수}} \times 100,000$ 이므로, 조사기간 중 국내 총 인구 수는 다음과 같다.

- 20X0년 : $\dfrac{99,554}{202} \times 100,000 ≒ 49,284,158(명)$

- 20X1년 : $\dfrac{101,108}{204} \times 100,000 ≒ 49,562,745(명)$

- 20X2년 : $\dfrac{101,239}{203} \times 100,000 ≒ 49,871,429(명)$

- 20X3년 : $\dfrac{102,386}{204} \times 100,000 ≒ 50,189,216(명)$

- 20X4년 : $\dfrac{105,357}{209} \times 100,000 ≒ 50,410,048(명)$

- 20X5년 : $\dfrac{109,364}{216} \times 100,000 ≒ 50,631,481(명)$

- 20X6년 : $\dfrac{113,077}{222} \times 100,000 ≒ 50,904,054(명)$

- 20X7년 : $\dfrac{114,658}{224} \times 100,000 ≒ 51,186,607(명)$

따라서 조사기간 중 국내 총 인구 수는 지속적으로 증가했다.

② 조사기간 중 국내 인구 10만 명당 경찰관 수는 전반적으로 증가하는 추세이나 20X2년에 감소하였으므로 지속적으로 증가한 것은 아니다.

④ 주요 8개국의 경우, 총 경찰관 수 또는 총 인구 수가 제시되어 있지 않으므로 총 경찰관의 수를 비교할 수 없다.

⑤ 20X4년에 인구 10만 명당 경찰관 수가 많은 국가부터 순서대로 나열하면, 멕시코−독일−호주−영국−한국−일본−미국−캐나다−인도 순이다. 따라서 미국은 인구 10만 명당 경찰관 수가 일곱 번째로 많다.

1회 실전모의 2회 실전모의 3회 실전모의 4회 실전모의 5회 실전모의 6회 실전모의 7회 실전모의 8회 실전모의

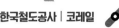
17 도표분석능력 조건을 바탕으로 수치 계산하기

| 정답 | ②

| 해설 | 20X1년 인구 10만 명당 경찰관 수의 전년 대비 증가율은 $\frac{204-202}{202} \times 100 ≒ 1(\%)$이므로, 20X8년 국내 총 경찰관 수는 $114,658 \times (1+0.01) ≒ 115,805$(명)이다.

18 문제처리능력 입주자 정하기

| 정답 | ①

| 해설 | 먼저 입주자격에 따르면 2019년 5월 13일 이후 혼인한 신혼부부가 대상자이므로 B, E 부부는 배제한다. 나머지 3쌍의 점수를 계산하면 다음과 같다.

구분	소득	거주기간	납입 횟수	총점
A 부부	2	3	1	6
C 부부	1	3	2	6
D 부부	1	2	2	5

A, C 부부가 동점이므로 '2. 입주자 선정방법 2)'에 따라 가중평균한다.

A 부부 : $(2\times3)+(3\times5)+(1\times2)=23$
C 부부 : $(1\times3)+(3\times5)+(2\times2)=22$
따라서 선정될 신혼부부는 A 부부이다.

19 문제처리능력 국가별 정책 이해하기

| 정답 | ②

| 해설 | 대만은 3월 19일부터 모든 외국인의 입국을 금지했다. 다만 영주권이 있거나 외교 또는 사업 등 예외적인 경우에 한하여 허가 하에 입국할 수 있다.

| 오답풀이 |

① 중국인이 사업상 출장을 위해 대만에 입국하는 경우 입국 후 2주간 건강상태 모니터링에 동의해야 한다.

③ 한국 국적자는 제3국 교민을 포함하여 일본 방문 시 주한일본대사관에서 새로 비자를 발급받아야 한다.

④ 이스라엘 내 정책으로 시민들은 락다운 규정에 따라 결혼식에 참여할 수 있다.

⑤ 규정된 해외 국가를 여행한 이스라엘 시민은 14일간 자가격리를 해야 한다.

20 문제처리능력 조건에 맞는 결과 찾기

| 정답 | ⑤

| 해설 | 수업 시작 시간이 저녁 7시 반 이후인 강의는 벨리댄스, 탁구, K-POP 댄스, 태극권, 댄스스포츠가 있다. 이중 주 2회인 수업은 벨리댄스, K-POP 댄스, 댄스스포츠인데, N 전무가 원하는 가격대는 사비에 보조금까지 합하여 총액 3만 원 이하이므로 벨리댄스와 K-POP 댄스만 가능하게 된다. 그런데 월요일 저녁 8 ~ 10시에는 중국어 회화 강의가 있으므로 벨리댄스는 수강할 수 없다. 따라서 비서가 추천해줄 수 있는 강의는 K-POP 댄스이다.

21 문제처리능력 연구과제 정하기

| 정답 | ③

| 해설 | 〈보기〉의 자료에는 20X0년 자료가 없으며, '여가활동으로서의 국내여행의 현황과 전망'을 담은 보고서를 작성하고자 하므로 해외여행 국가별 선호도에 대한 조사는 주제에서 다소 어긋난다.

| 오답풀이 |

① 국내여행은 증가율이 저조한 현상을 보이며, 해외여행 증가율과 비교해 보면 뚜렷이 대비되고 있으므로 그 원인을 분석해 볼 수 있다.

② 국내여행을 하지 않는 이유 중 경제적 여유 부족이 2위에 해당함에도 해외여행 증가율은 높아졌다. 따라서 경제적인 이유가 국내여행과 해외여행을 선택할 때 어떠한 방식으로 다르게 작용하는지 살펴볼 필요가 있다.

④ 국내여행을 하는 목적 1위가 여가이나 동시에 국내여행을 하지 않는 이유 1위 또한 여가시간의 부족이라고 나타나므로 이러한 상황을 해결할 방안을 연구할 필요가 있다.

⑤ 국내여행 목적 중 지인 방문이 여가, 휴가를 위한 선택과 비등한 결과를 보였으므로 온전히 여가, 휴가로서 국내여행을 즐길 수 있는 다양한 방안을 모색해 볼 필요가 있다.

22 문제처리능력 내용 검토하기

| 정답 | ③

| 해설 | 청탁금지법 위반행위에 대한 적발을 강화하여 단속 횟수를 증가시키는 것이지 처벌을 강화하는 내용은 없다. 또한 공직복무 관리계획의 추진과제는 정부 내부에서 세부적으로 정하는 것이어야 하는데, 입법청원은 국민에 의한 외부적 추진과제이므로 적절하지 않다.

23 문제처리능력 수행 업무 파악하기

| 정답 | ②

| 해설 | ⓛ 주요 업무 항목에 따르면 청탁방지담당관은 소속 직원을 대상으로 연 1회 이상 청탁금지법 관련 교육을 시행하고 담당자는 김새벽 대리이다.

ⓒ 주요 업무 항목에 따르면 청탁방지담당관은 소속 직원을 대상으로 연 1회 의상 청탁금지 관련 교육을 진행하고 담당자는 김새벽 대리이다. 교육 사항에는 청탁금지법 저촉 사례가 포함될 것임을 추론할 수 있다.

| 오답풀이 |

ⓖ 청탁금지법 위반행위에 대한 신고접수는 박수용 대리의 업무이다.

ⓔ 상담실 운영 항목에 따르면 상담실 관리 담당은 별도로 정한다. 김새벽 대리가 상담실 관리 담당인지는 구체적으로 드러나지 않는다.

24 문제처리능력 자료 분석하기

| 정답 | ③

| 해설 | • 정◎◎ : 기초생활수급자, 연구원 소재지 지역 인재의 경우 서류전형 단계에서 가점을 받는다. 이때 우대 혜택이 중복되는 경우 가점이 제일 높은 항목 한 개만 적용되므로 우선 해당되는 증명서를 모두 제출하는 것이 유리하다.

• 류□□ : 관련 분야 최종학력성적 증명서에서 출신학교를 삭제하였으므로 적절하다.

| 오답풀이 |

• 박○○ : 부연구위원 응시 시, 학위논문은 연구실적으로 인정하지 않는다.

• 김◇◇ : 전문연구원에 응시하기 위해서는 석사학위가 있어야 한다.

• 채△△ : 부연구위원급에서는 국제협상 및 국제관계 관련 분야 전공자를 모집하지 않는다.

25 문제처리능력 자료 읽고 추론하기

| 정답 | ②

| 해설 | 업무 분야 변경 가능 여부에 대한 언급은 없다.

4회 실전모의고사

문제 114쪽

01	②	02	⑤	03	②	04	②	05	④
06	⑤	07	③	08	①	09	⑤	10	③
11	③	12	③	13	②	14	②	15	④
16	④	17	④	18	②	19	③	20	④
21	④	22	④	23	④	24	⑤	25	③

01 문서이해능력 세부 내용 이해하기

| 정답 | ②

| 해설 | 정해진 기간 내에 참가비를 내지 않으면 참가 포기로 간주한다고 나와 있으며 추가 모집에 대한 내용은 나와 있지 않다.

| 오답풀이 |

① '20X2년 동계 한자문화캠프 참가신청서 1통(붙임 양식 참조)'을 제출해야 한다.

③ 캠프 운영 내용에 '우리 교양 익히기 : 한옥 이야기, 단청 체험'이라고 나와 있다.

④ '접수 기간 : 20X1. 12. 13.(수) ~ 12. 15.(금) 09:00 ~ 18:00', '참가비 납부 : 20X1. 12. 22.(금) 18:00까지 납부'라고 나와 있다.

⑤ '참가 자격 : 공고일 현재 ○○시에 주민등록을 둔 대학교 재학생'이라고 나와 있다.

02 문서이해능력 세부 내용 이해하기

| 정답 | ⑤

| 해설 | C : 제7조에 따르면 서비스 초기화면에 변경 내용 등을 게시해야 하므로 휴면상태인 포털 이용자에게도 해당 서비스 초기화면에 변경 내용이 제공되어야 한다.

D : 변경 사유뿐만 아니라 변경될 서비스의 내용 및 제공 일자까지 게시하도록 하였고, 변경 내용의 게시 위치 역시 단어장 서비스 메인페이지에서 서비스의 초기화면으로 변경하였다.

| 오답풀이 |

A : 문장이 간결하게 바뀐 것이 아니라 서비스 변경과 관련된 사항의 내용을 추가하고 게시 위치를 변경했다.

B : 휴면상태로의 전환이 이용자의 권리를 보호한다고 보기는 힘들다.

03 문서작성능력 작문 계획을 세워 글쓰기

| 정답 | ②

| 해설 | 제시된 글은 '신경성 식욕 부진증'에 대한 다양한 정보를 독자에게 제공하기 위해 쓴 글로, 비유를 들며 독자들이 쉽게 이해할 수 있도록 설명한 것으로 보아 전공하는 학생보다는 일반인을 대상으로 설명하고 있는 글임을 알 수 있다.

04 문서이해능력 글의 내용에 맞는 사례 찾기

| 정답 | ②

| 해설 | ②의 사례는 프레임 링크에 해당하며 타인의 저작물을 그대로 복제한 경우이므로 동일성유지권 침해가 아닌 복제권 침해로 볼 수 있다.

05 문서이해능력 지침서에 의한 실행 내용 평가하기

| 정답 | ④

| 해설 | 제6조 제2항에 의하면 항공운임 신청 시 그 확인 결과가 기재된 공무 항공마일리지 내역서〈별지 제1호 서식〉을 제출하여야 하며 확인 결과 마일리지 사용이 불가능한 경우에는 항공권 구매 영수증이 아닌 지정된 증빙자료를 제출하여야 한다.

06 문서이해능력 세부 내용 이해하기

| 정답 | ⑤

| 해설 | 지문에서는 반딧불이가 다양한 불빛을 이용하여 사랑을 나눈다는 내용이 제시되어 있지만, 반딧불이 수컷과 암컷이 상대방을 유혹하기 위해 서로 다른 불빛을 이용한다는 내용은 언급되지 않았다.

07 문서작성능력 단락 추가하기

| 정답 | ③

| 해설 | 와이파이 신호 강제 활성화 및 기압센서를 통한 정보 획득 백그라운드 애플리케이션에 대한 내용은 매몰자의 위치 파악을 위해 와이파이 신호를 감지하고 기압센서를 활용한다는 내용으로 끝나는 6문단과 그렇게 수집된 정보를 활용한 구조 진행에 대한 7문단 사이에 오는 것이 가장 적절하다.

08 문서이해능력 세부 내용 이해하기

| 정답 | ①

| 해설 | ㉢ 첫 번째 문단에서 스마트 팩토리는 생산설비에 지능을 부여해 공정별 자동화 과정에 유기성을 확보하고, 공정별 문제를 실시간으로 발견하는 등 지능화된 장비들이 서로 연결되어 거시적인 생산 공정 환경으로 변화하게 된다고 나와 있다.

㉣ 마지막 문단에서 스마트 팩토리는 생산 설비 차원부터 운영 패러다임 차원까지 포함하는 혁신적인 변화라고 언급하고 있다.

| 오답풀이 |

㉢ 공정별 생산설비의 자동화 실현은 기존 공장에서도 컴퓨터나 로봇을 사용하여 조성할 수 있으므로 제시된 글에서 강조한 스마트 팩토리의 특징이라 볼 수 없다.

09 문서이해능력 글의 내용에 맞는 사례 파악하기

| 정답 | ⑤

| 해설 | (ㄱ)은 생활 환경에 따라 수명이 달라졌으므로 복합설을 지지하는 사례로 볼 수 있다. (ㄷ)은 대사 활동이나 산소 소모율에 따라 수명이 달라졌으므로 오류설의 지지 사례로 볼 수 있으며, 환경에 따라 수명이 달라졌다는 점에서 복합설 지지 사례로도 생각할 수 있다.
또한 (ㄴ)은 먹이의 차이로 인하여 수명이 결정되었으므로 복합설을 지지하는 사례에 가깝다고 볼 수 있다.

10 기초연산능력 방정식 활용하기

| 정답 | ③

| 해설 | 사원의 수를 x명, 각 사원의 월급을 y만 원이라 하면 다음과 같은 식을 세울 수 있다.

$(x+10)(y-100)=0.8xy$ ⋯⋯⋯⋯⋯⋯ ㉠

$(x-20)y=0.6xy$ ⋯⋯⋯⋯⋯⋯⋯⋯ ㉡

㉠을 정리하면,

$xy-100x+10y-1,000=0.8xy$

$0.2xy=100x-10y+1,000$

$xy=500x-50y+5,000$ ⋯⋯⋯⋯⋯ ㉢

㉡을 정리하면,

$x-20=0.6x$

$0.4x=20$

$x=50$ ⋯⋯⋯⋯⋯⋯⋯⋯⋯⋯⋯⋯ ㉣

㉢, ㉣에 의해 $50y=25,000-50y+5,000$

$100y=30,000$

$y=300$

따라서 사원의 수는 50명, 각 사원의 월급은 300만 원이 되어 현재 전 사원들에게 지급되고 있는 월급의 총액은 $50×300=15,000$(만 원)이 된다.

11 기초통계능력 확률 구하기

| 정답 | ③

| 해설 | A가 1표라도 더 얻는 경우 4표가 되므로 A는 1등이 확정된다. 따라서 A가 표를 받지 않는 경우를 확인한다. C가 추가로 2표를 얻는다면 야유회는 C 장소로 결정이 된다(한 가지). 또, B와 C가 추가로 1표씩을 얻거나(두 가지) B만 추가로 2표를 얻는다면(한 가지) 3표를 받은 장소가 2개 이상이 되므로 재투표를 진행해야 한다. 이 네 가지 경우를 제외하고 나머지 $3^2-4=5$(가지) 경우에는 야유회 장소가 한 번에 A로 결정된다.

따라서 이때의 확률은 $\dfrac{5}{9}$이다.

1회 실전모의 2회 실전모의 3회 실전모의 4회 실전모의 5회 실전모의 6회 실전모의 7회 실전모의 8회 실전모의

12 기초연산능력 소요시간 구하기

| 정답 | ③

| 해설 | 1층에서 6층까지 올라가려면 5층을 올라가야 한다. 5층을 올라가는 데 35초가 걸렸으므로 1층을 올라가는 데는 7초가 걸린다. 6층에서 12층까지는 6층을 올라가야 하고 중간에 5초씩 5번을 쉰다.

따라서 1층에서 12층까지 올라가는 데 35+(6×7)+(5×5)=102(초)가 걸린다.

13 기초연산능력 원가 계산하기

| 정답 | ②

| 해설 | A 식품의 원가를 x, 정가를 y라고 하면 주어진 조건들로 다음과 같은 식을 세울 수 있다.

$y = x + x \times 0.15 = x \times 1.15$ ············· ㉠

$y - 700 = x + x \times 0.05$ ············· ㉡

㉠을 ㉡에 대입하면,

$x \times 1.15 = x \times 1.05 + 700$

$x = 7,000$

따라서 원가는 7,000원이다.

14 도표분석능력 자료의 수치 분석하기

| 정답 | ②

| 해설 | 조사기간 중에서 인구수가 가장 적은 지역은 20X5년에 102천 명, 20X7년에 132천 명, 20X9년에 233천 명인 세종이다. 또한 인구밀도가 가장 낮은 지역은 20X5년, 20X7년, 20X9년에 90명/m²인 강원이다.

| 오답풀이 |

① 20X5년 기준 충청지역(충북+충남)인구는 3,596천 명으로 전라지역(전북+전남) 인구 3,604천 명보다 대략 8천 명 정도 적다.

③ 20X7년 기준 시도별 인구밀도는 서울이 16,482명/m²으로 가장 높고 그 다음으로 높은 곳은 부산으로 4,485명/m²이다.

④ 세종의 인구밀도는 20X9년 500명/m², 20X7년 285명/m²으로 $\frac{500}{285} ≒ 1.75$(배)이다.

⑤ 전체 인구수의 증가로 인구밀도도 점차 높아지고 있는 추세이다.

15 도표분석능력 비율 계산하기

| 정답 | ④

| 해설 | 20X9년 수도권 지역의 인구는 25,371천 명으로 전체인구 51,247천 명의 $\frac{25,371}{51,247} \times 100 ≒ 49.5$(%)이다.

16 도표분석능력 비율 계산하기

| 정답 | ④

| 해설 | 전국 상업용 건축물은 1,246,859동이고, 수도권 지역의 상업용 건축물은 127,080+243,268+43,101=413,449(동)이다. 따라서 전국 상업용 건축물 중 수도권 지역의 건축물은 $\frac{413,449}{1,246,859} \times 100 ≒ 33.2$(%)이다.

17 도표분석능력 자료의 수치 분석하기

| 정답 | ④

| 해설 | 소유 구분에 따른 건축물 현황을 보면 울산의 경우 전체 건축물이 법인 소유의 건축물의 10배보다 적은 반면, 다른 지역은 10배 이상이다. 따라서 전체 건축물 대비 법인 소유의 건축물 비중이 전국에서 가장 높은 곳은 울산 지역이다.

| 오답풀이 |

① 건축물이 많은 지역부터 순서대로 나열하면 경기(1,148,790)-경북(805,114)-경남(710,098)-전남(636,734) 순이다.

② 6대 광역시 건축물의 합은 369,947+254,247+219,752+141,693+133,784+135,576=1,254,999(동)이므로 전국 건축물의 $\frac{1,254,999}{7,126,526} \times 100 ≒ 17.61$(%)를 차지한다.

③ 경상도의 개인 소유 건축물은 691,352+604,739=
1,296,091(동), 전라도의 개인 소유 건축물은 362,348
+528,458=890,806(동)이다. 따라서 경상도의 개인
소유 건축물은 130만 동 미만이며, 전라도의

$$\frac{1,296,091}{890,806} ≒ 1.45(배)이다.$$

⑤ 전체 건축물 대비 교육사회용 건축물 수의 비중은 세종

지역이 $\frac{898}{33,654} \times 100 ≒ 2.67(\%)$, 경남 지역이

$\frac{15,657}{710,098} \times 100 ≒ 2.20(\%)$로, 가장 낮은 곳은 세종

지역이 아니다.

18 문제처리능력 안내문 이해하기

| 정답 | ②

| 해설 | 신청대행은 선택 사항이기 때문에 사업주 B는 의무
적으로 도입위탁 관련 각종 신청 대행업무를 의뢰하지 않
아도 된다.

19 문제처리능력 차량 대여가격 계산하기

| 정답 | ③

| 해설 | • 제주 도착시간 : 6월 7일 10시 10분

• 수하물을 찾고 공항을 나온 시간 : 6월 7일 11시 10분

• 렌터카 업체에 도착한 시간 : 6월 7일 11시 20분

∴ 6월 7일 11시 20분부터 차량 렌트

• 제주 출발시간 : 6월 8일 16시 30분

• 탑승 수속을 위해 공항에 도착한 시간 : 6월 8일 15시 30
분

• 렌터카 업체에서 공항으로 출발한 시간 : 6월 8일 15시
20분

∴ 6월 8일 15시 20분까지 차량 렌트

K 씨가 차량을 최대한 렌트한 시간은 28시간이므로 B 차
량을 이용할 경우 차량 대여가격은 64,000+36,000=
100,000(원)이다.

20 문제처리능력 자료를 바탕으로 답변하기

| 정답 | ④

| 해설 | 주희는 영어 실력이 뛰어나고 아이들을 좋아하므로
데미 페어나 오페어를 추천하는 것이 적절하다.

21 문제처리능력 안내문 파악하기

| 정답 | ④

| 해설 | 이용객은 반드시 개별적으로 여행자 보험에 가입하
여야 한다는 규정은 있으나 2일 전까지 예약을 해야 한다는
내용은 없다. 단, 당일 현장 탑승이 가능하므로 당일에도
여행자 보험에 가입이 가능하다는 것은 유추할 수 있다.

| 오답풀이 |

⑤ 생태체험여행 이용자는 국립생태원 입장료를 30% 할인
받는다.

22 문제처리능력 이용료 합계 구하기

| 정답 | ④

| 해설 | • K 부부 : 4,000×2=8,000(원)

• K의 자녀 : 2,500×2=5,000(원)

• K의 부모님 : 3,500(부)+4,000(모)=7,500(원)

• K의 동생 부부 : 5,000×2=10,000(원)

• K의 동생 부부의 자녀 : 3,000(6살)+0(4살)=3,000(원)

• K의 할머니 : 3,500(원)

• K의 처제 : 4,000(원)

따라서 K가 지불하여야 하는 이용료의 합계는 총 41,000
원이다.

23 문제처리능력 공고문 파악하기

| 정답 | ④

| 해설 | • 과장 B : 조달청 입찰참가자격 등록은 개찰일 전
일인 5월 31일까지 해야 한다.

• 대리 D : 입찰등록 시 입찰보증금을 내는 것은 모든 입찰
자가 아니라 낙찰자로 선정된 입찰자이다.

24 문제처리능력 공고문을 바탕으로 답변하기

| 정답 | ⑤

| 해설 | 공사기간은 제시되어 있지만 공사 시작일은 제시되어 있지 않다.

| 오답풀이 |

① '2. 입찰참가자격 가, 나'에 따라 건설산업기준법에 의한 기계설비공사업 면허를 보유하고 조달청 나라장터(G2B)시스템 이용자 등록을 필한 업체는 참가 가능하다.

② '4. 낙찰자 결정방법'에 따라 답변할 수 있다.

③ 전자입찰서 개찰일은 20X1년 6월 1일 11시로 입찰담당관 PC에 낙찰자 결정 직후 온라인에 게시된다.

④ 이번 공사의 추정금액은 ₩21,500,000(부가세 별도)이다.

25 문제처리능력 전세자금 대출 조건 파악하기

| 정답 | ③

| 해설 | 경기도는 수도권으로, 전용면적 $85m^2$ 이하인 임대차계약을 체결하고 임차보증금의 5% 이상을 지불한 자여야 하므로 대출 대상이 아니다.

| 오답풀이 |

① 대출 신청인과 배우자의 연소득 합산 6천만 원 이하인 자이며, 혼인관계증명서상 혼인기간이 5년 이내인 가구로 대출이 가능하다.

② 임차보증금 2억 원 이하 임대차계약을 체결하고, 혼인기간이 5년 이내인 가구로 대출이 가능하다.

④ 혼인관계증명서상 혼인기간이 5년 이내인 가구로 대출이 가능하다.

⑤ 제시되지 않는 다른 대출 조건은 모두 충족한다고 가정했으므로 대출이 가능하다.

5회 실전모의고사 문제 144쪽

01	⑤	02	②	03	①	04	④	05	③
06	⑤	07	⑤	08	①	09	②	10	④
11	⑤	12	④	13	④	14	③	15	⑤
16	②	17	④	18	①	19	①	20	⑤
21	①	22	④	23	④	24	④	25	②

01 문서이해능력 글의 주제 파악하기

| 정답 | ⑤

| 해설 | 제시된 글에서는 에너지 분권과 그 필요성에 대해 설명하고, 이를 위해 중앙과 지역 간 에너지 권한 위임과 소통창구 마련이라는 준비 작업이 필요하다고 설명하고 있다. 따라서 글 전체를 아우르는 가장 적절한 주제는 ⑤이다.

| 오답풀이 |

② 중앙으로 에너지 권한이 쏠린 현상으로 인한 문제의 해결방안에 대해 논의하고 있으므로 적절하지 않다.

④ 각 지자체가 스스로 에너지 계획을 수립하여도 권한이 없어 이를 실행할 수 없음이 명시되어 있다.

02 문서이해능력 세부 내용 이해하기

| 정답 | ②

| 해설 | 제시문에서 푸드플랜 수립 이전의 먹거리 관련 논의 유무에 대한 언급은 찾을 수 없다.

| 오답풀이 |

① 1문단에서 '국가 먹거리 종합 전략과 지역 먹거리 계획 수립'에 대한 개정법률안이 발의되었다고 하였다.

③ 3문단에서 최근 안전한 먹거리의 중요성이 강조되지만 효율성·경제성만을 따지다 보니 품질이 보장되지 않은 저가 식재료를 사용하여 식품 안전사고가 지속적으로 발생한다고 하였다.

④ 4문단에서 푸드플랜은 전주와 서울 등 일부 지역을 중심으로 추진되고 있으며 높은 비용, 농촌 소득 저하와 양극화, 도시와 농촌 간의 교류 단절 등의 문제는 우리나라가 안고 있는 먹거리 고민이라고 하였다.

⑤ 마지막 문단에서 로컬 푸드로 대기업에 지급되던 비용이 지역 농가 및 지역 기업으로 환원되고 신규 시장 일자리 창출로 이어진다고 하였다.

03 문서이해능력 세부 내용 이해하기

| 정답 | ①

| 해설 | 협업 필터링은 사용자의 행동 정보를 기반으로 하며, 콘텐츠 기반 필터링은 사용자가 이용한 콘텐츠에 입력된 정보를 기반으로 한다.

| 오답풀이 |

② 음악 서비스에 협업 필터링을 적용할 경우 발표한 지 얼마 안 된 신곡에 대해서는 추천 정보가 부족해 접근이 어려워지는 콜드 스타트 문제가 발생한다. 따라서 이러한 단점을 극복하기 위해 발표된 지 얼마 안 된 신곡에 대한 추천 알고리즘을 별도로 마련해 보강할 필요가 있다.

③, ④ AI 스피커에 협업 필터링을 적용하면, AI 스피커를 처음 이용하는 이용자에 대한 정보가 부족해 제대로 작동하지 않을 가능성이 높다. 이를 보강하기 위해 자사의 다른 서비스를 이용한 이용자의 경우에는 그 서비스에서의 행동 정보를 데이터로 이용할 수 있을 것이다.

⑤ 필터 버블(Filter Bubble)이란 사용자의 이용정보를 기반으로 한 추천 시스템에 확증 편향이 작용하여 알고리즘이 사용자의 편의에 맞춘 편향된 정보만을 제공하게 되어 사용자가 자신에게 유리한 이념과 문화만을 편식하게 되는 문제를 의미한다.

04 문서작성능력 적절한 위치에 문단 배열하기

| 정답 | ④

| 해설 | ㉠ 아토피 환자의 체온에 대해 이야기하고 있으므로 (다)에 위치해야 한다.

㉡ 암 환자들이 평균적으로 가지는 체온에 대해 이야기하고 있으므로 (나)에 위치해야 한다.

㉢ 중증 뇌경색 환자에게 효과가 있는 저체온 치료에 대해 이야기하고 있으므로 (라)에 위치해야 한다.

㉣ 체온에 따라 발생하는 혈관질환에 대해 이야기하고 있으므로 (가)에 위치해야 한다.

따라서 적절한 순서는 ㉣-㉡-㉠-㉢ 이다.

05 문서이해능력 내용과 어울리는 사례 찾기

| 정답 | ③

| 해설 | ㉠에는 실생활에서 정보를 활용하는 태도 중 주체 상실을 야기할 만한 사례가 들어가야 한다. A와 D의 태도를 실생활에서 반복한다면 외부 정보를 비판적으로 수용하고 기존 지식과 통합하여 일관성 있는 지식 체계와 고유의 세계관을 형성하는 능력, 즉 주체적 사고력이 퇴화하여 결국 주체 상실을 야기할 것이므로 적절하다.

06 문서작성능력 글의 주제에 맞게 제목 작성하기

| 정답 | ⑤

| 해설 | 마지막 문단에서 갈등은 본질적으로 '나쁜' 것은 아니며, 사실 갈등이 좋은지 나쁜지는 전적으로 그것을 어떻게 다루느냐에 달려 있다고 언급하고 있다. 그리고 글 전반적으로 갈등의 부정적인 측면을 긍정적으로 바라보는 관점을 다루고 있으므로 제목으로 가장 적절한 것은 ⑤이다.

| 오답풀이 |

① 인간관계에서 발생하는 여러 가지 갈등의 유형을 나열하고 있지는 않다.

② 갈등 해결을 위한 바람직한 의사소통 방법을 제시하고 있지는 않다.

③ 마지막 문단에서 '갈등은 친한 관계뿐만 아니라 직장, 동네, 가족, 클럽 혹은 다른 조직에서도 긍정적인 역할을 할 수 있다'고 하였으므로 적절하지 않다.

④ 갈등은 발생하였을 때 지혜롭게 해결하면 관계를 발전시킬 수 있다고 하였으나 관계 발전을 위해 갈등을 활용하라는 의미는 담고 있지 않다.

07 문서이해능력 글의 서술방식 파악하기

| 정답 | ⑤

| 해설 | 첫 번째와 두 번째 문단에서 시간의 기준점이 통일되지 않은 점에 따른 문제점들을 언급하며 표준시의 필요성을 설명하였고 세 번째와 네 번째 문단에서 표준시의 도입과정을 설명하였다. 다섯 번째 문단에서 세계의 모든 인구가 하나의 표준시에 맞춰 일상을 살고 국가마다 다른 철도와 선박, 항공 시간을 체계적으로 정리할 수 있게 되어

1회 실전모의

2회 실전모의

3회 실전모의

4회 실전모의

5회 실전모의

6회 실전모의

7회 실전모의

8회 실전모의

지구 곳곳에 파편처럼 흩어져 살아가던 인류가 하나의 세계로 통합될 수 있었다는 것을 언급하며 그 의의를 설명하고 있다. 따라서 전개 방식으로 ⑤가 가장 적절하다.

08 문서이해능력 글의 내용을 바탕으로 추론하기

| 정답 | ①

| 해설 | 지구에서 멀리 떨어진 별일수록 우주의 과거 모습에 더 가깝다고 볼 수 있다.

| 오답풀이 |

② 전체 내용으로 보아 우리가 보고 있는 모든 자연 현상은 시간적으로 과거에 일어났던 것임을 알 수 있다.

③ 여섯 번째 단락에서 시간의 새로운 의미에 대한 의문들이 제기되었음을 알 수 있다.

④ 다섯 번째 단락 첫 번째 문장에서 알 수 있는 내용이다.

⑤ 첫 번째 단락 마지막 문장을 통해 알 수 있다. 빛의 속도가 무한대라면 아주 먼 곳에서 일어나는 일도 우리가 보고 있는 그 순간에 그 일이 일어나고 있다고 말할 수 있다.

09 문서이해능력 세부 내용 이해하기

| 정답 | ②

| 해설 | 네 번째 문단에서 '우리나라의 경우 52%의 업무 활동 시간이 자동화 위험에 노출될 것으로 나타났는데, 이는 독일(59%), 일본(56%)보다는 낮고, 미국(46%), 영국(43%)보다는 높은 수준이다'라고 하였는데 이는 자동화로 대체될 업무 활동 시간에 대한 서술이며 전반적인 업무 활동 투입 시간에 대한 설명이 아니다.

| 오답풀이 |

① 두 번째 문단에서 'OECD는 인공지능이 직업 자체를 대체하기보다는 직업을 구성하는 과업의 일부를 대체할 것'이라고 하며, '미국의 경우 9%의 일자리만이 고위험군에 해당한다'고 하였다.

③ 첫 번째 문단에서 프레이와 오스본은 '인공지능의 발전으로 대부분의 비정형화된 업무도 컴퓨터로 대체될 수 있다'고 하였다.

④ 세 번째 문단에서 '컨설팅 회사 PwC는 ~ OECD의 연구 방법을 수정하여 다시 분석하였다. 그 결과 미국의

고위험 일자리 비중이 OECD에서 분석한 9% 수준에서 38%로 다시 높아졌다'고 하였다.

⑤ 첫 번째 문단에서 프레이와 오스본은 '인공지능이 대체하기 힘든 업무를 ~ 3가지 병목(bottleneck) 업무로 국한시키고 이를 미국 직업정보시스템 O*Net에서 조사하는 9개 직능 변수를 이용해 정량화했다. 직업별로 3가지 병목 업무의 비중에 따라 인공지능에 의한 대체 정도가 달라진다고 본 것이다'고 하였다.

10 기초연산능력 사칙연산 활용하기

| 정답 | ④

| 해설 | 제시된 조건을 정리하면 다음과 같다.

초당 다운로드 파일 크기 : 600KB

인터넷 사이트 접속 시간+파일 다운로드 시간=75(초)
.... ㉠

파일 다운로드 시간=인터넷 사이트 접속 시간×4 ···· ㉡

㉡을 ㉠에 대입하면,

인터넷 사이트 접속 시간+인터넷 사이트 접속 시간×4= 75

인터넷 사이트 접속 시간=$\frac{75}{5}$=15(초)

파일 다운로드 시간
=인터넷 사이트 접속 시간×4=15×4=60(초)

따라서 A가 다운로드한 파일 크기는 초당 다운로드 파일 크기(600KB)×파일 다운로드 시간(60초)=36,000(KB)이다.

11 기초연산능력 최소 속력 구하기

| 정답 | ⑤

| 해설 | 60km/h의 속도로 15분$\left(\frac{1}{4}\text{시간}\right)$ 이동한 거리는

$60 \times \frac{1}{4} = 15$(km)이다. 이 거리가 집에서 회사까지 거리의 절반이므로 총 거리는 30km임을 알 수 있다.

택시를 8시 20분에 타고 15(km)÷75(km/h)=$\frac{1}{5}$(h)이 걸려 돌아갔으므로 집까지 12분$\left(\frac{1}{5}\text{시간}\right)$이 소요되어 8시 32

분에 도착하였다. 서류를 챙겨서 나오는 데 3분 걸렸으므로 승용차로 출발한 시간은 8시 35분이다. 따라서 25분 안에 30km 떨어진 회사까지 도착해야 하므로 최소 $30 \div \frac{25}{60}$ =72(km/h)로 운전해야 한다.

12 기초연산능력 최소공배수 활용하기

| 정답 | ④

| 해설 | 4월 10일 이후 세 가지 화초에 동시에 물을 주는 날은 6, 8, 9의 최소공배수인 72일이 지난 후이다. 4월은 30일, 5월은 31일이므로 20(4월)+31(5월)+x(6월)=72(일)의 조건을 충족해야 한다. 따라서 x=21이므로 세 가지 화초에 동시에 물을 주는 날짜는 6월 21일이다.

13 기초연산능력 비율 구하기

| 정답 | ④

| 해설 | B 회사의 판매 비율을 구하면 국내는 100−25−20−15=40(%), 해외는 100−32−17−9=42(%)이다. 해외 판매량은 국내 판매량의 5배이므로 B 회사의 전체 제품 판매량 대비 국내 판매량의 비율은 $\frac{40}{40+42 \times 5} \times 100 = 16$ (%)이다.

14 도표분석능력 수치 계산하기

| 정답 | ③

| 해설 | '합계=유료관람객+무료관람객'이므로 창경궁 유료 관람객 수는 895,137−360,405=534,732(명)이고, 창경궁 유료 관람객 수 중 외국인의 비율은 $\frac{49,749}{534,732} \times 100$ ≒9.3(%)이다.

15 도표분석능력 자료의 수치 분석하기

| 정답 | ⑤

| 해설 | 분석기간 동안 궁·능원을 방문하는 관람객 중 무료 관람객 수가 유료 관람객 수보다 많았던 해는 2000년과 2019년이다.

| 오답풀이 |

① 2020년 4대 고궁 총 관람객 수는 약 10,285천 명으로 1천만 명 이상이다.

② 2019년 우리나라 궁·능원을 방문한 외국인 관람객은 2,411천 명으로 2018년 2,690천 명보다 27만 9천 명이 줄었다.

③ 2019년 4대 고궁 중 관람객 수가 가장 적은 곳은 창경궁으로 770,036명이다. 이는 전체 고궁 관람객 8,720,690명의 $\frac{770,036}{8,720,690} \times 100$≒8.8(%)로 10% 미만이다.

④ 2015년 이후 궁·능원을 방문한 관람객은 꾸준히 증가하다가 2019년에는 790천 명 감소하였으나 2020년에는 다시 증가 추세로 돌아섰다.

16 도표분석능력 자료 분석하기

| 정답 | ②

| 해설 | 한계기업은 '이자보상비율$\left(\frac{영업이익}{이자비용}\right)$이 3년 연속 100% 미만인 기업'으로 영업이익이 이자비용보다 작은 기업을 찾으면 된다.
(마) 기업은 20X7 ~ 20X9년의 3년간 영업이익이 이자비용보다 작으므로 이자보상비율이 100% 미만이다.
따라서 한계기업은 1개이다.

17 도표작성능력 제시된 자료의 일치 여부 분석하기

| 정답 | ④

| 해설 | 자료에서는 중소기업의 매출액 이익률은 20X1년 글로벌 금융위기로 다음 해(20X2년) 마이너스를 기록하고 20X4년 회복(플러스)되었으나 이후 다시 감소한다고 했는데, 통계표에서는 20X4년 이후 계속 증가하고 있으므로 일치하지 않는다.

1회 실전모의 2회 실전모의 3회 실전모의 4회 실전모의 5회 실전모의 6회 실전모의 7회 실전모의 8회 실전모의

| 오답풀이 |

① 연구 자료에서 기업 부채비율은 20X7년 86.5%로 2009년 105.7%에 비해 19.2%p 하락하였다고 했으며 통계표가 맞게 표현하고 있다.

② 연구 자료에서 20X2년부터 부도법인 수가 1,364개에서 20X7년 614개로 감소하였다고 했으며 통계표가 맞게 표현하고 있다.

③ 연구 자료에서 한계기업 수가 20X2년 2,355개 업체에서 20X7년 2,723개 업체로 지속적으로 증가했다고 했으며 통계표가 맞게 표현하고 있다.

⑤ 연구 자료에서 영업이익률은 20X5년 3.20%로 20X7년까지 3년 동안 증가 추세에 있으나 글로벌 금융위기 이전(20X1년)으로 회복하지 못하고 있는 실정이라고 했으며 통계표가 맞게 표현하고 있다.

18 문제처리능력 대관 장소 유추하기

| 정답 | ①

| 해설 | 8월 19일에 신청서를 제출하였으므로 승인은 5일 후인 24일에 나며, 승인이 나고 7일째 되는 날 센터를 사용해야 한다고 하였으므로 8월 31일에 센터를 사용해야 한다. 그러나 일정변경으로 인해 8월 27일에 대관을 취소하였으므로 8월 31일을 기준으로 4일 전에 취소 신청을 한 것이 되어 입금한 대관료의 40%를 반환받게 된다. 오 과장이 반환받은 금액이 26,000원이므로, 2시간 대관료를 기준으로 하였을 때 40%를 반환한 금액이 26,000원이 되는 곳은 취미교실(65,000×0.4=26,000)이다. 따라서 오 과장이 대관하려고 했던 곳은 취미교실이다.

19 문제처리능력 교육과정 이수 날짜 구하기

| 정답 | ①

| 해설 | 각각의 날짜에 수강할 수 있는 교육과정을 표시하면 다음과 같다. 괄호 안의 숫자는 남은 수강 횟수를 의미한다.

20X0년 1월						
일	월	화	수	목	금	토
			1 자(0) 예(1) 직(1)	2 예(0) 직(0)	3 정(1) 키(2)	4

5	6 정(0) 키(1)	7 키(0)	8 문(2)	9 문(1)	10 문(0)	11
12	13 실(4)	14 실(3)	15 실(2)	16 실(1)	17 실(0)	18
19	20	21	22	23	24	25
26	27	28	29	30	31	

따라서 가장 빨리 모든 교육과정을 이수할 수 있는 날은 1월 17일이다.

20 문제처리능력 자료를 바탕으로 판단하기

| 정답 | ⑤

| 해설 | 금요일 17시에는 A, B, C, D, F가 참여할 수 있으므로 C, D를 포함한 4명 이상이 참여해야 할 경우 워크숍을 개최할 수 있다.

| 오답풀이 |

① 만약 월요일 17시에 워크숍을 연다면 C, D, F가 참여 가능하므로 월요일에 워크숍을 개최할 수 있다.

② 금요일 16시에 워크숍을 개최할 경우 D, E를 제외한 모든 전문가가 참여 가능하므로 장소 선호도 합산 점수가 가장 높은 '나'가 워크숍 장소가 된다.

③ 금요일 18시에는 C, D, F가 참여 가능하므로 장소 선호도 합산 점수가 가장 높은 '나'가 워크숍 장소가 된다.

④ 목요일 16시에는 C가 참여할 수 없으므로, 전문가 3명 이상이 되지 않아 워크숍을 개최할 수 없다.

21 사고력 조건에 맞게 추론하기

| 정답 | ①

| 해설 |

	월요일	화요일	수요일	목요일	금요일
요리	닭볶음탕	카레			
음료	우유	커피	우유	오렌지주스	

주어진 조건에 따라 월요일 음식과 화요일 요리는 확정된다. 두 번째, 마지막 조건에 따라 화요일에는 오렌지주스와 우유를 마실 수 없기에 화요일에는 커피를 마시게 된다. 세 번째 조건, 여덟 번째 조건에 따라 목요일에는 노란색 음료

인 오렌지주스를 마신다. 두 번째 조건에 따라 수요일에 마실 수 있는 음료는 우유뿐이다. 수요일에는 이미 흰 음료인 우유를 마시기에 마지막 조건을 고려할 때, 흰 요리인 생크림케이크를 먹을 수 없다.

22 문제처리능력 이용권 구입하기

| 정답 | ④

| 해설 | 먼저 〈상황〉에서 남아 있는 회비를 계산하면 다음과 같다.
- 한 달 회비 : 6(명)×20,000(원)=120,000(원)
- 남아있는 회비 : 120,000(원)×8(개월)×0.4 =384,000(원)

④의 이용금액을 계산하면 다음과 같다.

워터파크 이용권	구명재킷	실내로커	미니형 비치체어	합계
6×50,000 =300,000	6×6,000 =36,000	6×2,000 =12,000	3×14,000 =42,000	390,000

따라서 남아 있는 회비에서 워터파크 이용권 금액을 제외하면 추가로 6,000원이 필요하므로 1인당 1,000원만 내면 된다.

| 오답풀이 |

① 6월 1일이 화요일이므로 둘째 주 금요일은 6월 11일이다.

② 실내로커 이용비용은 총 12,000원이므로 이용권을 구입하고 회비를 추가로 걷지 않아도 이용 가능하다.

③ 대형 타월은 쓰고 반납하면 보증금 3,000원을 돌려주므로 18,000원을 돌려받을 수 있다.

⑤ 주간권은 50,000원이고, 오후권은 42,000원이므로 8,000원의 차이가 나는 것을 알 수 있다. 6명이 가는 것이기 때문에 주간권 대신 오후권을 산다면 48,000원을 절약할 수 있다.

23 문제처리능력 자료를 참고하여 판단하기

| 정답 | ④

| 해설 | 6월 11일에서 3주 후 금요일은 7월 2일로 하이시즌이므로 언니 가족과 P의 콤보 이용권 총액과 주간권 총액을 구하면 다음과 같다.

(단위 : 원)

구분	P	언니	형부	만 36개월 조카	만 57개월 조카	합계
콤보 이용권 (1일권)	84,000	84,000	84,000	67,000	67,000	386,000
주간권	60,000	60,000	60,000	47,000	47,000	274,000

따라서 콤보 이용권(1일권) 대신 주간권을 구입하면 386,000−274,000=112,000(원)을 절약할 수 있다.

| 오답풀이 |

① P와 언니 가족의 이용권 구입비용은 386,000원이다.

② 만 36개월 이상은 '소인'에 해당하므로 무료로 입장할 수 없다.

③ 구명재킷의 대여비용은 보증금 없이 6,000원이므로 조카 2명의 대여비용은 12,000원이다.

⑤ 실외로커는 보증금만 있고 대여료는 없으나 동절기 실내로커 인원 초과 시에만 운영하기 때문에 언니 가족과 방문한 날에는 이용할 수 없다.

24 문제처리능력 업체 선정하기

| 정답 | ④

| 해설 | 직원이 45명일 경우 총무부의 의견에 따르면 B 업체를 고려해야 하고, 자재부의 의견에 따르면 1매당 가격이 2,500원인 C 업체를 고려해야 한다. 이때 부서별 의견 간의 우선순위가 없으므로 이 정보만으로는 B 업체로 확정할 수 없다.

| 오답풀이 |

① 직원이 50명일 경우 자재부의 의견에 따르면 1매당 가격이 2,200원인 A 업체를 고려해야 하고, 연구소의 의견에 따르면 D 업체를 고려해야 한다.

② B 업체의 출입증 무게가 가장 가볍고 재발급 비용이 저렴하다.

③ 고급 디자인 B, C, D 업체 중 A/S 기간이 가장 긴 D 업체가 선정될 것이다.

⑤ 연구소에서는 A/S 기간만 고려하므로 직원 수는 선정 업체 선택 시 고려사항이 아니다.

1회 실전모의 | 2회 실전모의 | 3회 실전모의 | 4회 실전모의 | 5회 실전모의 | 6회 실전모의 | 7회 실전모의 | 8회 실전모의

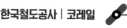
25 문제처리능력 우선순위에 따라 업체 선정하기

| 정답 | ②

| 해설 |

구분	A 업체	B 업체	C 업체	D 업체
최초 구매 비용 (+1점)	1매당 3,000원 → 1+1=2점	1매당 2,700원 → 3+1=4점	1매당 2,500원 → 4+1=5점	1매당 2,800원 → 2+1=3점
재발급 비용 (+0.5점)	1매당 2,500원 → 2+0.5= 2.5점	1매당 1,800원 → 4+0.5= 4.5점	1매당 2,600원 → 1+0.5= 1.5점	1매당 1,900원 → 3+0.5= 3.5점
A/S 기간 (+0.3점)	3개월 → 1+0.3= 1.3점	4개월 → 2+0.3= 2.3점	6개월 → 3+0.3= 3.3점	8개월 → 4+0.3= 4.3점
무게 (가산 없음)	48g → 3점	44g → 4점	52g → 1점	51g → 2점
합계	8.8점	14.8점	10.8점	12.8점

따라서 합계가 가장 높은 B 업체가 선정된다.

6회 실전모의고사   문제 174쪽

01 ③	02 ①	03 ⑤	04 ③	05 ⑤
06 ②	07 ④	08 ⑤	09 ①	10 ②
11 ①	12 ③	13 ③	14 ⑤	15 ③
16 ④	17 ②	18 ⑤	19 ③	20 ⑤
21 ①	22 ④	23 ②	24 ③	25 ①

01 문서이해능력 세부 내용 이해하기

| 정답 | ③

| 해설 | 성과지향적 조직에서는 성고정관념적 평가의 여지가 적으므로 성과지향성은 양성평등을 제고하는 데 긍정적 영향을 미친다.

| 오답풀이 |

① 가족관계를 중시하는 조직문화는 남성관리자에 대한 인식에 긍정적으로 작용할 수 있다.

② 성과지향적 조직문화에서는 성별과 같은 사회적 배경이 작용할 여지가 줄어든다.

④ 성과지향성이 낮은 조직에서는 구성원 간 성차별 가능성이 높다.

⑤ 성과지향성이 낮은 조직에서는 여성관리자의 전문적 권력이 발휘될 가능성이 낮다.

02 문서이해능력 보도 자료 이해하기

| 정답 | ①

| 해설 | ㄱ. 보도 자료 담당 부서는 저출산·고령사회위원회 사무처이며 담당지는 안○○으로, 보도 사료 상단에 제시되어 있다.

ㄷ. 제시된 자료에서는 위촉된 민간 전문가 15명의 남녀 비율을 알 수 없다.

| 오답풀이 |

ㄴ. '대통령 직속 저출산·고령사회위원회'라고 되어 있다.

ㄹ. 제시된 자료에는 7기 위원회의 임기에 대한 정보가 나와 있지 않다.

03 문서이해능력 필자의 견해 · 의도 파악하기

| 정답 | ⑤

| 해설 | 4문단을 보면 '권력의 집중화는 컴퓨터의 내재적 특성에 기인하는 것이 아니라 컴퓨터가 차지하는 사회적 맥락에 연유하는 것으로 볼 일이다'라고 하였고 마지막 문단에서 필자는 집중화의 경향이 일어나고 있다면 컴퓨터는 그러한 방향으로 이용될 것이며 의사 결정의 권한이나 정보의 확산이 필요하다면 컴퓨터는 그러한 방식으로 이용될 것이다'라고 언급하고 있으므로 컴퓨터와 권력의 상관관계는 사회적 맥락에 따라 다르게 해석된다고 볼 수 있다.

| 오답풀이 |

① 필자는 컴퓨터가 권력의 집중화에 이용될 수 있고, 권력의 탈집중화에 이용될 수 있으며 이는 컴퓨터가 차지하는 사회적 맥락에 따라 다르게 해석될 수 있다고 하였다.

② 필자는 컴퓨터가 권력의 집중화와 탈집중화에 기여하는 측면을 모두 균형 있게 다루고 있다.

③ 마지막 문단에서 '집중화가 증대한다는 사실에 대한 두려움이 현실적인 것이기는 하지만 컴퓨터가 적(敵)은 아니다'라고 하였다.

④ 4문단에서 '컴퓨터가 과연 집중화 – 탈집중화를 유발하는 원인 중 가장 중요한 요소에 해당하는가'에 대한 논의가 필요하다 하였고, '컴퓨터가 둘 중 하나를 조장하는 데 이용될 수 있는 것처럼 보이지만 사회에는 권력의 집중화를 부추기는 많은 다른 정치적, 사회적 요인들이 존재하게 마련'이라 하였다.

04 문서작성능력 흐름에 맞게 내용 추가하기

| 정답 | ③

| 해설 | ⓒ 뒤에 이어지는 문장이 '우리가 존재하는 한 죽음은 우리에게 부재하고, 죽음이 오면 우리는 더 이상 존재하지 않는다'이므로 이는 죽음이 우리에게 큰 의미가 없다는 것을 뜻한다. 따라서 이로 인하여 마음을 교란당할 이유가 없다는 의미의 문장이 ⓒ에 들어가는 것이 적절하다.

05 문서이해능력 자료를 바탕으로 추론하기

| 정답 | ⑤

| 해설 | 매각대금은 매각이 아닌 공고일로부터 1년 뒤 구청에 귀속된다.

| 오답풀이 |

① 해당 공고문 제목은 4월 1차 공고문이기 때문에 공고는 한 달에 1번 이상일 수도 있음을 유추할 수 있다.

② [붙임] 목록에서 확인할 수 있다.

③ 처분대상인 장기방치 자전거는 '우리 구 공공장소에 10일 이상 무단방치된 자전거'임이 명시되어 있다.

④ '6. 자전거 반환방법' 항목에 나와 있다.

06 문서이해능력 세부 내용 이해하기

| 정답 | ②

| 해설 | 제시문에 가짜 뉴스로 인하여 큰 피해를 입는 쪽이 나타날 수도 있다는 표현은 있으나 처벌을 강화해야 한다는 내용은 제시되어 있지 않다.

07 문서이해능력 내용에 적절한 대안 이해하기

| 정답 | ④

| 해설 | 개인이 차별 철폐 소송에서 불법 행위에 따른 손해 발생과 인과 관계 등을 입증하는 책임을 모두 지는 것은 현재의 모습으로, 개인이 차별 철폐 소송에서 승소하기 어려운 한계점의 원인이기도 하다.

08 문서이해능력 유사한 표현 파악하기

| 정답 | ⑤

| 해설 | ⓐ'기소불욕 물시어인'이란 자기가 원하지 않는 일을 남에게 시키지 말라는 뜻이고 ⓜ'황금률'은 그러므로 무엇이든 남에게 대접을 받고자 하는 대로 너희도 남을 대접하라는 것이다. 따라서 입장을 바꾸어 남을 배려하라는 의미에서 가장 적절하다.

1회 실전모의
2회 실전모의
3회 실전모의
4회 실전모의
5회 실전모의
6회 실전모의
7회 실전모의
8회 실전모의

09 문서이해능력 전반적인 내용 해석하기

|정답| ①

|해설| 산, 하천, 평야, 고개 등은 마을이 위치한 형태에 따른 것이고 역, 원, 진 등은 마을의 기능에 따라 붙인 것으로 지역 주민의 삶이 지명에 반영되었다고는 할 수 없다.

|오답풀이|

② 오늘날 지명이 변경되어 방향 착오를 일으키는 경우도 많다.

③ 지명을 보면 산, 하천, 평야, 동, 남 등 다양한 뜻이 담겨져 있다.

④ 성씨에 지명을 붙이는 것으로 보면 지명에 대한 애착이 있었다고 볼 수 있다.

⑤ 역, 원, 진 등의 지명을 보면 마을의 기능에 따라서 붙여진 지명이 많음을 알 수 있다.

10 기초연산능력 일률 구하기

|정답| ②

|해설| A 대리와 B 사원이 하루에 하는 일의 양은 각각 $\frac{1}{8}$, $\frac{1}{12}$이다. 3일 차까지 A 대리가 혼자 일을 했으므로 이때까지 일한 양은 $\frac{3}{8}$이다. 4일 차부터 두 사람이 같이 일을 했으므로 하루에 하는 일의 양은 $\frac{1}{8}+\frac{1}{12}$이고, 남은 일의 양이 $\frac{5}{8}$이므로 두 사람이 함께 $\frac{5}{8}\div\left(\frac{1}{8}+\frac{1}{12}\right)$만큼의 일을 더 하면 전체 일이 마무리된다. 따라서 두 사람이 함께 일한 날은 3일이다.

11 기초연산능력 도착한 시각 구하기

|정답| ①

|해설| 오후 1시 35분에 출발하는 비행기를 타고 3시간 45분 동안 첫 번째 비행을 하여 경유지에 도착하면 서울 시각으로 오후 5시 20분이다. 경유지의 시간은 서울보다 1시간 빠르므로 경유지 현지 시각은 오후 6시 20분이다. 이후 경유지에서 3시간 50분을 대기하고 경유지 현지 시각으로 오후 10시 10분에 출장지로 출발하게 된다.

출장지로 향하는 두 번째 비행은 9시간 25분이 소요되어 경유지 시각으로 6일 오전 7시 35분에 도착한다. 출장지의 시간이 경유지보다 2시간 느리므로 출장지 현지 시각으로는 6일 오전 5시 35분에 도착한 것이 된다.

12 기초연산능력 매출액 차이 계산하기

|정답| ③

|해설| • 정상판매 시

A 상품의 매출 : $35,000\times30=1,050,000$(원)

B 상품의 매출 : $55,000\times20=1,100,000$(원)

전체 매출=A 상품 매출+B 상품 매출=2,150,000(원)

• 할인판매 시

A 상품의 매출 : $80,000\times12=960,000$(원)

B 상품의 매출 : $80,000\times12=960,000$(원)

전체 매출=A 상품 매출+B 상품 매출=1,920,000(원)

∴ 매출액 차이=2,150,000−1,920,000=230,000(원)

13 기초연산능력 직각삼각형의 성질 활용하기

|정답| ③

|해설| $\overline{AB}=a$, $\overline{BC}=b$, $\overline{CA}=c$라고 하면,

$a+b+c=72$

$18+b+c=72$

$c=54-b$ ·················· ㉠

직각삼각형의 성질(피타고라스의 정리)에 의해

$a^2+b^2=c^2$

$c^2=b^2+18^2$ ················· ㉡

㉠식을 제곱하여 ㉡에 대입하면,

$(54-b)^2=b^2+18^2$

$b^2-108b+2,916=b^2+324$

$108b=2,592$

$b=24$

따라서 공원의 넓이는 $\frac{1}{2}\times$밑변$\times$높이$=\frac{1}{2}\times24\times18=216(\text{m}^2)$이다.

14 도표분석능력 자료의 수치 분석하기

| 정답 | ⑤

| 해설 | 20X6년 6위와 7위 제품인 자동차부품과 합성수지의 수출액 차이는 $24,415-17,484=6,931$(백만 달러)이다. 이들 제품의 20X5년의 수출액 차이는 $25,550-18,418=7,132$(백만 달러)이므로, 이들 제품의 수출액 차이는 20X5년에 더 크다.

| 오답풀이 |

① 20X7년 10대 수출품목 중 전년도에는 없었다가 새롭게 진입한 품목은 컴퓨터 하나이다.

② 20X7년 1 ~ 5위 수출품목의 수출액 합은 244,389백만 달러이다.

④ $\frac{35,037}{32,002}\times100≒109.48$(%)이므로 약 9% 증가하였다.

15 도표작성능력 그래프 작성하기

| 정답 | ③

| 해설 | ㉠ 20X5년 10대 품목 수출액 중 합성수지의 구성비는 $\frac{18,418}{305,586}\times100≒6$(%), 자동차의 구성비는 $\frac{45,794}{305,586}\times100≒15$(%)이다.

㉣ 평판디스플레이 및 센서는 20X6년에 한 계단 내려갔다가 20X7년 다시 세 계단 상승했고, 무선통신기기는 20X6년에는 순위 변동이 없다가 20X7년에는 세 계단 하강했다.

| 오답풀이 |

㉡ 20X5년 대비 20X6년 반도체 수출액은 $\frac{62,005}{62,717}\times100≒99$(%)로 약 1% 감소하였고, 20X6년 대비 20X7년 반도체 수출액은 $\frac{97,937}{62,005}\times100≒158$(%)로 약 58% 증가하였다.

㉢ 20X6년 자동차의 비중은 $\frac{40,637}{276,512}\times100≒15$(%), 20X7년 자동차의 비중은 $\frac{41,690}{337,346}\times100≒12$(%)이다.

16 도표분석능력 자료의 수치 분석하기

| 정답 | ④

| 해설 | GDP 대비 연구개발투자비율= $\frac{총\ 연구개발지출금}{당해\ 연도\ GDP}$ $\times100$이므로 총 연구개발지출금=(당해 연도 GDP×GDP 대비 연구개발투자비율)÷100이다.

20X7년 멕시코의 GDP를 x라 하면 이탈리아의 GDP는 $1.9x$이므로, 멕시코의 총 연구개발지출금은 $x\times0.5÷100=0.005x$, 이탈리아의 총 연구개발지출금은 $1.9x\times1.3÷100=0.0247x$이다. 따라서 20X7년에 이탈리아는 멕시코보다 $\frac{0.0247x}{0.005x}=4.94$(배)의 금액을 연구개발에 투자했을 것이다.

| 오답풀이 |

③ 20X9년 독일의 GDP를 x라고 하면 미국의 GDP는 $4.8x$이므로, 독일의 총 연구개발지출금은 $x\times2.9÷100=0.029x$, 미국의 총 연구개발지출금은 $4.8x\times2.8÷100=0.1344x$이다. 따라서 20X9년에 미국은 독일보다 $\frac{0.1344x}{0.029x}≒4.6$(배)의 금액을 연구개발에 투자했을 것이다.

17 도표분석능력 투자 금액 계산하기

| 정답 | ②

| 해설 | 20X9년 우리나라의 GDP 대비 연구개발투자비율은 4.2%이므로, 총 연구개발지출금은 $13,778\times10^8\times4.2÷100=57,867,600,000$(달러)이다.

18 문제처리능력 자료를 바탕으로 계획 세우기

| 정답 | ⑤

| 해설 | ㉠ 하루에 참여할 수 있는 고객의 수는 최대 30명이므로 C에 신청한 신청자 수가 가장 많다고 하더라도 참여할 수 있는 있는 고객은 다른 차량과 같이 최대 30명이다. 따라서 C가 필요한 차량의 수가 가장 많은 모델이 아니다.

㉢, ㉣ 한 대당 하루 최대 시승 가능 인원수는 15명이기에 최소한 2대 이상은 준비해야 한다. 만약 2대를 준비하

1회 실전모의

2회 실전모의

3회 실전모의

4회 실전모의

5회 실전모의

6회 실전모의

7회 실전모의

8회 실전모의

는 경우 참여 가능 고객 수는 최대 30명이므로 1대당 각각 최대 15명이 시승할 수 있다. 고객 모두가 최대 30분을 시승한다 하더라도 그에 소요되는 시간은 450분(= 15명×30분)이다. 시승행사 시간은 10:00부터 17:50까지 총 470분이므로 시승에 참여하는 고객이 최대 시승 시간을 채우지 못하고 내리는 경우는 없다. 또한 하루에 참여할 수 있는 고객은 최대 30명으로 2대의 차량으로 충분하다.

| 오답풀이 |

ⓒ 시승 차량에 동승하는 강사에 대한 정보는 인사팀으로 문의 가능하다.

19 문제처리능력 근거 추론으로 타당성 여부 파악하기

| 정답 | ③

| 해설 | • 다 : 자사 신제품의 장점과 특징을 타사의 제품과 비교하여 정리하고 홍보 및 판촉 성공 국내 사례를 분석하는 것은 개발부의 업무이다.

• 라 : 홍보물 유통 경로를 체크하고 신제품 홍보 및 판촉 행사 방안을 구상하는 것은 영업부의 업무이다.

| 오답풀이 |

• 가 : 해외 판촉 사례 분석은 마케팅부의 업무이다.

• 나 : 자사의 홍보 및 판촉 행사 분석은 영업부의 업무이다.

20 문제처리능력 채용될 지원자 파악하기

| 정답 | ⑤

| 해설 | 각 면접관의 선호에 따른 지원자 명단은 다음과 같다.

• 면접관 A : 대전 거주자이고 한식 분야 경력의 지원자를 원한다.

번호	분야	경력	나이	거주자
지원자 1	한식, 중식	2년	25	대전
지원자 6	한식, 일식	3년	35	대전
지원자 9	한식, 양식	13년	47	대전

• 면접관 B : 경력이 전혀 없는 사람은 곤란하므로 최소 3년 이상의 경력자를 원한다.

번호	분야	경력	나이	거주자
지원자 6	한식, 일식	3년	35	대전
지원자 9	한식, 양식	13년	47	대전

• 면접관 C : 나이가 40세 이상인 지원자를 원한다.

번호	분야	경력	나이	거주자
지원자 9	한식, 양식	13년	47	대전

• 면접관 D : 두 가지 분야가 가능한 사람을 원한다.

번호	분야	경력	나이	거주자
지원자 9	한식, 양식	13년	47	대전

따라서 지원자 9가 모든 조건에 부합한다.

21 문제처리능력 자료 이해하기

| 정답 | ①

| 해설 | 사교육을 받고 있는 과목 중 가장 많은 비중을 차지하는 과목이 영어와 수학으로 나타났으며, 사교육을 받는 이유 중 가장 큰 부분이 '학교 수업만으로 충분치 않아서'이므로 영어와 수학에 대한 수요를 학교 수업이 채워 주지 못해 사교육으로 채우고 있음을 유추할 수 있다.

| 오답풀이 |

② 선행학습이 학업성취도 증가와 대입 목표 달성에 실제로 미치는 영향은 자료를 통해 알 수 없다.

③ 제시된 자료만으로는 증가, 감소 추세를 알 수 없다.

④ 학원이 가장 많이 선호되고 있는 이유를 파악할 수 있는 자료가 불충분하다.

⑤ 사교육을 받는 이유는 복수응답으로 조사되었기 때문에 두 항목에 중복 응답한 학생들이 있을 수 있다. 또한 조사대상이 학생 및 학부모이므로 모든 응답자가 학생이라고 단정할 수도 없다.

22 문제처리능력 요금제 적용하기

| 정답 | ④

| 해설 | D를 공시지원금을 받아 24개월 할부로 구매하고 스몰 요금제를 사용한다면 월 납부액은 다음과 같다.

$$\frac{860,000-180,000-180,000\times0.15}{24}+33,000$$

≒60,208(원)이지만 1원 단위 이하는 버리므로 60,200(원)이다.

이를 1년 동안 납부한다면 총 납부액은 60,200×12=722,400(원)으로 출고가격인 860,000원보다 낮다.

| 오답풀이 |

① A와 C의 출고가 대비 공시지원금의 비율은 각각 20%, 약 23%이다.

② 출고가격이 가장 비싼 A 제품의 대리점 지원금은 190,000×0.15=28,500(원), 가장 싼 E 제품의 대리점 지원금은 120,000×0.15=18,000(원)이므로, 이 둘의 차이는 10,500원이다.

③ 한 달에 데이터를 약 3GB, 영상통화를 약 250분 사용할 경우, 데이터 4GB와 영상통화 300분을 제공하는 미디엄 요금제를 사용하는 것이 경제적이다.

⑤ B를 선택약정 할인을 통해 구입하여 미디엄 요금제를 사용한다면 월 납부액은 $50,000\times0.75+\frac{838,000}{24}=$ 72,410(원)이다.

23 문제처리능력 조건에 맞는 제품 찾기

| 정답 | ②

| 해설 | 공시지원금을 받아 스마트폰을 구매하고 라지 요금제를 사용할 경우 스마트폰별 월 납부액은 다음과 같다.

$A: \dfrac{(950,000-190,000-190,000\times0.15)}{24}+69,000$
$=99,470$(원)

$B: \dfrac{(838,000-170,000-170,000\times0.15)}{24}+69,000$
$=95,770$(원)

$C: \dfrac{(915,000-210,000-210,000\times0.15)}{24}+69,000$
$=97,060$(원)

$D: \dfrac{(860,000-180,000-180,000\times0.15)}{24}+69,000$
$=96,200$(원)

$E: \dfrac{(790,000-120,000-120,000\times0.15)}{24}+69,000$

$=96,160$(원)

따라서 B가 가장 저렴하다.

24 문제처리능력 세부 내용 이해하기

| 정답 | ③

| 해설 | 3문단 끝에 '앙부일구는 1년의 절기와 하루 중의 시각을 동시에 잴 수 있는 해시계였다'라고 서술되어 있으므로 앙부일구는 절기와 시각을 동시에 측정하는 것이 가능함을 알 수 있다.

| 오답풀이 |

① 2문단 첫 문장에서 '보통 전통 사회에서 사용되던 해시계는 해 그림자를 받는 시반면이 평평한 평면형 해시계가 대부분이다. 그러나 앙부일구는 예외적으로 오목형 해시계이다.'라고 되어 있으므로, 앙부일구의 시반면은 평평하지 않고 오목함을 알 수 있다.

② 1문단에서 앙부일구는 '조선 세종 때 처음으로 만들어진 해시계'이며, 2문단에서 '앙부일구는 동아시아에서 유일하게 우리나라에서만 제작되어 널리 사용되었다'고 되어 있을 뿐 세계 최초의 해시계라는 말은 없다.

④ 4문단을 보면 '앙부일구가 처음 만들어졌을 때에는 하루를 100각으로 나눈 100각법을 따랐지만 서양식 천문 계산법을 담은 시헌력(時憲曆)을 1653년에 채택하면서 12시 96각법으로 바뀌었다'고 되어 있으므로, 처음에는 100각법을 따른 것을 알 수 있다.

⑤ 3문단을 보면 '시반면에는 절기선과 시각선이 새겨져 있는데, 시침을 남북의 축으로 한 경도선을 시각선, 위도선을 절기선으로 삼았다'고 되어 있으므로, 위도선은 시각선이 아닌 절기선으로 삼았음을 알 수 있다.

25 문제처리능력 앙부일구 시법 활용하기

| 정답 | ①

| 해설 | 오전 7시는 진시이며, 35분은 초초각(15분) → 초1각(15분) → 초2각(15분)을 지나는데 초2각이 30분에서 45분 사이이므로 여기에서 5분이 지난 시각이다. 따라서 진시 초2각 5분으로 표현할 수 있다.

1회 실전모의
2회 실전모의
3회 실전모의
4회 실전모의
5회 실전모의
6회 실전모의
7회 실전모의
8회 실전모의

7회 실전모의고사 문제 202쪽

01 ②	02 ②	03 ③	04 ⑤	05 ③
06 ②	07 ④	08 ③	09 ④	10 ⑤
11 ④	12 ①	13 ①	14 ②	15 ⑤
16 ④	17 ②	18 ③	19 ①	20 ②
21 ③	22 ③	23 ⑤	24 ③	25 ②

01 문서이해능력 세부 내용 이해하기

| 정답 | ②

| 해설 | 식량안보를 위해 쌀과 감자를 제외한 다른 작물 중심으로 자급률을 높일 수 있도록 해야 한다고 하였으므로 ②는 적절하지 않다.

02 문서작성능력 글의 서술방식 파악하기

| 정답 | ②

| 해설 | 호주에서 카셰어링 비즈니스가 급성장한 현상을 설명하고 이 현상의 원인을 도심으로의 인구 유입, 높은 물가, IT 환경 발달 등의 구체적인 근거를 들어 분석하고 있으므로, 논지 전개 방식으로 ②가 가장 적절하다.

03 문서이해능력 글의 중심내용 이해하기

| 정답 | ③

| 해설 | 네 번째 문단에서 '장소는 고유한 입지, 경관, 공동체에 의하여 정의되기보다는, 특정 환경에 대한 경험과 의도에 초점을 두는 방식으로 정의된다'라고 하였으므로, 개인의 경험과 밀접하게 관련되어 있다고 할 수 있다.

| 오답풀이 |

① 네 번째 문단에서 '장소는 고유한 입지, 경관, 공동체에 의하여 정의되기보다는 특정 환경에 대한 경험과 의도에 초점을 두는 방식으로 정의된다'라고 하였으므로 주관적인 지표로 정의를 내린다.

② 두 번째 문단에서 '공간과 장소 간의 관계를 명확히 하고, 그에 따라 장소를 개념적, 경험적 맥락에서 분리시

키지 않는 일이 중요하다'라고 하였다. 따라서 장소와 공간을 독립적으로 이해해야 한다는 설명은 부적절하다.

④ 세 번째 문단에서 '장소는 나의 장소, 너의 장소, 거리, 동네, 시내, 시·군, 지역, 국가와 대륙 등 공간적 정체화가 가능한 모든 수준에서 나타난다. 하지만 장소가 반드시 이렇게 깔끔하게 위계적으로 분류되는 것은 아니다. 모든 장소는 서로 겹치고, 서로 섞이며 다양하게 해석될 수 있다'라고 하였다. 따라서 거리, 동네, 시내, 시·군, 지역, 국가와 대륙으로 분류된 장소라도 서로 겹치고 섞이며 다양하게 해석될 여지가 있다고 보는 것이 적절하다.

⑤ 네 번째 문단에서 장소는 '개인과 공동체 정체성의 중요한 원천이며, 때로는 사람들이 정서적·심리적으로 깊은 유대를 느끼는 인간 실존의 심오한 중심이 된다'라고 하였으나, 이것이 공간과 장소의 차이점은 아니다.

04 문서이해능력 두 대상을 비교·평가하기

| 정답 | ⑤

| 해설 | 부피가 V인 용기 안에 있는 실제 기체의 분자 자체의 부피를 b라고 할 때, 기체 분자가 운동할 수 있는 자유 이동 부피는 이상 기체에 비해 b만큼 줄어든 $V-b$가 된다고 설명하고 있다. 따라서 ㉠에서 기체가 운동할 수 있는 자유 이동 부피는 ㉡에서보다 크다.

| 오답풀이 |

① ㉠은 이상 기체의 압력, 온도, 부피의 상관관계를, ㉡은 실제 기체의 압력, 온도, 부피의 상관관계를 이상 기체 상태 방정식보다 잘 표현한 방정식이다.

② ㉠과 달리 ㉡은 실제 기체의 분자 자체 부피와 분자 사이의 인력에 의한 압력 변화를 고려한 방정식이므로, 기체 분자 사이에 작용하는 인력이 기체의 부피에 따라 달라짐을 반영한 방정식이라 볼 수 있다.

③ 자연현상을 정확하게 표현하기 위해 단순한 모형을 정교하게 수정해 나가는 것은 과학 연구에서 매우 중요한 절차 중의 하나라고 언급하였으므로 ㉡은 이상 기체 상태 방정식이라는 단순한 모형을 정교하게 수정해 나간 것임을 알 수 있다.

④ 분자의 자체 부피를 b라고 설명했고, b는 기체의 종류마다 다른 값을 가진다고 했다.

05 문서이해능력 세부 내용 이해하기

| 정답 | ③

| 해설 | 3문단에 '이렇게 상호출자집단에 속한 기업들은 기업 매출이나 자산 규모와는 무관하게 대기업으로 분류가된다'고 제시되어 있다.

| 오답풀이 |

① 4문단에 '2014년 이전만 해도 중소기업의 분류 기준이 기업의 종사자 수가 300명 이하인지 아닌지로 설정되어 있었기 때문이다'라고 제시되어 있다.

② 4문단에 '이와 같이 중소기업, 대기업에 대한 법적인 개념이 명확한 데 비해'라고 제시되어 있다.

④ 3문단에 '기업집단의 자산이 10조 원 이상이 되면'이라고 제시되어 있다. 따라서 1천억 원이 아닌 10조 원 이상을 자산으로 보유한 기업이 대기업으로 분류된다.

⑤ 1문단에 '중소기업기본법에서는 기업의 3년간 평균 매출액에 따라 그 기업이 중소기업인지 아닌지를 정하고 있다'고 제시되어 있다.

06 문서이해능력 필자의 견해 파악하기

| 정답 | ②

| 해설 | 격차사회가 아니라 계급사회에 대한 견해이다. 계급사회의 귀족과 농민은 단순히 서 있는 열이 다를 뿐만 아니라 아예 같은 부류가 아니었다고 제시되어 있다.

| 오답풀이 |

① 격차사회에서는 계급사회와 달리 약자라도 노력으로 경쟁에서 우위에 설 수 있다.

③ 3문단에서 격차사회는 언뜻 매우 민주적인 사회라 할 수 있는데, 능력과 성과를 수치로 비교할 수 있다는 것은 우선 그 외의 조건이 모두 동일하다는 것을 전제로 하기 때문이라 하였다.

④ 1문단에서 격차사회란 구성원들을 하나의 도량형으로 평가하는 사회이고, 단 하나의 도량형으로 모든 사람들의 등급을 매길 수 있기 때문에 격차가 발생한다고 하였다.

⑤ '허구'를 전제로 한 격차사회로 인해 현대사회에 여러 문제가 발생한다는 것이 제시된 글의 전반적인 내용이고, 그에 대한 몇 가지 예가 제시되고 있다.

07 문서작성능력 글의 주제에 맞게 제목 작성하기

| 정답 | ④

| 해설 | 다방면에서의 사회자본의 역할 및 그 중요성을 논하고 있다.

| 오답풀이 |

①, ③, ⑤ 지문의 일부분에 속하는 내용만을 지엽적으로 담고 있다.

② 지문은 사회자본의 중요성을 서술하고 있으나 형성 방안에 대한 논의는 없다.

08 문서작성능력 뒷받침할 내용 추가하기

| 정답 | ③

| 해설 | (A)의 주장은 신기술의 발달이 노동자를 대체할 수도 있다고 믿는 것으로, 이를 뒷받침하는 내용은 ㄴ과 ㄹ이다. (B)의 주장은 신기술이 새롭게 진보하여도 노동자들의 일자리를 위협하지 않는다고 믿는 것으로, 이를 뒷받침하는 내용은 ㄱ과 ㄷ이다.

09 문서이해능력 글의 내용에 맞는 사례 파악하기

| 정답 | ④

| 해설 | (가) 구매한 항공편의 운항이 취소되어 손해를 보게 된 A 씨는 전액 환불을 요구하였지만 항공사에서 전액 환불로 보상할 수 없다고 하였으므로 제시문에서 설명한 소비자 피해 사례에 해당한다고 볼 수 있다.

(나) 사업자가 가격, 거래조건 등의 정확한 정보를 소비자들이 알기 쉽게 표시하지 않은 사례에 해당한다.

(라) 과도한 차량 견인 요금 청구 사례에 해당한다.

| 오답풀이 |

(다) 명절은 택배 물량이 크게 증가하는 시기이니 배송지연을 예방하기 위해 1주일 전에 배송 신청을 해두는 것이 권장된다. 이 경우 택배 물품이 파손되었거나 분실된 것은 아니므로 소비자 피해 사례로 보기 어렵다.

1회 실전모의 2회 실전모의 3회 실전모의 4회 실전모의 5회 실전모의 6회 실전모의 7회 실전모의 8회 실전모의

10 기초연산능력 비례식 활용하기

|정답| ⑤

|해설| 2차 면접에서 합격한 지원자 50명의 남녀 성비가 3 : 7이므로 2차 면접 합격자 중 남성은 15명, 여성은 35명이다. 주어진 조건에 따라 1차 면접 합격 후 2차 면접에서 불합격한 남성 지원자의 수를 $21x$명, 여성 지원자의 수를 $23x$명이라고 가정하면 1차 면접에서 합격한 전체 지원자 중 남성은 $(21x+15)$명, 여성은 $(23x+35)$명이다. 1차 면접에서 합격한 지원자의 남녀 성비는 4 : 5이므로 비례식을 세우면 $21x+15 : 23x+35 = 4 : 5$이다. $x=5$이므로 1차 면접에서 합격한 전체 지원자의 수는 $(21x+15)+(23x+35)=44x+50=270$(명)이다.

11 기초연산능력 총 이익률 구하기

|정답| ④

|해설| 총 매출액은 $(3,000 \times 24)+(4,000 \times 40)=232,000$(원)이고, 총 매출원가는 $(900 \times 24)+(1,200 \times 40)=69,600$(원)이다. 매출총이익은 $232,000-69,600=162,400$(원)이므로 총 이익률은 $\frac{162,400}{232,000} \times 100=70(\%)$이다.

12 기초통계능력 최소 점수 구하기

|정답| ①

|해설| 4년 차 하반기 평가점수를 x점이라 하면 다음과 같은 식이 성립한다.

$$\frac{6.8+7.1+8.2+\frac{7.6+x}{2}}{4} \geq 7.5$$

$x \geq 8.2$

따라서 하 대리는 4년 차 하반기에 최소 8.2점을 받아야 한다.

13 기초통계능력 조건에 맞는 수치 구하기

|정답| ①

|해설| 주어진 자료의 평균 응답시간은

$$\frac{(계급값 \times 도수)의 합}{도수의 합}$$ 으로 구할 수 있으므로

$$\frac{10 \times 26+30 \times 58+50 \times 89+70 \times 33+90 \times A+110 \times B}{240}$$

$=50$이다. 따라서

$90A+110B=3,240$ ········ ㉠

이때, 도수의 합이 240이므로

$A+B=34$ ····················· ㉡

㉠$-$㉡$\times 90$을 하면

$20B=180$

$B=9$, $A=34-9=25$

따라서 A는 25건, B는 9건이다.

14 도표분석능력 자료의 수치 분석하기

|정답| ②

|해설| 통신 부문 지출액을 구하면 다음과 같다.

• 20X5년 : $1,472 \times \frac{6.2}{100}=91.264$(만 원)

• 20X6년 : $1,485 \times \frac{5.9}{100}=87.615$(만 원)

• 20X7년 : $1,512 \times \frac{5.8}{100}=87.696$(만 원)

• 20X8년 : $1,544 \times \frac{5.6}{100}=86.464$(만 원)

• 20X9년 : $1,572 \times \frac{5.4}{100}=84.888$(만 원)

통신 부문 지출액은 20X7년에 증가하였으므로 적절하지 않다.

|오답풀이|

① 20X7년 1인당 민간소비 지출액은 1,512만 원이므로 4인 가족의 민간소비 지출액은 6,048만 원이다. 이 중 10.8%가 주거 / 수도 / 광열 부문의 비용으로 사용되었으므로 $6,048 \times 0.108=653.184$(만 원)이다.

③ • 20X8년 주류 / 담배 부문 소비지출 비율 : 1.4%
   • 20X8년 주류 / 담배 부문 소비 지출액 :
   $1,544 \times \frac{1.4}{100}=21.616$(만 원)

- 20X9년 주류 / 담배 부문 소비지출 비율 : 1.4%
- 20X9년 주류 / 담배 부문 소비 지출액 :

$$1,572 \times \frac{1.4}{100} = 22.008(만 원)$$

따라서 지출액은 3,000원 이상 차이가 난다.

④ 지속적으로 소비지출 구성비가 매년 증가한 부문은 음식 / 숙박뿐이다.

⑤ 〈자료 1〉을 통해 20X5년부터 1인당 민간소비 지출액이 꾸준히 증가하였고, 20X9년 1인당 민간소비 지출액 (1,572만 원)은 20X5년(1,472만 원)보다 100만 원 증가하였음을 알 수 있다.

15 도표분석능력 자료를 바탕으로 지출액 계산하기

| 정답 | ⑤

| 해설 | 3인 가족의 민간소비 지출액은 1,572×3=4,716 (만 원)이다. 이 중 14.1%가 식료품 / 비주류음료 부문의 비용으로 사용되었으므로 4,716×0.141=664.956(만 원)이다.

16 도표분석능력 자료의 수치 분석하기

| 정답 | ④

| 해설 | 20X9년 주 2회 이상 규칙적인 체육활동을 하는 70세 이상 인구의 비율은 20X4년 대비 $\frac{48.8-37.1}{37.1} \times 100$ ≒ 31.5(%) 증가하였다.

| 오답풀이 |

① 20X7년 주 1회 생활체육참여율의 전년 대비 증가율은 $\frac{56.0-54.8}{54.8} \times 100$ ≒ 2.2(%)이다.

② 20X4년에는 60대의 생활체육참여율이 39.8%로 두 번째로 높았고, 20X6년에는 20대의 생활체육참여율이 47.2%로 두 번째로 높았다.

③ 20X6년 이후 주 1회 생활체육참여율이 매해 50% 이상이므로, 10세 이상 인구의 절반 이상이 체육활동에 참여하였다.

⑤ 전년 대비 생활체육참여율이 감소한 해는 제외하고 계산한다.

- 20X6년 : 31.4 $\xrightarrow{+10.1}$ 41.5
- 20X7년 : 41.5 $\xrightarrow{+3.8}$ 45.3
- 20X8년 : 45.3 $\xrightarrow{+4}$ 49.3

따라서 20X6년의 전년 대비 참여율 증가폭이 가장 크다.

17 도표분석능력 자료를 바탕으로 인원수 계산하기

| 정답 | ②

| 해설 | 20X9년 총 조사 대상 인원수가 9,000명이고 성비가 1 : 1이므로 4,500명의 여성이 조사에 참여하였다. 따라서 주 2회 이상 규칙적인 체육활동에 참여한 여성의 수는 50.8%에 해당하는 4,500×0.508=2,286(명)이다.

18 사고력 참인 결론 고르기

| 정답 | ③

| 해설 | 민간심의위원 후보자는 8명이며 〈조건〉에 따라 5명을 선정해야 한다. 질병관리전문가와 백신개발전문가를 기준으로 두 가지 경우로 구분하면 다음과 같다.

1. 질병관리전문가가 선정되는 경우

   네 번째 조건에 따라 예방의학전문가 2명도 선정되며, 세 번째 조건에 따라 백신개발전문가는 선정될 수 없다. 따라서 질병관리전문가 1명, 감염병전문가 2명, 예방의학전문가 2명의 조합으로 선정할 수 있다.

2. 백신개발전문가가 선정되는 경우

   세 번째 조건에 따라 예방의학전문가는 선정되지 않거나 1명만 선정될 수 있다. 네 번째 조건에 따라 질병관리전문가는 선정될 수 없다. 두 번째 조건에 따라 감염병전문가는 4명 이상 선정될 수 없다. 따라서 백신개발전문가 1명, 감염병전문가 3명, 예방의학전문가 1명의 조합으로 선정할 수 있다.

따라서 백신개발전문가가 선정되지 않는 첫 번째 경우를 보면 감염병전문가 2명이 선정되었으므로 ③이 옳다.

1회 실전모의
2회 실전모의
3회 실전모의
4회 실전모의
5회 실전모의
6회 실전모의
7회 실전모의
8회 실전모의

19 문제처리능력 자료를 참고하여 금액 산출하기

| 정답 | ①

| 해설 | 〈추가 절감 대상에 해당되는 경우〉
- (ㄱ)+(ㄷ)+(ㅁ) : (58,000+26,000+34,000)×1.2 =141,600(천 원)
- (ㄴ)+(ㄷ)+(ㅅ) : (55,000+26,000+23,000)×1.2 =124,800(천 원)
- (ㄷ)+(ㄹ)+(ㅂ) : (26,000+50,000+46,000)×1.15 =140,300(천 원)
- (ㄷ)+(ㅂ)+(ㅅ) : (26,000+46,000+23,000)×1.15 =109,250(천 원)

〈추가 절감 대상에 해당되지 않는 경우〉
월 절감 비용이 가장 큰 (ㄱ)과 (ㄴ)의 조합을 고려한다.
- (ㄱ)+(ㄴ)+(ㄷ) : 58,000+55,000+26,000 =139,000(천 원)

따라서 (ㄱ)+(ㄷ)+(ㅁ)을 실천하였을 때 에너지 절감비용이 최대가 된다.

20 문제처리능력 원리 분석하기

| 정답 | ③

| 해설 | 지진에 버틸 수 있는 X자형 보강재를 설치하여 지진에 견딜 수 있게 하는 구조물은 '내진구조물'이며, 지진동에 대한 건물의 대항력을 높여 지진동이 움직이는 방향과 반대로 힘을 가하는 것은 '제진구조물'이다. 따라서 ③은 '제진구조물'에 대한 설명이므로 〈그림 A〉를 설명하는 내용으로 적절하지 않다.

21 문제처리능력 회의록 파악하기

| 정답 | ③

| 해설 | '회의 내용 4'에서 디자인팀은 외부 디자인 업체를 추려 제작을 외주한다고 하였으며 디자인 업체에서 받은 후보 3개 중 하나를 프로젝트 회의 참석자들의 합의하에 결정한다고 하였으므로 (ㄴ)과 (ㄷ)은 적절하게 파악한 내용이다.

| 오답풀이 |
- (ㄱ) '회의 내용 3'을 보면 '기존 로고의 틀을 유지하면서 새로운 세대 감각과의 조화'가 필요하다고 하였으므로 적절하게 파악한 내용으로 볼 수 없다.
- (ㄹ) 홍보팀의 참석은 최종 로고를 완성한 뒤이므로 내용을 적절하게 파악했다고 볼 수 없다.

22 문제처리능력 문제 처리 방법 파악하기

| 정답 | ③

| 해설 |
- C 대리 : 예산안은 마케팅팀이 담당하므로 디자인팀인 C 대리가 할 업무로 적절하지 않다.
- D 사원 : 기존 로고에 대한 소비자 설문조사는 이미 실시하였으므로 적절하지 않다.

23 문제처리능력 방영 프로그램 파악하기

| 정답 | ⑤

| 해설 | 채널 10에서 7시 30분에 뉴스를 방영하고, 뉴스가 끝나는 시간부터 채널 14에서 뉴스 프로그램을 방영한다고 했으므로, 채널 14에서는 8시 30분에 뉴스를 방영하게 된다. 그리고 모든 채널에서 뉴스 프로그램을 방영하기 직전에 버라이어티를 방영한다고 했으므로, 채널 14의 7시 30분에는 버라이어티를 방영하게 된다. 그리고 뉴스 프로그램 다음에는 스포츠 프로그램이 올 수 없다고 했고, 채널 14는 4종류의 프로그램을 방영하므로 두 종류 3개의 프로그램 중 하나는 7시 30분 전에 방영하고, 나머지는 9시 30분 이후에 방영하게 된다. 이 두 프로그램은 다큐멘터리나 드라마인데 드라마와 버라이어티 프로그램은 같은 채널에서 연속해서 방영할 수 없으므로 7시 30분 이전에는 다큐멘터리가 방영되어야 하며, 9시 30분에도 다큐멘터리가 방영되고, 이후에는 스포츠 프로그램을 편성하게 된다.

24 문제처리능력 편성정보 파악하기

| 정답 | ③

| 해설 | 채널 5에서는 오후 6시까지 스포츠 프로그램을 방영하고, 6 ~ 9시까지 3시간짜리 프로그램을 방영하는데, 3시간짜리 편성이 가능한 것은 스포츠 프로그램뿐이다.

| 오답풀이 |

① 채널 3에서 7 ~ 11시 사이에 3종류의 4개 프로그램이 방영된다는 정보만으로는 방영 프로그램을 확정적으로 알 수 없다.

② 채널 14에서는 오후 7시 30분에 버라이어티를 방영하고, 8시 30분에 뉴스를 방영하고, 9시 30분부터는 7시 30분까지 방영한 프로그램을 재방영한다. 10시 30분에 버라이어티가 온다면 11시 30분에 뉴스가 와야 한다. 즉, 채널 14의 방영 프로그램 종류가 3종류가 되므로 편성정보와 모순된다.

④ 채널 19에서는 오후 7시에서 오후 11시 사이에 2종류의 프로그램만 방영하므로, 버라이어티와 뉴스를 번갈아 방영한다.

⑤ 채널 10은 5종류의 프로그램이 방영된다. 6시 30분에 버라이어티, 7시 30분에 뉴스를 방영하므로, 8시 30분에 방영할 수 있는 프로그램은 드라마, 다큐멘터리이며, 반드시 다큐멘터리가 먼저 와야 하는 것은 아니다.

25 문제처리능력 규정 문서 이해하기

| 정답 | ②

| 해설 | 민수 씨는 월요일부터 목요일까지 하루에 7시간씩 업무를 진행할 수 있다. 따라서 주 40시간보다 짧은 시간을 근무하며 1일 최소 3시간 이상 근무해야 하는 시간선택제를 선택하는 것이 가장 적절하다.

| 오답풀이 |

① 시차출퇴근형을 선택할 경우, 1일 8시간 근무체제를 유지해야 한다. 월요일부터 목요일까지는 오후 8시를 넘겨야 하므로 적절하지 않다.

③ 집약근무형은 시행하고 있지 않아 선택할 수 없다.

④ 근무시간선택형을 선택할 경우, 1일 8시간에 구애받지 않고 근무시간을 자율 조정할 수 있는데 월요일부터 목요일까지 하루에 7시간씩 근무하더라도 금요일에 12시간을 근무해야 한다. 근무시간이 오전 9시부터 오후 8시까지이므로 적절하지 않다.

⑤ 스마트워크 근무형을 선택할 경우, 월요일부터 목요일까지는 세 시간 동안 수업을 들어야 하므로 8시간 근무를 충족할 수 없다.

8회 실전모의고사　문제 230쪽

01	⑤	02	①	03	①	04	④	05	②
06	③	07	②	08	④	09	③	10	③
11	③	12	③	13	③	14	⑤	15	③
16	①	17	③	18	⑤	19	④	20	①
21	③	22	①	23	④	24	①	25	②

01 문서이해능력 추진전략 이해하기

| 정답 | ⑤

| 해설 | 2문단에서 운전자와 보행자의 시인성을 증진시키기 위해 시설개선을 하는 것이 필요하다고 하였다. 따라서 시설물을 제거한다는 설명은 적절하지 않다.

| 오답풀이 |

① 2문단에서 보행활성화를 유도하면 운전자는 서행 운전하게 되며, 이 경우 주변을 볼 수 있는 시야가 넓어져 돌발 상황에 쉽게 대처할 수 있게 된다고 하였다.

② 1문단에서 자동차의 주행경로 등에 보행자가 노출되면 보행사고가 발생할 가능성이 높아지므로 직접적인 노출을 감소시켜야 한다고 하였다.

③ 마지막 문단에서 운전자의 보행자에 대한 배려나 보호 의지 등 교육·홍보를 통한 안전의식을 개선시켜 나가는 것이 중요하다고 하였으며, 보행자는 안전한 보행습관을 몸에 익힐 수 있도록 범국민 문화캠페인을 전개하는 것이 필요하다고 하였다.

④ 3문단에서 주택가, 이면도로 등 일상생활과 밀접한 생활도로에서는 차량주행 속도를 낮추는 방법을 실천해야 한다고 하였다.

02 문서이해능력 필자의 의도 이해하기

| 정답 | ①

| 해설 | 고갱의 사례를 보면 고갱은 젊은 부부 중 부인의 초상화를 그릴 때 그대로 모방하는 것이 아니라 화가 자신의 표적을 드러내고 있다. 또한 화가 리히터의 체험을 소개하며 같은 풍경을 그리더라도 각자가 그려낸 그림이 제각기

다른 풍경이었다고 이야기하고 있다. 마지막 문단에서는 "우리는 '한 폭의 그림 같다'는 표현을 즐겨 하지만 결코 '한 장의 사진 같다'는 말을 하지 않는다"고 말하며 대상을 그대로 모방하더라도 대상을 바라보는 시선은 화가마다 다름을 이야기하고 있다.

03 문서이해능력 세부 내용 이해하기

| 정답 | ①

| 해설 | 도입부에서 21세기 들어 국가 간 전쟁, 개인 간 폭력과 상호 증오가 난무한다고 언급하고 있으나, 이를 숙명적으로 받아들여야 한다는 내용은 없다.

| 오답풀이 |

② 1문단에서 용서는 잔혹한 폭력의 시대를 살아가는 인간이 생존하기 위해 필수적인 것일지 모른다고 언급하고 있다.

③ 1문단의 마지막 문장에서 용서에는 두 사람 간 용서뿐 아니라 자기용서, 형이상학적 용서, 정치적 용서, 종교적 용서 등 다양한 형태의 용서가 있다고 설명한다.

④ 2문단에서 완전한 용서는 최선의 바람직한 용서라고 설명한다.

⑤ 2문단의 마지막 문장과 3문단의 내용을 통해 알 수 있다.

04 문서이해능력 세부 내용 이해하기

| 정답 | ④

| 해설 | 3문단에서 상상력은 막연한 느낌 이상의 것으로 어떤 것을 주목하고 의식하는 행위이며 느낌과 사고 사이에 위치한다고 하였다.

05 문서이해능력 세부 내용 이해하기

| 정답 | ②

| 해설 | 4문단에서 대부분의 실험 결과들은 데이터에 불과하며 의미를 가지기 위해서는 과학자의 이론적 사고에 기반한 해석과정을 거쳐야 한다고 했다. 따라서 실험 결과에 대한 해석이 다른 이유는 실험 결과를 어느 과학자가 어떻게 해석하느냐에 따라 달라지기 때문이다.

06 문서이해능력 세부 내용 이해하기

| 정답 | ③

| 해설 | 6문단에서 '선출권자나 후보들을 정당 밖에서 충원함으로써 고전적 의미의 정당 기능은 약화되었다'라는 기술을 통해 조직으로서의 정당 기능이 약화되었음을 알 수 있다.

07 문서이해능력 세부 내용 이해하기

| 정답 | ②

| 해설 | 퇴직 1년 전 공로연수 제도 운영 부분은 추가적인 개선방안 마련이 요구되었다. 하지만 이것이 감점요인이라고 보기는 어렵다.

08 문서이해능력 문단별 중심내용 파악하기

| 정답 | ④

| 해설 | (라)를 보면 고고도풍의 이용방법을 자세히 설명하고 있다. 고고도풍을 이용하는 방법은 비행선, 연 등에 발전기를 달아 하늘에 띄우는 것이다. 그러므로 (라)는 고고도풍을 이용하는 기술의 한계점이 아닌 고고도풍을 이용하는 방법이 더 적절하다.

| 오답풀이 |

① (가)는 온실가스의 위험으로부터 자유로운 신재생에너지에 대한 관심이 높아졌으며 그중 풍력발전이 새로운 대안으로 떠오르고 있음을 말하고 있는 내용이므로 적절하다.

② (나)를 보면 풍력발전은 바람의 운동에너지를 회전에너지로 변환하고 발전기를 통해 전기에너지를 얻는 기술이라고 설명하고 있다. 따라서 바람의 운동에너지를 이용한 풍력발전의 설계는 중심내용으로 적절하다.

③ (다)를 보면 풍력발전기는 최빈 풍속에 따라 설계하며 높은 고도일수록 바람이 일정한 풍속과 빈도로 불기 때문에 풍력발전기는 높이 있을수록 좋다고 말하고 있으므로 적절하다.

⑤ (마)를 보면 풍력발전은 제트기류를 이용할 것이라고 하며 이를 통해 많은 전기에너지를 얻을 수 있을 것이라고 설명하고 있다. 따라서 제트기류를 이용한 풍력발전의 가능성은 적절하다.

09 문서이해능력 세부 내용 이해하기

|정답| ③

|해설| 윤리경영 글로벌 컨설팅 업체는 10대 윤리경영 트렌드 중 한 가지로 '직장 내 괴롭힘'을 언급하였으며 직장 내 괴롭힘에 대한 문제가 기업에 상당한 영향을 미칠 것으로 예상하였다. 하지만 직장 내 괴롭힘 문제에 적극적으로 대처해야 함을 주장하고 있지는 않으므로 ③은 적절하지 않다.

10 기초연산능력 사칙연산 활용하기

|정답| ③

|해설| 참석하는 인원에 여분으로 5인분을 더 준비하고(= 20인분) 총 75,000원이 지출되었으므로 물품별 지출은 다음과 같다.

- 물 : $600 \times 20 = 12,000$(원)
- 음료 : $1,400 \times 20 = 28,000$(원)
- 과일 : 17,000원

총 지출액에서 물품별 지출금액을 빼면 과자값은 18,000원이 된다.

과자 한 상자에 10개가 들었고 1명에게 2개씩 배분되기 때문에 한 상자는 5인분이다. 20인분을 준비해야 하므로 과자는 4상자가 필요하다. 따라서 과자 한 상자의 가격은 $18,000 \div 4 = 4,500$(원)이다.

11 기초연산능력 방정식을 활용하여 인원 구하기

|정답| ③

|해설| 작년에 선발된 신입사원 중 남성의 수를 x명, 여성의 수를 y명이라 하면 다음과 같은 식이 성립한다.

$x + y = 325$ ·················· ㉠

$1.08x + 1.12y = 325 + 32$ ·················· ㉡

㉠×1.12−㉡을 하면,

$0.04x = 7$

$x = 175$

따라서 올해 선발된 남성 사원 수는 작년보다 8% 증가한 189명이다.

12 기초연산능력 면접 참여 인원 구하기

|정답| ③

|해설| 기능 실기시험은 1번 진행할 때 6명씩 36분이 소요되고, 한국어 면접시험은 1번 진행할 때 4명씩 27분이 소요된다. 12번의 기능 실기시험을 진행하는 동안 한국어 면접시험에 참여한 인원을 구해야 하므로, 먼저 12번의 기능 실기시험에 소요되는 시간을 구하면 $36 \times 12 = 432$(분)이다. 기능 실기시험이 진행되는 432분 동안 면접시험은 $432 \div 27 = 16$(번) 진행되며, 이때 참여한 인원은 $16 \times 4 = 64$(명)이다.

13 기초연산능력 환율 적용하기

|정답| ③

|해설| 숙박비 $(285 + 306) \times 1,060 = 626,460$(원), 왕복 항공권 1,659,000원, 기타경비 $1,100 \times 1,080 = 1,188,000$(원)으로 총 3,473,460원이다.

14 도표분석능력 자료의 수치 분석하기

|정답| ⑤

|해설| 필수시간의 합은 2006년부터 각각 544, 564, 573, 613분으로 점차 증가하며, 근로시간은 206, 187, 183, 180분으로 점차 감소한다.

|오답풀이|

① 2021년 여가활동은 2006년에 비해 $\frac{259-217}{217} \times 100 = 19(\%)$ 증가하였다.

②, ③ 근로시간은 지속적으로 감소하였으나 가정관리와 학습시간은 감소하다가 증가하였다.

④ 5년 전 대비 식사시간의 증가율은 $\frac{111-94}{94} \times 100 = 18(\%)$인 2011년이 가장 크다.

15 　도표분석능력　자료의 수치 분석하기

| 정답 | ③

| 해설 | 학습을 하지 않는 사람의 수가 학습을 하는 사람의 수보다 10배 이상 많으면 전체 인원은 학습을 하는 사람의 11배 이상이다. 따라서 그 경우 전체 인구의 학습시간 평균은 학습시간 행위자의 평균의 $\frac{1}{11}$ 이하여야 하지만 자료상에서는 그렇지 않다.

16 　도표분석능력　자료의 빈칸에 들어갈 수치 계산하기

| 정답 | ①

| 해설 | 2015년 화재로 인한 사망자 수는 전년 대비 20% 감소했으므로 305×0.8=244(명), 2016년 화재로 인한 부상자 수는 전년 대비 20% 증가했으므로 2015년 화재로 인한 부상자 수는 1,956÷1.2=1,630(명)이다. 따라서 2015년 인명피해 인원은 총 1,874명이다.

17 　도표분석능력　자료의 수치 분석하기

| 정답 | ③

| 해설 | 전년 대비 화재발생 건수가 증가한 연도의 증가율을 구하면 다음과 같다.

• 2015년 : $\frac{43,875-41,863}{41,863} \times 100 ≒ 4.8(\%)$

• 2018년 : $\frac{42,135-40,932}{40,932} \times 100 ≒ 2.9(\%)$

• 2019년 : $\frac{44,435-42,135}{42,135} \times 100 ≒ 5.5(\%)$

• 2021년 : $\frac{44,178-43,413}{43,413} \times 100 ≒ 1.8(\%)$

따라서 조사기간 중 전년 대비 화재발생 증가율이 가장 큰 해는 2019년이다.

| 오답풀이 |

① 2021년은 인명피해 인원이 전년 대비 173명 줄어들어 가장 큰 감소폭을 보이고 있다.

②　　　　　　　　　　　　　　　　　　(단위 : 명)

구분	2014년	2015년	2016년	2017년
소계	1,892	1,874	2,223	2,184
80%	1,513.6	1,499.2	1,778.4	1,747.2
부상	1,587	1,630	1,956	1,877

구분	2018년	2019년	2020년	2021년
소계	2,181	2,090	2,197	2,024
80%	1,744.8	1,672	1,757.6	1,619.2
부상	1,856	1,837	1,852	1,718

따라서 화재로 인한 부상자 수는 매년 인명피해 인원의 80% 이상이다.

④ 2,012건 증가 → 626건 감소 → 2,317건 감소 → 1,203건 증가 → 2,300건 증가 → 1,022건 감소 → 765건 증가하였다.

⑤ 2019년에 화재로 인한 사망자 수는 전년 대비 약 22% 감소하였다$\left(\frac{253-325}{325} \times 100 ≒ -22.2(\%)\right)$.

18 　문제처리능력　기대할 수 있는 이점 파악하기

| 정답 | ⑤

| 해설 | 식사권 서비스 개선안을 보면 4만 원짜리 식음료 무료쿠폰은 액면 금액의 50% 미만의 잔액이 남을 경우 잔액 환불이 가능함을 알 수 있다. 따라서 잔액이 남을 경우에 전액 환급받을 수 있다는 설명은 적절하지 않다.

| 오답풀이 |

①, ④ 기존 아침식사 무료 쿠폰은 숙박권 사용 시 사용 가능하다는 조건이 있었으나 서비스 개선안에는 해당 조건이 제시되지 않았으므로 적절하다.

② 기존 서비스 문제점을 보면 1박당 20만 원 이상인 룸의 경우 무료숙박권을 사용할 수 없었지만, 개선안에서 15만 원 이상인 룸을 예약할 경우 무료숙박권과 함께 추가 비용만 지불하면 사용 가능함을 알 수 있다.

③ 서비스 개선안을 보면 아침식사 무료 쿠폰 50장이 3만 원짜리 식음료 무료 쿠폰으로 대체 제공된다고 하였으므로 적절하다.

19 [문제처리능력] 논리적으로 보고서 작성하기

| 정답 | ④

| 해설 | (가) 대학 진학을 후회하는 이유 중 가장 높은 응답률을 보인 것은 '대학에서 배운 것이 실무(취업)에 도움이 되지 않아서'이고, (나) 현재 공부하고 있는 분야에서 높은 응답률을 보이고 있는 것은 전공학점 공부가 아닌 외국어와 자격증 공부를 합한 응답임을 알 수 있다. 따라서 대학생들은 취업과 거리를 둔 대학교육보다 외국어와 자격증 공부에 더 많은 시간을 할애하고 있는 것을 알 수 있다.

20 [문제처리능력] 시차 구하기

| 정답 | ①

| 해설 | LA는 서경 120도이므로 동경 135도인 서울이 $\frac{120+135}{15}=17$(시간) 빠르다. $21-17=04$(시)이므로 LA는 4월 14일 오전 4시이다.

21 [사고력] 자료를 바탕으로 추론하기

| 정답 | ③

| 해설 | H가 A ~ G를 알 수 있는 각 단계의 수를 구하면 다음과 같다.

- A : H→A로 1단계
- B : H→C→B로 2단계
- C : H→C로 1단계
- D : H→C→B→F→D로 4단계
- E : H→A→E 또는 H→C→E로 2단계
- F : H→C→B→F로 3단계
- G : H→C→G로 2단계

따라서 H의 케빈 베이컨 수는 $1+2+1+4+2+3+2=15$ 이다.

22 [문제처리능력] 민원처리 건수 구하기

| 정답 | ①

| 해설 | 1인당 민원처리 시간은 10분이며, 민원처리 시간 내에 민원을 처리할 수 없는 경우 민원인을 돌려보내므로, 오전은 11시 50분, 오후는 16시 20분까지 접수한 민원을 처리할 수 있다. 이를 반영하여 방문날짜별로 민원처리 건수를 구하면 다음과 같다.

방문날짜	시간대	민원인 방문 현황	민원처리 건수
10월 1일	오전	10시 25분부터 5분마다 한 명씩 방문	18건
	오후	13시 30분부터 20분마다 한 명씩 방문	9건
10월 2일	오전	10시 정각부터 10분마다 한 명씩 방문	12건
	오후	14시 5분부터 10분마다 한 명씩 방문	14건
10월 3일	오전	9시 30분부터 10분마다 한 명씩 방문	15건
	오후	13시 40분부터 15분마다 한 명씩 방문	11건
10월 4일	오전	9시 10분부터 15분마다 한 명씩 방문	11건
	오후	13시 정각부터 15분마다 한 명씩 방문	14건
10월 5일	오전	10시 정각부터 10분마다 한 명씩 방문	12건
	오후	13시 40분부터 15분마다 한 명씩 방문	11건

따라서 10월 1일에 처리한 민원 수가 27건으로 가장 많다.

23 [문제처리능력] 방문 기록일지 분석하기

| 정답 | ④

| 해설 | ㉠ 10시 정각부터 정오까지 2시간 동안 12명의 민원을 처리할 수 있다.

ⓛ 민원처리 시간이 5분으로 줄어든다면 오전 민원처리 건수는 변동이 없으며, 16시 25분에 방문한 마지막 민원인의 민원처리가 가능하므로 전체 민원처리 건수는 1건 증가한다.

㉣ 마지막에 방문한 민원인은 16시 25분에 방문하였으며, 민원처리 시간이 10분이므로 민원처리를 완료할 수 없다.

|오답풀이|

ⓒ 민원처리 시간이 15분으로 늘어나면 오전 11시 50분에 방문한 민원인의 민원을 처리할 수 없으며, 오후 민원 처리 건수는 변동 없으므로 전체 민원처리 건수는 1건 감소한다.

24 문제처리능력 결재선 파악하기

|정답| ①

|해설| • (가) 센터 박 연구원 : 2천만 원 초과 ~ 3천만 원 이하 수의계약이므로 최종 결재선은 부원장이지만, 원장 직속이므로 원장에게 받는다.
• (라) 센터 정 연구원 : 3천만 원 초과 ~ 5천만 원 이하의 용역이므로 센터장에게 받는다.
• (c) 센터 김 연구원 : 1천만 원 초과 ~ 3천만 원 이하의 인 쇄이며 수의계약이 적용되지 않아 센터장에게 받는다.
• (d) 센터 이 연구원 : 1천만 원 초과 ~ 3천만 원 이하의 물품이므로 센터장에게 받는다.
• (f) 센터 최 연구원 : 3천만 원 초과 ~ 5천만 원 이하의 용역이므로 센터장에게 받는다.
따라서 (가) 센터 박 연구원의 최종 결재선이 다르다.

25 문제처리능력 용역 계약 파악하기

|정답| ②

|해설| 해당 계약은 용역에 해당한다. 부가세 10%를 별도 로 계산하여도 1억 원을 넘지 않으므로 사유서를 제출할 시 수의계약이 가능하다.

|오답풀이|

① 5천만 원 초과 ~ 1.5억 원 이하이므로 차상위부서장에 게 받아야 하지만 (가) 센터는 원장 직속이므로 원장에 게 받는다.

③ 3천만 원을 초과하는 용역이므로 경쟁입찰로 진행할 수 있다.

④ 3천만 원을 초과하는 용역이므로 견적서는 2개 이상 필 수적으로 필요하다.

⑤ 3천만 원을 초과하기도 하지만 원장 직속이므로 원장에 게 결재를 받는다.

기출문제로 통합전공 완전정복

공기업 통합전공

최 신 기 출 문 제 집

– 전공 실제시험을 경험하다 –

수록과목　경영학, 경제학, 행정학, 정책학, 민법, 행정법, 회계학, 기초통계, 금융(경영)경제 상식

수록기업　KOGAS한국가스공사, HUG주택도시보증공사, HF한국주택금융공사, 경기도공공기관통합채용, KODIT신용보증기금, LX한국국토정보공사, 한국지역난방공사, EX한국도로공사, 인천교통공사, 코레일, 한국동서발전, 한국서부발전, 한국남부발전, 한국중부발전, 서울시설공단, 서울시농수산식품공사, 우리은행, 항만공사통합채용, 한국가스기술공사, 한국자산관리공사

코레일 |한국철도공사| **NCS**
오픈봉투모의고사

고시넷
공기업 통합전공
최신기출문제집

■ 836쪽　　■ 정가_30,000원

모듈형_NCS

코레일_NCS

철도공기업_NCS

에너지_NCS